HEYNE
BÜCHER

W0039122

DAS WINTERLESEBUCH

*Geschichten
für lange Winterabende*

Herausgegeben von
Patrick Niemeyer

WILHELM HEYNE VERLAG
MÜNCHEN

HEYNE ALLGEMEINE REIHE
Nr. 01/13193

Originalausgabe 12/2000
Copyright © 2000 by
Wilhelm Heyne Verlag GmbH & Co. KG, München
Copyright © der Einzelrechte s. Quellenverzeichnis
Printed in Germany 2000
Umschlaggestaltung: Nele Schütz Design, München,
unter Verwendung des Gemäldes »Die Elster«
von Claude Monet, 1869
Satz: Buch-Werkstatt GmbH, Bad Aibling
Druck und Bindung: Pressedruck, Augsburg

ISBN: 3-453-17756-8

http://www.heyne.de

Inhalt

Axel Marquardt

Die Geburt der Literatur aus der Langeweile

Mein Gott, ist mir langweilig, so langweilig. Mein Freund Wolfgang ist verreist (nach Hamburg, für vier Tage), meine Freundin hat mich verlassen (zugunsten eines nun wirklich unsympathischen Studienrats, für immer, wie sie behauptet), mein Fernseh ist kaputt, Bücher sagen mir kaum etwas, kurz: mir ist sterbenslangweilig. Furchtbar.

Was könnte ich dagegen tun? Spazierengehen. Aber wo? Im Volkspark. Kenn ich schon, in- und auswendig. Alkohol trinken? Nein, geht noch nicht aufgrund einer internen Regelung, daß vor achtzehn Uhr dreißig kein Alk über meine Lippen kommt. Sehr streng! Außerdem bin ich zu faul, aus dem Haus zu gehen. Allein dieses Anziehen zur Winterzeit! So anstrengend. Und draußen frißt einen die Kälte an, wo ich doch mein Mützlein irgendwo hab liegenlassen. Hier drinnen ist's wenigstens fein warm und könnte fast gemütlich sein, wenn's nicht so arg langweilig wäre.

Es wird mir nichts anderes übrigbleiben, als mir wieder irgendeine Geschichte auszudenken und sie hierhin zu setzen, zu meiner Zerstreuung und zum Gaudium des Publikums. Und zu seiner Belehrung. Aber auch Herzensbildung. Aleksandr Puškin hat das auch so gehalten, wenn ihm langweilig wurde, und mit Franz Kafka wird es nicht anders gewesen sein. Und so sind doch eine Menge prima Geschichten entstanden. »Die Verwandlung« z. B., das muß einem aber auch erst mal einfallen! Wenn man sich vor Augen hält, daß wir sie fast ausschließlich der Langeweile zu verdanken haben – das ist schon atemberaubend. Oder nehmen wir Hemingway, dem ja nun ständig langweilig war, wie man aus den Biographien weiß: Setzt sich einfach hin, greift zum Schreibstift und schreibt rasch eine Erzählung oder einen Roman runter! Es ist alles schon sehr verwunderlich.

(Wahrhaftig, eine Taube auf dem Fenstersims gegenüber übt, auf einem Bein zu stehen! Immer wenn sie leicht zur Seite zu kippen droht, nimmt sie das freie Bein wieder zur Hilfe. Es wäre ja wirklich zum Schreien, fiele sie einfach um. Zack. Hähä. Sie schwankt, steht aber nach wie vor wie eine 1.)

Sollte ich vielleicht einen Porno lesen oder mir dessen Bildchen anschauen? Das regt zuweilen mächtig auf, und die Langeweile wäre für ein paar Minuten besiegt. Aber leiderleider hat meine Freundin, kurz vor ihrem Abgang, irgend etwas mit ihnen angestellt; entweder hat sie sie vernichtet oder versteckt, diese kleinen Büchelchen und Heftchen, an denen ich mich hin und wieder ergötze. Sie waren zwar nicht der einzige Grund für unsere jähe Trennung, aber sie spielten schon eine gewisse Rolle dabei …

(Oben gleiten weiße Wölkchen erstaunlich geräuschlos durch den Azur; sollten sie auf rasche Linderung hindeuten? Die Taube balanciert jetzt höchst professionell auf dem Sims auf und ab. Ihr kann ja nichts passieren: Wenn sie abgleitet, hat sie noch ihre Flügel, die sie vor einem Sturz auf den Erdboden bewahren.)

Ich könnte z. B. obszöne Anrufe tätigen, das brächte Abwechslung und auch eine gewisse Spannung. Es juckt mich mächtig in den Fingern, aber letzten Endes laß' ich's doch, es ist doch allzu abgeschmackt.

Dennoch, dennoch.

Die trockenen Sträucher wackeln bedenklich und bedächtig im Wind. Mahnen sie zur ewigen Ruh? Will's dunkeln schon? Nein, es ist erst halb vier. Die Taube scheißt aufs Fensterbrett und macht dabei noch nicht einmal die Augen zu. Schaut fest hinüber, nimmt mich ins Aug. Meint vielleicht gar nicht mich …

Völlig unerwartet kommt mir der Name meiner entwichenen Freundin in den Sinn; d. h., er klingt wie Juba, Jusa, weiß nicht genau. Weiß nur noch, daß sie mein Ringlein trägt. Wohl schon verscheuert. Gewiß. Höchstwahrscheinlich.

Langweilig auch der Sandkasten unten im Hof. Mindestens drei törichte kleine Menschenkinder durchpflügen unter glücklichem Grunzen den Pfuhl. Eins scheint vollständig unter Sand schon begraben. Oder ist's was andres, was da wühlt? Nein, ein Lauflernschuh erscheint und darauf ein ganzes Menschenkind, deutlich besudelt, über und über. Was wird die Mutter barmen, kommt's des Nachts nach Haus. Aber zum Glück gibt's heutzutage Waschmaschinen sonder Zahl, so daß sie nicht so rackern muß.

Ist das aber auch langweilig heut. Ich werde nie verstehen, wie ein Mensch diesen Mist hier so lang lesen kann. Zeugt nicht von großer Intelligenz, dafür aber für viel Geduld und Nachsicht. Diese aber sollen schnell belohnt sein, denn jetzt laß' ich Unerhörtes passieren:

Genau in der Mitte des Hinterhofs tut sich ein Abgrund auf und verschlingt den ganzen Klumpatsch!

Der große Bokonon lehrt uns: »Schreibt alles auf!« Im Grunde lehrt er uns natürlich, wie *sinnlos* es ist, Geschichten zu schreiben oder zu lesen.

Natürlich ist der Satz mit dem Abgrund reine Erfindung, dazu noch eine über alle Maßen plumpe und blöde. Aber was kommt einem nicht alles in den Sinn, wenn es so furchtbar langweilig ist.

Andererseits: Was böte ein sich plötzlich öffnender Abgrund im Hinterhof, der allen Klumpatsch verschlänge, für großartige erzählerische Chancen! Allein schon bei der Beschreibung des Klumpatsches könnte man seitenlang verweilen, in der Manier Peter Handkes vielleicht, ganz zu schweigen von der Schilderung des jäh aufgähnenden Schlunds, und als Höhepunkt: das Verschlingen, o Gottogott! Furchtbar … Muß das Bild in mir löschen, gerat' sonst womöglich in Aufregung, die ja doch der größte Feind der Langeweile genannt wird, sehr zu Recht, will mir scheinen, Himmel! wo wird das noch hinführen?

Nun wird's allmählich dunkeln, dämmern will's, träg rutscht ein erstes Rollo murrend runter und setzt sich satt aufs Fensterbrett. Jetzt ist es endlich wieder so schön dumpf und mufficht, daß sich auf der Stell' Gemütlichkeit muß stellen ein. Der Fernsehknopf findet sich wie im Schlaf, und nach und nach verschwinden alle Knabbernüss' im Magensack und machen mit dem zugespülten Bier ein arg Gematsch darinnen.

Die Taube ist längst fort, hat nur ein wenig Kacke hinterlas-

9

sen. Die Kinder gehen ganz von selbst, doch nein: Die Milch-schnitte wird locken, oder gar die fette Wurst? Ich will's gar nicht wissen. In jedem Fall schaun sie recht gierig drein, einer wie der andere, und nicht zu erkennen ist, wer Junge ist und Mädchen. Dann sind sie weg, und so ist's gut.

Sollt' ich vielleicht ein kleins Liedchen brummen, nur so zum Spaß? Ein' feste Burg ist unser Gott / Ein' gute Wehr und Waffen? Vielen Dank, ruft man im Chor, vielen Dank, Sarotti-Mohr? Doch als ich den Mund auftu', kommt's zu meiner Überraschung so: Hum hum – humhumhum – ta! Recht schön, ich kann zufrieden sein.

Ging jetzt gegenüber in einem der Zimmer ein Licht an und ein nacktes Fräulein spräng quer durch den Raum, wär's mit meiner Langeweile vermutlich schlagartig vorbei, dann hätt' ich was zu gucken, da fielen mir die Augen aus dem Kopf, da wär' ich sofort angespitzt, da würd' ich auf der Stelle aufstehen und aufgeregt durch die Wohnung laufen und hin und wieder einen Blick hinüberwerfen –

– aber da alles dunkel bleibt und nur zwei Klospülungen synchron rauschen, bleib ich fein ruhig sitzen.

Warum nur meine Freundin nicht anruft? Ach, hab' sie ja verloren, verloren all mein Glück. Wird nun wohl einem Ba-demeister angehören oder einem Studienrat.

Ich geh' jetzt doch einen trinken.

Paul Auster

Auggie Wrens Weihnachtsgeschichte

Ich habe diese Geschichte von Auggie Wren gehört. Da Auggie darin keine allzu gute Figur macht, jedenfalls keine so gute, wie er es gerne hätte, hat er mich gebeten, seinen richtigen Namen zu verschweigen. Im übrigen aber entspricht die ganze Sache mit der verlorenen Brieftasche und der blinden Frau und dem Weihnachtsessen genau dem, was er mir erzählt hat.

Auggie und ich kennen uns jetzt seit fast elf Jahren. Er arbeitet als Verkäufer in einem Zigarrengeschäft an der Court Street in Brooklyn, und da dies der einzige Laden ist, der die kleinen holländischen Zigarren führt, die ich so gerne rauche, komme ich ziemlich oft dort vorbei. Lange Zeit habe ich kaum einen Gedanken an Auggie Wren verschwendet. Für mich war er nur der seltsame kleine Mann im blauen Sweatshirt mit Kapuze, der mir Zigarren und Zeitschriften verkaufte, der schelmische, witzelnde Typ, der immer etwas Komisches über das Wetter, die Mets oder die Politiker in Washington zu sagen hatte, und das war auch schon alles.

Aber dann blätterte er vor einigen Jahren eines Tages in seinem Laden eine Zeitschrift durch und stieß dabei zufällig auf eine Rezension eines meiner Bücher. Daß ich es war, sagte ihm ein Foto neben der Rezension, und danach änderten sich die Dinge zwischen uns. Ich war für Auggie nicht mehr nur ein Kunde unter anderen, ich war zu einem Mann von Rang geworden. Die meisten Leute hatten keinerlei Interesse an Büchern und Schriftstellern, aber wie sich herausstellte, hielt Auggie sich selbst für einen Künstler. Nachdem er das Rätsel um meine Person geknackt hatte, begrüßte er mich wie einen Verbündeten, einen Vertrauten, einen Kampfgenossen. Mir war das, ehrlich gesagt, ziemlich peinlich. Und dann kam fast unvermeidlich der Augenblick, da er mich fragte, ob ich bereit sei, mir seine Fotografien anzusehen. In Anbetracht seiner Begeisterung und seines guten Willens brachte ich es einfach nicht übers Herz, nein zu sagen.

Weiß Gott, was ich erwartet habe. Auf alle Fälle nicht das, was Auggie mir dann am nächsten Tag gezeigt hat. In einem kleinen fensterlosen Hinterzimmer des Ladens öffnete er eine Pappschachtel und zog zwölf völlig gleich aussehende schwarze Fotoalben daraus hervor. Dies sei sein Lebenswerk, sagte er, und er brauche nicht mehr als fünf Minuten am Tag dafür. In den letzten zwölf Jahren habe er jeden Morgen um Punkt 7 Uhr an der Ecke Atlantic Avenue und Clinton Street gestanden und jeweils aus genau demselben Blickwinkel ein Farbfoto aufgenommen. Das Projekt umfaßte inzwischen über viertausend Fotografien. Jedes Album repräsentierte ein anderes Jahr, und sämtliche Bilder waren der Reihe nach eingeklebt, vom 1. Januar bis zum 31. Dezember, und unter jedes einzelne war sorgfältig das Datum eingetragen.

Als ich in den Alben herumblätterte und Auggies Werk zu studieren begann, wußte ich gar nicht, was ich denken sollte. Anfangs hatte ich den Eindruck, dies sei das Seltsamste, das Verblüffendste, was ich je gesehen hatte. Die Bilder glichen sich aufs Haar. Das ganze Projekt war ein betäubender Angriff von Wiederholungen, wieder und wieder dieselbe Straße und dieselben Gebäude, ein anhaltendes Delirium redundanter Bilder. Da mir nichts dazu einfiel, schlug ich erst einmal weiter die Seiten um und nickte voll geheuchelter Anerkennung. Auggie schien ungerührt, er sah mir mit breitem Lächeln zu, aber nachdem ich ein paar Minuten so herumgeblättert hatte, unterbrach er mich plötzlich und sagte: »Sie sind zu schnell. Wenn Sie nicht langsamer machen, werden Sie nie dahinterkommen.«

Er hatte natürlich recht. Wer sich keine Zeit zum Hinsehen nimmt, wird niemals etwas sehen. Ich nahm ein anderes Album und zwang mich, bedächtiger vorzugehen. Ich achtete genauer auf Einzelheiten, bemerkte den Wechsel des Wetters, registrierte die mit dem Fortschreiten der Jahreszeiten sich ändernden Einfallswinkel des Lichts. Schließlich vermochte ich subtile Unterschiede im Verkehrsfluß zu erkennen, den Rhythmus der einzelnen Tage vorauszuahnen (das Gewühl an Werktagen, die relative Ruhe der Wochenenden, den Kontrast zwischen Samstagen und Sonntagen). Und dann begann ich ganz allmählich die Gesichter der Leute im Hintergrund zu erkennen, die Passanten auf dem Weg zur Arbeit, jeden Morgen dieselben Leute an derselben Stelle, wie sie einen Augenblick ihres Lebens im Blickfeld von Auggies Kamera verbrachten.

Sobald ich sie wiedererkannte, begann ich zu erforschen, wie ihre Haltungen von einem Morgen zum anderen wechselten; ich versuchte aus diesen oberflächlichen Anzeichen auf ihre Stimmungen zu schließen, als ob ich mir Geschichten für sie ausdenken könnte, als ob ich in die unsichtbaren, in ihren Körpern eingeschlossenen Dramen eindringen könnte. Ich nahm mir ein anderes Album vor. Jetzt war ich nicht mehr gelangweilt, nicht mehr verwirrt wie am Anfang. Auggie fotografierte die Zeit, wurde mir klar, sowohl die natürliche Zeit als auch die menschliche Zeit, und dies bewerkstelligte er, indem er sich in einem winzigen Winkel der Welt postierte und ihn in Besitz nahm, einfach indem er an der Stelle, die er sich erwählt hatte, Wache hielt. Auggie sah mir zu, wie ich mich in sein Werk vertiefte, und lächelte vergnügt in sich hinein. Und dann zitierte er, schier als hätte er meine Gedanken gelesen, eine Zeile aus Shakespeare. »Morgen, morgen und dann wieder morgen«, murmelte er leise, »kriecht so mit kleinem Schritt die Zeit von Tag zu Tag.« Und da begriff ich, daß er ganz genau wußte, was er da tat.

Das war vor mehr als zweitausend Bildern. Seit jenem Tag haben Auggie und ich oft über sein Werk diskutiert, aber erst letzte Woche habe ich erfahren, wie er überhaupt an seine Kamera gekommen ist und mit dem Fotografieren angefangen hat. Darum ging es in der Geschichte, die er mir erzählte, und ich versuche mir noch immer einen Reim darauf zu machen.

Etwas früher in derselben Woche rief mich jemand von der *New York Times* an und fragte, ob ich bereit sei, für die Weihnachtsausgabe dieser Zeitung eine Short Story zu schreiben. Spontan sagte ich nein, aber der Mann war sehr charmant und hartnäckig, und am Ende des Gesprächs sagte ich ihm zu, daß ich es versuchen würde. Kaum hatte ich jedoch den Hörer aufgelegt, geriet ich in helle Panik. Was wußte ich schon von Weihnachten? fragte ich mich. Was wußte ich von auf Bestellung geschriebenen Kurzgeschichten?

Die nächsten Tage verbrachte ich in Verzweiflung, rang mit den Geistern von Dickens, O. Henry und anderen Meistern der weihnachtlichen Stimmung. Schon der Ausdruck »Weihnachtsgeschichte« war für mich mit unangenehmen Assoziationen verknüpft, ich konnte dabei nur an gräßliche Ergüsse von heuchlerischem Schmalz und süßlichem Kitsch denken. Selbst die besten Weihnachtsgeschichten waren nicht mehr als Wunscherfüllungsträume, Märchen für Erwachsene, und ich wollte mich hängen lassen, wenn ich mir jemals erlaubte, etwas Derartiges zu Papier zu bringen. Und doch, wie konnte sich irgendwer vornehmen, eine unsentimentale Weihnachtsgeschichte zu schreiben? Das war doch ein Widerspruch in sich, ein Ding der Unmöglichkeit, ein unlösbares Rätsel. Ebensogut konnte man sich ein Rennpferd ohne Beine vorstellen oder einen Spatz ohne Flügel.

Ich kam nicht weiter. Am Donnerstag machte ich einen langen Spaziergang, ich hoffte, an der frischen Luft einen klaren Kopf zu bekommen. Kurz nach Mittag trat ich in das Zigarrengeschäft, um meinen Vorrat wieder aufzufüllen, und Auggie stand wie immer hinter dem Ladentisch. Er erkundigte sich nach meinem Befinden. Ohne es eigentlich zu wollen, schüttete ich ihm plötzlich mein Herz aus. »Eine Weihnachtsgeschichte?« fragte er, nachdem ich fertig war. »Ist das alles? Wenn Sie mir ein Essen spendieren, mein Freund, erzähle ich Ihnen die beste Weihnachtsgeschichte, die Sie je gehört haben. Und ich garantiere, daß jedes Wort die reine Wahrheit ist.«

Wir gingen den Block runter zu Jack's, einem engen und lärmenden Imbiß, wo es gute Pastrami-Sandwiches gab und alte Mannschaftsfotos von den Dodgers an den Wänden. Wir fanden hinten einen freien Tisch, bestellten unser Essen, und Auggie begann seine Geschichte.

»Es war im Sommer 72«, sagte er. »Eines Morgens kam ein junger Bursche in den Laden und fing an zu stehlen. Er wird neunzehn oder zwanzig gewesen sein, und ich habe wohl in meinem ganzen Leben noch keinen so erbärmlichen Ladendieb gesehen. Er stand vor dem Taschenbuchregal an der hinteren Wand und stopfte sich Bücher in die Taschen seines Regenmantels. Da gerade mehrere Leute an der Kasse standen, konnte ich ihn zunächst gar nicht sehen. Aber sobald ich merkte, was er da trieb, fing ich an zu schreien. Er nahm Reißaus wie ein Karnickel, und als ich endlich hinterm Ladentisch hervorkonnte, stürmte er bereits die Atlantic Avenue hinunter. Ich habe ihn etwa einen halben Block weit verfolgt und es dann aufgegeben. Ich hatte keine Lust mehr, ihm nachzurennen, und da er unterwegs etwas hatte fallen lassen, bückte ich mich danach.

Es war seine Brieftasche. Geld war keins drin, dafür aber sein Führerschein und drei oder vier Schnappschüsse. Ich nehme an, ich hätte die Polizei holen und ihn verhaften lassen können. Sein Name und seine Adresse standen auf dem Führerschein, aber irgendwie tat er mir leid. Er war doch bloß ein mickriger kleiner Anfänger, und als ich mir die Bilder in seiner Brieftasche ansah, konnte ich einfach keine Wut auf ihn empfinden. Robert Goodwin. So hieß er. Auf einem der Bilder, erinnere ich mich noch, hatte er seine Mutter oder Großmutter im Arm. Auf einem anderen war er als Neun- oder Zehnjähriger zu sehen, er saß da in einem Baseballdress und grinste breit vor sich hin. Ich habe es einfach nicht übers Herz gebracht. Jetzt war er vermutlich drogensüchtig, dachte ich mir. Ein armer, chancenloser Junge aus Brooklyn, und wen kümmerten schon ein paar läppische Taschenbücher?

Die Brieftasche habe ich jedenfalls behalten. Ab und zu hatte ich ein leises Bedürfnis, sie ihm zurückzuschicken, aber das habe ich immer wieder aufgeschoben und nie etwas unternommen. Dann wird es Weihnachten, und ich sitze rum und habe nichts zu tun. Normalerweise lädt mich der Chef an diesem Tag zu sich nach Hause ein, aber in dem Jahr war er mit seiner Familie zu Besuch bei Verwandten in Florida. Da sitze ich also an diesem Morgen in meiner Wohnung und bemitleide mich ein bißchen, und plötzlich sehe ich Robert Goodwins Brieftasche auf einem Regal in der Küche liegen. Ich denke, was zum Teufel, warum nicht ausnahmsweise mal was Nettes tun, ziehe meinen Mantel an und mache mich auf den Weg, die Brieftasche zurückzugeben.

Die Adresse war in Boerum Hill, in irgendeiner der Siedlungen da. Es fror an diesem Tag, und ich weiß noch, daß ich mich auf der Suche nach dem richtigen Gebäude ein paarmal verlaufen habe. In dieser Gegend sieht alles gleich aus, man läuft immer durch dieselbe Straße und denkt, man wäre ganz woanders. Jedenfalls komme ich endlich zu der Wohnung, die ich suche, und drücke auf die Klingel. Tut sich nichts. Ich nehme an, es ist niemand zu Hause, versuche es aber zur Sicherheit noch einmal. Ich warte ein bißchen länger, und grade als ich es aufgeben will, höre ich wen zur Tür schlurfen. Eine alte Frauenstimme fragt, wer da ist, und ich sage, ich möchte zu Robert Goodwin. ›Bist du das, Robert?‹ fragt die alte Frau, und dann schließt sie ungefähr fünfzehn Schlösser auf und öffnet die Tür.

Sie muß mindestens achtzig Jahre alt sein, vielleicht sogar neunzig, und als erstes fällt mir an ihr auf, daß sie blind ist. ›Robert‹, sagt sie. ›Ich wußte, du würdest deine Oma Ethel zu Weihnachten nicht vergessen.‹ Und dann breitet sie die Arme aus, als ob sie mich an sich drücken will.

Sie verstehen, ich hatte nicht viel Zeit zum Denken. Ich mußte ganz schnell etwas sagen, und ehe ich wußte, wie mir geschah, hörte ich die Worte aus meinem Mund kommen. ›Ja, Oma Ethel‹, sage ich. ›Ich bin zurückgekommen, um dich an Weihnachten zu besuchen.‹ Fragen Sie mich nicht, warum ich das getan habe. Ich habe keine Ahnung. Vielleicht wollte ich sie nicht enttäuschen oder so, was weiß ich. Es ist mir einfach so rausgerutscht, und plötzlich hat diese alte Frau mich vor ihrer Tür in die Arme genommen, und ich habe sie an mich gedrückt.

Daß ich ihr Enkel sei, habe ich nicht direkt gesagt. Jedenfalls nicht mit diesen Worten. Das war wie ein Spiel, für das wir uns beide entschieden hatten – ohne erst über die Regeln zu diskutieren. Ich meine, diese Frau hat gewußt, daß ich nicht ihr Enkel Robert war. Sie war alt und klapprig, aber sie war nicht so weit weggetreten, daß sie den Unterschied zwischen einem Fremden und ihrem eigen Fleisch und Blut nicht gemerkt hatte. Aber es hat sie glücklich gemacht, so zu tun als ob, und da ich sowieso nichts besseres zu tun hatte, habe ich gern mitgespielt.

Wir sind dann also rein und haben den Tag zusammen verbracht. Die Wohnung war ein richtiges Dreckloch, sollte ich vielleicht sagen, aber was kann man sonst auch von einer blinden Frau erwarten, die ihren Haushalt ganz alleine macht? Immer wenn sie mich gefragt hat, wie es mir geht, hab' ich gelogen und ihr erzählt, ich hätte einen guten Job in einem Zigarrenladen gefunden, und ich würde demnächst heiraten und hundert andere nette Geschichten, und sie hat so getan, als ob sie mir jedes Wort glauben würde. ›Wie schön, Robert‹, hat sie gesagt und lächelnd genickt. ›Ich habe ja immer gewußt, daß du es zu etwas bringen würdest.‹

Nach einer Weile bekam ich ordentlich Hunger. Da nicht viel Essen im Haus zu sein schien, bin ich zu einem Laden in der Nähe gegangen und habe einen Haufen Zeug gekauft. Ein gekochtes Huhn, Gemüsesuppe, ein Eimerchen Kartoffelsalat, Schokoladenkuchen, alles mögliche. Ethel hat im Schlafzimmer ein paar Flaschen Wein versteckt, und so konnten wir ein ganz ordentliches Weihnachtsessen auf die Beine stellen. Der Wein hat uns ein bißchen angeheitert, das weiß ich noch, und nach dem Essen haben wir uns ins Wohnzimmer gesetzt, weil die Sessel da bequemer waren. Ich mußte mal pinkeln, also entschuldigte ich mich und ging durch den Flur zum Badezimmer. Und da nahmen die Dinge plötzlich eine andere Wendung. Meine kleine Nummer als Ethels Enkel war ja schon reichlich absurd, aber was ich dann als nächstes tat, war absolut verrückt, und ich habe mir das nie verziehen.

Ich komme also ins Bad, und an der Wand gleich neben der Dusche sehe ich sechs oder sieben Kameras aufgestapelt. Nagelneue 35-Millimeter-Kameras, noch in der Verpackung, allerbeste Ware. Ich denke, das ist das Werk des echten Robert, ein Lagerplatz für seine letzte Beute. Ich habe noch nie in meinem Leben ein Foto gemacht, und gestohlen habe ich auch noch nie etwas, aber kaum sehe ich diese Kameras im Badezimmer, beschließe ich, daß eine davon mir gehören soll. Einfach so. Und ohne eine Sekunde nachzudenken, klemme ich mir eine Schachtel unter den Arm und gehe ins Wohnzimmer zurück.

Ich kann höchstens drei oder vier Minuten weg gewesen sein, aber in dieser Zeit war Oma Ethel in ihrem Sessel eingeschlafen. Zuviel Chianti, nehme ich an. Ich habe dann in der Küche den Abwasch gemacht, und sie hat bei dem ganzen Lärm weitergeschlafen und geschnarcht wie ein Baby. Sie zu stören schien mir vollkommen überflüssig, also beschloß ich zu gehen. Ich konnte ihr noch nicht einmal einen Brief zum Abschied schreiben, schließlich war sie ja blind, und so bin ich einfach gegangen. Die Brieftasche ihres Enkels ließ ich auf dem Tisch liegen, dann nahm ich die Kamera und ging aus der Wohnung. Und damit ist die Geschichte aus.«

»Haben Sie die Frau noch mal besucht?« fragte ich.

»Einmal«, sagte er. »Etwa drei oder vier Monate danach. Ich hatte ein so schlechtes Gewissen wegen der Kamera, daß ich sie noch gar nicht benutzt hatte. Am Ende beschloß ich, sie ihr zurückzugeben, aber Ethel war nicht mehr da. Ich weiß nicht, was aus ihr geworden ist, aber es war jemand anders in die Wohnung eingezogen, und der konnte mir nicht sagen, wo sie steckte.«

»Wahrscheinlich ist sie gestorben.«

»Tja, wahrscheinlich.«

»Das heißt, sie hat ihr letztes Weihnachtsfest mit Ihnen verbracht.«

»Anzunehmen. So habe ich das noch nie gesehen.«

»Es war eine gute Tat, Auggie. Das war nett von Ihnen, ihr die Freude zu machen.«

»Ich habe sie angelogen, und dann habe ich sie bestohlen. Ich verstehe nicht, wie Sie das eine gute Tat nennen können.«

»Sie haben sie glücklich gemacht. Und die Kamera war sowieso gestohlen. Sie haben sie jedenfalls nicht demjenigen weggenommen, dem sie wirklich gehört hat.«

»Alles für die Kunst, Paul, wie?«

»So würde ich das nicht ausdrücken. Aber zumindest haben Sie die Kamera für einen guten Zweck verwendet.«

»Und Sie haben jetzt Ihre Weihnachtsgeschichte, stimmt's?«

»Ja«, sagte ich. »Ich glaube schon.«

Ich unterbrach mich kurz und sah, daß Auggies Lippen

sich zu einem boshaften Lächeln verzogen. Ich konnte nicht sicher sein, aber sein Blick war in diesem Moment so rätselhaft, leuchtete so hell von irgendeinem innerlichen Vergnügen, daß mir plötzlich der Gedanke kam, er könnte die ganze Geschichte erfunden haben. Ich wollte ihn schon fragen, ob er mich auf den Arm genommen habe, erkannte dann aber, daß er mir das nie verraten würde. Er hatte mich dazu gebracht, ihm zu glauben, und das war das einzige, was zählte. Solange auch nur ein Mensch daran glaubt, gibt es keine Geschichte, die nicht wahr sein kann.

»Sie sind ein As, Auggie«, sagte ich. »Danke, daß Sie mir geholfen haben.«

»Gern geschehen«, antwortete er und sah mich noch immer mit diesem irren Leuchten in den Augen an. »Was für Freunde sind das denn, wenn man seine Geheimnisse nicht mit ihnen teilen kann?«

»Dann stehe ich jetzt in Ihrer Schuld.«

»Aber nein. Schreiben Sie es einfach so auf, wie ich es Ihnen erzählt habe, und damit sind wir quitt.«

»Bis auf das Essen.«

»Stimmt. Bis auf das Essen.«

Ich erwiderte Auggies Lächeln, rief dann nach dem Kellner und bat um die Rechnung.

Da haben wir die Bescherung

Alles wäre nie geschehen, wenn Wilma Bean nicht ihre Schwester Dorothy in Philadelphia besucht hätte. Dann hätte Ernie gewußt, daß Wilma die Ziehung im Fernsehen verfolgen würde, wäre um Mitternacht von seiner Arbeit als Wachmann im Kaufen-Sie-hier-Einkaufszentrum in Paramus nach Hause gerast, und sie hätten zusammen gefeiert. *Zwei Millionen Dollar!* Das war ihr Gewinn in der Weihnachts-Sonderlotterie.

Weil Wilma jedoch ihrer Schwester Dorothy in Philadelphia einen vorweihnachtlichen Besuch abstattete, kehrte Ernie im Glückskleeblatt-Wasserloch auf einen oder zwei Drinks ein und beschloß dann den Abend in der sechs Häuserblocks von seiner Wohnung entfernten Harmonie-Bar. Dort nickte er Lou, dem Besitzer und Barmann, glücklich zu, schlang seine dicken, sechzig Jahre alten Beine um den Fuß des Barhockers und dachte verträumt darüber nach, wie Wilma und er den plötzlichen Geldsegen ausgeben würden. Genau in diesem Augenblick erblickten Ernies blaßblaue Augen Loretta Thistlebottom, die auf einem Barhocker in der Ecke an der Wand lehnte und sich mit einer Hand an einem Bierkrug und mit der anderen an einer Marlboro festhielt. Loretta war eine sehr attraktive Frau. Heute abend fielen ihr die glänzenden blonden Haare in einer Innenrolle auf die Schultern herab, der rosa Lippenstift bildete die passende Ergänzung zu den großen, violett umrahmten Augen, und der üppige Busen hob und senkte sich aufreizend gleichmäßig.

Ernie beobachtete Loretta mit beinahe unpersönlicher Bewunderung. Es war allgemein bekannt, daß Lorettas Mann, Jimbo Potters, ein vierschrötiger Lastwagenfahrer, sehr stolz darauf war, daß Loretta in ihrer Jugend als Tänzerin gearbeitet hatte; außerdem war er extrem eifersüchtig. Es hieß, daß er Loretta nicht nur einmal verprügelt habe, wenn sie zu anderen Männern zu freundlich war.

Da Lou, der Barmann, jedoch Jimbos Vetter war, hatte jener

nichts dagegen, wenn Loretta in den Nächten, in denen er mit einem Ferntransport unterwegs war, in der Bar saß. Das Lokal war schließlich ein beliebter Treffpunkt. Eine Menge Ehefrauen kamen mit ihren Freundinnen hierher, und Loretta meinte: »Jimbo kann nicht erwarten, daß ich allein in die Röhre gucke oder auf Tupperware-Partys gehe, wenn er Knoblauchknollen oder Bananen spazierenfährt. Da ich aus einer berühmten Künstlerfamilie stamme, brauche ich Menschen um mich.«

Lorettas bevorzugtes Gesprächsthema war ihre Karriere im Showgeschäft; sie wurde im Lauf der Jahre immer großartiger. Das war auch der Grund, warum Loretta – obwohl sie Mrs. Jimbo Potters hieß – stets ihren Künstlernamen Thistlebottom verwendete, wenn sie von sich sprach.

In dem spärlichen Licht, das die Kugellampe – eine Tiffany-Imitation – auf die verschrammte Theke warf, bewunderte der schweigsame Ernie Loretta wortlos. Sie mußte bereits Mitte Fünfzig sein, hatte aber noch immer eine sehr, sehr gute Figur. Trotzdem beschäftigte er sich nicht weiter mit ihr. Das Lotterie-Gewinnlos, das er mit einer Sicherheitsnadel an seinem Unterhemd befestigt hatte, erwärmte seine Herzgegend. Es war, als glühte dort ein Feuer. Zwei Millionen Dollar! Das waren mit Zinsen zwanzig Jahre lang hunderttausend Dollar jährlich. Und soviel würden sie bis weit in das einundzwanzigste Jahrhundert beziehen. Vielleicht war man dann sogar in der Lage, mit dem Reisebüro Cook auf den Mond zu fliegen.

Ernie versuchte, sich Wilmas Gesichtsausdruck vorzustellen, wenn sie von dem Gewinn erfuhr. Wilmas Schwester Dorothy besaß keinen Fernsehapparat und hörte nur selten Radio, deshalb wußte Wilma in Philadelphia bestimmt noch nicht, daß sie reich war. In dem Augenblick, in dem Ernie die gute Nachricht in seinem Kofferradio gehört hatte, war er eine Sekunde lang in Versuchung gewesen, zum Telefon zu stürzen und Wilma anzurufen, hatte aber sofort erkannt, daß es so keinen Spaß machen würde. Erst als er daran dachte, daß Wilma am nächsten Tag nach Hause kommen würde, lächelte er glücklich, so daß sein rundes Gesicht wie ein fröhlicher Pfannkuchen aussah. Er würde sie am Bahnhof in Newark abholen.

Sie würde ihn fragen, wie nahe sie an einen Gewinn herangekommen wären. »Haben wir zwei von den Zahlen richtig? Oder drei?« Er würde behaupten, daß sie nicht einmal eine Zahl richtig hatten. Wenn sie dann nach Hause kamen, würde ihre Strumpfhose auf dem Kaminsims hängen wie damals, als sie jung verheiratet waren. Früher hatte Wilma Strümpfe und Strumpfbänder getragen. Jetzt trug sie Strumpfhosen in Übergröße, mußte sich also bis zur Zehenspitze durcharbeiten, um das Los herauszuholen. »Such nur«, wollte er sagen, »du wirst überrascht sein.« Er konnte sich genau vorstellen, wie sie ihn jubelnd umarmen würde.

Als er Wilma vor vierzig Jahren geheiratet hatte, war sie ein verdammt niedliches junges Mädchen gewesen. Doch war ihr Gesicht noch immer hübsch, und ihr weiches, weißblondes Haar war naturgewellt. Sie war kein Revuegirl wie Loretta, aber er mochte sie, wie sie war. Manchmal war sie schlecht gelaunt, weil er gelegentlich mit den Jungs einen hob, aber für gewöhnlich war Wilma ein prima Kerl. Was das für ein Weihnachten dieses Jahr werden würde! Vielleicht würde er mit ihr zu Fred, dem Pelzhändler, gehen und ihr einen Lammfellmantel oder so was kaufen.

Ernie bestellte seinen vierten Seven and Seven, während er darüber nachdachte, was für ein Vergnügen es sein würde, seine Großzügigkeit zur Schau zu stellen. Seine Aufmerksamkeit wurde abgelenkt, weil Loretta Thistlebottom mit einem eigentümlichen Ritual beschäftigt war. Alle paar Minuten legte sie die Zigarette mit der rechten Hand in den Aschenbecher, stellte den Bierkrug mit der linken auf die Theke und kratzte die Handfläche, die Finger und den Rücken der rechten Hand kräftig mit den langen, spitzen Fingernägeln der linken. Ernie bemerkte, daß die rechte Hand entzündet, hochrot und mit kleinen, gemein aussehenden Blasen bedeckt war.

Es wurde spät, und die Gäste brachen allmählich auf. Das Paar, das neben Ernie im rechten Winkel zu Loretta gesessen hatte, machte sich ebenfalls auf den Weg. Loretta sah, daß Ernie sie beobachtete, und zuckte mit den Schultern.

»Giftsumach«, erklärte sie. »Würdest du glauben, daß es im Dezember Giftsumach gibt? Jimbos idiotische Schwester findet, daß sie gärtnerische Begabung besitzt, und hat ihren armen Trottel von Ehemann dazu gebracht, neben ihrer Küche ein Treibhaus aufzustellen. Und was wächst darin? Unkraut und Giftsumach. Was für eine Meisterleistung.«

Loretta hob noch einmal die Schultern und griff nach Bier und Zigarette. »Wie geht es eigentlich dir, Ernie? Gibt es etwas Neues?«

Ernie war vorsichtig. »Nicht viel.«

Loretta seufzte. »Bei mir auch nicht. Immer das gleiche alte Lied. Jimbo und ich sparen, damit wir nächstes Jahr, wenn er in Pension geht, von hier fortziehen können. Alle behaupten, daß in Fort Lauderdale wirklich was los ist. Jimbo bekommt von den Jahren, in denen er den Sattelschlepper gefahren hat, Hämorrhoiden. Ich rechne ihm immer wieder vor, wieviel ich als Aushilfskellnerin verdienen könnte, aber er will nicht, daß jemand mit mir flirtet.« Loretta rieb die Hand an der Theke und schüttelte den Kopf. »Kannst du dir vorstellen, daß Jimbo nach fünfundzwanzig Ehejahren noch immer glaubt, daß jeder Mann auf der Welt auf mich scharf ist? Natürlich schmeichelt es mir, aber es kann einen auch ganz schön nerven.« Sie seufzte tief. »Jimbo ist der leidenschaftlichste Mann, den ich je kennengelernt habe. Aber wie meine Mutter immer gesagt hat, ist eine gute Nummer im Bett noch besser, wenn zwischen Federn und Matratze eine volle Brieftasche liegt.«

»Das hat deine Mutter gesagt?« Diese Lebensweisheit stimmte Ernie nachdenklich. Er nahm seinen vierten Seagrams mit Seven-up in Angriff.

Loretta nickte. »Sie war immer gut gelaunt, aber sie nahm auch kein Blatt vor den Mund. Hol's der Teufel. Vielleicht gewinne ich eines Tages in der Lotterie.«

Die Versuchung war zu groß. Ernie glitt so rasch, wie es seinem dicken Körper möglich war, über die beiden freien Barhocker. »Zu schade, daß du nicht mein Glück hast«, flüsterte er.

Während Lou, der Barmann, »letzte Bestellung, Leute!« brüllte, klopfte sich Ernie genau über dem Herzen auf die massive Brust.

»Wie man so sagt, Loretta, sind manche auserwählt. Bei

der Weihnachts-Sonderziehung gab es sechzehn Gewinnlose. Eines von ihnen ist mit einer Sicherheitsnadel an meiner Unterwäsche befestigt.« Ernie fiel auf, daß seine Zunge sich schwer anfühlte. Seine Stimme sank zu einem verstohlenen Flüstern herab. »*Zwei Millionen Dollar.* Was sagst du dazu?«

Loretta ließ ihre Zigarette fallen und auf der Kummer gewohnten Theke unbeachtet weiterglimmen. »*Du machst Witze!*«

»Mach ich nicht.« Jetzt strengte ihn das Sprechen wirklich an. »Wilma und ich setzen immer die gleiche Zahl, 1-9-4-7-5-2. 1947, weil es das Jahr war, in dem ich von der High-School abging. Zweiundfünfzig das Jahr, in dem Wee Willie zur Welt kam.« Sein triumphierendes Lächeln ließ keinen Zweifel daran aufkommen, daß er die Wahrheit sagte. »Das verrückte daran ist, daß Wilma es noch gar nicht weiß. Sie ist bei ihrer Schwester Dorothy auf Besuch und kommt erst morgen zurück.« Ernie suchte seine Brieftasche und verlangte gleichzeitig die Rechnung.

Als Ernie schwankte, weil der Fußboden plötzlich schief zu sein schien, kam Lou hinter der Theke hervor und beobachtete ihn: »Du wartest hier, Ernie«, befahl er. »Du bist blau. Sobald ich dichtgemacht habe, fahre ich dich nach Hause. Du läßt deinen Wagen stehen.«

Ernie machte sich beleidigt auf den Weg zur Tür. Lou deutete doch tatsächlich an, daß er betrunken war. Der Kerl hatte Nerven. Ernie öffnete die Tür zur Damentoilette und bemerkte seinen Irrtum erst, als er sich in der Kabine befand.

Loretta glitt vom Barhocker und sagte schnell: »Ich setze ihn ab, Lou. Er wohnt nur zwei Häuserblocks von mir entfernt.«

Lou runzelte die Stirn. »Jimbo wird nicht damit einverstanden sein.«

»Dann erzähl es ihm nicht.« Sie sahen zu, wie Ernie unsicher aus der Damentoilette herausschwankte. »Glaubst du wirklich, daß er einen Annäherungsversuch unternehmen wird?« fragte sie verächtlich.

Lou gelangte zu einem Entschluß. »Du tust mir damit einen Gefallen. *Aber erzähle es Jimbo nicht.*«

Loretta stieß ihr widerliches Ha-ha-Gebrüll aus. »Glaubst

du, daß ich meine neuen Jacketkronen riskiere? Ich muß sie noch ein Jahr abstottern.«

Ernie vernahm undeutlich irgendwo hinter sich Stimmen und Gelächter. Er fühlte sich plötzlich elend. Das bunte Muster des gefliesten Bodens begann zu tanzen, so daß sich wirbelnde Punkte vor seinen Augen drehten und ihm übel wurde. Jemand packte ihn am Arm. »Ich werde dich absetzen, Ernie.« Durch das Dröhnen in den Ohren erkannte er Lorettas Stimme.

»Verdammt nett von dir, Loretta«, murmelte er. »Wahrscheinlich habe ich zu ausgiebig gefeiert.« Ihm wurde undeutlich bewußt, daß Lou etwas von einem Weihnachtsdrink auf Kosten des Hauses sagte, nachdem er seinen Wagen geholt hatte.

In Lorettas altem Bonneville Pontiac lehnte er den Kopf an die Rücklehne und schloß die Augen. Erst als Loretta ihn wach rüttelte, merkte er, daß sie seine Auffahrt erreicht hatten. »Gib mir deinen Schlüssel, Ernie. Ich helfe dir ins Haus.«

Sie legte sich seinen Arm über die Schultern und stützte ihn den Weg entlang. Ernie hörte, wie der Schlüssel im Schloß gedreht wurde, und fühlte, wie sich seine Füße durch das Wohnzimmer und den kurzen Korridor bewegten.

»Welches?«

»Welches?« Ernie konnte seine Zunge nicht dazu bringen, sich zu bewegen.

»Welches Schlafzimmer?« wiederholte Loretta gereizt. »Komm schon, Ernie, du bist keine Feder. Ach, vergiß es. Es muß das andere sein. Das hier ist ja mit den Vogelstatuen vollgestopft, die deine Tochter produziert. Du könntest sie nicht einmal als Preise in einer Klapsmühle verschenken, Mann. *So* verrückt ist kein Mensch.«

Ernie nahm es Loretta instinktiv übel, daß sie seine Tochter Wilma, Wee Willie, wie er sie nannte, heruntermachte. Sie würde einmal eine berühmte Bildhauerin sein. Seit sie 1968 das Studium abgebrochen hatte, wohnte sie in New Mexico und verdiente sich ihren Lebensunterhalt, indem sie abends als Kellnerin bei McDonald's arbeitete. Tagsüber fertigte sie Tonwaren an und meißelte Vögel.

Ernie spürte, daß man ihn umdrehte und ihm einen Schubs versetzte. Seine Knie gaben nach, und er hörte das vertraute Quietschen der Bettfedern. Dankbar seufzend streckte er sich aus und war hinüber.

Wilma Bean und ihre Schwester Dorothy hatten einen angenehmen Tag verbracht. Wilma war achtundfünfzig und von Zeit zu Zeit gern mit der dreiundsechzigjährigen Dorothy zusammen. Die Schwierigkeit bestand darin, daß Dorothy sehr überheblich war und ständig an Ernie und Wee Willie etwas auszusetzen hatte, und das vertrug Wilma auf die Dauer nicht. Aber Dorothy tat ihr leid. Ihr Mann hatte sie vor zehn Jahren verlassen und lebte jetzt mit seiner zweiten Frau, einer Karate-Lehrerin, in Saus und Braus. Mit ihrer Schwiegertochter vertrug Dorothy sich nicht. Dorothy arbeitete noch immer stundenweise in einem Versicherungsbüro als Schadenssachverständige. Sie erzählte Wilma oft: »Gefälschte Schadensansprüche haben bei mir keine Chance.«

Nur wenige Menschen glaubten, daß sie Schwestern waren. Dorothy sah, wie Ernie es ausdrückte, wie eine Eins aus – gerade hinauf und gerade hinunter; sie hatte schütteres graues Haar, das sie im Nacken zu einem strengen Knoten aufgesteckt trug. Tatsächlich war Dorothy immer noch neidisch, weil Wilma die Hübschere war; jetzt war sie zwar rundlich, hatte aber keine Falten und hatte sich auch sonst kaum verändert. Abgesehen davon fand Wilma, daß Blut dicker sei als Wasser und daß einmal in vier Monaten ein Wochenende in Philadelphia, vor allem zur Weihnachtszeit, noch immer Vergnügen bereitete.

Am Nachmittag des Tages, an dem die Lotterie-Ziehung stattfand, holte Dorothy ihre Schwester Wilma vom Bahnhof ab. Sie aßen beim Burger King einen späten Lunch und fuhren dann durch die Gegend, in der Grace Kelly aufgewachsen war. Beide waren sie begeisterte Fans von ihr gewesen. Nachdem sie sich darauf geeinigt hatten, daß Prinz Albert heiraten sollte, daß Prinzessin Caroline ruhiger geworden war und sich benahm, wie es sich gehörte, und daß Prinzessin Stephanie in ein Kloster gesperrt werden sollte, bis sie vernünftig würde, gingen sie erst ins Kino und anschließend in Dorothys Wohnung. Dort erwartete sie ein gebratenes Huhn; sie tratschten beim Essen und danach noch bis spät in die Nacht hinein.

Dorothy beschwerte sich bei Wilma darüber, daß ihre Schwiegertochter keine Ahnung habe, wie man ein Kind erzieht, und zu eigensinnig sei, um nützliche Ratschläge zu befolgen.

»Du hast wenigstens Enkel«, seufzte Wilma. »Bei Wee Willie läuten noch lange keine Hochzeitsglocken. Sie will unbedingt als Bildhauerin Karriere machen.«

»Ausgerechnet als Bildhauerin?« fuhr Dorothy sie an.

»Wenn wir uns nur einen guten Lehrer leisten könnten«, seufzte Wilma und versuchte, den Seitenhieb zu überhören.

»Ernie sollte Wilma nicht auch noch ermutigen«, meinte Dorothy schonungslos. »Sag ihm, er soll kein solches Theater um das Zeug machen, das sie nach Hause schickt. Bei euch sieht es aus wie in einem von einem Irren entworfenen Vogelhaus. Wie geht es Ernie? Du hältst ihn hoffentlich von Bars fern. Hör auf mich: Er hat die Anlagen zum Alkoholiker. All diese geplatzten Äderchen auf der Nase.«

Wilma dachte an die übergroßen Weihnachtspakete von Wee Willie, die vor einigen Tagen eingetroffen waren. *Erst zu Weihnachten öffnen* stand auf ihnen, und im Begleitbrief hatte sie geschrieben: »Warte, bis du sie siehst, Mutter. Ich bin jetzt bei Pfauen und Papageien.« Wilma dachte auch an die kürzliche Weihnachtsfeier im Kaufen-Sie-hier-Einkaufszentrum, bei der Ernie zuviel getrunken und eine Kellnerin in die Kehrseite gezwickt hatte.

Obwohl Dorothy damit recht hatte, daß Ernie dem Alkohol nicht widerstehen konnte, ärgerte sich Wilma darüber, daß sie ihr die Wahrheit so schonungslos unter die Nase rieb.

»Ernie wird vielleicht unvernünftig, wenn er ein oder zwei Gläschen zuviel getrunken hat, aber in bezug auf Wee Willie irrst du dich. Sie hat wirklich Talent, und wenn ich zu Geld komme, werde ich ihr helfen, das zu beweisen.«

Dorothy schenkte sich noch eine Tasse Tee ein. »Du vergeudest offenbar immer noch dein Geld für Lotterielose.«

»Klar«, antwortete Wilma fröhlich; sie mußte sich bemühen, ihre gute Laune zu retten. »Heute abend ist die Weihnachtsziehung. Wenn ich zu Hause wäre, würde ich vor dem Apparat sitzen und beten.«

»Die Zahlenkombination, die du ständig spielst, ist lächerlich. 1-9-4-7-5-2. Ich kann verstehen, daß eine Frau das Jahr wählt, in dem ihr Kind zur Welt kam, aber das Jahr, in dem Ernie von der High-School abging? Das ist kindisch.«

Wilma hatte Dorothy nie erzählt, daß Ernie sechs Jahre gebraucht hatte, um sich durch die High-School zu kämpfen, und daß seine Familie nach dem Examen den ganzen Block zur Feier eingeladen hatte. »Die schönste Party, auf der ich jemals war«, erzählte er Wilma immer wieder und strahlte noch bei der Erinnerung. »Sogar der Bürgermeister ist gekommen.«

Außerdem mochte Wilma diese Zahlenkombination. Sie war davon überzeugt, daß sie und Ernie eines Tages damit viel Geld gewinnen würden. Nachdem sie Dorothy gute Nacht gesagt und vor Anstrengung keuchend die Couch zurechtgemacht hatte, auf der sie bei ihren Besuchen schlief, dachte sie darüber nach, daß Dorothy von Mal zu Mal bissiger wurde. Sie redete ihren Gesprächspartnern ein Loch in den Bauch, und es war kein Wunder, daß ihre Schwiegertochter sie als »unerträgliche Nervensäge« bezeichnete.

Am nächsten Tag stieg Wilma zu Mittag in Newark aus dem Zug. Ernie sollte sie abholen. Als sie zu ihrem Treffpunkt beim Haupteingang der Station kam, erblickte sie zu ihrem Schrecken aber statt Ernie ihren Nachbarn Ben Gump.

Sie lief auf ihn zu; ihr üppiger Körper war vor Spannung verkrampft. »Ist etwas geschehen? Wo ist Ernie?«

Bens hageres Gesicht verzog sich zu einem Lächeln. »Nein, es ist alles in Ordnung, Wilma. Ernie ist mit einem Anflug von Grippe oder etwas Ähnlichem aufgewacht und hat mich gebeten, dich abzuholen. Ich habe ja nichts zu tun und kann den ganzen Tag lang zusehen, wie das Gras wächst.«

Er lachte herzlich über diesen Witz, der seit seiner Pensionierung sein Markenzeichen war.

»Grippe«, spottete Wilma. »Ich fresse sofort einen Besen …«

Ernie war ein ruhiger Mann, und Wilma hatte sich auf die

friedliche Heimfahrt gefreut. Beim Frühstück hatte Dorothy, die ihre Zuhörerin verlor, nonstop gesprochen, ein Wasserfall von bissigen Bemerkungen, und Wilma hatte Kopfschmerzen bekommen.

Um sich durch Bens Schneckentempo und seine langatmigen Geschichten nicht aus der Ruhe bringen zu lassen, konzentrierte sie sich auf den angenehm aufregenden Augenblick, wenn sie sofort nach ihrer Ankunft die Lotterieergebnisse in der Zeitung aufschlagen würde. 1-9-4-7-5-2, 1-9-4-7-5-2 summte sie vor sich hin. Natürlich war das dumm, die Ziehung war ja vorbei – aber sie hatte trotzdem ein gutes Gefühl. Ernie hätte sie bestimmt angerufen, wenn sie gewonnen hätten, aber selbst wenn sie nur in die Nähe gekommen waren, vielleicht drei oder vier der sechs Zahlen erraten hatten, wußte sie, daß sie von nun an Glück haben würden.

Sie stellte fest, daß der Wagen nicht in der Auffahrt stand, und erriet den Grund. Wahrscheinlich parkte er vor der Harmonie-Bar. Sie schaffte es, Ben Gump an der Tür abzuschütteln, indem sie ihm überschwenglich dafür dankte, daß er sie abgeholt hatte, aber die deutlichen Hinweise auf eine Tasse heißen, starken Kaffee überhörte. Dann ging sie gleich ins Schlafzimmer. Wie sie erwartet hatte, lag Ernie im Bett. Er hatte sich die Decke bis zur Nasenspitze hinaufgezogen, aber ein einziger Blick genügte ihr, um festzustellen, daß er einen ausgewachsenen Kater hatte. »Wenn die Katze aus dem Haus ist, tanzen die Mäuse auf dem Tisch«, seufzte sie. »Hoffentlich fühlt sich dein Kopf wie ein Fesselballon an.«

In ihrem Ärger stieß sie gegen den einen Meter großen Pelikan, den Wee Willie zum Erntedankfest geschickt hatte und der auf einem Tisch neben der Schlafzimmertür stand. Bei seinem Sturz riß er eine Tonvase mit, ein Frühwerk von Wee Willie und dazu das Christfestarrangement aus Weihnachtssternen und blühenden Blumen, das Wilma kunstvoll gebastelt hatte.

Als Wilma die Scherben der Vase zusammengefegt, das Arrangement wiederhergestellt und den Pelikan, dem jetzt ein Stück eines Flügels fehlte, auf den Tisch zurückgestellt hatte, war sie mit ihrer Geduld am Ende. Aber der Gedanke an den magischen Augenblick, in dem sie nachsah und feststellte, wie nahe sie dem Gewinn gekommen waren – vielleicht waren sie diesmal sogar sehr nahe drangewesen –, brachte ihre übliche gute Laune zurück. Sie machte sich eine Tasse Kaffee und Zimttoast zurecht, setzte sich an den Küchentisch und schlug die Zeitung auf.

Sechzehn glückliche Gewinner teilen sich den Zweiunddreißig-Millionen-Dollar-Preis, lautete die Schlagzeile.

Sechzehn glückliche Gewinner. Wenn sie nur einer von ihnen wäre! Wilma legte die Hand über die Zahlenreihe. Sie wollte eine Zahl nach der anderen aufdecken – das erhöhte die Spannung.

1-9-4-7-5-

Wilma holte tief Luft. Ihr Kopf hämmerte. Die Spannung war beinahe unerträglich, als sie die Hand wegzog.

Bei ihrem Aufschrei und dem Geräusch des umfallenden Küchenstuhls setzte sich Ernie kerzengerade im Bett auf.

Das Jüngste Gericht stand bevor.

Wilma stürzte mit strahlendem Gesicht herein. »Warum hast du es mir nicht erzählt, Ernie? *Gib mir das Los!*«

Ernie ließ den Kopf sinken. Seine Stimme war ein heiseres Flüstern. »Ich habe es verloren.«

Loretta hatte gewußt, daß es unvermeidlich war. Trotzdem rief der Anblick von Wilma Bean, die mit dem verlegenen, niedergeschlagenen Ernie im Schlepptau den schneebestäubten Betonweg heraufkam, bei ihr einen Augenblick lang Panik hervor. »Vergiß es«, sagte sie sich. »Sie haben keinerlei Beweise. Ich habe meine Spur vollkommen verwischt«, redete sie sich noch einmal ein, während Wilma und Ernie zwischen den beiden immergrünen Büschen, die Loretta mit Dutzenden von Weihnachtskerzen geschmückt hatte, die Stufen zu der Veranda hinaufstiegen. Loretta hatte sich ihre Geschichte genau zurechtgelegt. Sie habe Ernie bis zu seiner Haustür begleitet. Jeder, der wisse, wie eifersüchtig Big Jimbo sei, würde verstehen, daß Loretta die Schwelle zum Heim eines anderen Mannes nur dann überschritt, wenn seine Frau zu Hause war.

Wenn Wilma sich nach dem Los erkundigte, würde Loretta

fragen: »Was für ein Los?« Ernie habe ihr gegenüber *nichts* von einem Los erwähnt. Er sei in seinem Zustand gar nicht fähig gewesen, vernünftig zu sprechen. Frag Lou. Ernie sei nach ein paar Drinks blau gewesen. Wahrscheinlich war er schon vorher irgendwo eingekehrt.

Hatte Loretta ein Los für die Weihnachts-Sonderziehung gekauft? Natürlich habe sie etliche Lose gekauft. Willst du sie sehen? Immer, wenn sie daran denke, nehme sie ein paar Lose mit. Nie im gleichen Geschäft. Im Spirituosenladen, im Papiergeschäft – wie es der Zufall wollte. Und immer nehme sie die Zahlen, die ihr auf Anhieb einfielen.

Loretta kratzte sich heftig an der rechten Hand. Der verdammte Giftsumach. Sie hatte das Gewinnlos 1-9-4-7-5-2 sicher in der Zuckerschale ihres besten Services versteckt. Man hatte ein Jahr Zeit, um seinen Gewinn anzufordern. Knapp bevor das Jahr zu Ende war, würde sie »zufällig« darüber stolpern. Mochten Wilma und Ernie doch heulen, daß es das ihre war.

Es klingelte. Loretta fuhr sich über das leuchtende Goldhaar, das sie zu einer Windstoßfrisur aufgetürmt hatte, schob die Achselpolster ihres flitterbesetzten Pullovers zurecht und lief in den winzigen Vorraum. Als sie die Tür öffnete, setzte sie ein strahlendes Lächeln auf, achtete aber gleichzeitig darauf, nicht zu sehr zu lächeln. Ihr Gesicht war eine ihrer ständigen Sorgen, weil das Gesicht ihrer Mutter im Alter von sechzig Jahren wie zerknittertes Seidenpapier ausgesehen hatte. »Was für eine reizende Überraschung – Wilma, Ernie«, sprudelte sie hervor. »Kommt herein, kommt doch herein.«

Sie übersah großzügig, daß weder Wilma noch Ernie ihr antworteten, daß keiner sich die Mühe machte, sich auf der eigens zu diesem Zweck im Vorzimmer liegenden Fußmatte den Schnee von den Schuhen abzustreifen, daß sie die Begrüßung weder lächelnd noch herzlich erwiderten.

Wilma lehnte es ab, sich zu setzen, eine Tasse Tee oder eine Bloody Mary zu trinken. Sie sagte klar und deutlich, weshalb sie gekommen waren. Ernie hatte ein Zwei-Millionen-Lotterielos besessen. Er hatte Loretta in der Harmonie-Bar davon erzählt. Loretta hatte ihn von der Harmonie nach Hause gefahren und in sein Zimmer gebracht. Ernie war umgekippt – und das Los war weg.

Bevor Loretta hauptberuflich Revuegirl geworden war, hatte sie 1945 in der Sonny-Tufts-Schule für Thespisjünger Theaterspielen gelernt. Sie stützte sich auf diese lang zurückliegende Erfahrung, während sie Wilma und Ernie ihre gut einstudierte Szene ehrlich und ernsthaft vorspielte. Ernie habe ihr nie auch nur ein Wort von einem Gewinnlos gesagt. Sie habe ihn nur deshalb nach Hause gefahren, weil sie ihm und Lou einen Gefallen erweisen wollte. Lou wollte noch zusperren, und er sei außerdem ein solcher Zwerg, daß er mit Ernie nicht um die Wagenschlüssel kämpfen könne. »Du hast dich wenigstens bereit erklärt, mich fahren zu lassen«, erklärte sie Ernie entrüstet. »Indem ich dich in meinem Wagen schnarchen ließ, habe ich mein Leben aufs Spiel gesetzt.« Sie wandte sich an Wilma, um von Frau zu Frau mit ihr zu sprechen. »Du weißt doch, wie eifersüchtig Jimbo, dieser dumme Kerl, auf mich ist. Als wäre ich noch sechzehn. Ich würde auf keinen Fall dein Haus betreten, Wilma, wenn du nicht da bist. In der Harmonie warst du wirklich schnell hinüber, Ernie. Frag doch Lou. Bist du zuerst in einem anderen Lokal eingekehrt und hast dort vielleicht jemandem von dem Los erzählt?«

Als Loretta den Zweifel und die Verwirrung auf den Gesichtern der beiden sah, beglückwünschte sie sich. Einige Minuten später gingen sie. »Hoffentlich findet ihr es. Ich werde darum beten«, versprach sie fromm. Sie wollte ihnen nicht die Hand geben und erzählte Wilma vom Treibhaus ihrer dummen Schwägerin und deren Giftsumach-Zucht. »Kommt auf einen Weihnachtsdrink zu uns«, drängte sie. »Jimbo wird am Heiligen Abend gegen vier Uhr nach Hause kommen.«

Als sie zu Hause niedergeschlagen bei einer Tasse Tee saßen, erklärte Wilma: »Sie lügt. Ich weiß, daß sie lügt, aber wer kann es beweisen? Fünfzehn Gewinner haben sich bereits gemeldet. Einer fehlt und hat ein Jahr Zeit, den Gewinn zu beanspruchen.« Sie merkte gar nicht, daß ihr Tränen der Enttäuschung über die Wangen liefen. »Sie erzählt jedem, der es hören will, daß sie ihre Lose in den verschiedensten Geschäften kauft. Das wird sie auch während der nächsten einundfünfzig Wochen tun, und dann wird sie das Los finden, das sie vollkommen vergessen hatte.«

Ernie beobachtete stumm und verzweifelt seine Frau. Es kam nicht häufig vor, daß Wilma weinte. Als ihr Gesicht fleckig wurde und ihre Nase anfing zu laufen, hielt er ihr sein rotes, großes Taschentuch hin. Seine plötzliche Bewegung brachte einen Keramik-Kolibri aus dem Gleichgewicht, der von der Anrichte hinter Ernie auf den Boden fiel. Der Schnabel des Kolibris zersplitterte auf den Fliesen aus Marmorimitation in der Frühstücksnische der Küche, und Wilma begann wieder zu jammern.

»Ich hatte gehofft, daß Wee Willie in der Lage sein würde, den Posten bei McDonald's aufzugeben, zu studieren und nur noch Vögel herzustellen«, schluchzte sie. »Und jetzt ist dieser Traum geplatzt.«

Um ganz sicher zu sein, ging sie zum Glückskleeblatt in der Nähe des Kaufen-Sie-hier-Einkaufszentrums in Paramus: Der Barmann bestätigte, daß Ernie am vergangenen Abend gegen Mitternacht dort gewesen war, zwei oder drei Drinks konsumiert, aber mit niemandem gesprochen hatte. »Er hat nur dagesessen und gegrinst wie ein Kater, der den Kanarienvogel gefressen hat.«

Nach dem Abendessen, das keiner von ihnen anrührte, untersuchte Wilma sorgfältig Ernies Unterhemd, an dem noch die Sicherheitsnadel hing. »Sie hat sich nicht einmal die Mühe gemacht, die Nadel herauszuziehen«, stellte sie erbittert fest. »Sie hat einfach hineingegriffen und es losgerissen.«

»Können wir sie vielleicht verklagen?« schlug Ernie vorsichtig vor. Ihm wurde immer klarer, wie ungeheuer dumm er gewesen war. Er hatte sich betrunken, hatte Loretta sein Herz ausgeschüttet.

Wilma war zu müde, um zu antworten. Sie öffnete den Koffer, den sie noch nicht ausgepackt hatte, und nahm ihr Flanellnachthemd heraus. »Natürlich können wir sie verklagen«, meinte sie sarkastisch, »dafür, daß sie zu schnell denkt, wenn sie es mit einem Blödmann zu tun hat. Jetzt schalte das Licht ab, geh zu Bett und hör auf, dich zu kratzen. Du machst mich wahnsinnig.«

Ernie rieb sich ungefähr dort die Brust, wo sich das Herz befindet. »Da juckt etwas«, jammerte er.

Als Wilma die Augen schloß, klingelte es irgendwo in ihrem Hinterkopf. Sie war so erschöpft, daß sie beinahe sofort einschlief, aber in ihren Träumen schwebten Lotterielose wie Schneeflocken durch die Luft. Von Zeit zu Zeit rissen sie Ernies ruhelose Bewegungen aus dem Schlaf. Normalerweise rührte er sich genauso wenig wie ein Bär während des Winterschlafs.

Der Weihnachtsmorgen dämmerte grau und trostlos herauf. Wilma schleppte sich im Haus herum und legte lustlos Geschenke unter den Baum. Die beiden Pakete von Wee Willie. Hätten sie das Gewinnlos nicht verloren, hätten sie Wee Willie anrufen und sie auffordern können, über Weihnachten nach Hause zu kommen. Vielleicht wäre sie ja gar nicht gekommen ... Wee Willie mochte die Mittelklasse-Haushalte im Vorstadtmilieu nicht. In diesem Fall hätte Ernie seinen Job an den Nagel hängen können, und sie hätten Wee Willie demnächst in Arizona besucht. Und Wilma wäre in der Lage gewesen, den Fernsehapparat mit dem Achtzig-Zentimeter-Bildschirm zu kaufen, der sie vergangene Woche bei Trader Horn so beeindruckt hatte. Wenn sie sich vorstellte, daß sie J. R. achtzig Zentimeter groß sah ...

Schon gut. Verschüttete Milch. Nein, verschütteter *Alkohol*. Ernie hatte ihr erzählt, daß er vorgehabt hatte, das Lotterielos in ihre Strumpfhose zu stecken und das Ganze auf den Kaminsims zu hängen. Wilma versuchte, nicht daran zu denken, wie aufregend das gewesen wäre.

Ernie war seinen Kater noch immer nicht los und hatte sich schon den zweiten Tag krank gemeldet, aber Wilma ging trotzdem nicht gerade freundlich mit ihm um. Sie setzte ihm genau auseinander, was er mit seinem Brummschädel tun konnte.

Am Nachmittag ging Ernie in das Schlafzimmer und schloß die Tür hinter sich. Nach einer Weile wurde Wilma besorgt und folgte ihm. Ernie saß auf dem Bettrand, hatte das Hemd ausgezogen und kratzte sich kläglich die Brust. »Mir geht's gut«, erklärte er mit der Leidensmiene, die ihm nun scheinbar zur Gewohnheit wurde. »Es juckt nur so verdammt.«

Wilma war zwar etwas erleichtert, weil er keine Möglichkeit gefunden hatte, Selbstmord zu begehen, fragte aber gereizt: »Was juckt denn so schrecklich? Es ist noch nicht Zeit für deine Allergien, die du den ganzen Sommer über hast.«

Dann betrachtete sie die entzündete Haut genauer. »Um Himmels willen, das kommt von Giftsumach. Wo hast du das her?«

Giftsumach.

Sie starrten einander an.

Wilma holte Ernies Unterhemd von der Kommode. Sie hatte es dort liegenlassen; die Sicherheitsnadel steckte noch in ihm, und das Papierfetzchen daran war ein stummer, feindseliger Beweis für seine Dummheit. »Zieh es an«, befahl sie.

»Aber ...«

»Zieh es an!«

Es war sofort klar, daß sich das Zentrum des Giftsumachs genau dort befand, wo das Los versteckt gewesen war.

»Dieses verlogene Miststück.« Wilma schob das Kinn vor und richtete sich auf. »Sie hat doch gesagt, daß Big Jimbo gegen vier Uhr nach Hause kommen wird?«

»Ich glaube schon.«

»Gut. Es gibt nichts Besseres als ein Empfangskomitee.«

Um fünfzehn Uhr dreißig fuhren sie vor Lorettas Haus vor und parkten dort. Wie erwartet, war Jimbos achtachsiger Sattelschlepper noch nicht da. »Wir bleiben einige Minuten sitzen und bringen die Betrügerin aus der Ruhe«, entschied Wilma.

Sie sahen zu, wie die Rollos im Vorderfenster von Lorettas Haus sich bewegten. Drei Minuten vor vier deutete Ernie nervös nach vorn. »Dort. Bei der Ampel. Das ist Jimbos Laster.«

»Gehen wir«, befahl Wilma.

Loretta öffnete die Tür wieder mit strahlendem Lächeln. Wilma stellte mit grimmiger Befriedigung fest, daß das Lächeln diesmal aber sehr, sehr verkrampft wirkte.

»Ernie. Wilma. Wie nett. Ihr seid tatsächlich auf einen Weihnachtsdrink vorbeigekommen.«

»Ich werde den Weihnachtsdrink später zu mir nehmen«, sagte Wilma. »Um zu feiern, daß wir unser Los wiederhaben. Wie geht es deinem Giftsumach-Ausschlag, Loretta?«

»Der wird langsam besser. Aber mir gefällt dein Ton nicht, Wilma.«

»Nein, wirklich?« Wilma ging an dem Raumteiler mit der schwarz-rot karierten Tapete vorbei und zog das Rollo hoch. »Sieh mal an. Da ist ja Big Jimbo. Ihr beiden Turteltäubchen könnt es wahrscheinlich nicht mehr erwarten zu schnäbeln. Er wird vermutlich richtig wütend, wenn ich ihm erzähle, daß ich dich wegen Ehebruchs verklage, weil du es mit meinem Mann getrieben hast.«

»Ich habe was?« Lorettas sorgfältig aufgetragener purpurroter Lippenstift wirkte jetzt intensiver, da ihr Gesicht kalkweiß wurde.

»Du hast mich sehr gut verstanden. Ich habe Beweise dafür. Ernie, zieh dein Hemd aus. Zeig dieser Verführerin von Ehemännern deinen Ausschlag.«

»Ausschlag?« stöhnte Loretta.

»Giftsumach, genau wie deiner. Hat auf seiner Brust begonnen, weil du die Hand unter seine Unterwäsche geschoben hast, um zu dem Los zu gelangen. Komm schon. Leugne es! Sag Jimbo, daß du nichts von einem Los weißt, daß du und Ernie nur ein kleines Techtelmechtel hattet.«

»Du lügst. Verschwinde von hier. Knöpf das Hemd nicht auf, Ernie.« Loretta packte fieberhaft Ernies Hände.

»Was für ein großer Mann dein Jimbo ist«, stellte Wilma bewundernd fest, als dieser aus dem Lastwagen kletterte. Sie winkte ihm zu. »Ein wirklich großer Mann.« Sie ließ das Rollo los und ging rasch zu Loretta. »Er hat den Ausschlag auch *dort unten*«, flüsterte sie.

»O mein Gott. Ich hole es. Ich hole es. Laß die Hose an!«

Loretta rannte in das kleine Eßzimmer und riß den Wandschrank auf, der das Porzellanservice ihrer Mutter enthielt. Sie hob mit zitternden Händen die Zuckerschale heraus. Als sie nach dem Lotterielos griff, entglitt ihr die Schale und zerbrach. In dem Augenblick, in dem sie Wilma das Los in die Hand drückte, drehte sich Jimbos Schlüssel im Schloß. »Verschwindet jetzt. Und haltet den Mund.«

Wilma setzte sich auf die rot-schwarz karierte Couch. »Es wäre wirklich merkwürdig, wenn wir jetzt hinausstürmen würden. Ernie und ich werden dir und Big Jimbo bei einem Weihnachtsdrink Gesellschaft leisten.«

Die Häuser in ihrem Block waren auf den Dächern mit Weihnachtsmännern, auf dem Rasen mit Engeln und um die Fenster mit Lichterketten geschmückt. Als sie ausstiegen, bemerkte Wilma mit friedlichem Lächeln, daß es eine wirklich hübsche Wohngegend war. Drinnen überreichte sie Ernie das Los. »Steck es in meine Strumpfhose, wie du es vorgehabt hast.«

Er ging gehorsam ins Schlafzimmer und suchte ihre Lieblingsstrumpfhose heraus, die weiße mit den Straßsteinen.

Sie stöberte daraufhin in seiner Schublade und förderte einen seiner eleganten Socken zutage; er war etwas unförmig, weil Wilma nicht besonders gut stricken konnte, gehörte aber trotzdem zu seinem besten Paar. Während sie die Strümpfe an dem Sims über dem Schein-Kamin befestigte, sagte Ernie: »Wilma, ich habe …«, seine Stimme sank zu einem Flüstern herab, »dort unten keinen Giftsumach.«

»Davon bin ich überzeugt, aber es hat gewirkt. Jetzt steck das Los in meine Strumpfhose, und ich stecke dein Geschenk in deine Socken.«

»Du hast mir ein Geschenk gekauft? Nach all den Schwierigkeiten, die ich dir gemacht habe? O Wilma!«

»Ich habe es nicht gekauft. Ich habe es aus dem Medikamentenkästchen ausgegraben und eine Schleife drum gebunden.« Wilma ließ mit glücklichem Lächeln eine Flasche mit Galmei-Tinktur, wie man sie bei Ausschlägen verwendet, in Ernies Socken plumpsen.

Ein häusliches Dilemma

Am Donnerstag verließ Martin Meadows sein Büro früh genug, um für die Heimfahrt den ersten Expreß-Autobus erreichen zu können. Es war um die Stunde, wenn in den schneenassen Straßen das fliederfarbene Abendlicht verblaßte, doch bis dann der Bus von der Endstation in der Stadtmitte abfuhr, war schon alles funkelnde City-Nacht. An den Donnerstagen hatte das Dienstmädchen Ausgang, und da kehrte Martin gern so früh wie möglich heim, denn seit einem Jahr war seine Frau öfters – nicht wohl. Heute war er sehr müde und hoffte, daß ihn keiner der regelmäßig mitfahrenden Vorortbewohner in ein Gespräch ziehen würde; deshalb heftete er den Blick auf die Zeitung, bis der Autobus die George-Washington-Brücke überquert hatte. Wenn sie erst einmal auf der Überlandstraße 9 W waren, fand Martin immer, die Fahrt sei schon zur Hälfte überstanden, und er schöpfte tief Atem – selbst bei kalter Witterung, wenn nur Strahlen feiner Zugluft durch den Rauch des Wageninnern drangen – und war des festen Glaubens, er atme gute Landluft. Meistens pflegte er sich von dieser Stelle an zu entspannen und voller Freude an sein Heim zu denken. Doch im letzten Jahr war mit dem Näherkommen nur ein Gefühl der Spannung entstanden, und er freute sich nicht mehr auf das Ende der Fahrt. Heute abend hielt Martin sein Gesicht dicht ans Fenster und beobachtete die kahlen Felder und die einsamen Lichter der vorüberfliegenden Ansiedlungen. Der Mond kam hervor und schien bleich auf die dunkle Erde und auf weite Strecken zaudernden, zerfressenen Schnees. Martin fand die Gegend heute abend unendlich weit und verlassen. Kurz bevor es an der Zeit war, die Schnur zu ziehen, nahm er den Hut aus dem Netz und steckte die zusammengefaltete Zeitung in die Manteltasche.

Das Landhaus lag einen Block von der Haltestelle entfernt, in der Nähe des Flusses, aber nicht gerade am Ufer; vom

Wohnzimmerfenster aus konnte man über die Straße und gegen den gegenüberliegenden Garten blicken und dahinter den Hudson sehen. Das Haus war modern und schien fast neu und zu weiß auf dem schmalen Streifen Bauland. Im Sommer war der Rasen sanft und leuchtend, und Martin pflegte dann mit viel Liebe seine Blumenrabatte und seinen Rosenhag. Doch während der kalten, düsteren Monate sah der Garten öde aus, und das Haus wirkte nackt. Heute abend brannte in allen Zimmern des kleinen Hauses Licht, und Martin eilte hastig den Gartenpfad entlang. Vor der Treppe blieb er stehen, um einen kleinen Karren beiseite zu schieben.

Die Kinder waren im Wohnzimmer und so in ihr Spiel vertieft, daß sie das Aufgehen der Haustür gar nicht bemerkten. Martin stand still und betrachtete seine behüteten, schönen Kinder. Sie hatten das unterste Schubfach des Sekretärs geöffnet und den Weihnachtsbaumschmuck hervorgeholt. Andy hatte es fertiggebracht, die Weihnachtsbaum-Beleuchtung in die Steckdose einzuschalten, und nun glühten die grünen und roten Birnen in unzeitgemäßer Festlichkeit auf dem Wohnzimmerteppich. Er war gerade dabei, Mariannes Schaukelpferd mit den leuchtenden Schnüren zu behängen. Marianne saß auf dem Fußboden und rupfte einem Engel die Flügel aus. Die Kinder ließen ein überraschtes Begrüßungsgeschrei hören. Martin schwang sich das dicke kleine Mädchen auf die Schulter, und Andy warf sich gegen seines Vaters Beine.

»Papi, Papi, Papi!«

Martin setzte das kleine Mädchen behutsam nieder und schwenkte Andy ein paarmal wie ein Pendel hin und her. Dann hob er den Weihnachtsbaumschmuck auf.

»Weshalb liegt all das Zeug hier draußen herum? Helft mir, es wieder einzuräumen! Ihr dürft nicht mit der Steckdose spielen! Ihr wißt doch, daß ich es schon einmal verboten habe! Denke daran, Andy!«

Der sechsjährige Junge nickte und stieß das Schubfach zu. Martin streichelte das blonde, seidige Haar, und seine Hand blieb ein Weilchen zärtlich auf dem feinen Nacken des Kindes liegen.

»Habt ihr schon gegessen, Pummelchen?«

»Es hat weh getan. Das Brot war heiß.«

Das kleine Mädchen stolperte über den Teppich, und nach der ersten Verwunderung über den Sturz begann es zu weinen; Martin hob die Kleine auf und trug sie auf dem Arm in die Küche.

»Sieh mal, Papi«, sagte Andy, »da ist das Brot!«

Emily hatte den Kindern das Abendbrot auf die Porzellanplatte des Küchentisches gestellt. Zwei Teller mit Resten von Grießbrei und Ei waren da, und silberne Becher, in denen Milch gewesen war. Daneben stand eine Schüssel mit Zimtschnitten, die aber nicht angerührt worden waren, abgesehen von einem einzigen Bissen. Martin roch an dem abgebissenen Stück und kostete vorsichtig. Dann warf er alles in den Mülleimer. »Huh! Pfui – was zum Teufel …!«

Emily hatte anstatt der Zimtdose den Cayenne-Pfeffer genommen.

»Das war fein, Feuer zu essen«, sagte Andy. »Ich hab' Wasser getrunken und bin nach draußen gelaufen und hab' den Mund aufgemacht. Marianne hat nichts nicht genommen.«

»… hat keins genommen«, verbesserte Martin. Er stand hilflos da und ließ den Blick über die Wände der Küche gleiten. »Na, das ist doch …«, sagte er schließlich. »Wo ist Mami jetzt?«

»Oben bei euch!«

Martin ließ die Kinder in der Küche und ging zu seiner Frau. Vor der Tür wartete er ein Weilchen, um seinen Ärger abflauen zu lassen. Er klopfte nicht an, und als er im Zimmer stand, schloß er die Türe hinter sich.

Emily saß im Schaukelstuhl am Fenster des reizenden Zimmers. Sie hatte aus einem großen Glas getrunken, und als er eintrat, stellte sie das Glas schnell auf den Fußboden neben dem Schaukelstuhl. Aus ihrer Haltung sprachen Verwirrung und Schuld, die sie allzu offensichtlich hinter gespielter Lebhaftigkeit zu verstecken suchte.

»Oh, Marty! Bist du schon da? Die Zeit ist mir nur so verflogen! Ich wollte gerade nach unten gehen …« Sie schwankte auf ihn zu, und ihr Kuß schmeckte stark nach Sherry. Als er ihn nicht erwiderte, trat sie einen Schritt zurück und kicherte nervös.

»Was ist denn mit dir los? Weshalb stehst du so steif wie ein Telegraphenmast da? Fehlt dir etwas?«

»Ob *mir* etwas fehlt?« Martin bückte sich über den Schaukelstuhl und hob das Glas auf. »Wenn du dir nur vorstellen könntest, wie elend mich das macht – und wie schlimm es für uns alle ist!«

Emily sprach mit unechtem, munterem Tonfall, der ihm nur zu gut bekannt war. Bei solcher Gelegenheit legte sie sich gern einen leicht englischen Akzent zu und ahmte vielleicht eine Schauspielerin nach, die sie bewunderte. »Ich habe keine Ahnung, was du meinst. Falls du nicht auf das Glas anspielst, das ich für ein Tröpfchen Sherry benutzt habe. Ich hatte einen kleinen Schluck Sherry getrunken, vielleicht auch zwei. Aber ist denn das ein Verbrechen, bitte schön? Mir geht es ausgezeichnet, ganz ausgezeichnet!«

»Ja, das sieht man.«

Als Emily ins Badezimmer ging, bemühte sie sich, ernst und würdevoll auszuschreiten. Sie drehte den Hahn mit dem kalten Wasser auf und spritzte sich etwas mit der hohlen Hand ins Gesicht; dann tupfte sie es mit einem Zipfel des Badetuches trocken. Ihr Gesicht wies feine Züge auf und war jung und klar.

»Ich wollte gerade nach unten gehen und das Abendessen richten.« Sie schwankte und fand das Gleichgewicht nur dadurch wieder, daß sie sich am Türrahmen festhielt.

»Ich werde mich schon ums Essen kümmern. Bleibe du hier! Ich bringe es nach oben!« sagte er.

»Ich denke nicht daran! Was soll denn das nun heißen?«

»Bitte!« sagte Martin.

»Laß mich in Ruhe! Mir geht's ausgezeichnet. Ich wollte gerade nach unten gehen …«

»Hör auf mich!«

»Hör auf deine Großmutter!«

Sie torkelte auf die Türe zu, aber Martin packte sie am Arm. »Ich will nicht, daß die Kinder dich in diesem Zustand sehen. Sei vernünftig!«

»In diesem Zustand?« Emily entzog ihm den Arm mit einem Ruck. »Was – willst du mich zu einer Säuferin stempeln, weil ich nachmittags ein paar Glas Sherry trinke? Das nennst du ›Zustand‹? Wo ich Whiskey überhaupt nie anrühre? Das weißt du ganz genau. Und ich trinke nie in einer Bar. Von dir kannst du das nicht behaupten! Ich nehme nicht mal einen Cocktail vor dem Abendessen. Nur manchmal ein Gläschen Sherry. Soll das etwa eine Schande sein, frag ich dich? ›Zustand‹!«

Martin suchte nach Worten, um seine Frau zu beruhigen. »Wir wollen hier oben friedlich Abendbrot essen, wir beide ganz allein! Sei lieb, ja?« Emily setzte sich auf den Bettrand, und er öffnete schnell die Tür und sagte im Hinausgehen: »Ich bin im Nu wieder da!«

Während er sich unten mit dem Abendessen beeilte, versank er wieder in Grübeleien über die alte Frage, wieso ein solches Unglück über sein Heim hatte hereinbrechen können. Er hatte immer gern einen guten Tropfen getrunken. Als sie noch in Alabama wohnten, war es selbstverständlich gewesen, daß sie Cocktails oder ein anderes Getränk zu sich nahmen. Jahrelang hatten sie ein oder zwei, vielleicht auch drei Glas vor dem Essen getrunken, und vor dem Schlafengehen noch einen Nachttrunk. An Abenden vor Feiertagen hatten sie wohl auch eine ganze Flasche geleert oder waren gar etwas angeheitert. Aber für ihn war das Trinken nie eine leidige Frage gewesen, höchstens eine lästige Ausgabe, die sie sich, als sie Kinder bekamen, kaum noch leisten konnten. Erst nachdem seine Firma ihn nach New York versetzt hatte, bemerkte Martin, daß seine Frau bestimmt zuviel trank. Ihm fiel auf, daß sie auch tagsüber süffelte.

Nachdem das Übel einmal erkannt war, versuchte Martin, ihm auf den Grund zu gehen. Die Versetzung von Alabama nach New York hatte sie irgendwie erschüttert: sie war an die lässige Behaglichkeit einer kleinen Stadt in den Südstaaten gewöhnt, an den Schoß der Familie, an Vettern und Basen und Jugendfreundinnen, und nun konnte sie sich nicht an die strengeren, ernsteren Ansichten im Norden anpassen. Die Pflichten als Mutter und Hausfrau waren ihr beschwerlich;

sie hatte Heimweh nach *Paris City* und konnte sich in der kleinen Vorstadt mit niemandem anfreunden. Sie las nur Zeitschriften und Kriminalromane. Ohne den falschen Zauber des Alkohols schien ihr das Leben nichtig. Auf heimtückische Art unterminierten die Folgen der Unmäßigkeit seine Einstellung zu seiner Frau. Es kamen Zeiten, wo sie unbegreiflich boshaft sein konnte, Zeiten, wo der Alkohol wie ein schwelender Funke einen unschönen Wutausbruch hervorrief. Er stieß bei Emily auf ungeahnte vulgäre Seiten, die mit ihrem sonstigen schlichten Wesen nicht übereinstimmten. Sie log ihm wegen ihrer Trinkerei etwas vor und hinterging ihn mit unvermuteten Ausflüchten.

Dann geschah das Unglück. Als er eines Abends vor etwa einem Jahr nach Hause kam, schallten ihm Schreie aus dem Kinderzimmer entgegen. Er fand Emily, die das nackte, vom Bad noch nasse Baby trug. Sie hatte es fallen lassen, und der zarte, zarte Schädel der Kleinen war auf die Tischkante aufgeschlagen, so daß ein rotes Blutrinnsal durch das seidenweiche Haar lief. Emily schluchzte und war betrunken. Martin hatte das verletzte Kind, das ihm nun so unendlich teuer wurde, auf den Armen gewiegt und dabei ein grauenhaftes Zukunftsbild vor Augen gehabt.

Am folgenden Tag war Marianne wohlauf. Emily gelobte, sie würde nie wieder Alkohol anrühren, und ein paar Wochen lang war sie nüchtern und elend und niedergeschlagen. Dann fing sie allmählich wieder an – nicht mit Whiskey oder Gin, aber mit reichlich Bier oder Sherry und ausländischen Likören; einmal war er auf eine Hutschachtel voll leerer *Crème-de-Menthe*-Flaschen gestoßen. Martin fand ein zuverlässiges Mädchen, das den Haushalt umsichtig besorgte. Virgie stammte auch aus Alabama, und Martin hatte es nie gewagt, Emily zu erzählen, wie hoch die Löhne in New York waren. Emily trank nun ganz im geheimen und ehe er nach Hause kam. Im allgemeinen war die Wirkung kaum wahrzunehmen – höchstens eine gewisse Unbeherrschtheit in den Bewegungen oder schwere Augenlider. So unverantwortliche Handlungen wie die Sache mit dem Cayenne-Pfeffer kamen selten vor, und wenn Virgie zu Hause war, brauchte sich

Martin keine Sorgen zu machen. Doch trotzdem spürte er immer eine nagende Unruhe, und ein drohendes Unheil unbestimmter Art schien dauernd über seinem Leben zu schweben.

»Marianne!« rief Martin, denn der bloße Gedanke an jene schlimme Zeit zwang ihn, sich sofort zu vergewissern. Die Kleine, die jetzt alles andere als verletzt, ihrem Vater aber deshalb ebenso teuer war, kam mit dem Bruder in die Küche. Martin fuhr fort, das Abendessen zurechtzumachen. Er öffnete eine Dose mit fertiger Suppe und legte zwei Schnitzel in die Bratpfanne. Dann setzte er sich an den Küchentisch und ließ seine Marianne auf den Knien reiten, Andy sah ihnen zu und wackelte mit den Fingern am Zahn, der schon seit einer Woche locker war.

»Andy-Mann!« rief Martin. »Steckt der alte Knochen immer noch in deinem Mund? Komm mal her, laß Papi mal nachsehen!«

»Ich hab einen Faden, mit dem kann ich ihn rausziehen!« Der Kleine zog einen verfilzten Faden aus der Tasche. »Virgie hat mir gesagt, ich soll ihn um den Zahn binden und das andere Ende an die Türklinke, und dann soll ich die Tür ganz furchtbar rasch zuwerfen.«

Martin zog ein sauberes Taschentuch hervor und befühlte vorsichtig den losen Zahn. »Der Zahn muß heute abend noch raus aus Andys Mund. Sonst bekommen wir leider einen Zahnbaum.«

»Was ist das, Papi?«

»Ein Zahnbaum«, sagte Martin. »Da beißt du auf etwas Hartes und verschluckst dabei den Zahn. Und der Zahn bekommt Wurzeln, und in Andys armem kleinem Magen wächst ein Zahnbaum, der hat keine Blätter, sondern lauter spitze kleine Zähne.«

»Huh, Papi!« rief Andy. Doch den Zahn hielt er mit seinem schmutzigen kleinen Daumen und Zeigefinger fest. »So einen Baum gibt's gar nicht. Ich hab' noch nie einen gesehen!«

»Es gibt auch keinen, und ich hab' auch noch nie so einen Baum gesehen!«

Martin horchte plötzlich auf. Emily kam die Treppe herunter. Er hörte ihre torkelnden Schritte, und voller Befürchtungen schloß er den Kleinen in seine Arme. Als Emily in die Küche trat, konnte er an ihren Bewegungen und dem mürrischen Gesicht sehen, daß sie der Sherryflasche schon wieder zugesprochen hatte. Sie begann, Schubfächer aufzureißen und den Tisch zu decken.

»In meinem Zustand!« sagte sie mit belegter Stimme. »So redest du mit mir! Glaub nur nicht, daß ich's vergesse! Ich erinnere mich an all deine gemeinen Lügen, die du zu mir sagst. Glaub ja keine Minute lang, daß ich sie vergesse!«

»Emily!« bat er. »Die Kinder …«

»Die Kinder – jawohl! Bilde dir nur nicht ein, daß ich deine gemeinen Pläne nicht durchschaue! Du willst hier unten sein, damit du mir meine eigenen Kinder abspenstig machen kannst. Glaub ja nicht, daß ich das nicht wüßte und durchschaue!«

»Emily! Ich bitte dich – geh nach oben, ja?«

»Damit du die Kinder, meine eigenen Kinder, mir abspenstig machen …« Zwei große Tränen liefen ihr schnell über die Wangen. »Willst meinen kleinen Sohn, meinen Andy, gegen seine eigene Mutter aufhetzen!«

Mit dem Ungestüm der Betrunkenen kniete Emily vor dem erschrockenen Kind auf dem Fußboden. Mit den Händen auf seinen Schultern suchte sie sich im Gleichgewicht zu halten. »Hör zu, mein Andy – du darfst nicht glauben, was dein Vater dir vorlügt. Du mußt nicht glauben, was er sagt, hörst du? Sag mal, Andy, was hat dir dein Vater erzählt, ehe ich in die Küche kam?« Das Kind blickte seinen Vater unsicher an. »Komm, erzähl's mir! Mama möchte es wissen!«

»Vom Zahnbaum.«

»Was?«

Das Kind wiederholte die Worte, und sie sprach sie ihm in ungläubigem Entsetzen nach. »Vom Zahnbaum!« Sie schwankte und klammerte sich fester an die Schultern des Kindes. »Ich weiß nicht, was du da sagst. Aber hör zu, Andy, Mama ist lieb, nicht wahr?« Die Tränen rollten ihr nun übers Gesicht, und Andy wich vor ihr zurück, denn er fürchtete sich. Emily packte die Tischkante und zog sich hoch.

»Da haben wir's! Du hast mein Kind gegen mich aufgehetzt!«

Marianne begann zu weinen, und Martin nahm sie auf den Arm.

»So ist's recht, nimm du nur deinen Liebling! Von Anfang an hast du sie vorgezogen. Mir ist's ja gleich, aber du könntest mir wenigstens meinen kleinen Jungen lassen.«

Andy drängte sich an seinen Vater und umklammerte sein Bein. »Papi«, sagte er kläglich.

Martin führte die Kinder an den Fuß der Treppe. »Andy, bring Marianne nach oben, und Papi kommt ganz schnell nach!«

»Aber Mami?«

»Mami geht's gut, laß nur!«

Emily saß schluchzend vor dem Küchentisch und hatte das Gesicht in den Armen vergraben. Martin schenkte ihr eine Tasse Suppe ein und stellte sie vor sie hin. Ihr rasselndes Schluchzen machte ihn schwach; die Gewalt ihres Kummers berührte eine zärtliche Saite in ihm, einerlei, worin er begründet sein mochte. Gegen seinen Willen legte er ihr die Hand aufs dunkle Haar. »Richte dich auf und trink die Suppe!« Das Gesicht, das sie ihm zuwandte, war reuig und bittend. Das Zurückweichen des Knaben oder die Berührung von Martins Hand mußten einen Stimmungsumschwung herbeigeführt haben.

»Ma-Martin!« schluchzte sie. »Ich schäme mich so!«

»Trink die Suppe!«

Sie gehorchte und trank zwischen keuchenden Atemzügen. Nach der zweiten Tasse ließ sie sich von ihm nach oben führen. Sie war jetzt fügsam und etwas beherrschter. Er legte ihr das Nachthemd aufs Bett und war im Begriff, das Zimmer zu verlassen, als eine neue Jammertour, das heulende Elend, bei ihr einsetzte.

»Er hat mich verlassen! Mein Andy hat mich angeschaut und dann verlassen!«

Ungeduld und Erschöpfung stahlen sich in seine Stimme, aber er wählte die Worte mit Bedacht. »Du darfst nicht vergessen, daß Andy noch ein kleines Kind ist – er versteht gar nicht, was solche Szenen bedeuten.«

»Habe ich eine Szene gemacht? Oh, Martin, habe ich vor den Kindern eine Szene gemacht?«

Gegen seinen Willen rührte und belustigte ihn ihr entsetztes Gesicht. »Denk nicht mehr dran! Zieh dein Nachthemd an und leg dich schlafen!«

»Mein Kind hat mich verlassen! Andy hat seine Mutter angeschaut und dann verlassen! Die Kinder …!«

Die ewige Wiederholung der Trinkerschwermut hatte sich ihrer bemächtigt. Martin verließ das Zimmer mit den Worten: »Leg dich um Gottes willen schlafen! Die Kinder haben es bis morgen schon vergessen!«

Während er es sagte, fragte er sich, ob es wohl stimme. Würde die Szene so leicht aus dem Gedächtnis entschwinden – oder würde sie im Unterbewußten Wurzeln fassen und dort Jahre später noch schwären? Martin wußte es nicht, und diese zweite Möglichkeit machte ihn unglücklich. Er dachte an Emily, er sah die Demütigungen des nächsten Morgens voraus: die Erinnerungslücken, die hellere Einsicht, die aus dem verhüllenden Dunkel der Beschämung hervorstach. Sie würde zweimal – möglicherweise drei- oder viermal – in seinem Büro in New York anrufen. Martin durchlitt im voraus seine Verlegenheit und fragte sich insgeheim, ob die andern im Büro wohl Verdacht schöpfen konnten. Er glaubte, daß seine Sekretärin das Elend schon lange geahnt hatte und daß sie ihn bemitleidete. Einen Augenblick empörte er sich gegen sein Los; er verabscheute seine Frau.

Als er ins Kinderzimmer trat, schloß er hinter sich die Türe und fühlte sich zum erstenmal an jenem Abend geborgen. Marianne ließ sich auf den Fußboden fallen, krabbelte wieder hoch und rief: »Papi, schau mal!«, fiel wieder, krabbelte hoch und wiederholte das neue Spiel. Andy saß auf einem niedrigen Kinderstuhl und wackelte an seinem Zahn. Martin ließ Wasser in die Badewanne einlaufen, wusch sich die Hände im Waschbecken und rief den Jungen ins Badezimmer.

»Laß mich noch mal den Zahn anschauen.«

Martin saß auf der Toilette und hatte Andy zwischen seinen Knien vor sich stehen. Das Kind riß den Mund auf und Martin packte den Zahn. Ein Ruck, eine rasche Umdrehung, und der perlmutterfarbene Milchzahn war draußen. Im ersten Augenblick spiegelten sich auf Andys Gesicht Entsetzen, Staunen und Entzücken ab. Er nahm einen Schluck Wasser in den Mund und spuckte ins Waschbecken. »Schau mal, Papi! Blut! Marianne!«

Martin liebte es, die Kinder zu baden; unsagbar liebte er die zarten, nackten Körperchen, wenn sie so schutzlos im Wasser standen. Es war nicht gerecht von Emily, wenn sie sagte, daß er Marianne vorzog. Während er den zarten Knabenkörper seines Sohnes seifte, empfand er, daß eine noch größere Liebe unmöglich sei. Doch einen Unterschied in der Art seiner Gefühle für die beiden Kinder räumte er ein. Die Liebe zu seiner Tochter war ernster, eine schwermütige Note schwang mit, eine Zärtlichkeit, die fast schmerzte. Seine Kosenamen für den kleinen Jungen waren närrische, tagtägliche Erfindungen – das kleine Mädchen dagegen nannte er stets nur Marianne, und die Stimme, mit der er den Namen aussprach, war wie ein Streicheln. Martin tupfte das dicke kleine Kinderbäuchlein und die zarte kleine Schamfalte trocken. Die gewaschenen Kindergesichter waren strahlend wie Blütenblätter und beide gleichmäßig geliebt.

»Ich steck' den Zahn unter mein Kopfkissen. Dann bekomme ich fünfundzwanzig Cent.«

»Weshalb?«

»Du weißt doch, Papi – Johnny hat auch fünfundzwanzig Cent für seinen Zahn bekommen.«

»Wer tut die fünfundzwanzig Cent unters Kopfkissen?« fragte Martin. »Früher hab' ich immer geglaubt, die Feen hätten sie da hingelegt. Aber früher gab's bloß einen Zehner.«

»Ja, das haben sie auch im Kindergarten erzählt.«

»Wer legt das Geldstück dorthin?«

»Die Eltern«, sagte Andy. »Du!«

Martin steckte die Decke auf Mariannes Bett mit Sicherheitsnadeln fest. Seine Tochter war schon eingeschlafen. Martin beugte sich nieder, atmete kaum und küßte ihre Stirn, und dann noch die winzige Hand, die mit nach außen gekehrter Handfläche dalag, im Schlaf nach oben, neben den Kopf gestreckt.

»Gute Nacht, Andy-Mann!«

Die Antwort war ein schlaftrunkenes Murmeln. Nach einer Minute holte Martin sein Kleingeld hervor und schob fünfundzwanzig Cent unter das Kopfkissen. Er ließ das Nachtlicht brennen.

Während Martin in der Küche herumstöberte und sich eine verspätete Mahlzeit bereitete, kam es ihm in den Sinn, daß die Kinder nicht ein einziges Mal von ihrer Mutter gesprochen oder die Szene erwähnt hatten, die ihnen ganz unverständlich erschienen sein mußte. Sie waren von gegenwärtigen Momenten – dem Zahn, dem Bad, dem Geldstück – in Anspruch genommen, und das glatte Weiterfluten ihrer Zeit, der kindlichen, hatte diese gewichtslosen Ereignisse wie Blätter auf der raschen Strömung eines flachen Bächleins getragen, während das Rätsel der Erwachsenen ans Ufer trieb und vergessen in einer Einbuchtung liegenblieb. Martin dankte Gott dafür.

Sein eigener Zorn jedoch, der unterdrückt im Hintergrund lauerte, erhob von neuem sein Haupt. Durch die Verschwendung eines Trunkenboldes war seine Kinderzeit zerstückelt, waren sogar seine Jünglingsjahre noch heimtückisch unterminiert worden. Und bei seinen Kindern – wie würde es da nach ein oder zwei Jahren sein, wenn die Immunität der Verständnislosigkeit verstrichen war? Mit auf den Tisch gestützten Ellbogen schlang er sein Essen hinunter, ohne es zu schmecken. Die Wahrheit konnte nicht verborgen bleiben – bald würde im Büro und hier draußen geklatscht werden; seine Frau war eine zügellose Trinkerin. Zügellos! Und sich und seine Kinder sah er einer Zukunft voller Schande und langsam hereinbrechenden Elends ausgeliefert.

Martin stieß sich vom Tisch ab und ging schwerfällig ins Wohnzimmer hinüber. Seine Augen folgten den Zeilen eines Buches, doch sein Geist beschwor schreckliche Bilder herauf: er sah, wie seine Kinder im Fluß ertranken, sah, wie seine Frau sich auf der Straße lächerlich machte. Als es Schlafenszeit war, beschwerte ihm verhärteter Zorn die Brust, und die Füße schleppten sich mühsam die Treppe hinauf.

Das Zimmer war dunkel, nur durch die halb geöffnete Badezimmertür fiel eine Lichtbahn herein. Martin zog sich leise aus. Nach und nach und auf geheimnisvolle Weise vollzog sich ein Umschwung in ihm. Seine Frau schlief, ihr friedlicher Atem tönte sachte durchs Zimmer. Die hochhackigen Schuhe mit den achtlos hingeworfenen Strümpfen wandten sich stumm flehend an ihn. Ihre Wäsche war unordentlich auf einen Stuhl geflogen. Martin hob den Hüftgürtel und den weichen seidenen Büstenhalter auf und behielt sie einen Augenblick in der Hand. Zum erstenmal am heutigen Abend sah er seine Frau an. Seine Blicke weilten auf der holden Stirn, auf den Bögen der feinen Brauen. Diese Brauen hatte sie auf Marianne vererbt, auch den Aufwärtsschwung an der Spitze der zierlichen Nase. Bei seinem Sohn fand er ihre hohen Backenknochen und das spitze Kinn wieder. Ihr Körper war schlank und harmonisch gerundet, mit vollen Brüsten. Während Martin den ruhigen Schlummer seiner Frau beobachtete, wich die Spukgestalt des alten Zornes. Alle tadelnden und anklagenden Gedanken rückten weit fort. Martin löschte das Badezimmerlicht und öffnete das Fenster. Behutsam, um Emily nicht zu wecken, schlüpfte er in sein Bett. Im Mondschein warf er noch einen letzten Blick auf seine Frau. Seine Hand suchte das nahe Fleisch, und in der unendlichen Vielgestalt der Liebe vermählten sich Kummer und Sehnsucht.

RAYMOND CARVER

Gute Vorsätze

J. P. und ich sitzen auf der Veranda vor Frank Martins Trockendock. Wie alle anderen, die sich bei Frank Martin einquartiert haben, ist J. P. in erster Linie Alkoholiker. Daneben ist er auch noch Kaminkehrer. Er ist zum ersten Mal hier und hat Angst. Ich war schon einmal hier. Was soll ich sagen? Ich bin wieder da. J. P.s vollständiger Name ist Joe Penny, aber er sagt, ich soll ihn J. P. nennen. Er ist um die Dreißig. Jünger als ich. Nicht viel, aber immerhin. Er erzählt mir gerade, wie's dazu kam, daß er sich entschloß, in seiner Branche zu arbeiten, und er hat den Drang, beim Reden die Hände zu benutzen. Seine Hände zittern allerdings. Das heißt, sie wollen einfach nicht stillhalten. »Das ist mir noch nie passiert«, sagt er. Er meint das Zittern. Ich erkläre ihm, daß ich das kenne. Ich sage, daß das Zittern schwächer werden und aufhören wird. Und das stimmt auch. Aber es braucht seine Zeit.

Wir sind erst seit ein paar Tagen hier. Wir sind noch nicht übern Berg. J. P. hat dieses Zittern, und ich hab' immer wieder dieses Nervenzucken – vielleicht ist es auch kein Nerv, aber irgendwas ist es – in der Schulter. Manchmal spür' ich's seitlich am Hals. Wenn das passiert, dann trocknet mir immer der Mund aus. Dann macht mir schon das Schlucken Mühe. Ich weiß, daß bald was passieren wird, und ich möchte es verhindern. Ich möcht' mich davor verstecken – ja, das wär' mir das liebste. Einfach meine Augen zumachen und es an mir vorbeigehen lassen, damit es den Nachbarn erwischt. J. P. kann einen Augenblick warten.

Gestern vormittag hab' ich gesehen, wie einer einen Anfall hatte. Ein Bursche, den sie Tiny nennen. Es ist ein riesiger, fetter Kerl, ein Elektriker aus Santa Rosa. Es hieß, er sei schon seit zwei Wochen hier drin und sei über den Berg. In ein, zwei Tagen sollte er heimfahren – er wollte Silvester mit seiner Frau vor dem Fernseher verbringen. Für den Silvesterabend hatte sich Tiny vorgenommen, Schokolade zu trinken und Kekse zu essen. Als er gestern morgen zum Frühstück runterkam, schien alles in bester Ordnung. Er machte Quakgeräusche, um einem anderen zu zeigen, wie er Enten direkt vor seine Nase lockt. »*Blam, blam*«, sagte Tiny und erlegte die Enten mit dem Zeigefinger. Er kam gerade vom Duschen, seine Haare waren feucht und klebten an seinem Kopf. Außerdem hatte er sich beim Rasieren ins Kinn geschnitten. Aber was sagt das schon? So ziemlich jeder, der bei Frank Martin einquartiert ist, hat irgendwelche Schrammen im Gesicht. Das kommt halt vor. Tiny quetschte sich am Tischende dazu und fing an, ein Erlebnis zu schildern, das ihm auf einer seiner Sauftouren passiert war. Die Leute am Tisch lachten und schüttelten den Kopf, während sie die Eier reinschaufelten. Tiny sagte irgendwas, sah grinsend in die Runde und wartete auf den Applaus. Wir hatten uns alle genauso schlimm und verrückt aufgeführt, und deshalb lachten wir auch drauflos. Tiny hatte auf dem Teller vor sich Rühreier, ein paar Kekse und Honig. Ich saß am Tisch, hatte aber keinen Hunger. Ich hatte eine Tasse Kaffee vor mir stehen. Und auf einmal war Tiny weg. Mit einem Mordskrach war er hintenüber vom Stuhl gekippt. Er lag auf dem Rücken auf dem Boden, hatte die Augen geschlossen und trommelte mit den Fersen aufs Linoleum. Alle riefen nach Frank Martin, aber er war schon da. Ein paar Jungs knieten neben Tiny nieder. Einer von ihnen steckte ihm die Finger in den Mund und versuchte seine Zunge zu erwischen. Frank Martin rief: »Alle zurück!« Da sah ich, daß wir uns alle über Tiny gebeugt hatten und ihn anstarrten. Wir konnten einfach nicht wegsehen. »Er braucht Luft!« sagte Frank Martin. Dann rannte er in sein Büro und rief den Notarzt an.

Heute ist Tiny wieder mit von der Partie. Er hat sich ganz schön schnell wieder aufgerappelt. Heute morgen ist Frank Martin mit dem Kombiwagen zum Krankenhaus gefahren, um ihn abzuholen. Für die Eier ist Tiny zu spät gekommen, aber er hat sich im Speisesaal mit an den Tisch gesetzt und Kaffee getrunken. Jemand in der Küche hat ihm Toast gemacht, aber Tiny hat ihn nicht gegessen. Er ist bloß mit seinem Kaffee dagesessen und hat in die Tasse gestarrt. Alle paar Minuten hat er die Tasse vor sich hin und her geschoben.

Ich würd' ihn gern fragen, ob er irgendwas gemerkt hat, bevor's passiert ist. Ich würde gern wissen, ob seine Ticktack-Uhr da drin einen Schlag ausgelassen hat oder losgerast ist. Hat es in seinen Lidern gezuckt? Aber ich verkneif's mir lieber und sag' nichts. Sieht nicht so aus, als wär' er besonders scharf drauf, darüber zu reden. Aber was mit Tiny passiert ist, das werde ich nie vergessen. Der gute alte Tiny, wie er platt auf dem Boden liegt und mit den Fersen trampelt. Jetzt hol' ich jedesmal, wenn ich dieses Flattern krieg', tief Luft und warte drauf, daß ich auf dem Rücken wieder aufwache und aufschaue, während mir gerade jemand die Finger in den Mund steckt.

J. P. sitzt im Stuhl auf der Veranda und hat seine Hände in den Schoß gelegt. Ich paffe meine Zigaretten. Als Aschenbecher benütze ich einen alten Kohlenkübel. Ich höre J. P. zu. Es ist elf Uhr – noch eineinhalb Stunden bis zum Mittagessen. Hunger haben wir beide keinen. Trotzdem warten wir drauf, reinzugehen und uns an den Tisch zu setzen. Vielleicht kommt der Hunger doch noch.

Worüber redet J. P. denn? Er erzählt, wie er mit zwölf Jahren in der Nähe des Bauernhofs, auf dem er aufgewachsen ist, in einen Brunnen fiel. Dabei hatte er Schwein, weil der Brunnen ausgetrocknet war. »Oder Pech«, sagte er, sieht sich um und schüttelt den Kopf. Er erzählt, wie man ihn gegen Abend gefunden hat und wie ihn sein Dad an einem Seil rausgezogen hat. J. P. hatte sich unten die Hosen naß gemacht. Alle möglichen Ängste hatte er in diesem Brunnen ausgestanden, um Hilfe gebrüllt, gewartet und dann wieder losgebrüllt. Er war ganz heiser, als es schließlich vorbei war. Aber er hat mir auch erzählt, daß es einen bleibenden Eindruck auf ihn gemacht hat, wie er auf dem Grund des Brunnens gewesen ist. Er war da unten gesessen und hatte zur Brunnenöffnung raufgestarrt. Ganz oben, am Ende, war ein kreisrundes Stück vom blauen Himmel zu sehen. Ab und zu ist eine weiße Wolle drüber weggezogen. Ein Schwarm Vögel flog drüber, und J. P. kam's so vor, als würde ihr Flügelschlag diesen seltsamen Aufruhr auslösen. Er hörte auch andere Dinge. Er hörte im

Brunnen ein leises Rascheln über seinem Kopf, und er fragte sich, ob ihm irgendwas auf den Kopf fallen würde. Er dachte an Insekten. Er hörte den Wind über den Brunnenrand blasen, und auch dieses Geräusch hinterließ seine Spuren bei ihm. Kurzum – sein ganzes Leben kam ihm verändert vor am Grund dieses Brunnens. Aber nichts fiel auf ihn runter, und nichts verschloß den kleinen blauen Kreis. Und dann kam sein Dad mit dem Seil, und kurz darauf war J. P. wieder oben in jener Welt, in der er immer gelebt hatte.

»Red weiter, J. P. Was war dann?« sage ich.

Mit achtzehn oder neunzehn Jahren, als er die High School hinter sich und keine Ahnung hatte, was er mit seinem Leben anfangen sollte, besuchte er einmal am Nachmittag am anderen Ende der Stadt einen Freund. Dieser Freund wohnte in einem Haus mit offenem Kamin. J. P. und sein Freund tranken Bier und redeten über dies und jenes. Sie legten ein paar Platten auf. Und dann läutet es an der Tür. Der Freund macht auf, und vor ihm steht diese junge Kaminkehrerin mit ihrem Werkzeug. Sie hat einen Zylinder auf, und das haut J. P. schlichtweg um. Sie erklärt J. P.s Freund, sie sei bestellt und solle den Kamin fegen. Die junge Dame würdigt ihn keines Blickes. Sie breitet auf dem Rost eine Decke aus und legt sich ihr Werkzeug zurecht. Sie hat schwarze Hosen an, ein schwarzes Hemd, schwarze Schuhe und Socken. Den Hut hat sie jetzt natürlich abgenommen. J. P. sagt, bei ihrem Anblick habe er gedacht, er spinne. Sie macht ihre Arbeit, fegt den Kamin, und J. P. und sein Freund spielen inzwischen Platten und trinken Bier. Aber sie lassen sie nicht aus den Augen und beobachten, was sie tut. Ab und zu tauschen J. P. und sein Freund Blicke und grinsen sich an oder blinzeln sich zu. Sie ziehen ihre Augenbrauen hoch, wenn die obere Hälfte der jungen Dame im Kamin verschwindet. Und dazu hat sie auch noch gut ausgesehen, sagt J. P.

Als sie mit ihrer Arbeit fertig war, wickelte sie ihr Zeug wieder in die Decke. Sie nahm von J. P.s Freund einen Scheck entgegen, den seine Eltern für sie ausgestellt hatten. Und dann fragt sie den Freund, ob er sie küssen möchte. »Soll Glück bringen«, sagt sie. Das gibt J. P. vollends den Rest. Der

Freund verdreht seine Augen. Er kaspert noch ein bißchen herum. Dann gibt er ihr – leicht errötend, wie man annehmen darf – einen Kuß auf die Wange. In diesem Augenblick ist J. P. zu einem Entschluß gekommen. Er stellte sein Bier ab, stand auf, und als die junge Dame gehen wollte, trat er ihr in den Weg.

»Ich auch?« sagte J. P. zu ihr.

Sie musterte ihn von oben bis unten. J. P. sagt, er habe gespürt, wie sein Herz pochte. Der Name der jungen Dame lautet Roxy, wie sich herausstellt.

»Sicher«, sagt Roxy. »Warum nicht? Ich hab' noch ein paar Küsse übrig.« Und dann gab sie ihm einen dicken Kuß mitten auf die Lippen und ging hinaus.

Wie ein geölter Blitz folgte ihr J. P. auf die Veranda. Er hielt ihr das Fliegengitter auf. Er begleitete sie die Stufen runter und hinaus auf die Auffahrt, wo sie den Lieferwagen geparkt hatte. Er hatte die Sache nicht mehr unter Kontrolle. Die ganze übrige Welt zählte nicht mehr. Er wußte, er war einem Menschen begegnet, der seine Knie zum Zittern bringen konnte. Er spürte ihren Kuß noch immer auf seinen Lippen brennen und so weiter. J. P. wußte nicht, was mit ihm los war. Er war voll von Empfindungen, die mit ihm machten, was sie wollten.

Er hielt ihr die Hecktür des Lieferwagens auf. Er half ihr, ihre Sachen im Wagen zu verstauen. »Vielen Dank«, sagte sie zu ihm. Und dann platzte er damit heraus: daß er sie gerne wiedersehen würde. Ob sie mit ihm wohl mal ins Kino gehen würde? Auf einmal wußte er auch, was er mit seinem Leben anfangen wollte. Er wollte tun, was sie tat. Er wollte Kaminkehrer werden. Aber zu diesem Zeitpunkt hat er ihr das noch nicht gesagt.

J. P. erzählt, sie hat ihre Hände an die Hüften gelegt und ihn von oben bis unten gemustert. Dann hat sie vom Vordersitz ihres Lieferwagens ihre Geschäftskarte geholt. Sie drückte sie ihm in die Hand. Sie sagte: »Rufen Sie die Nummer da nach zehn Uhr abends an. Dann können wir uns miteinander unterhalten. Ich muß jetzt weiter.« Sie setzte den Zylinder auf und lüpfte ihn. Sie sah J. P. noch einmal an. Was sie da sah, muß ihr wohl gefallen haben, denn diesmal grinste sie. Er sagte ihr, sie habe neben dem Mund einen Rußfleck. Sie stieg in ihren Lieferwagen, hupte und fuhr weg.

»Und was weiter?« sagte ich. »Erzähl weiter, J. P.« Es interessierte mich wirklich. Aber ich hätte auch zugehört, wenn er mir erzählt hätte, wie es dazu kam, daß er Hufschmied geworden war.

Letzte Nacht hat es geregnet. Die Wolken haben sich vor den Hügeln an der anderen Seite des Tals gestaut. J. P. räuspert sich und studiert Hügel und Wolken. Er zieht an seinem Kinn. Dann fährt er fort zu erzählen.

Roxy geht jetzt mit ihm aus. Und langsam kriegt er sie so weit, daß er sie begleiten darf, wenn sie einen Auftrag hat. Aber Roxy arbeitet zusammen mit Vater und Bruder, und sie haben gerade die richtige Menge Arbeit. Sie können nicht noch einen Mann gebrauchen. Und abgesehen davon: Wer ist denn dieser J. P.? J. P. was? Sei vorsichtig, warnen sie sie.

Also sehen sich die beiden ein paar Filme an, und ein paarmal gehen sie tanzen. Aber er macht ihr vor allem beim gemeinsamen Kaminkehren den Hof. Und schneller, als du denkst, sagt J. P., reden sie davon, daß sie Nägel mit Köpfen machen wollen. Und bald tun sie's auch, sie heiraten. Der Schwiegervater nimmt J. P. als gleichberechtigten Partner ins Geschäft. Ungefähr ein Jahr später kriegt Roxy ein Kind. Das Kaminfegen hat sie aufgegeben. Zumindest hat sie aufgehört zu arbeiten. Und bald danach kommt ein zweites Kind. J. P. ist jetzt Mitte Zwanzig. Er kauft sich ein Haus. Er sagt, er war zufrieden mit seinem Leben. »Ich war glücklich, daß sich alles so entwickelte«, sagt er. »Ich hatte alles, was ich mir wünschte. Ich hatte Frau und Kinder, die ich liebte, und ich machte genau das, was ich mir vorgestellt hatte.« Aber aus irgendeinem Grund – wer weiß schon die Gründe, warum wir was tun? – geht's auf einmal mit dem Trinken los. Lange Zeit trinkt er Bier, und zwar ausschließlich Bier. Alle Arten von Bier – egal, welches. Er behauptet, er hätte vierundzwanzig Stunden am Tag Bier trinken können. Er trank abends vor dem Fernseher Bier. Natürlich genehmigte er sich ab und zu auch was Härteres. Aber nur, wenn sie in die Stadt fuhren, um auszugehen, was nicht allzu oft vorkam, oder wenn sie Besuch hatten. Und dann kommt eine Zeit – warum, kann er nicht sagen –, da wechselt er von Bier auf Gin Tonic. Und wenn er dann nach dem Abendessen vor dem Fernseher saß, trank er weiter Gin Tonic. Ständig hielt er ein Glas mit Gin Tonic in der Hand. Er sagt, es hätte ihm wirklich geschmeckt. Dann fing er an, nach der Arbeit auf ein paar Drinks einzukehren, bevor er zu Hause weitertrank. Dann kam er ab und zu nicht zum Abendessen heim. Er fuhr einfach nicht nach Hause. Oder er ging nach Hause, aß aber nichts. Er hatte sich schon in der Bar mit Kleinigkeiten satt gegessen. Es kam vor, daß er reinkam und sein Lunchpaket grundlos quer durchs Wohnzimmer schleuderte. Und wenn ihn Roxy anschrie, machte er einfach kehrt und ging wieder. Er verlegte die Zeit für seine Drinks jetzt auf den frühen Nachmittag, wo er eigentlich noch hätte arbeiten sollen. Er erzählt mir, später habe er den Tag schon in aller Früh mit ein paar Drinks angefangen. Er goß sich noch vor dem Zähneputzen einen hinter die Binde, und erst dann trank er seinen Kaffee. Für die Arbeit hatte er immer eine Thermosflasche voll Wodka in seinem Lunchpaket dabei.

J. P. sagt jetzt nichts mehr. Er verstummt einfach. Was ist los? Ich höre ihm zu. Vor allem, weil es mir hilft, zu entspannen. Es lenkt mich von meinen eigenen Problemen ab. Nach einem Augenblick sage ich: »Was zum Teufel ist los, J. P.? Mach doch weiter.« Er zieht an seinem Kinn. Bald darauf fängt er aber wieder zu reden an.

Jetzt kommt's zwischen J. P. und Roxy zu richtigen Prügeleien. Ich meine *Prügeleien*. J. P. erzählt, daß sie ihm einmal die Faust ins Gesicht geschlagen und dabei sein Nasenbein gebrochen hat. »Da schau her«, sagt er. »Das ist die Stelle.« Er zeigt auf einen Strich, der quer über seinen Nasenrücken läuft. »So sieht eine gebrochene Nase aus.« Auge um Auge – er renkte ihr die Schulter aus. Ein andermal hat er ihr die Lippe zerschlagen. Sie gehen vor den Augen der Kinder aufeinander los. Sie haben sich nicht mehr in der Hand. Aber er trinkt weiter. Er kann nicht damit aufhören. Und nichts kann ihn davon abhalten. Nicht einmal die Drohung, daß Roxys Vater und Bruder ihn windelweich schlagen werden. Sie raten Roxy, die Kinder zu nehmen und auszuziehen. Aber Roxy sagt, es sei ihr Problem. Sie habe es sich selbst eingebrockt und müsse es nun auch selbst auslöffeln.

Da wird J. P. nun wieder ganz still. Er zieht seinen Kopf ein und verkriecht sich in seinem Stuhl. Er schaut einem Wagen nach, der die Straße zwischen uns und den Hügeln entlangfährt.

Ich sage: »Ich würde auch den Rest noch gern hören, J. P. Erzähl doch weiter.«

»Ich weiß nicht«, sagt er. Er zuckt die Achseln.

»Ist doch nicht schlimm, J. P.«, sage ich. Ich will damit sagen, er braucht sich keine Vorwürfe zu machen, daß er darüber redet. »Mach weiter.«

Ihr Versuch, mit der Situation fertig zu werden, erzählt J. P., bestand darin, daß sie sich einen Freund suchte. J. P. würde gern wissen, woher sie neben dem Haus und den Kindern die Zeit dafür fand.

Ich bin baff und sehe ihn an. Er ist ein erwachsener Mann. »Wenn man das will«, sage ich, »dann findet man immer die Zeit dafür. Man nimmt sie sich einfach.«

J. P. schüttelt den Kopf. »Wird wohl so sein«, sagt er.

Wie auch immer, er kriegte die Sache heraus – das mit Roxys Freund – und drehte durch. Irgendwie schafft er es, ihr den Ehering vom Finger zu ziehen. Und als es soweit ist, schneidet er ihn mit einer Drahtschere in Stücke. Ein prima Spaß. Sie hatten da schon ein paar Runden hinter sich. Am nächsten Morgen wird er auf dem Weg zur Arbeit wegen Trunkenheit am Steuer verhaftet. Führerscheinentzug. Jetzt kann er nicht mehr den Lastwagen fahren. Auch recht, sagt er. In der Woche davor war er bereits einmal vom Dach gefallen und hatte sich den Daumen gebrochen. Es war bloß noch eine Frage der Zeit, wann er sich den Hals gebrochen hätte, sagte er.

Er war zu Frank Martin gekommen, um trocken zu werden und darüber nachzudenken, wie er sein Leben wieder ins richtige Gleis bringen könnte. Aber er war ebenso freiwillig hier wie ich. Wir waren nicht eingesperrt. Wir konnten gehen, wann es uns paßte. Es wurde einem allerdings empfohlen, wenigstens eine Woche zu bleiben, und zwei Wochen oder ein Monat wurden einem, wie man sich hier ausdrückte, »dringend nahegelegt«.

Wie gesagt: Ich bin jetzt das zweite Mal bei Frank Martin. Als ich als Vorauszahlung für eine Woche einen Scheck ausfüllen wollte, sagte Frank Martin: »Diese Urlaubsaufenthalte sind immer schlecht. Vielleicht sollten Sie überlegen, ob Sie diesmal ein bißchen länger hierbleiben wollen? Vielleicht sollten Sie sich auf ein paar Wochen einstellen. Ließe sich das für Sie machen – ein paar Wochen? Lassen Sie es sich jedenfalls durch den Kopf gehen. Sie müssen sich nicht hier und jetzt entscheiden«, sagte er. Er hielt den Daumen auf den Scheck, und ich unterschrieb ihn. Dann brachte ich meine Freundin zur Tür und verabschiedete mich von ihr. Sie sagte: »Leb wohl«, taumelte gegen den Türpfosten und dann auf die Veranda hinaus. Es ist spät am Nachmittag. Es regnet. Ich gehe von der Tür zum Fenster. Ich zieh' den Vorhang zurück und sehe zu, wie sie davonfährt. Sie sitzt in meinem Wagen. Sie ist betrunken. Aber ich bin nicht weniger betrunken, und ich kann nichts tun. Ich schaff' es bis zu einem großen Sessel neben der Heizung und setz' mich rein. Ein paar Jungs sehen vom Fernseher weg zu mir rüber. Dann widmen sie sich wieder ihrer alten Beschäftigung. Ich sitze einfach da. Manchmal seh' ich auf und schau mir an, was auf dem Bildschirm passiert.

Es war schon gegen Abend, als die Türe aufflog und diese zwei riesigen Kerle J. P. hereinschleppten – es waren Schwiegervater und Schwager, wie sich später herausstellte. Sie schoben J. P. quer durch den Raum.

Der alte Bursche ließ ihn einschreiben und gab Frank Martin einen Scheck. Dann halfen die beiden J. P. die Treppen hoch. Vermutlich steckten sie ihn ins Bett. Kurz darauf kamen dieser alte Knabe und der andere wieder runter und marschierten schnurstracks zur Eingangstür. Offenbar wollten sie nichts wie weg. Es sah so aus, als könnten sie's gar nicht abwarten, die ganze Angelegenheit hinter sich zu bringen. Ich nahm's ihnen nicht übel. Gott im Himmel, nein. Ich weiß nicht, was ich täte, wenn ich in ihrer Haut steckte.

Eineinhalb Tage später begegne ich J. P. auf der Veranda vor dem Eingang. Wir schütteln uns die Hände und lassen uns über das Wetter aus. J. P. hat diese Zitteranfälle. Wir setzen uns hin und plazieren unsere Beine auf das Geländer. Wir lehnen uns in unseren Stühlen zurück, als würden wir's uns hier draußen bloß ein bißchen bequem machen – als wollten wir ein bißchen über unsere Hühnerhunde plaudern. Und das ist dann der Moment, wo J. P. mit seiner Geschichte loslegt.

Hier draußen ist es kalt, aber nicht zu kalt. Der Himmel ist leicht bewölkt. Frank Martin kommt raus, um seine Zigarre zu Ende zu rauchen. Seine Strickjacke ist bis oben zugeknöpft. Frank Martin ist klein und untersetzt. Er hat gelocktes, graues Haar; sein Kopf ist klein. Im Vergleich zum übrigen Körper ist sein Kopf zu klein. Frank Martin steckt sich die Zigarre in den Mund und bleibt mit über der Brust gekreuzten Armen stehen. Er kaut an der Zigarre und läßt seinen Blick quer übers Tal schweifen. Wie ein Preisringer steht er da, wie einer, der weiß, wie hoch der Einsatz ist.

J. P. verstummt wieder. Ich will damit sagen: Er atmet kaum. Ich schnippe meine Zigarette in den Kohlenkübel und starre J. P. an, der sich noch tiefer in seinen Stuhl drückt. Er stellt seinen Kragen hoch. Was zum Teufel ist denn los? Ich überlege. Frank Martin nimmt seine Arme wieder auseinander und pafft an der Zigarre. Er läßt den Rauch aus seinem Mund aufsteigen. Dann reckt er das Kinn in die Richtung der Hügel und sagt: »Auf der anderen Seite von diesem Tal hat Jack London ein großes Grundstück gehabt. Direkt da drüben, hinter dem grünen Hügel, wo ihr gerade hinseht. Aber der Alkohol hat ihn umgebracht. Das sollte euch eine Lehre sein. Er hat mehr getaugt als wir alle zusammen. Aber mit dem Saufen ist er auch nicht fertig geworden.« Frank Martin starrt auf das, was von seiner Zigarre übriggeblieben ist. Sie ist ausgegangen. Er schnippt sie in den Kübel. »Wenn ihr Jungs was lesen wollt, während ihr hier seid, dann lest sein

Buch *Ruf der Wildnis*. Kennt ihr's schon? Wenn ihr was lesen wollt – wir haben's da. Es geht um ein Tier, das zur Hälfte Hund ist und zur Hälfte Wolf. Ende der Moralpredigt«, sagt er, zieht sich die Hose hoch und die Weste runter. »Ich geh' rein«, sagt er. »Wir sehen uns dann beim Mittagessen.«

»Wenn er in der Nähe ist, komm' ich mir wie eine Wanze vor«, sagt J. P. »Er gibt mir das Gefühl, ich wär' eine Wanze.« J. P. schüttelt den Kopf. Dann sagt er: »Jack London. Was für ein Name! Ich wollte, ich hätte so einen Namen – statt dem, den ich hab'.«

Beim ersten Mal brachte mich meine Frau her. Damals lebten wir noch zusammen und versuchten miteinander auszukommen. Sie brachte mich her und blieb ein oder zwei Stunden lang da, um mit Frank Martin unter vier Augen zu sprechen. Dann fuhr sie ab. Am nächsten Tag nahm mich Frank Martin beiseite und sagte: »Wir können Ihnen helfen. Wenn Sie sich helfen lassen wollen und auf uns hören.« Aber ich wußte nicht, ob sie mir helfen konnten oder nicht. Ein Teil von mir wollte diese Hilfe. Aber da war auch noch ein anderer Teil.

Und diesmal hat mich meine Freundin hergebracht. Sie hat meinen Wagen gefahren. Sie fuhr uns durch einen Wolkenbruch. Auf der ganzen Strecke haben wir Sekt getrunken. Als sie in die Einfahrt bog, waren wir beide stockbesoffen. Sie wollte mich absetzen, umdrehen und wieder heimfahren. Sie hatte Verpflichtungen. Eine der Verpflichtungen bestand darin, daß sie am nächsten Tag wieder zur Arbeit mußte. Sie war Sekretärin. Sie hatte einen annehmbaren Job bei dieser Firma, die elektronisches Zeug herstellt. Außerdem hatte sie dieses halbwüchsige Großmaul von Sohn. Ich wollte, daß sie sich in der Stadt ein Zimmer nimmt, übernachtet und erst am Morgen wieder heimfährt. Ich hab' keine Ahnung, ob sie das Zimmer bekommen hat oder nicht. Seit sie mich die Stufen zum Eingang raufbegleitet und ins Büro gebracht hat, hab' ich nichts mehr von ihr gehört. »Was glauben Sie, wer da ist«, hat sie zu Frank Martin gesagt.

Aber ich hatte keine Wut auf sie. Einerseits hatte sie ja keine Ahnung, worauf sie sich einließ, als sie sagte, ich könnte bei ihr wohnen, nachdem meine Frau mich vor die Tür gesetzt hatte. Sie tat mir leid. Der Grund dafür war, daß ihr Krebsabstrich am Tag vor Weihnachten zurückgekommen und die Auskunft alles andere als rosig war. Sie mußte wieder zum Arzt, und zwar schleunigst. Diese Art Nachricht war für uns beide Grund genug, daß wir wieder mit dem Trinken anfingen. Also haben wir uns richtig vollaufen lassen. Und am Weihnachtstag waren wir noch immer blau. Wir mußten zum Essen in ein Restaurant, weil ihr nicht danach war, was zu kochen. Mit ihrem großmäuligen Söhnchen packten wir ein paar Geschenke aus, und dann gingen wir in dieses Steakhaus in der Nähe. Ich war überhaupt nicht hungrig. Ich aß ein bißchen Suppe und ein heißes Brötchen. Zur Suppe genehmigte ich mir eine Flasche Wein. Sie trank auch einen Schluck Wein. Dann ging's mit den Bloody Marys los. In den nächsten paar Tagen aß ich nichts außer Salzmandeln. Ich trank allerdings 'ne Menge Bourbon. Dann sagte ich zu ihr: »Meine Liebe, ich glaube, ich pack' besser meine Sachen. Besser, ich quartier' mich wieder bei Frank Martin ein.«

Sie versuchte ihrem Sohn zu erklären, daß sie für 'ne Weile weg sein würde und daß er sich selber um sein Essen kümmern müßte. Aber gerade als wir durch die Tür wollten, schrie uns dieses großmäulige Bürschchen nach: »Zum Teufel mit euch! Ich wünsch' mir bloß, daß ihr nie mehr wiederkommt. Ich hoffe, ihr bringt euch um!« Stellen Sie sich so einen Bengel vor!

Bevor wir aus der Stadt draußen waren, blieb ich an dieser Spirituosenhandlung stehen, um den Schampus zu kaufen. Wir hielten dann noch woanders an, um Plastikbecher zu besorgen. Dann kauften wir eine Packung Brathähnchen. Und quer durch den besagten Wolkenbruch fuhren wir dann in Richtung Frank Martin, tranken und hörten Musik. Sie lenkte den Wagen, ich kümmerte mich ums Radio und schenkte nach. Wir versuchten eine kleine Fete draus zu machen. Traurig waren wir aber auch. Da hatten wir dieses Brathähnchen, aber wir aßen nichts davon.

Ich nehme an, daß sie heil zu Hause angekommen ist. Wenn nicht, dann hätte ich wohl was gehört. Aber sie hat mich genauso wenig angerufen wie ich sie. Vielleicht hat sie inzwischen noch was wegen der Sache mit ihrer Brust gehört. Oder, anders rum, vielleicht hat sie nichts gehört. Vielleicht war alles bloß ein Irrtum. Vielleicht war's der Abstrich von wem andern. Aber sie hat mein Auto, und ich hab' ein paar Sachen in ihrer Wohnung. Ich weiß, daß wir uns noch mal sehen werden.

Sie läuten hier eine ehemalige Vesperglocke, um uns zum Essen zu rufen. Wir beide, J. P. und ich, erheben uns aus unseren Stühlen und gehen rein. Auf der Veranda wird's jetzt ohnehin zu kalt. Beim Sprechen können wir unseren Atem wehen sehen.

An Silvester versuche ich in der Früh meine Frau anzurufen. Niemand hebt ab. Auch recht. Aber selbst wenn's mir nicht recht wäre – was soll ich machen? Als wir das letzte Mal miteinander telefonierten, haben wir uns angebrüllt. Ich hab' ihr ein paar Grobheiten gesagt. »Saufkopf!« hat sie geantwortet und den Hörer wieder dorthin gelegt, wo er hingehört.

Aber jetzt hätte ich gern mit ihr gesprochen. Irgendwas mußte mit meinen Sachen geschehen. Auch bei ihr hatte ich noch ein paar Dinge.

Einer von den Jungs hier ist viel unterwegs. Er fährt nach Europa und kommt auch sonst herum. Zumindest sagt er das. Geschäfte, sagt er. Er sagt auch, er sei ein disziplinierter Trinker und habe keine Ahnung, weshalb er bei Frank Martin ist. Aber daran, wie er hergekommen ist, erinnert er sich nicht. Er lacht darüber – darüber, daß er sich nicht dran erinnern kann. »Jeder hat mal 'ne Mattscheibe«, sagt er. »Das beweist überhaupt nichts.« Er erklärt, er sein kein Trinker – und wir hören es uns an. »Das ist eine schwerwiegende Anschuldigung«, sagt er. »Diese Art von Gerede kann einen anständigen Menschen um seine Zukunft bringen.« Er sagt, daß er niemals diese Art Mattscheibe hätte, wenn er sich ausschließlich auf Whiskey mit Wasser – ohne Eis! – beschränke. Das Eis, das sie einem reingeben, ist schuld dran. »Wen kennen Sie in Ägypten?« erkundigt er sich bei mir. »Wär' nicht schlecht, wenn ich da drüben ein paar Adressen hätte.«

Am Silvesterabend läßt Frank Martin Steak und gebackene Kartoffeln auffahren. Ich kriege langsam wieder Appetit. Ich putze alles weg, was auf meinem Teller liegt, und könnte noch mehr vertragen. Ich schiele auf Tinys Teller rüber. Mensch, der hat ja kaum was angerührt. Sein Steak liegt bloß so da. Das ist nicht mehr der Tiny, der er einmal war. Der arme Teufel hatte sich vorgenommen, den heutigen Abend daheim zu verbringen. Er hatte sich vorgenommen, in Bademantel und Pantoffeln vor dem Fernseher zu sitzen und mit seiner Frau Händchen zu halten. Jetzt hat er Angst, von hier wegzugehen. Kann ich gut verstehen. Wenn man einmal einen Anfall hinter sich hat, dann heißt das, daß ein zweiter ins Haus steht. Seit das passiert ist, hat Tiny keine verrückten Geschichten aus seinem Leben mehr erzählt. Er hat seinen Mund nicht mehr aufgemacht und sich abgesondert. Ich frage ihn, ob ich sein Steak haben kann, und er schiebt mir seinen Teller her.

Ein paar von uns sind noch auf, sitzen um den Fernseher und sehen sich an, was am Times Square los ist, als Frank Martin hereinkommt, um uns seinen Kuchen zu zeigen. Er trägt ihn im Kreis rum und hält ihn jedem einzeln hin. Ich weiß, daß er ihn nicht selber gebacken hat. Ist bloß ein Kuchen vom Konditor. Aber ein Kuchen ist es doch. Ein großer, weißer Kuchen. Oben drauf steht was in rosa Buchstaben geschrieben. Die Botschaft lautet: EIN GLÜCKLICHES NEU-JAHR – JEDER TAG EIN SCHRITT.

»Ich will keinen idiotischen Kuchen«, sagt der Knabe, der nach Europa und wasweißichwohin fährt. »Wo bleibt der Sekt?« sagt er und lacht.

Wir gehen allesamt in den Speisesaal. Frank Martin schneidet den Kuchen an. Ich sitze neben J. P. J. P. ißt zwei Stück und trinkt eine Cola. Ich esse ein Stück. Ein zweites hebe ich für später auf und wickle es in eine Serviette.

J. P. zündet sich eine Zigarette an – seine Hände sind jetzt ruhig – und erzählt mir, daß morgen früh, am Neujahrstag, seine Frau kommt.

»Ist ja großartig«, sage ich. Ich nicke. Ich lecke die Glasur vom Finger ab. »Das sind gute Nachrichten, J. P.«

»Ich werd' euch miteinander bekannt machen«, sagt er.

»Ich freu' mich jetzt schon drauf«, sage ich. Wir wünschen einander gute Nacht und ein glückliches neues Jahr. Ich putze mir die Finger an einer Serviette ab. Wir schütteln uns die Hände.

Ich gehe ans Telefon, werfe ein Zehn-Cent-Stück ein, um meiner Frau zu sagen, sie soll zurückrufen. Aber auch jetzt hebt keiner ab. Ich überlege, ob ich meine Freundin anrufen soll, und wähle schon ihre Nummer, als mir plötzlich klar wird, daß ich eigentlich gar nicht mit ihr reden will. Wahrscheinlich sitzt sie daheim und sieht sich im Fernsehen das gleiche an wie ich. Jedenfalls hab' ich keine Lust, mit ihr zu reden. Ich hoffe, es geht ihr gut. Aber wenn irgendwas nicht stimmen sollte, möchte ich es nicht wissen.

Nach dem Frühstück nehmen J. P. und ich unseren Kaffee mit auf die Veranda. Der Himmel ist klar, aber es ist doch so kalt, daß wir Strickjacken und Jacketts überziehen.

»Sie hat mich gefragt, ob sie die Kinder mitbringen soll«, sagt J. P. »Ich hab' ihr gesagt, sie soll die Kinder daheim lassen. Das mußt du dir mal vorstellen! Mein Gott, ich will nicht, daß meine Kinder hierherkommen.«

Wir benützen den Kohlenkübel als Aschenbecher. Wir lassen unseren Blick übers Tal schweifen – dorthin, wo Jack London gelebt hat. Wir trinken noch mehr Kaffee, als dieser Wagen von der Straße abbiegt und die Zufahrt runterfährt.

»Das ist sie!« sagt J. P. Er stellt seine Tasse neben dem Stuhl ab. Er steht auf und geht die Treppe hinunter.

Ich beobachte, wie diese Frau den Wagen anhält und die Handbremse anzieht. Ich sehe, wie J. P. den Wagenschlag aufmacht. Ich beobachte sie, als sie aussteigt und wie sie sich umarmen. Ich schau' weg. Dann seh' ich wieder hin. J. P. faßt sie jetzt am Arm, und zusammen kommen sie die Stufen rauf. Diese Frau hat einem Mann einmal die Nase gebrochen. Sie hat zwei Kinder geboren und einen Haufen Scherereien gehabt, aber sie liebt diesen Mann, der sie jetzt am Arm führt. Ich stehe auf.

»Das ist mein Freund«, sagt J. P. zu seiner Frau. »Du, das ist Roxy.«

Roxy nimmt meine Hand. Sie ist eine großgewachsene Frau, die mit ihrer Strickmütze auf dem Kopf sehr gut aussieht. Sie hat einen Mantel an, trägt eine dicke Weste und Hosen. Ich erinnere mich daran, was mir J. P. von ihrem Freund und von der Drahtschere erzählt hat. Ehering kann ich keinen entdecken. Der liegt wahrscheinlich, in Stücke geschnitten, irgendwo herum, sage ich mir. Ihre Hände sind groß, und an den Fingern hat sie diese starken Knöchel. Das ist eine Frau, die die Hände zu Fäusten ballen kann, wenn's sein muß.

»Ich hab' schon von Ihnen gehört«, sage ich. »J. P. hat mir erzählt, wie Sie sich kennengelernt haben. Hatte irgendwas mit 'nem Kamin zu tun, hat J. P. behauptet.«

»Ja, Kamin stimmt«, sagt sie. »Aber wahrscheinlich gibt's 'ne Menge anderes, von dem er Ihnen nichts erzählt hat«, sagt sie. »Möchte wetten, daß er Ihnen nicht alles erzählt hat«, sagt sie und lacht. Dann – länger kann sie nicht warten – legt sie ihren Arm um J. P. und gibt ihm einen Kuß auf die Wange. Sie setzen sich in Richtung Tür in Bewegung. »Hat mich gefreut, Sie kennenzulernen«, sagt sie. »Hallo – hat er Ihnen auch erzählt, daß er der beste Schornsteinfeger weit und breit ist?«

»Komm jetzt weiter, Roxy«, sagt J. P. Den Türknauf hat er schon in der Hand.

»Er hat mir erzählt, daß er alles, wovon er was versteht, von Ihnen gelernt hat«, sage ich.

»Nun, wenigstens das ist ganz bestimmt wahr«, sagt sie. Wieder lacht sie. Aber es klingt so, als würde sie dabei an ganz was anderes denken. J. P. dreht den Türknauf hin und her. Roxy legt ihre Hand auf seine. »Joe, können wir zum Lunch nicht in die Stadt fahren? Kann ich nicht mit dir irgendwohin fahren?«

J. P. räuspert sich. Er sagt: »Die Woche ist noch nicht um.« Er nimmt seine Hand vom Türknauf und fährt sich mit den Fingern ans Kinn. »Ich glaub', den Leuten hier wär's lieber, ich würde das Gelände eine Zeitlang nicht verlassen. Wir können genausogut hier Kaffee trinken«, sagt er.

»Auch gut«, sagt sie. Wieder mustert sie mich von oben bis unten. »Ich bin froh, daß Joe einen Freund gefunden hat. War nett, Sie kennenzulernen«, sagt sie.

Sie machen sich auf den Weg hinein. Ich weiß ganz genau, daß das, was ich jetzt tun will, Blödsinn ist, ich tu's aber trotzdem. »Roxy«, sage ich. Sie bleiben in der Tür stehen und schauen mich an.

»Ich könnte ein bißchen Glück brauchen«, sage ich. »Ich mach' keine Witze. Ich könnte auch einen Kuß brauchen.«

J. P. schaut zu Boden. Er hat noch immer den Türknauf in der Hand – dabei ist die Tür schon offen. Er dreht den Knauf hin und her. Aber ich seh' sie weiter an. Roxy grinst. »Ich bin keine Kaminkehrerin mehr«, sagt sie. »Schon seit Jahren nicht mehr. Hat Joe Ihnen das nicht erzählt? Aber klar geb' ich Ihnen einen Kuß, klar.«

Sie kommt zu mir. Sie faßt mich an den Schultern – ich bin groß –, und dann drückt sie mir diesen Kuß auf die Lippen. »Na, wie schmeckt's?« sagt sie.

»Schmeckt prima«, sage ich.

»Keine Kunst«, sagt sie. Sie hält meine Schultern immer noch fest. Sie blickt mir gerade in die Augen. »Viel Glück«, sagt sie. Dann läßt sie mich los.

»Bis später, Kumpel«, sagt J. P. Er macht die Tür weit auf, und schon sind sie drin.

Ich setze mich auf die Stufen vor dem Haus und zünde mir eine Zigarette an. Ich passe auf, was meine Hand tut. Dann blase ich das Streichholz aus. Ich hab' das Zittern. Heute morgen hat es angefangen. Heute morgen wollte ich was zu trinken. Es ist deprimierend, aber zu J. P. hab' ich nichts davon gesagt. Ich versuche, an was anderes zu denken.

Ich denke über Kaminkehrer nach – über all das Zeug, das mir J. P. erzählt hat –, als ich mich aus einem unerfindlichen Grund plötzlich an ein Haus erinnere, das ich einmal zusammen mit meiner Frau bewohnt habe. Das Haus hatte keinen Kamin, deshalb weiß ich nicht, wieso 's mir jetzt einfällt. Aber ich erinnere mich an das Haus und daran, daß wir erst ein paar Wochen darin gewohnt hatten, als ich eines Morgens draußen ein Geräusch hörte. Es war ein Sonntagmorgen, und im Schlafzimmer war es noch dunkel. Aber da war dieses blasse Licht, das durchs Schlafzimmerfenster hereinfiel. Ich horchte angestrengt. Ich konnte hören, daß irgendwas draußen an der Mauer kratzte. Ich sprang aus dem Bett und sah nach.

»Mein Gott«, sagt meine Frau, setzt sich im Bett auf und schüttelt sich das Haar aus dem Gesicht. Dann lacht sie. »Es ist Mr. Venturini«, sagt sie. »Ich hab' vergessen, es dir zu sagen. Er sagte, er würde heute kommen, um das Haus anzustreichen. Schon in der Früh. Bevor es zu heiß wird. Hab' ich vollständig verschwitzt«, sagt sie und lacht. »Komm wieder ins Bett, Schatz. Es ist bloß er.«

»Einen Moment noch«, sage ich.

Ich schiebe den Vorhang zurück. Draußen steht dieser alte Knabe in einer weißen Montur neben seiner Leiter. Die Sonne ist gerade dabei, hinter den Bergen aufzugehen. Der alte Knabe und ich mustern uns von oben bis unten. Es ist wirklich der Hausbesitzer – dieser alte Knabe da in seiner Montur. Aber seine Montur ist ihm zu groß. Und außerdem hat er dringend eine Rasur nötig. Und auf dem Kopf hat er diese Baseballmütze, unter der er seine Glatze versteckt. Verdammt noch mal, denke ich mir, wenn das nicht ein komischer alter Bursche ist. Und da rollt eine Welle von Glücksgefühl über mich weg, weil ich nicht er bin – weil ich ich bin und mit meiner Frau hier drinnen, in diesem Schlafzimmer bin.

Er deutet mit seinem Daumen zur Sonne. Er tut, als würde er sich die Stirn abwischen. Er gibt mir zu verstehen, daß er keine Zeit zu vertrödeln hat. Der alte Knacker grinst mich an. Und da kommt mir erst zu Bewußtsein, daß ich splitternackt bin. Ich seh' an mir runter. Dann seh' ich wieder zu ihm hin und zucke die Achseln. Was hat er denn erwartet?

Meine Frau lacht. »Komm *her*«, sagt sie. »Komm wieder ins Bett zurück. Und zwar plötzlich. Auf der Stelle. Komm sofort ins Bett zurück.«

Ich lasse den Vorhang fallen. Aber ich bleibe weiter neben dem Fenster stehen. Ich sehe, wie der alte Knabe gedankenvoll nickt, als wollte er sagen: »Also, mach schon, mein Guter, geh wieder ins Bett. Ich hab's kapiert.« Er zieht den Schild seiner Mütze in die Stirn. Dann macht er sich wieder an die Arbeit. Er hebt den Eimer hoch. Er fängt an, die Leiter raufzuklettern.

Ich lehne mich jetzt an die Stufe in meinem Rücken und schlage die Beine übereinander. Vielleicht versuch' ich später am Nachmittag noch mal, meine Frau anzurufen. Und dann ruf' ich bei meiner Freundin an und erkundige mich, wie's ihr geht. Aber ich will nicht, daß ihr großmäuliger Herr Sohn an den Apparat kommt. Sollte ich tatsächlich anrufen, dann ist er hoffentlich außer Haus und tut, was er immer tut, wenn er nicht in der Nähe ist. Ich versuche mich daran zu erinnern, ob ich jemals eins von Jack Londons Büchern gelesen habe. Ich kann mich nicht erinnern. Aber eine Geschichte von ihm habe ich in der Highschool gelesen. Sie hatte den Titel: *Wie man Feuer macht*. Dieser Bursche am Yukon ist gerade am Erfrieren. Man stelle sich das mal vor – wenn's ihm nicht gelingt, Feuer zu machen, wird er buchstäblich erfrieren. Wenn er ein Feuer hat, kann er seine Socken und so weiter trocknen und sich selbst dran wärmen.

Er bringt zwar zustande, daß das Feuer brennt, aber dann passiert irgendwas. Schnee fällt drauf. Es verlöscht wieder. Inzwischen wird die Kälte schlimmer. Die Nacht bricht herein.

Ich hole ein paar Münzen aus meiner Tasche. Zuerst will ich es bei meiner Frau versuchen. Hebt sie ab, dann wünsche ich ihr ein glückliches Neujahr. Mehr nicht. Ich fang' nicht zu streiten an. Ich hab' auch nicht vor, laut zu werden. Nicht einmal, wenn sie mit dem Streiten anfängt. Sie wird mich fragen, von wo aus ich anrufe, und ich werd's ihr sagen müssen. Kein Wort über meine Neujahrswitze. Darüber darf man keine Witze machen. Wenn ich mit ihr gesprochen habe, rufe ich meine Freundin an. Vielleicht ruf' ich doch sie zuerst an. Bleibt nur zu hoffen, daß nicht ihr Sohn an den Apparat kommt. »Hallo Süße«, werde ich sagen, wenn sie abhebt. »Ich bin's.«

William Saroyan

Der dritte Tag nach Weihnachten

Donald Efaw, der sechs Jahre plus drei Monate alt war, stand an der Ecke der Third Avenue und der Siebenunddreißigsten Straße, wo sein ärgerlicher Vater ihn vor einer Stunde für eine Minute hatte stehen lassen, während er auf einen Sprung in einen Laden getreten war, wegen irgendeinem Zeug für Alice, die krank im Bett lag, hustete und weinte. Alice war drei Jahre alt und hatte sie alle die Nacht über wachgehalten. Donalds ärgerlicher Vater hatte den Lärm verflucht und Mama dafür verantwortlich gemacht. Mama hieß Mabelle. »Mabelle Louisa Atkins Fernandez, bis ich Harry Efaw heiratete«, hörte Donald seine Mutter einmal zu dem Manne sagen, der das zerbrochene Fenster in der Küche reparieren kam. »Mein Mann ist ein Indianerhalbblut mütterlicherseits, und ich bin ein Indianerhalbblut väterlicherseits. Fernandez klingt eher Spanisch oder Mexikanisch als Indianisch, trotzdem war mein Vater ein Indianerhalbblut. Wir lebten aber nie mit ihnen, wie das gewisse Halbindianer tun. Wir lebten immer nur in Städten.«

Der Junge trug Latzhosen und einen alten karierten Rock, den sein Vater ausgetragen hatte und den er als Überzieher hätte tragen können, falls er ihm besser gesessen hätte. Die Ärmel waren für den Jungen passend abgeschnitten worden, aber dabei blieb es auch. Die Taschen waren unerreichbar für ihn, also rieb der Junge sich die Hände, um sie warm zu halten. Es war jetzt elf Uhr vormittags.

Donalds Vater war in das Geschäft gegangen und würde bald wieder herauskommen, und sie würden nach Hause gehen, und Mama würde Alice etwas von dem Zeug einflößen – Milch und Medizin –, und sie würde zu weinen und zu husten aufhören, und Mama und Papa würden aufhören, sich zu streiten.

Es war »Haggerty«. Es hatte einen Eingang an der Ecke und einen zweiten in der Seitengasse. Harry Efaw hatte den

Ausgang in die Siebenunddreißigste Straße benutzt, nachdem er fünf Minuten drin geblieben war. Er hatte den Jungen auf der Straße nicht vergessen, aber hatte ihn ganz einfach eine Zeitlang los sein wollen und alle andern auch. Er hatte sich einen Schluck Korn genehmigt, der zu viel gekostet hatte, und sonst nichts. Er hatte einen Vierteldollar gekostet, und das war zuviel für einen Korn. Er hatte das Glas hinuntergeschüttet und war aus dem Laden gestürzt und auf und davon gegangen, in der Absicht, in ein paar Minuten wiederzukommen, um den Jungen abzuholen und dann die Eßwaren und die Medizin zu kaufen und nach Hause zurückzugehen, aber aus irgendeinem unerklärlichen Grund ging er einfach immer weiter.

Donald betrat schließlich den Laden und sah, daß er anders war als alle Läden, die er kannte. Der Mann hinter der Theke sah ihn an und sagte: »Du kannst hier nicht hereinkommen. Mach, daß du nach Hause kommst.«

»Wo ist mein Vater?«

»Ist der Vater dieses Jungen hier im Laden?« rief der Mann hinter der Theke, und jedermann im Laden, sieben Männer, drehten sich nach Donald um und gafften ihn an. Sie schauten nur ein paar Sekunden und ergaben sich dann wieder ihrem Trunk und Schwatz.

»Dein Vater ist nicht hier«, sagte der Mann, »wer immer es sein mag.«

»Harry«, sagte Donald, »Harry Efaw.«

»Ich weiß niemanden, der Harry Efaw heißt. Mach jetzt, daß du nach Hause kommst.«

»Er ließ mich für eine Minute draußen stehen.«

»Ich weiß. Nun, eine Menge Burschen kommen auf einen Drink hierher und gehen wieder. Ich denke, das hat er auch getan. Falls er dir sagte, daß du draußen warten sollst, tust du es besser. Hier kannst du nicht bleiben.«

»Draußen ist es kalt.«

»Ich weiß«, sagte der Mann hinter der Theke. »Aber hier kannst du nicht bleiben. Warte draußen, wie es dir dein Vater auftrug, oder geh nach Hause.«

»Ich weiß nicht, wie«, sagte der Junge.

»Weißt du die Adresse?«

Der Junge verstand offenbar den Sinn der Frage nicht, also bemühte sich der Mann hinter der Theke, sie anders zu stellen.

»Weißt du die Nummer deines Hauses und den Namen deiner Straße?«

»Nein. Wir sind zu Fuß gegangen. Wir kamen Medizin für Alice holen.«

»Ja, ich weiß«, sagte der Mann hinter der Theke ruhig. »Und ich weiß auch, daß es draußen kalt ist, aber du schaust trotzdem besser, daß du von hier rauskommst. Ich kann hier keine kleinen Jungen dulden.«

Ein kränklicher Mann von etwa sechzig, der mehr als halbtrunken und halb hinüber war, erhob sich von seinem Tisch und ging auf den Barmann zu.

»Ich will den Jungen gern nach Hause bringen, falls er mir zeigen kann, wo er zu Hause ist.«

»Setz dich«, sagte der Barmann. »Der Junge weiß es nicht.«

»Vielleicht doch«, sagte der Mann. »Ich hatte selbst Kinder und die Straße ist kein Ort für einen kleinen Jungen. Ich bringe ihn gern zu seiner Mutter.«

»Ich weiß«, sagte der Mann hinter der Theke. »Aber geh und setz dich wieder.«

»Ich bringe dich nach Haus, mein Söhnchen«, sagte der alte Mann.

»Setz dich«, brüllte der Mann hinter der Theke fast, und der alte Mann wandte sich verblüfft um.

»Wofür hältst du mich eigentlich?« sagte er sanft. »Der Junge hat Angst und ihm ist kalt, und er braucht seine Mutter.«

»Willst du dich bitte setzen«, sagte der Mann hinter der Theke. »Ich weiß alles von dem Jungen. Und du bist auch nicht der Mann, der ihn seiner Mutter wiederbringt.«

»Jemand muß ihn seiner Mutter wiederbringen«, sagte der alte Mann sanft und rülpste dann. Er steckte in jenen verschlissenen Lumpen, die er, der Barmann wußte das, von einer wohltätigen Organisation erhalten hatte. Er hatte wohl noch dreißig oder vierzig Cent für Bier bei sich, Geld, das er vom Betteln hatte, höchstwahrscheinlich.

»Es ist der dritte Tag nach Weihnachten«, fuhr der alte Mann fort. »Es ist nicht so lange nach Weihnachten, daß irgendeiner hier vergessen dürfte, einem kleinen Jungen nach Hause zu helfen.«

»Ach, was gibt's denn?« fragte ein zweiter Trinker von seinem Stuhl aus.

»Nichts gibt's«, sagte der Mann hinter der Theke. »Der Vater dieses Jungen hat ihn draußen stehen lassen, das ist alles.« Der Mann wandte sich an Donald Efaw. »Falls du nicht weißt, wie du nach Hause kommst, dann warte einfach draußen, wie es dir dein Vater auftrug, und er wird bald wieder zurück sein und er wird dich nach Hause bringen. Mach jetzt, daß du von hier herauskommst.«

Der Junge verließ den Laden und stellte sich wieder dort auf, wo er schon mehr als eine Stunde gestanden hatte. Der Alte ging dem Jungen nach. Der Barmann schwang sich über die Theke, packte den Alten in der Schwingtür bei den Schultern, zwang ihn herum und brachte ihn auf seinen Stuhl zurück.

»Setz dich jetzt einmal hin«, sagte er sanft. »Der Junge ist nicht deine Sache. Behalte deinen Kummer ruhig für dich. Ich werde dafür sorgen, daß ihm nichts passiert.«

»Wofür hältst du mich eigentlich?« sagte der alte Mann noch einmal. An der Schwingtür, nach einem Blick die Straße hinauf und herunter, drehte sich der Barmann, ein kleiner, untersetzter Ire, etwa Anfang Fünfzig, um und sagte: »Hast du dich in letzter Zeit im Spiegel gesehen? Du kämst mit einem kleinen Jungen an der Hand nicht bis zur nächsten Ecke.«

»Warum nicht?« wollte der alte Mann wissen.

»Weil du nicht wie irgendeines kleinen Jungen Vater oder Großvater oder Freund oder sonst etwas aussiehst.«

»Ich hatte selbst Kinder«, sagte der alte Mann gedrückt.

»Ich weiß«, sagte der Mann hinter der Theke. »Aber bleib einfach ruhig sitzen. Gewissen Leuten steht es zu, zu Kindern nett zu sein, gewissen anderen nicht, das wäre alles.«

Er brachte eine Bierflasche an den Tisch des alten Mannes und setzte sie neben das leere Glas.

»Hier hast du eine auf meine Rechnung«, sagte er. »Ich darf

ja wohl ab und an nett zu alten Männern sein, und du darfst ab und an nett zu Barmännern sein, aber du darfst nicht nett zu kleinen Jungen sein, deren Väter sich höchstwahrscheinlich irgendwo in der Nachbarschaft aufhalten. Also setz dich hin und trink das Bier.«

»Ich pfeif' auf dein dreckiges Bier«, sagte der alte Mann. »Du kannst mich in deinem dreckigen Lokal nicht einsperren.«

»Bleib jetzt sitzen, bis der Vater dieses Jungen kommt und ihn nach Hause holt und dann schau, daß du, so rasch du kannst, von hier verschwindest.«

»Ich möchte jetzt hier raus«, sagte der alte Mann. »Ich habe es nicht nötig, mich von irgendwem auf dieser Welt beleidigen zu lassen. Falls ich dir ein paar Dinge über mich verriete, würdest du kaum auf diese Weise mit mir sprechen.«

»Also gut«, sagte der Barmann. Er wollte Herr der Lage bleiben, er wollte keine Scherereien und er fühlte, daß es ihm gelingen könnte, dem Alten den Wunsch, dem Jungen zu helfen, auf sanfte Weise auszureden. »Sag mir ein paar Dinge über dich, und es mag sein, daß ich nicht mehr auf die Weise mit dir spreche, auf die ich mit dir sprach.«

»Ich wette, daß du's nicht mehr tust«, sagte der alte Mann.

Der Mann hinter der Theke freute sich, daß der alte Mann Bier in sein Glas goß. Er sah den alten Mann das oberste Drittel seines Glases trinken und dann sagte der alte Mann: »Ich bin Algayler, der bin ich.«

Er trank noch etwas von seinem Bier, und der Barmann wartete, bis er fortfuhr. Er stand jetzt am Ende der Theke, so daß er den Jungen auf der Straße im Auge behalten konnte. Der Junge rieb sich die Hände, aber das war in Ordnung. Er war ein Junge, der durch alle möglichen schweren Zeiten abgehärtet war, und dieses Warten auf den Vater, draußen auf der Straße, würde ihn nicht überfordern.

»Algayler«, sagte der alte Mann noch einmal, und er sprach leise weiter. Der Barmann konnte nicht hören, was er jetzt sagte, aber das spielte keine Rolle, weil er wußte, daß der alte Mann von nun an zufrieden sein würde. Er war wieder ganz in sich selbst zurückgeschlüpft, wo er auch hingehörte.

Eine Frau, die nun seit einer Woche täglich um die Mittagszeit in das Lokal gekommen war, kam mit einem Foxterrier an der Leine herein und sagte: »Draußen in der Kälte steht ein kleiner Junge. Wessen Junge ist das?«

Die Frau biß ihre falschen Zähne zusammen, während ihr Blick über die Trinker glitt, und ihr Hund tänzelte um ihre Füße und gewöhnte sich an die Wärme des Lokals.

»Das geht in Ordnung«, sagte der Mann hinter der Theke, »sein Vater ging etwas besorgen. Er wird gleich wieder da sein.«

»Na, er käme besser gleich zurück«, sagte die Frau. »Wenn es etwas gibt, das ich nicht ausstehen kann, dann ist es ein Vater, der einen kleinen Jungen draußen in der Kälte stehen läßt.«

»Algayler«, sagte der alte Mann mit sehr lauter Stimme und drehte sich um.

»Was hast du gesagt, du besoffener, alter Stromer?« sagte die Frau. Ihr Hund zerrte zu dem alten Mann hin, riß an der Leine und bellte ein paarmal.

»Ist schon gut«, sagte der Mann hinter der Theke höflich. »Er sagte ja nur seinen Namen.«

»Nun, gut für ihn, daß er nichts anderes sagte«, erwiderte die Frau, indem sie ihre falschen Zähne noch einmal zusammenbiß.

Der Hund beruhigte sich auch etwas, tänzelte aber immer noch auf und ab wegen der Wärme. Er trug den Mantel, den sie ihm bei kaltem Wetter immer umband, aber seine Pfoten hatten nie etwas davon, und es waren seine Pfoten, die unter der Kälte am meisten zu leiden hatten.

Der Barmann goß der Frau Bier in ein Glas und sie begann, an der Theke stehend, zu trinken. Schließlich schob sie sich auf einen Hocker, um es sich bequemer zu machen, und der Hund tänzelte nicht mehr, sondern sah sich im Laden um.

Der Mann hinter der Theke brachte Algayler noch eine Flasche Freibier und ohne ein Wort oder auch nur einen Blick hatten sie sich geeinigt, auf dieser Basis miteinander auszukommen.

Ein Mann von etwa fünfunddreißig, dessen Gesicht und

fein gestutzter Schnurrbart fern vertraut erschienen, trat von der Siebenunddreißigsten Straße her ein und bestellte einen Schuß Bourbon, und, sobald das Getränk ausgeschenkt war, sagte der Mann hinter der Theke so leise, daß niemand sonst ihn hörte: »Der Junge dort draußen ist nicht zufällig Ihr Sohn, oder?«

Der Mann hatte das kleine Glas zum Mund geführt, indem er darauf stierte, jetzt aber, als er die Frage vernommen hatte, blickte er vom Glas weg auf den Barmann, schluckte dann schnell seinen Drink herunter und rückte wortlos auf das vordere Fenster zu, um sich den Jungen anzusehen. Schließlich drehte er sich zu dem Mann um und schüttelte den Kopf. Er verlangte noch einen, trank und ging hinaus und, kaum darauf achtend, an dem Jungen vorbei.

Nachdem er seine zweite Flasche Freibier ausgetrunken hatte, begann Algayler auf seinem Stuhl zu dösen, und die Frau mit Hund fing an, dem Barmann etwas von ihrem Foxl zu erzählen. »Ich hatte Tippy seit seiner Geburt«, sagte sie, »und wir waren die ganze Zeit zusammen. Jede Minute.«

Ein Bursche unter dreißig in sehr guter Kleidung kam um viertel eins herein und bestellte einen *Johnny Walker-Black Label* auf Eis, mit einem Schluck Wasser zum Nachspülen, aber entschied sich rasch für einen *Red Label* und sagte, nachdem er ausgetrunken hatte, »wo ist der Fernsehapparat?«

»Wir haben keinen.«

»Kein Fernsehen?« sagte der Mann heiter. »Was für eine Art Lokal ist das überhaupt? Ich hätte nicht gedacht, daß es auch nur eine Bar in New York gäbe, die keinen Fernsehapparat besitzt. Was sehen sich die Leute hier eigentlich an?«

»Alles, was wir haben, ist ein Plattenspieler.«

»Nun, okay denn«, sagte der Mann. »Falls das alles ist, was ihr besitzt, dann ist das eben alles, was ihr habt. Was möchtet ihr hören?«

»Was Sie wollen.«

Der Mann las die Titel der verschiedenen Platten in der Musicbox und sagte dann: »Wie wäre es mit Benny Goodmans ›Jingle Bells‹?«

»Was Sie wollen«, sagte der Mann hinter der Theke.

»Okay«, sagte der junge Mann, indem er ein Fünfcentstück in den Schlitz warf. »Dann ›Jingle Bells‹.«

Die Musicbox begann zu arbeiten, als der Mann schon wieder an der Theke saß und der Barmann ihm noch einen *Red Label* auf Eis mixte. Die Musik setzte ein, und nachdem er eine Weile zugehört hatte, sagte der Mann: »Das ist nicht ›Jingle Bells‹. Das ist irgend etwas anderes.«

»Sie haben auf den falschen Knopf gedrückt.«

»Na ja«, sagte der Mann heiter, »macht nichts. Macht rein gar nichts. Das ist auch keine so üble Nummer.«

Der Junge kam wieder herein, aber die Musicbox machte zu großen Lärm, als daß der Mann hinter der Theke ihm hätte bedeuten können, zu verschwinden, ohne zu brüllen, also ging er zu dem Jungen hin und führte ihn zu seinem Platz auf der Straße hinaus.

»Wo ist mein Vater?« fragte Donald Efaw.

»Er kommt bald wieder. Bleib einfach hier stehen.«

Das ging so weiter bis halb drei, als es zu schneien begann. Der Barmann wählte einen gelegenen Augenblick, um hinauszugehen und den Jungen hereinzuholen. Er begann immer wieder in die Küche zu verschwinden, um dem Jungen Eßbares zu bringen. Der Junge saß auf einer Kiste hinter der Theke, außer Sicht, und aß vom Deckel einer anderen Kiste.

Nachdem er gegessen hatte, schlief der Junge ein, also stellte ihm der Barmann ein paar leere Bierkästen zum Ausstrecken zusammen, legte ihm seinen Überzieher als Matratze hin und deckte ihn mit drei gebrauchten Schürzen aus der Schmutzwäsche und seinem Straßenmantel zu. Er und der Junge hatten nicht ein Wort gewechselt, seit er den Jungen hereingeholt hatte, und nun, am Rande des Schlafes ausgestreckt, war es fast so, als ob der Junge zugleich lächelte und weinte.

Die morgendlichen Trinker hatten sich verzogen, einschließlich Algaylers und der Frau mit den falschen Zähnen und dem Foxl, und noch ein anderer Typ von Gästen kam in das Lokal, während der Junge schlief. Es war dreiviertel fünf, als sich der Junge aufrichtete. Nach ein paar Sekunden entsann er sich des Mannes hinter der Theke, aber sie sprachen wieder nicht. Er saß, als wäre er in seinem Bett zu Hause, und stieg dann, nachdem er zehn Minuten lang mit offenen Augen träumte, von der Kiste.

Draußen war es jetzt dunkel, und es schneite heftig wie bei einem Sturm. Der Junge sah dem Schnee ein paar Sekunden zu, dann wandte er sich um und schaute auf den Mann hinter der Theke.

»Ist mein Vater zurückgekommen?« sagte er.

»Noch nicht«, sagte der.

Er hockte sich nieder, um mit dem Jungen zu sprechen.

»In ein paar Minuten bin ich hier mit meiner Arbeit fertig, und falls du mir dein Haus zeigen kannst, wenn du es siehst, will ich versuchen, dich nach Hause zu bringen.«

»Ist mein Vater nicht zurückgekommen?«

»Nein, das tat er nicht. Mag sein, daß er vergessen hat, wo er dich stehenließ.«

»Er ließ mich genau an dieser Stelle stehen«, sagte der Junge, als ob das etwas wäre, das man unmöglich vergessen könne. »Gerade vor der Türe.«

»Ich weiß.«

Der Nachtbarmann kam in seinem weißen Kittel aus der Küche und bemerkte den Jungen. »Wer ist das, John? Einer von deinen Kleinen?«

»Yeah«, sagte der erste Barmann, weil er nicht erst versuchen wollte, dem zweiten Barmann zu erklären, was vorgefallen war.

»Wo hat er den Mantel her?«

»Das ist einer von meinen alten Mänteln«, sagte der erste Barmann. »Er hat natürlich seinen eigenen, aber diesen Mantel trägt er lieber.«

Der Junge blickte plötzlich baß erstaunt zu dem Mann auf.

»Yeah, so ist das mit den Kindern, John«, sagte der zweite Barmann. »Immer wollen sie dem Alten gleich sein!«

»Richtig«, sagte der erste.

Er zog seinen weißen Kittel aus und holte sein Straßensakko und seinen Überzieher und nahm den Jungen an der Hand. »Gute Nacht«, sagte er und der zweite Barmann gab es zurück und sah ihn mit dem Jungen auf die Straße hinaustreten.

Schweigend gingen sie zusammen drei Häuserblocks entlang, und dann gingen sie in einen Drugstore und saßen an der Theke.

»Schokolade oder Vanille?«

»Ich weiß nicht.«

»Einmal *Schokolade-* und einmal *Vanille-Icecream-Soda*«, sagte der Barmann zu dem Eisbarmixer, und sobald die *Icecream-Sodas* auf der Theke standen, fiel der Barmann über das Vanilleeis her. Der Junge machte sich an das andere, und dann traten sie wieder in den Schnee hinaus.

»Nun versuche dich zu erinnern, wo du wohnst. Kannst du das?«

»Ich weiß nicht, wo.«

Der Barmann stand im Schnee, bemüht, sich darüber klar zu werden, was er tun sollte, aber der Gegenwind war stark, und er gelangte zu keinem Ergebnis.

»Nun« sagte er zuletzt, »glaubst du, daß du die Nacht in meinem Haus mit meinen Kindern verbringen kannst? Ich habe zwei Jungen und ein kleines Mädchen. Wir werden dir einen Platz zum Schlafen richten und morgen wird dein Vater kommen und dich abholen.«

»Wird er das?«

»Sicher wird er das.«

Sie stapften durch den stillen Schnee, und dann hörte der Barmann, wie der Junge leise zu weinen anfing. Er versuchte den Jungen nicht zu trösten, weil er wußte, daß er nicht zu trösten war. Aber der Junge nahm sich zusammen, er weinte nur leise und ging neben seinem Freund her. Er hatte von Fremden gehört und von Feinden, und er hatte glauben gelernt, daß das ein und dasselbe sei; aber hier war einer, den er nie zuvor gesehen hatte, der weder ein Fremder noch ein Feind war. Trotzdem war er schrecklich einsam ohne seinen ärgerlichen Vater.

Sie kletterten ein paar Stufen hoch, die mit Schnee bedeckt waren, und der Freund des Jungen sagte: »Hier wohnen wir. Wir werden etwas Warmes essen, und dann kannst du schlafen gehen bis morgen, wenn dein Vater kommen und dich abholen wird.«

»Wann wird er kommen?«

»In der Frühe«, sagte der Freund.

Als sie unter das Licht des Hauses traten, sah der Barmann, daß der Junge nicht mehr weinte, vielleicht für sein ganzes Leben.

Moy McCrory

… ein Lichtlein brennt

Majella sah zu, wie die Zwillinge Socken an der Rückseite des alten Sessels befestigten. Sie nahmen Sicherheitsnadeln, steckten sie durch die Bündchen und schoben sie dann fest nach oben in den roten Stoffbezug. Majella fand das komisch, aber die beiden waren ein gutes Jahr älter und kannten sich aus, denn sie gingen schon zur Schule, also machte sie es ihnen einfach nach.

Die Schule schien eine tolle Sache zu sein. Man saß in Reihen, und eine nette Frau redete mit einem und las Geschichten aus einem Buch vor. Aber das allerbeste war etwas, das sich große Pause nannte, da ging man raus in einen großen Hof. Dort war jede Menge Platz, und man konnte herumtoben, soviel man wollte, ohne je irgendwo anzustoßen. Außerdem spielte man Spiele mit anderen Kindern. Einmal war ein Mann mit Schnurrbart und in einem Hemd ohne Ärmel mit ihnen rumgerannt und hatte dabei einen Ball aufspringen lassen. Er hatte eine Trillerpfeife, die ihm an einer Schnur um den Hals hing. Sie mußten sich hintereinander aufstellen und sich den Ball zuwerfen. Majella konnte es gar nicht abwarten, bis sie auch in die Schule gehen durfte.

Zu Hause war sie tagsüber sich selbst überlassen, seit ihre Mutter mit dem neuen Baby beschäftigt war. Es war kalt im Haus. Majella vertrieb sich die Zeit damit, aus den Kältestoppern Figuren zu biegen. Ihre Mutter machte sie aus alten Nylonstrümpfen, und sie lagen wie große Schlangen vor den Türen.

Jetzt war es schon dunkel, wenn die Zwillinge nach Hause kamen. Es ist wieder Winter, sagten sie weise und waren ganz aufgeregt, denn der Winter wurde zu Weihnachten. Majella konnte sich nicht an Weihnachten erinnern, doch die Zwillinge erklärten ihr, es sei die letzten paar Male wohl ausgefallen. Aber sie hatten die anderen Jungs in der Schule davon erzählen hören. Es schien ganz einfach zu sein. Man mußte bloß daran denken, einen Socken aufzuhängen, und am nächsten Morgen steckten dann lauter Sachen drin. Man mußte das allerdings an einem bestimmten Abend machen, sonst funktionierte es nicht.

Sie übertönten sich gegenseitig, als sie ihrer Mutter begeistert davon erzählten.

»Da sind dann Spielsachen drin, und Nüsse …«

»Süßigkeiten …«, rief der andere.

»Goldmünzen und Orangen …« Sie nickten atemlos mit den Köpfen. »Können wir einen Weihnachtsbaum mit Kerzen haben, so wie die Bäume, die letztes Jahr überall in den Fenstern standen? Bitte!«

»Ach komm, bitte! Mit einem Baum sind die Geschenke am nächsten Morgen vielleicht sogar noch größer, aber dafür braucht man halt einen Baum …«

Der größere der Zwillinge musterte das ausdruckslose Gesicht seiner Mutter.

»Aber Socken dürfen wir doch aufhängen, oder? Socken haben wir ja.«

Mrs. Ryan sah ihre Kinder müde an. Das Baby schrie im Kinderwagen, wie schon den ganzen Morgen. Ihr dröhnte der Kopf davon. Die leuchtenden Augen der Zwillinge waren einfach zuviel für sie. Irgend etwas hielt sie davon ab, ihnen die Wahrheit zu sagen. Doch dann zuckte sie mit den Schultern. Wozu? Sie konnten sich eine richtige Kindheit einfach nicht leisten.

Doch selbst der Abschied vom Weihnachtsmann konnte die Stimmung der Zwillinge nicht trüben. Wenn man jemanden verlor, den man gerade erst entdeckt hatte, konnte man ihn noch nicht richtig vermissen. Er war so neu, daß die Zwillinge sich noch nicht an ihn gewöhnt hatten. Aber Mrs. Ryan war eine verantwortungsbewußte Frau. Sie riet den beiden, in der Schule keinem zu erzählen, was sie erfahren hatten. Bloß weil die Kindheit für sie zu teuer war, hieß das noch nicht, daß alle anderen auch darauf verzichten mußten.

Sie traute den Zwillingen. Wie zwei kleine Männer sorgten sie sich schon jetzt um das Wohlergehen ihrer Mutter. Sie stellten sich vor sie, wenn ihr Vater schlechte Laune hatte. Die griesgrämige Majella dagegen tat nichts, wenn er sie schlug. Na ja, solange das Mädchen ihr nicht zwischen den Beinen herumlief, kamen sie schon klar.

Majella war unterwürfig und stumm. Sie wußte, daß es besser war, keine Fragen zu stellen, und hatte schon einmal die harte Hand ihrer Mutter zu spüren bekommen, als sie zu laut lachte.

»Du glaubst wohl, das Leben wäre ein Vergnügen, was, du dumme Gans? Na, du wirst schon sehen, was dir das einbringt. Irgendwann hat der Spaß ein Ende!« Und dann ohrfeigte sie Majella, bis dem Mädchen das Lachen vergangen war.

Lachen bedeutete, daß man blöd im Kopf war. Sie sahen ihre Mutter kaum einmal lächeln. Majella hatte die Zwillinge danach gefragt, und die hatten gemeint, nur Idioten und Verrückte liefen grinsend durch die Gegend. Es war einfacher zu weinen. Majella entdeckte, daß man in Ruhe gelassen wurde, wenn man weinte. Nicht daß sie sich zu Hause irgendwohin hätte zurückziehen können. Es gab nur zwei Zimmer, die nicht feucht waren. Manchmal hörte sie, wie ihre Mutter ihren Vater anschrie. An diesen Tagen bekam sie immer eins hinter die Ohren, egal was sie tat. Sie versteckte sich hinter einer Tür, bis alles vorbei war, oder kroch in den Schrank unter der Treppe.

Mrs. Ryan fragte sich, wozu eine Tochter gut sein sollte. Das Mädchen nervte sie. Aber seit ihr Mann seinen Bauhof hatte, nervte sie alles. Ihr Haus zerfiel um sie herum, aber er war zu sehr mit den Häusern anderer Leute beschäftigt, um sein eigenes zu reparieren.

»Ein anderer Mann hätte sich längst darum gekümmert. Der hätte aus diesem Haus ein richtiges Zuhause für seine Familie gemacht. Aber du nicht. O nein. Keinen Finger hast du je für uns gerührt. Und wie lange wohnen wir jetzt schon hier? Sechs Jahre, und wir sitzen noch in denselben zwei Zimmern.«

Sie legte sich die Hand auf den Bauch, der langsam wieder dicker wurde.

»Du kriegst doch wohl nicht schon wieder ein Kind!« blaffte er sie an.

»Du Scheißkerl!« schrie sie. »Du meinst wohl, das hat überhaupt nichts mit dir zu tun. Du läufst hier rum wie der Obermacker, aber für deine eigenen Kinder hast du keine Zeit. Heute sind sie nach Hause gekommen und haben sich gefragt, warum sie bisher nichts von Weihnachten mitgekriegt haben. Glaub nicht, du könntest sie noch länger hinhalten, sie sind keine Babys mehr. Diesmal werden sie sich nicht so leicht abwimmeln lassen.«

Daraufhin wurde er ganz fromm und erklärte ihr, der Gottesdienst, zu dem sie am ersten Weihnachtsfeiertag gingen, sei wichtiger als irgendwelche Geschichten von Männern, die durch den Schornstein kämen. Er wolle wissen, wann er je ihrem Seelenheil im Weg gestanden habe. Schließlich gehe er jedes Jahr mit ihnen in die Kirche und zeige ihnen die Krippe. Und das sei doch viel besser, als wenn sie aufwüchsen wie andere Kinder, die nicht einmal wußten, was da eigentlich gefeiert werde.

Aber sie wollte nichts davon hören.

»Du elender Geizkragen«, fauchte sie. Frömmigkeit kostete nichts – es war das einzige, was sie ihren Kindern schenken konnten. »Ich scheiß auf deinen erbärmlichen Gott, wenn er so geizig ist, daß meine Kinder nicht wie alle anderen Weihnachten feiern können. Keinen Fuß werde ich in diese blöde Kirche setzen. Bring deinen jämmerlichen Pfarrer doch mal hierher. Ich werde ihm zeigen, wie wir leben. Ich werde ihn herumführen und ihm das ganze Haus zeigen. Wir wohnen in zwei Zimmer gequetscht, nur wegen dir und deinem Betrieb. Du fährst durch die Gegend und reparierst die Häuser von anderen Leuten, und deine eigene Familie lebt in der letzten Bruchbude.«

Er wurde nervös. Sie wußte, daß er sich den Pfarrer warmhalten mußte, wenn er den Auftrag für das Kirchendach bekommen wollte.

»Du hast doch keine Ahnung, wie ein Betrieb funktioniert!« fuhr er sie an, und sie konterte, er sei naiv, wenn er meine, daß er besser Bescheid wisse.

Von Hypotheken, Eigentum und all den anderen Wörtern, die der fesche junge Mann im Anzug benutzt hatte, als er sie im Haus herumführte, verstand sie allerdings nichts. Ihr war bloß der schreckliche Modergeruch in Erinnerung geblieben. In einem Zimmer konnte sie den Himmel durch die Decke sehen. Doch er versicherte ihr, das würde schon werden. Er werde sich darum kümmern.

»Wir kriegen es günstig, weil soviel daran gemacht werden muß. Schließlich bin ich ja Bauunternehmer, oder? Ich weiß, wovon ich rede.«

»Nun, Sie haben mit Sicherheit den richtigen Beruf für ein Haus wie dieses«, sagte der junge Mann, und er strahlte, als er das hörte. Das war es, der richtige Beruf – ja eine Berufung, nicht nur irgendein Job.

Er hatte immer seinen eigenen Betrieb haben wollen, ein eigenes Haus, denn als er noch ein Kind war, hatte seine Familie überhaupt nichts besessen. Es hieß immer, er werde es noch weit bringen, denn er war der Ehrgeizige in der Familie. Schon als Junge hatte er sich ein eigenes Fahrrad gewünscht, und er hatte so lange an den Wochenenden gearbeitet, bis er in wöchentlichen Raten ein Rennrad abstottern konnte.

Sie wußte nicht, ob sie ihn je geliebt hatte. Liebe war ein blödes Wort, aber er schien eine Energie zu haben, die den anderen fehlte. Sie hatte gedacht, daß sie mit ihm sicher ihr Auskommen finden würde. Er hatte schon damals etwas von einem Geschäftsmann.

»Mein Mann hat einen eigenen Betrieb«, würde sie dann den Mädchen in dem Laden erzählen, in dem sie früher gearbeitet hatte. Aber jetzt ging es nur noch um den Betrieb. Hier Betrieb, da Betrieb – sie konnte es nicht mehr hören.

Am Anfang hatte sie gedacht, sie könnte ihm vielleicht helfen, den Papierkram für ihn erledigen. Sie könnten Partner sein. Aber er meinte, ihm ginge das alles schneller von der Hand.

»Du verstehst einfach nichts von der Sache. Du hast doch keine Ahnung, wie man Geschäfte abschließt.«

Wie er das Geld verdiente, war ganz allein seine Sache. Und dann kaufte er das Haus, obwohl sie ihm sagte, daß es ihr nicht gefiel. Er erinnerte sie daran, daß er die Rechnungen bezahlte und deshalb auch die Entscheidungen traf. Sie hatte kein Stimmrecht in ihrem gemeinsamen Leben. Und sie roch, wie die Feuchtigkeit ihnen langsam auf die Pelle rückte.

Oben benutzten sie nur ein Zimmer; die Türen zu den anderen hatten sie abgedichtet, damit sich der Geruch nicht überall ausbreitete.

»Die alten Dielenbretter kommen raus«, hatte er kurz nach ihrem Einzug versprochen, als sie das morsche Holz zum ersten Mal aus der Nähe gesehen hatte. Aber jetzt wohnten sie schon sechs Jahre hier, und die Bretter waren immer noch drin. Sie glaubte, dabei zusehen zu können, wie sie vermoderten. Eine Woge tropfender, ekliger Feuchtigkeit hinterließ im Flur ihre Spuren. Sie entdeckte Wasserflecken, wie sie nach einem heimlichen mitternächtlichen Bad auf dem Boden zurückblieben.

Nach dem ersten Jahr war das Wohnzimmer nicht mehr bewohnbar, und sie zogen sich in die Küche zurück. In dem weinenden Haus und den zwei engen Zimmern begann sie zu träumen. Fische schwammen nachts an ihr vorüber. Einmal sah sie einen Mann mit einem Tauchgerät, der kam, um wie ein Fensterputzer Muscheln von den Glasscheiben zu kratzen. Sie befand sich auf der *Lusitania*, die Jahre zuvor gesunken war. Sie stand in dem ramponierten Ballsaal, in dem nur noch die Algen tanzten, und sammelte Glasscherben auf.

»Ein ordentliches Feuer im Kamin würde das meiste hier durchtrocknen«, meinte er.

Die Tapete, die sie im ersten Jahr voll Zuversicht angebracht hatte, hatte lauter weiche feuchte Stellen, so als befänden sich große Blasen darunter.

Da sie sich im Wohnzimmer nicht aufhalten konnten, begann er Backsteine und Holzbretter aus dem Lager dort zu stapeln. Doch nicht einmal die waren für sie gedacht. Sie waren für die Reparaturarbeiten an einem anderen Haus bestimmt. Nie für das Haus, in dem er selbst wohnte. Sie mußte über seine Sachen klettern, wenn sie die Vorhänge wechseln wollte, denn das Haus sollte wenigstens von außen einen ordentlichen Eindruck machen.

Nachdem er den Bauhof gepachtet hatte, begann er einen Großteil seiner Zeit dort zu verbringen. Er bemerkte nicht, wie eng es zu Hause geworden war oder daß die Kinder wuchsen. Er war nur selten daheim. Statt dessen räkelte er sich abends mit seinen Kumpeln in irgendeinem Pub. Er kam meist erst spät abends nach Hause und kroch dann über die längs hintereinanderstehenden Betten, um sich an seine Frau ranzumachen.

Aber die hatte jedes Interesse verloren. Für sie hieß das nur mehr Kinder. Die Zwillinge waren schon in Ordnung, aber für Majella und das Baby hatte sie nichts übrig. Und jetzt war ihr morgens schon wieder schlecht. Wenn sie irgend etwas hätte nehmen können, um es loszuwerden, hätte sie es getan.

Ihr erstes Kind war eine Tochter gewesen, ein schönes Kind. Wie hatte sie dieses Kind geliebt. Doch Gott in seiner Weisheit hatte es ihnen wieder weggenommen. Ihr Mann erwähnte nicht mal mehr seinen Namen. Als hätte es nie existiert. Rose, ein kleiner Dorn war es gewesen. Doch sie hielt ihre Tränen zurück. Wozu waren Töchter schon gut? Sie brachen einem nur das Herz.

Als die Zwillinge auf die Welt kamen, weinte er. Es war das einzige Mal, daß sie ihn weinen sah.

»Die werden mal stark«, sagte er. »Richtige Männer werden das. Dann sind wir ›Ryan und Söhne‹. Du wirst schon sehen.«

Als nächstes kam Majella. Sie war dunkel und still, wie ihr Vater. Ein sonderbares Kind, mit dem Mrs. Ryan einfach nicht warm werden konnte.

An Heiligabend erlaubte sie ihnen nicht, ihre Socken im Schlafzimmer aufzuhängen. »Ich will nicht, daß ihr mitten in der Nacht auf mir und dem Baby herumkrabbelt«, erklärte sie ihnen. »Bringt sie runter.«

Am nächsten Morgen – in der Kirche wurde sicher gerade das Jesuskind in die Krippe gelegt – nahmen drei ekstatische Kinder ihre Socken von der Rückenlehne des Sessels herunter. Im Schlafzimmer mußte selbst Mrs. Ryan lächeln.

Sie hörte das Freudengeheul, als die drei das billige Plastikspielzeug aus den Socken zogen, das sie in der Woche zuvor auf dem Markt gekauft hatte. Sie warf sich die alte Jacke über, die hinter der Tür hing, und schlurfte nach unten, gerade noch rechtzeitig, um zu sehen, wie die Kinder Süßigkeiten aus den Socken fischten und das Wunder einer eigenen Orange und eines eigenen Apfels für jedes von ihnen bestaunten. Ihre Augen leuchteten angesichts der Reichtümer, die sich da vor ihnen ausbreiteten, und sie mußte an ein anderes Weihnachtsfest vor langer Zeit denken, als sie auf einer Feier für die Familien von Seeleuten ihre Puppe gewonnen hatte.

Es war eine große Puppe mit zwei strohblonden Zöpfen und einem Porzellangesicht, das immer lächelte, selbst als ein häßlicher Sprung es verunstaltete. Für sie als Kind war es das Geschenk ihres Lebens gewesen. Später hatte sie ab und zu von der Wohlfahrt noch Sachen geschenkt bekommen, aber sie hatte eigentlich nie mehr haben wollen, das konnte sie ehrlich sagen. Nicht nach dieser Puppe. Allerdings machte damals auch niemand so ein Aufhebens um Weihnachten. Nach dem Krieg wurde ein richtiges Spektakel daraus. Eine üble, kostspielige Zeit, die man irgendwie durchstehen mußte. Nachdem ihre Kinder es jetzt entdeckt hatten, würde sie jedem weiteren Weihnachtsfest mit Schrecken entgegensehen.

»Mama! Mama!« riefen die Kinder, als sie ihre Mutter in der Tür stehen sahen.

»Es stimmt, es stimmt! In den Socken ist wirklich was drin!«

Sie hüpften herum. Majella hatte in die Hose gemacht.

»Nein, wirklich?« fragte sie mit vorgetäuschtem Erstaunen. »Dann hätten euer Vater und ich wohl auch welche aufhängen sollen.«

Majella näherte sich ihr leise von hinten. Sie sagte nichts und hoffte, ihre Mutter würde die Panne nicht bemerken. Ihre Lippen zitterten, als sie den Arm nach ihr ausstreckte.

»Was zum Teufel willst du denn jetzt schon wieder?« Die Worte waren draußen, eh sie es verhindern konnte. Sie sah die kleine Orange, die ihre Tochter ihr hinhielt. Die Augen des Mädchens irritierten sie, sie schien ständig kurz davor, in Tränen auszubrechen. Sie stieß das Kind von sich weg. Die Orange fiel zu Boden. Sie hörte das Baby oben schreien und ging hinauf.

Doch es sollte ein Tag voller Überraschungen werden. Er war erst spät ins Bett gekommen, ganz verschwitzt. Sie hatte keine Ahnung, was er getrieben hatte. Sie hatte ihm den Rücken zugewandt und war eingeschlafen.

»Ich habe etwas für euch alle, zu Weihnachten«, sagte er am nächsten Vormittag.

Sie bahnten sich den Weg durchs Wohnzimmer, über Bretterstapel und an aufeinandergetürmten Wellblechplatten vorbei, die er dort gelagert hatte.

»Ist denn dein Bauhof nicht groß genug?« fragte sie. »Mußt du den ganzen Kram jetzt auch noch hierher bringen?«

Erst hatte die Feuchtigkeit sie aus dem Zimmer vertrieben, jetzt rückten all diese Sachen nach. Ein riesiger Einsiedlerkrebs machte sich in ihrem Haus breit. Sie meinte, Rost auf den Metalleitern zu erkennen, die an der Wand lehnten.

»Die gehen dir noch kaputt, wenn du sie hier stehenläßt. Diese Feuchtigkeit zerstört einfach alles.«

Es war hoffnungslos, die Zimmer taugten nicht einmal als Lagerraum.

»Ein schönes heißes Feuer im Kamin, und dann ist das alles wieder trocken«, sagte er immer.

Sie kämpften sich durch den Hindernisparcours. Dann sahen sie den Baum. Er hatte den Kindern einen Weihnachtsbaum gekauft. Ein Riesending in einem Topf, den er mit Silberfolie und Lametta geschmückt hatte.

Er ging zur Wand und betätigte einen Schalter. Dutzende winziger, bunter Lichter leuchteten auf.

Er hatte darauf geachtet, daß der Baum genau vor dem Fenster stand, so daß man ihn von der Straße aus sehen konnte.

Sie fröstelten in dem kalten Zimmer. Die Lichter wärmten nicht. Schließlich kletterten sie wieder hinaus, während der Baum mit seinen bunten Lichtern wieder die an der Wand lehnenden Wellblechplatten beleuchtete.

Sie konnten ihren Baum nur richtig sehen, wenn sie sich auf die Straße stellten und ihn wie Passanten von außen durchs Fenster betrachteten. Aber die Kinder waren stolz. Sie hatten einen Weihnachtsbaum, so wie alle anderen. Die Leute würden stehenbleiben, ihn anschauen und sich vorstellen, wie gemütlich es da drinnen war.

Sie hätte kotzen können. Ihr Schweigen machte ihn rasend. Ihre steinerne Miene war haßerfüllt. Später hörten die Kinder, wie die Haustür zugeknallt wurde.

Majella verstand das alles nicht. Der Tag war doch ein einziges Wunder gewesen. Am nächsten Tag herrschte Schweigen im Haus. Die Eltern sagten beide nicht viel. Nachmittags ging ihr Vater wieder weg.

»Wenn du besoffen nach Hause kommst, schließe ich die Haustür ab«, schrie ihre Mutter ihm nach.

Draußen auf der Straße meinte ein Passant trocken: »Und schöne Weihnachten auch.«

Drinnen erteilte ihre Mutter ihnen jetzt Anweisungen.

»Los, schnell, zieht eure Mäntel an.«

»Wo gehen wir hin?« wollten die Zwillinge wissen, aber Majella sagte nichts. Sie begriff, daß es sich um ein weiteres Geheimnis handelte.

»Nun macht schon. Vielleicht gehen wir ein bißchen in den Park, da könnt ihr euch austoben.«

Weihnachten war mild dieses Jahr, es lag kein Schnee, aber sie sorgte dafür, daß die Kinder sich warm einmummelten.

»Später wird es vielleicht kalt«, erklärte sie. Sie hatte es so eilig, daß sie nicht abwartete, bis sie alles zugeknöpft hatten.

»Das kannst du draußen machen«, schnauzte sie den größeren Zwilling an. An der Tür kehrte sie plötzlich noch einmal um und rannte zurück ins Haus, als hätte sie etwas vergessen.

»Wartet hier.«

Sie ging ins Wohnzimmer. Die Kinder hörten sie über die Holz- und Blechstapel klettern. Als sie wiederkam, schloß sie die Tür sorgfältig hinter sich.

»Los, los«, rief sie nervös, »steht hier nicht rum«, und schon waren sie draußen und hetzten los. An der Straßenecke drehte Majella sich um und warf noch einmal einen Blick auf ihren Weihnachtsbaum. Sie war ja so stolz. Er glänzte im Fenster. Die winzigen Lichter waren alle an. Ihre Augen tanzten, und jetzt sah der Baum aus wie der Altar in der Kirche, wenn zum vierzigstündigen Gebet Hunderte von Kerzen darauf entzündet wurden. Die Flammen verschmolzen miteinander, wenn sie lange genug hinstarrte, und dann schwebte der Altar im flackernden und hüpfenden Kerzenlicht vor ihren Augen.

»Jetzt mach schon, hör auf zu glotzen«, drängte ihre Mutter. Sie schob das Mädchen vor sich her.

Ein Feuer. Ein ordentliches Feuer gegen die Feuchtigkeit. Sie drehte sich nicht noch einmal nach dem Baum um, als sie um die Ecke gingen. Es war nicht nötig, sie wußte, daß er jetzt lichterloh brannte.

STEPHEN CRANE

Die Männer im Sturm

Der Sturm begann große Wolken von Schnee durch die Straßen zu wirbeln, ihn von den Dächern herunterzufegen oder vom Pflaster aufzurühren, bis die Gesichter der Fußgänger ziepten und brannten wie von tausend Nadelstichen. Auf dem Trottoir zurrten sie die Mantelkrägen fester um ihre Hälse und bewegten sich gebückt wie ein Volk von Greisen. Die Kutscher auf den Wagen peitschten zornig ihre Pferde voran. Daß sie dem Wetter so ausgesetzt waren, machte sie noch grausamer. Die Straßenbahnen, die aus der Stadt herauswollten, fuhren langsam, die Pferde glitschten aus und kämpften sich durch die breiig-braune Masse, die zwischen den Schienen lag. Bis zu den Augen vermummt standen die Fahrer aufrecht gegen den Wind – als Standbilder einer trotzigen Lebenshaltung. Über den Köpfen rumpelten und kreischten die Züge, und von dem dunklen Hochbahngerüst, das über den Boulevard hinwegging, tropfte es, oder es rannen kleine Bäche auf den schmutzigen Schnee, der darunter lag.

Dieser ganze ratternde Straßenlärm wurde von den Schneemassen auf dem Pflaster gedämpft, so daß er, auch für einen, der vom Fenster aus zuschaute, zu einer tiefgründigen Musik wurde, einer Lebensmelodie, unentbehrlich dem Ohr gegen das öde, trostlose Trommeln und Brausen des Sturms. Hin und wieder konnte man schwarze Männergestalten sehen, die die weiß hingewehten Haufen emsig von den Wegen schaufelten. Ihre Arbeitsgeräusche riefen aufs neue die Erinnerung an ländliche Erfahrungen auf, die wohl jeder Mensch in gewissem Maße in sich hat. Später erglühten die riesigen Ladenfenster vom Licht, sie warfen breite, orange und gelbe Streifen auf das Pflaster. Sie machten einen unendlich fröhlichen Eindruck, und doch verstärkten sie zugleich die rauhe Kraft des Sturms und machten das Tempo der Menschen und Wagen begreiflich, der Scharen von Fußgängern und Kutschern, die mit ihren elend kalten Gesichtern, Hälsen und Füßen den vielen Dutzend unbekannten Torwegen und Türen entgegeneilten und sich in eine unendliche Vielfalt von Unterkünften verteilten; ihre Phantasie wärmte sie schon vorher mit den Farben heimatlicher Traulichkeit.

Die schnellen Schritte der Menschen verrieten ihre heftige Gier nach einem heißen Abendessen. Hätte jemand gewagt, über die Ziele derer, die sich da scharenweise bewegten, zu spekulieren, so hätte er sich in einem Labyrinth sozialer Mutmaßungen verirrt – ebensogut hätte er eine Handvoll Sand in die Luft werfen und den Flug jedes einzelnen Korns verfolgen können. Was aber die Vorstellung vom warmen Abendessen betraf, so befanden seine Gedanken sich auf festem Grund, denn sie steckte wirklich in jedem der eiligen Gesichter. Es ist eine Sache des Herkommens. Es reicht bis in die Kindheit zurück. Jeder Sturm bringt das heraus.

Aber auf einem bestimmten Straßenabschnitt im Westen drängte sich eine Ansammlung von Männern, für die diese Dinge nicht existierten. In dieser Straße gab es ein Asyl, wo die Heimatlosen der Stadt für fünf Cent ein Bett für die Nacht und am Morgen Kaffee und Brot erhielten.

An diesem stürmischen Nachmittag hatten die wirbelnden Schneestrudel etwas von Kutschern, von Männern mit Peitschen, und um halb vier war das Trottoir vor den verschlossenen Türen voll von wartenden Landstreichern. Man sah, wie sie sich beiderseits dieser Stätte, in einigem Abstand in die Torwege und hinter die Häuservorsprünge drückten, wie sie sich fest zusammendrängten, um sich zu wärmen. Ein Dutzend von ihnen fand hinter einem Planwagen Schutz, der an einem Kantstein abgestellt war. Unter dem Treppenaufgang zu einer Hochbahnstation standen sechs oder acht, die Hände tief in die Taschen gesenkt, die Schultern krumm, und stampften. Man sah immer noch weitere ankommen – eine seltsame Prozession; einige schlurften mit jenem typischen, hoffnungslosen Gang berufsmäßiger Streuner daher, andere kamen mit zögernden Schritten und hatten etwas von Männern an sich, denen dieses Leben neu ist.

Es war ein unglaublich langer Nachmittag. Der Schnee wehte in kreiselnden Wolkenstrudeln auf, er spürte die Männer in ihren kümmerlichen Unterschlupfen auf, fegte in die Ritzen zwischen ihnen und überschüttete alle diese Gestalten mit Massen feiner, stechender Flocken. Sie rückten zusammen und brummelten, wühlten sich mit den Händen in die Taschen, um ihre rot entzündeten Handgelenke zu bedecken.

Neuankömmlinge blieben gewöhnlich bei einer solchen Gruppe stehen und fragten – vielleicht nur der Form halber: »Is schon offen?«

Die, die dort schon gewartet hatten, hatten eine Neigung, die Frage ernst zu nehmen. Ihre Worte klangen verächtlich: »Ach was! Meinst du, wir würden sonst hier stehen?«

Die Ansammlung wuchs an Zahl, sie wuchs beharrlich und gleichmäßig. Man konnte immer weitere kommen sehen, die sich durch den Schnee kämpften.

Schließlich begannen die kleinen Schneeflächen in den Straßen eine bleierne Farbe anzunehmen: die Farbe der Abendschatten. Die Gebäude ragten in die Dunkelheit hinein, abgesehen von denen, in denen sich hellerleuchtete Fenster abzeichneten und auf dem Schnee einen gelben Widerschein und gelbe Flecke erzeugten. Eine Straßenlaterne am Kantstein wollte mühsam hell werden, aber ganze Sturmladungen von Schneematsch auf ihren Glasscheiben ließ sie zu blinder machtloser Mattigkeit verkümmern.

Bei diesem Halbdunkel kamen die Männer allmählich aus ihren Schlupfwinkeln und drängten sich an die Türen der Barmherzigkeit. Alle möglichen Typen waren dabei, aber meist waren es der Herkunft nach Amerikaner, Deutsche und Iren. Viele waren kräftige, gesunde Burschen mit glatter Haut, wie man sie nicht oft bei der Kundschaft der Nachtasyle sieht. Es waren Männer von unzweifelhafter Geduld dabei, fleißige und mäßige Männer, die gewöhnlich in schlechten Zeiten nicht gleich über den Zustand der Gesellschaft jammern, nicht haßerfüllt über den Hochmut der Reichen, klagend über die Feigheit der Armen reden; vielmehr Menschen, die in solchen Zeiten eher eine unerwartete Sanftmut zur Schau trugen, als beobachteten sie, wie der Fortschritt der Welt sich von ihnen abwandte, und als wollten sie nun herausfinden, wo sie versagt hatten, woran es ihnen mangelte, daß sie unter Ihresgleichen so benachteiligt wurden. Es gab aber noch andere, jene von der unsteten Art, die in Männerwohnheimen leben und sonst für einen Schlafplatz zehn Cents bezahlen mußten und die hierherkamen, weil es hier billiger war.

Aber jetzt waren sie alle ganz und gar zu einer einzigen Masse zusammengemengt, so daß niemand mehr die verschiedenen Elemente hätte auseinanderhalten können. Zumeist schweigend und teilnahmslos standen diese mit Mühsal Beladenen in diesem Sturm, wie Statuen der Geduld, und hatten die Augen auf die Fenster des Hauses geheftet.

Das Trottoir wurde von den Körpern der Männer vollständig blockiert. Sie drängten sich aneinander wie Schafe im Wintersturm und wärmten einander mit ihrer Körperwärme. Der Schnee senkte sich auf diese dichte Menschenmenge, so daß sie von oben wie ein Haufen schneebedeckter Waren ausgesehen hätten, wenn diese Masse nicht mit gleichmäßiger, rhythmischer Bewegung hin- und hergeschwankt hätte. Es sah wunderbar aus, wie der Schnee als kleine Wülste auf den Köpfen und Schultern dieser Männer lag, vielleicht drei Zentimeter dick an manchen Stellen, wobei ständig, eine nach der anderen, Flocken dazukamen, genauso unwiderstehlich, wie sie auf das Gras der Felder rieseln. Alle diese Männer hatten nasse und kalte Füße, und der Wunsch, sie zu erwärmen, erklärte ihre langsame, weiche, rhythmische Bewegung. Ab und zu zog jemand, dessen Ohren oder Nase gerade besonders stark von dem kalten Wind betroffen waren, seinen Kopf noch tiefer ein, bis er von den Schultern seiner Kameraden geschützt war.

Es war eine unablässig brummelnde Debatte darüber im Gange, ob die Türen wohl bald geöffnet werden würden. Fortwährend hoben die Blicke sich zu den Fenstern. Man hörte kleine Meinungsverschiedenheiten.

»Da is Licht in dem Fenster.«

»Nee, das spiegelt sich bloß von drüben.«

»Aber ich hab doch gesehn, wie sie's angemacht haben.«

»Hastu?«

»Klar!«

»Na, dann is ja gut.«

Als die Zeit näher kam, zu der sie auf Einlaß hoffen durften, drängten die Männer sich mit unbeschreiblicher Gewalt an die Pforte, sie stießen und benutzten ihre Ellbogen dermaßen, daß man meinte, die Knochen müßten davon brechen. In einer mächtigen Woge stoßender Schultern brandeten sie gegen das Gebäude. Einmal schwirrte ein Gerücht über die hochgereckten Köpfe.

»Die könn die Tür nich aufkriegen, die Kerle drücken sich ja dagegen!«

Von den Männern der äußeren Ränder kamen dumpfe zornige Rufe; aber zugleich drängelten und stießen sie immer weiter, bis es für die Vorderen unerträglich war, so daß sie schreiend protestierten, daß sie zu Mus gedrückt würden.

»He, dann geht doch von der Tür weg!«

»Aus 'm Weg!«

»Schmeißt sie raus!«

»Erschlagt sie!«

»Hört mal, Kumpels, was is 'n jetz, helft doch mal, daß sie die Tür aufkriegen können!«

»Verdammte Schweine, ihr sollt sie die Tür aufmachen lassen!«

Männer am Rand der Menge schrien, wenn ein rücksichtsloser Absatz von einem der stampfenden Füße schmerzhaft auf ihre verfrorenen Füße trat.

»Runter von meinen Füßen, du Tölpel!«

»He, du, steh nich auf mei'm Fuß, steh auf'm Boden!«

Ein Mann in der Nähe der Tür brüllte plötzlich los: »Oh, laßt mich raus! Laßt mich raus!« Ein anderer Mann, der ungeheuer mutig aussah, wendete seinen Kopf um, bis er denen, die hinter ihm drängelten, fast direkt ins Gesicht sah: »Hört mit der Drängelei auf, ihr!« – und er ließ eine Salve unerhört kräftiger und spezieller Schimpfworte direkt auf diese Gesichter los. Es war, als hämmerte er mit extraharter Bronze direkt auf diese Gesichter ein. Man sah sein zorniges Gesicht, es hatte einen Ausdruck höchster Gleichgültigkeit gegen die Folgen. Aber es machte sich niemand die Mühe, auf diese Injurien zu antworten – es war zu kalt. Viele von ihnen kicherten ein bißchen und drängelten weiter.

Bei gelegentlichen Bewegungspausen der Menge hatten die Männer Zeit, Witze zu machen. Meistens waren es bösartige Witze und zweifellos waren sie äußerst schwerfällig. Bemerkenswert war es trotzdem – man vermutet ja kaum so etwas wie Humor in einem Haufen alter Kleider unter einer Schneewehe.

Mit der Zeit schienen die Windstöße heftiger zu werden. Einige der Schneeschauer, die auf diese dichtgedrängte Ansammlung von Köpfen niederfuhren, stachen wie Nadeln und Messer. Die Männer zogen ihre Köpfe ein und fluchten, aber nicht wie Mörder, nicht so finster, sondern irgendwie auf amerikanische Art, gewiß rauh und verzweifelt, aber doch mit einem sonderbaren Unterton, etwas rätselhaft, schwer zu beschreiben, als sei etwas Komisches an dieser Katastrophe, als sei da was zum Lachen an dieser Lage, in dieser Nacht der schneebeladenen Stürme.

Einmal sorgte das Fenster einer großen Kleiderhandlung auf der anderen Straßenseite für ein paar Augenblicke des Vergessens. In der strahlend hellen Fläche erschien eine Männergestalt. Der Mann war ziemlich beleibt und sehr gut gekleidet. Sein Backenbart war sehr dezent in der Art des Prinzen von Wales geschnitten. Er stand da in einer großspurigen Haltung und grübelte. Er strich seinen Schnurrbart irgendwie mit einer herrschaftlichen Gebärde und schaute auf den schneebedeckten Menschenhaufen herab. Seine überlegene Gleichgültigkeit war von unten gut zu erkennen. Es sah aus, als funktionierten seine Augen auf umgekehrte Art und gestatteten ihm, seine eigene Umgebung, die so viel gepflegter war, um so deutlicher wahrzunehmen.

Einer aus der Menge wandte zufällig den Kopf um und bemerkte die Gestalt am Fenster. »Hallo!« rief er gutgelaunt, »schaut euch mal diesen Bart an!«

Darauf wandten sich viele Männer um und einige Rufe stiegen hinauf. Sie riefen ihn auf die seltsamste Weise an. Sie widmeten ihm die verschiedensten Anreden, von familiären und herzhaften Grüßen bis zu sorgsam formulierten Ratschlägen, die eventuelle Änderungen seines Aussehens betrafen. Sofort zog sich der Mann zurück und die Menge kicherte in wildem Vergnügen, wie blutige Dämonen, die gerade irgendwas verschlungen haben.

Darauf widmeten sie sich wieder ernsteren Geschäften. Sie redeten des öfteren die gleichgültige Fassade des Hauses an.

»Mein Gott, laßt uns doch rein!«

»Laßt uns rein, sonst fallen wir tot um!«

»He, was soll denn das, uns so wie arme Hunde hier draußen in der Kälte zu lassen.«

Und immer wieder sagte jemand: »Runter von meinen Füßen!«

Das Gedränge des Haufens wurde am Ende ganz schlimm. Die Männer, gepeinigt von den fortwährenden Windstößen, waren dran, sich zu schlagen. Und während die gnadenlosen Schneestrudel sie beutelten, entschied sich die Schlacht um die Unterkunft zugunsten der Starken. Es sprach sich herum, daß es die Kellertür sein würde, am Fuß der kleinen steilen Treppe, die man öffnen wollte, und nun schoben und boxten sie sich wie besessen in diese Richtung. Man konnte sie in ihrer heftigen Anstrengung keuchen und stöhnen hören.

Meistens protestierte jemand in der vordersten Reihe gegen die hinter ihm: »Jetzt hört doch mal, Kumpels! Macht mal 'n bißchen langsam! Wollt ihr jemand umbringen?«

Ein Polizist traf ein und trat mitten unter sie; er schimpfte und ermahnte sie, manchmal drohte er auch, aber er wurde nicht gewaltsam, sondern stemmte sich nur mit Händen und Schultern gegen diese Männer, die aus dem Schneesturm hereindrängten. Seine Stimme war klar und entschieden zu hören. »Schluß da hinten, mit dem Drücken! Also Jungs, jetzt drückt mal nicht so! Schluß damit! Hier du, hör auf zu drängeln! Laß das sein!«

Als die untere Tür aufgemacht wurde, zwängte sich ein breiter Strom der Männer treppabwärts; die Treppe war ungewöhnlich eng und schien gerade Platz für einen zu haben. Irgendwie quetschten sie sich dennoch in Dreierreihen hinunter. Es war ein schwieriger und schmerzhafter Vorgang. Die Menge war wie ein aufgewühlter Wasserstrom, der sich durch eine enge Öffnung preßt. Die Männer im Hintergrund, erregt wegen des Erfolges der anderen, machten rasende Anstrengungen, denn es sah so aus, daß dieser große Haufen das Quartier schon bald füllen würde und daß viele draußen auf der Straße bleiben müßten. Es würde verheerend sein, wenn man der letzte wäre, und dementsprechend stießen die Männer und wanden sich, während der Schnee in ihre Gesichter biß, mit aller Kraft voran. Es war zu erwarten, daß der enge Durchgang zur Kellertür durch diesen ungeheuren Druck bald verstopft und so dicht mit menschlichen Körpern angefüllt sein würde, daß keine Bewegung mehr möglich wäre. Einmal mußte die Menge tatsächlich anhalten, und ein Schrei pflanzte sich fort, daß am Fuß der Treppe ein Mann verletzt worden war. Aber gleich setzte die langsame Bewegung von neuem ein, und der Polizist am oberen Ende der Stufen tat, was er konnte, damit der Druck auf die Absteigenden nicht zu stark wurde.

Ein rötliches Licht fiel aus einem der Fenster auf die Gesichter der Männer, die jetzt die letzten drei Stufen erreicht hatten und gerade eintreten wollten. Dabei konnte man eine Veränderung des Ausdrucks feststellen, die sich in ihren Gesichtern vollzog. Als sie nun an der Schwelle ihrer Hoffnungen standen, sahen sie plötzlich zufrieden und erschlafft aus. Aus ihren Augen war das Feuer und von ihren Lippen war die Anspannung verschwunden. Sogar der Druck der Menge von hinten, der sie vorher erbost hatte, wurde nun von einem anderen Standpunkt aus wahrgenommen, denn jetzt führte er unausweichlich dazu, daß sie durch die kleine Tür in diese Behausung gelangten, wo es so hell, freundlich und warm war.

Das Stoßen und Drängeln auf dem Fußsteig ließ immer mehr nach. Der Schnee traf beharrlich und gnadenlos auf die gebeugten Köpfe der Wartenden. Der Sturm fegte ihn als wilde Gestalten aus strudelndem Weiß vom Pflaster auf und streute ihn im Kreis um die gebeugten Menschen, die, immer drei und drei, dem Sturm entrannen und eintraten.

Nachgeschmack

In normalen Zeiten lag Schnee, so weit das Auge reichte, Schnee, so weich wie ein Marshmallow. Doch in diesem Winter fanden sich Schönheitsflecken auf dem sauberen Gesicht der Landschaft. Es war, als hätte ein Messer durch einen gigantischen Apfel geschnitten, um dann eine Familie friedlicher Maden vorzufinden, die dort unordentlich in den vergilbten Schützengräben überwinterten. Da waren Pferde, Menschen, alle tot. Der Wind heulte, pfiff, erstarb, heulte erneut. Schneeflocken trieben vorbei, bockspringend, huschend, geheimnisvoll steigend wie fallend. Mitten im Nichts stand eine Behausung, eine armselige Hütte, die aussah, als wäre sie in den Schneewehen auf ein Knie gesunken, eher etwas Beweglichem ähnlich, das steckengeblieben war, als einem statischen Gebäude. Keine erkennbare Straße führte dorthin. Sie stand allein.

In ihrem Inneren, im Halbdunkel, halb unter Decken versteckt, befand sich die 603. Gebirgsjägerdivision, das 346. SS-Regiment »Nibelungen«, die 425. Spezialingenieurbrigade sowie die 78. italienische Brigade – jede vertreten durch ihr letztes überlebendes Mitglied, General Leopold Reims, General Egon Freiherr von Augenstrahl, General Rudolf Kowalka und General Baldessare Capognoni.

Sie hatten seit zwei Tagen nichts gegessen, sie hatten seit dreien nicht mehr geschlafen, sie hatten seit einer Woche nicht mehr gekämpft. Falls die Schlacht noch im Gange war, so hatten sie keine Indizien dafür. Man hörte keine Schüsse, nur den Wind.

»Bleiben noch zehn Minuten«, knurrte General Reims mit schwacher Stimme.

»Und dann was?« fragte General Kowalka.

»Und dann nehme ich mir das Leben.«

»Warum zehn Minuten warten?«

Reims warf Kowalka einen verächtlichen Blick zu und klopfte gegen seine Brusttasche. Er holte eine leere Packung

Overstolz heraus, durchsuchte sie zum vielleicht fünfzigsten Mal, zerknüllte sie zu einer Kugel und warf sie zu Boden.

General Capognoni hatte noch drei Zigaretten, flache italienische. Er hatte sie für Notfälle aufgespart. Jetzt bot er Reims eine aus einem goldenen Etui an.

»Ich rauche nicht«, sagte Reims, ohne Capognoni anzusehen.

»Aber ich, mit Vergnügen«, sagte Kowalka.

Kowalka und Capognoni zündeten ihre Zigaretten an. Der italienische General musterte das Gesicht von Reims, des ranghöchsten der vier Offiziere. Die gewollte Ablehnung der Zigarette hatte ihn getroffen, aber er hatte weder die Lust noch die Energie, um aus der Haut zu fahren. Dafür war sein Haß zu übermächtig.

Reims hatte die Augen eines Raubvogels, dicht nebeneinanderstehend, und er schien den Kopf wenden zu müssen, um ihre ständige Blickrichtung zu ändern, die immerzu gefährlich nach vorn zielte. Er blinzelte nur selten, aber wenn er es tat, senkten und hoben sich seine Lider mechanisch, wie die Langzeitbelichtung einer Kamera. Auf seinem Nasenrücken sah man eine tiefe Rille, als wäre dort einmal eine schwere Brille eingegraben gewesen, die man mittels eines chirurgischen Eingriffs hatte entfernen müssen. Seine Lippen paßten perfekt und überaus präzise aufeinander, auf ihnen verliefen kleine Einschnitte, eine abheilende Wunde, die genäht worden war und deren Fäden man noch nicht entfernt hatte. Die Nasenlöcher waren groß und geweitet und zitterten irritiert, während ein kleiner Nerv unter einem Auge irgendwo in der Nähe seines Wangenknochens pausenlos einen Trommelwirbel schlug.

Reims' Haare fand der Italiener im Grunde genommen fremdartig. Sie standen spitz in die Höhe und ringelten sich um einen Doppelwirbel, wo ein Büschel längere Haare ziellos sproß, ständig ungepflegt und seltsam schutzlos. Die Haarfarbe war die Sorte Grau, die früher einmal blond gewesen sein mußte, und die braune, ledrige Gesichtshaut wurde am unteren Hals zu einem obszönen Weiß, das weniger rasiert als gerupft aussah, wie ein totes Huhn.

Vorsätzlich blies General Capognoni den parfümierten Qualm seiner Zigarette in Richtung Reims, sah zu, wie er sich um den ärgerlichen Kopf des vertrockneten Kriegsherrn schraubte, und beobachtete mit einem gewissen Vergnügen, wie sich das Zucken verstärkte, als die riesigen, geblähten Nasenlöcher den Geruch des türkischen Tabaks einsogen.

»Selbstmord ist die höchste Form von Feigheit«, erklärte General Egon Freiherr von Augenstrahl plötzlich.

»Es ist das Äußerste, der Gipfel der Ehre«, rief General Reims mit dünner Stimme.

»Indem man sich selbst tötet, verrichtet man die Arbeit des Feindes. Man vergeudet eine Kugel, die besser im Kampf Verwendung gefunden hätte.«

»Unsere Befehle untersagen uns ausdrücklich, in feindliche Hände zu fallen«, fauchte Reims.

»Unsere Befehle bekamen wir von einem durchgedrehten österreichischen Korporal in Berlin. Als deutscher Offizier betrachte ich mich nicht länger an Befehle gebunden, die unsere tragische Lage hervorriefen.«

Kowalka lachte. »Nichts gegen die Österreicher«, sagte er leichthin, »unser Freund in Berlin war Korporal in der deutschen Wehrmacht. Wäre er zu Hause geblieben, wäre er heute noch gemeiner Soldat.«

Es gab keine Widerrede.

Capognoni musterte von Augenstrahl. Ein gutes Gesicht, jung, aber darunter lauerte eine unangenehme und beunruhigende Hysterie. Er war großgewachsen und hager, dunkel für einen Deutschen. Um seinen Hals hing eine Kette. Es konnte eine Identifizierungsmarke sein, aber wahrscheinlich war er katholisch. Sein Mund war permanent verzogen und dadurch entstellt, was häufig zu dramatisch aussah, um nicht Indiz dafür zu sein, daß hier ein schwacher Mensch nach Stärke suchte. Seine plötzlichen Ausbrüche, seine kategorischen Entschlüsse waren die eines Menschen, der rücksichtslos angreift und stur verteidigt, sich aber nicht sicher ist, welche Qualitäten unter der Oberfläche lauern; ein Mann, von dem Generäle glauben, er habe das Zeug zu einem geborenen Führer, weil er die einleuchtenden Lektionen zu gut lernt.

»Kennen Sie den von Graf Bobby und dem jüdischen Börsenmakler?« fragte Kowalka.

»Verschonen Sie uns mit Ihren Witzen«, sagte Reims.

»Verzeihen Sie. Ich vergaß, auch die Witze sind rationiert.«

Capognoni sah rasch zu Kowalka hinüber, der den Rest seiner Zigarette zum Gruß und Dank an den großzügigen Geber in die Luft hielt. Capognoni lächelte leicht, weil er von Natur aus höflich war. Kowalka war ein berufsmäßiger Österreicher und als solcher für den Italiener ein Ärgernis. Aus den krassesten Unarten seines Volkes zog er Kraft, ja Freude, unerträglich für einen Italiener, der sich alle Mühe gab, genau das Gegenteil zu tun. Und doch war es nur Gerede, dieses bemühte Witzigsein. Im Einsatz hatte sich Kowalka nicht nur als mutig, sondern auch, was sogar noch seltener vorkommt, als einfallsreich erwiesen.

Seine kleinen dunklen Augen irrten hin und her, während er überlegte, was er sagen konnte, etwas Amüsantes, zumindest Ironisches. Sein Mund steckte voller Goldzähne, Gold und ein wenig Weiß, österreichischer Barock. Auf seiner Oberlippe prangte ein kleiner Schnurrbart, nicht die von Hitler kultivierte Briefmarke, sondern ein zerbrechliches Pagodendach. Seine Nase war lustig lang und spitz, aber am Ende gespalten wie ein Kinderpopo. Ein guter Ehemann, dachte Capognoni, für eine Frau, die gerne lacht und nicht zu wachsam ist.

Capognoni begann, über Frauen nachzudenken, die Frauen von Männern wie diesem. Er warf seine Zigarette weg und starrte Reims an. Wahrscheinlich war die Frau Gemahlin eine jener hageren teutonischen Wesen mit sonor-entschuldigender Stimme, zu großgewachsen, um wirklich feminin zu sein, auch zu dürr. Er stellte sich ihre rosa Haut vor, noch hervorgehoben von langen, blonden, binsenartigen Haaren, und ihn schauderte. Wenn Reims nicht mehr war, würde sie hervorragend in schwarze Trauerkleidung passen, die Beileidsbekundungen mit der freudlosen Affektiertheit unterdrückten Heldentums entgegennehmen und sich, einem Zollstock gleich, bücken, um die Trauerblumen auf dem Grab zu plazieren.

Von Augenstrahl, so vermutete er, hatte keine Frau. Noch würde er je eine haben, falls er überlebte. Hinter der aristokratischen Fassade lag eine augenscheinliche Agonie des Geistes, eine große Leidenschaft, die keine Richtung gefunden hatte. Er war aus dem Stoff, aus dem Märtyrer, Mönche und stolze, strenge Eremiten sind, was aber nicht ausschloß, daß man sich dem Laster ergab, der Ausschweifung, Korruption und Perversion. Bei einem so fiebrigen Blick und einer so verzweifelten Miene mußte die Versuchung nahe sein. Seine Familie war vielleicht zu alt, die Ehen waren zu lange zu gut gewesen, der Verhaltenskodex zu abgehoben, um in einer Zeit praktikabel zu sein, die mit Ritterlichkeit keine Geduld mehr hatte.

Capognoni schaute auf seine Uhr, die einen goldenen Deckel hatte. Statt diesen aufzuklappen, um die Zeit abzulesen, betrachtete er sich selbst. Zeit hatte keine Bedeutung mehr, aber er. Er sah ein haselnußbraunes, von den Kratzern auf dem Gold verzerrtes Auge; ein Auge, eine Augenbraue, ein wenig von einer Hakennase.

Wie anders, dachte er, bin ich als diese unberechenbaren Wilden aus dem Norden. Er war davon überzeugt, daß der Norden Neurosen verbreitete. Sein Leben konnte mit keinen Schwierigkeiten der Sorte aufwarten, die zu Zuckungen oder Stottern führten. Die mediterrane Existenz war so klar und durchsichtig wie der Himmel des Südens. Natürlich gab es Emotionen, und leicht flossen Tränen, aber das waren zweifellos medizinische Vorteile. Leid war nichts Unaussprechliches, das sich zu Komplexen verfestigte. Wenn es Kummer gab, dann sofort und sehr laut. Andere halfen, indem sie selbst weinten, wenn sie Tränen fließen sahen. Präzise, logische Überlegung war nicht erforderlich. Es reinigte den Kopf und war dem Appetit zuträglich.

Er war weiter von zu Hause entfernt als irgendeiner der anderen, weiter von den Zypressen und Oliven, dem Duft der von der Sonne durchtränkten Kräuter, dem sanft rollenden Meer; weiter von zu Hause und den Kindern, den lärmenden Straßen, den quietschenden Autoreifen, den von einem Bürgersteig zum anderen ausgetragenen Streitereien, den Eidechsen auf dem Sand, die schon alt gewesen sein mußten, als die Römer noch lebten. Er dachte mehr an seine Kinder als an seine Frau. Aldo und Teresa in ihren Kostümen, verkleidet als Konteradmirale der italienischen Marine. Er dachte an Poppea, den weißen Hirtenhund, ein auf der Suche nach Schatten über die Veranda humpelnder blinder Bettvorleger. Ja, er dachte an seine Frau, Donna Marcella, mit ihrem resigniertgeduldigen Gesicht, ihrem üppigen Busen, ihrem schwerfälligen Lächeln, das rührendes Verständnis anzeigte. Er wollte weinen, konnte aber nicht, weil diese verdammten Deutschen anwesend waren. Sie würden es mißverstehen, so wie sie immer mißverstanden hatten. Dies war eine Zeit für militante Gedanken.

Er erinnerte sich an seine Vergnügungen, daran, wie leichtsinnig er mit seinem roten Alfa Romeo gefahren war, um seine Geliebten zu beeindrucken. Hundertvierzig Stundenkilometer in einem Wohngebiet waren nichts Außergewöhnliches gewesen; zudem pflegte er ein freundschaftliches Verhältnis zur Polizei. Amalia Portanello war sein Liebling gewesen, eine großgewachsene kühle Blondine, die für Signorelli, sogar Botticelli hätte Modell sitzen können. Auch während ihrer Abwesenheit hatte sich der Geruch ihres Parfüms im Wagen gehalten. Sie badeten gerne nachts, nackt, in Fregenae.

Giovanna Petricoli war vielleicht leidenschaftlicher, aber folglich auch lästiger, da sie unrealistisch genug gewesen war, sich nach einer ständigen Verbindung zu sehnen, einer Art zweiten Ehe nebenher. Chiara Dossi war Schauspielerin. Sehr kultiviert, aber sie hatte ihn eifersüchtig gemacht aufgrund ihrer mangelnden Bereitschaft, sich zu binden, ihrer verstohlenen Blicke zu Tür und Fenster, ihrer geheimnisvollen Telefonate mit anderen während seiner Anwesenheit. Anna Maria Lisone war die Frau seines besten Freundes, was ihrem Liebesspiel eine subtile Würze und etwas Melodramatisches verlieh. Ah, das Leben war ausgefüllt und ausschweifend gewesen. Was tat er hier, mitten im russischen Winter, halb erfroren? Dank seiner Beziehungen hätte er zu Hause bleiben können, bei irgendeiner Schreibtischtätigkeit im Kriegsministerium. Warum konnte er kaum seine Füße bewegen, er, der nichts lieber mochte, als auf einem Polster von Kiefernnadeln zu gehen und auf heißem Sand, der zum Meer führte?

Seiner Überzeugung nach war Italien eine kriegerische Nation, und den Verlockungen ihrer Landschaft und ihres Klimas mußte man sich um jeden Preis widersetzen. Die Römer liebten das Leben, so pflegte er zu argumentieren, und sie versagten sich keine körperlichen Vergnügungen, aber wenn die Zeit kam, marschierten sie in disziplinierten Reihen in den eiskalten Norden, um zu erobern und zu herrschen.

Plötzlich stellte er sich Reims in einem Bärenfell vor, nicht etwa in seine trostlose Zukunft schauend, sondern in einen übelriechenden Topf voller Haferschleim, das Ergebnis eines Tages primitiven Sammelns. Sich selbst sah er als Römer, Glanz und Ruhm in Person, wie er sich um den zitternden Wilden kümmerte und erklärte, keine Macht auf Erden könne den unaufhaltsamen Vormarsch der Legionen beenden.

In diesem Moment verdarb Kowalka die Stimmung. »He, *Generale*«, sagte er, »wir haben die einzig zivilisierten Kriege bestritten, nicht wahr? Die Österreicher und die Italiener. Bei Caparetto seid ihr davongelaufen, bei Vittorio Veneto waren wir an der Reihe. Alles wurde so erledigt, wie es sich für Gentlemen gehörte. Beim ersten Anzeichen einer Offensive zog sich die andere Seite zurück. Da gab es nicht diesen Blödsinn, daß beide Seiten gleichzeitig vorzurücken versuchen.«

Capognoni errötete angesichts dieser Beleidigung. »Ich bin anderer Ansicht«, entgegnete er steif. »Kriege müssen gewonnen werden, und es sollte jede Anstrengung unternommen werden, um sie zu gewinnen.«

Reims grunzte.

»Möglicherweise haben Sie Klagen über unsere Soldaten«, fuhr Capognoni in stiller Wut fort, »aber sie verblassen angesichts unserer Klagen über die deutsche Generalität.«

Reims wandte sich ihm zu. »Wie können Sie sich eine derartige Unverschämtheit erlauben!« schrie er, das Weiße in seinen Augen trennte die hellblaue Iris von den Lidern. »Es ist zur Genüge bekannt, daß die italienische Strategie nur in eine Richtung führt, nämlich rückwärts!«

Ehe Capognoni antworten konnte, griff von Augenstrahl ein. »Was Sie sagen, Herr General, ist ungerecht und eines deutschen Offiziers unwürdig.«

»Wie können Sie es wagen, mir etwas über die Würde eines deutschen Offiziers zu erzählen. Ich bin der ranghöchste anwesende General!« Reims' Ausbruch endete in Heiserkeit, als ihn seine Energie verließ.

»Dies ist unser Krieg. Wir können nicht erwarten, daß Italiener, Rumänen und Ungarn unseren Krieg so kämpfen, wie sie ihren eigenen kämpfen würden.«

»Unser Krieg ist ihr Krieg. Wir vollenden unsere historische Mission, Europa vor den Mongolen, den Asiaten zu retten. Es ist Deutschlands Bestimmung, diese ernste Pflicht der Führung wahrzunehmen. Sehen Sie sich die russischen Gefangenen an, kleine, minderwertige Männer mit Schlitzaugen und gelber Haut, und Sie werden begreifen: Dieser Krieg ist Europas Krieg.«

»Sprachen Sie von den Japanern, Herr General?« fragte Kowalka.

»Ich sprach von den Russen, den russischen Gefangenen!«

»Es ist schon so lange her, daß ich russische Gefangene gesehen habe«, sagte Kowalka mit einem komischen Seufzer.

»Die Zeit ist um.« Langsam zog General Reims seinen Revolver und legte ihn auf die als Tisch dienende Kiste. Er musterte die beiden deutschen Offiziere und sagte: »Ich als ranghöchster General halte die Zeit für gekommen, eine unerläßliche und tragische Entscheidung zu treffen.«

Selbst in der Verzweiflung finden die Deutschen die kompliziertesten und hochtrabendsten Phrasen, dachte Capognoni.

»Ich hatte es zu unserer Pflicht erklärt, falls bis zwölf Uhr mittags kein Entsatz eingetroffen sein sollte, uns in das Unvermeidliche zu fügen und der allen Offizieren gegebenen Anweisung Folge zu leisten, nämlich unter keinen Umständen lebend in Feindeshand zu fallen. Um dies sicherzustellen, befehle ich Ihnen allen, General Capognoni ausgenommen, für dessen Schicksal ich vermutlich weder zuständig bin noch sein möchte, sich auf ordentliche Weise das Leben zu nehmen. Gibt es irgendwelche Fragen?«

Es folgte eine kurze Stille. Von Augenstrahl blinzelte ein- oder zweimal rasch und sagte dann: »Herr General, meine Ansicht ist Ihnen bereits wohlbekannt. Ich werde mir ersparen, sie zu wiederholen. Ganz abgesehen von gewissen religiösen Vorbehalten, die ich nicht mit denjenigen diskutieren werde, die dazu nicht qualifiziert sind, halte ich Selbstmord für feige, unsoldatisch und eines Ehrenmannes unwürdig.«

»Ist das eine Befehlsverweigerung von Ihnen, einem deutschen Offizier?« krächzte Reims.

»Ich kann keinen Befehlen gehorchen, die gegen die Gebote meines Gewissens und des gesunden Menschenverstandes verstoßen«, fuhr ihn von Augenstrahl an, dem trotz der Kälte der Schweiß über die Stirn lief.

»Sie sind verhaftet!«

Capognoni hätte am liebsten gelacht. Kowalka tat es. Nahm die Absurdität kein Ende?

»Ich gehe«, sagte Kowalka plötzlich.

»Wohin?« fragte Reims. In seiner Stimme lag beinahe so etwas wie eine Spur von Hoffnung, als glaubte er, Kowalka habe irgendeine geheime Information, die er bisher zurückgehalten hatte.

»Das ist eine gute Frage«, erwiderte Kowalka. »Ich wünschte, die Antwort wäre genauso gut. Ich weiß nicht. Ich werde die Russen finden, wenn ich kann.«

»Weshalb?« wollte Reims wissen.

»Um mich zu ergeben«, antwortete Kowalka einfach.

Reims' Gesicht lief puterrot an, während unter der Haut hektisch das Blut pulsierte. »Können Sie die Drecksarbeit nicht unseren Verbündeten überlassen?« rief er.

Capognoni biß sich auf die Unterlippe. »Ja«, sagte er so beherrscht, daß er selbst überrascht war, »überlassen Sie die Drecksarbeit Ihren Verbündeten. Das liegt in der hervorragenden Tradition der deutschen Armee. In Afrika hat es gut funktioniert; warum nicht auch hier?«

Reims schlug mit der Faust auf die Kiste, fand aber keine Worte, da ihm die Heftigkeit seiner Gefühle augenscheinlich ein gewisses körperliches Unwohlsein bereitete.

»Kommen Sie mit mir?« fragte Kowalka von Augenstrahl.

»Nein. Ich habe noch zwei Kugeln. Keine davon ist für mich bestimmt. Beide sind für Russen.«

»Einer verrückter als der andere«, stellte Kowalka fest. »General Capognoni?«

»Ich bleibe hier«, sagte Capognoni. »Mich als Römer interessiert es zu beobachten, wie sich die Barbaren auf das Ende vorbereiten.«

»Ich hatte keine Ahnung, daß ein Römer das Bedürfnis verspüren könnte, den Barbaren in diesen erbärmlichen Angelegenheiten nachzueifern. Roms Größe lag doch darin begründet, immer zu wissen, wann es geschlagen war. Rom konnte Kompromisse schließen. Deshalb nennt man es noch heute die Ewige Stadt.«

»Es war immer Roms Pflicht, ein Beispiel zu geben.«

Das Zucken in Reims' Gesicht verstärkte sich gefährlich, als liefe das Ende eines Films von der Spule. Tod war eine ernste Angelegenheit, und diese Unverschämtheiten entweihten ihn. Ein Mann stirbt nur einmal. Es hatte stilvoll zu geschehen, mit gebührendem Respekt vor heldenhaftem Selbstmitleid, und es hatte Stille für schwere, tiefsinnige Gedanken zu herrschen.

Kowalka kramte in seiner lädierten Hosentasche und holte einen kleinen Kompaß hervor.

»Osten liegt dort«, sagte er und deutete auf den nicht sehr vielversprechenden Horizont. »Ich breche ostwärts auf, in Richtung Stalingrad. Vielleicht habe ich mit Hilfe der Russen Erfolg, wo die gesamte Sechste Armee versagte.«

»Feigling«, sagte Reims, dessen zitternde Hand versuchte, eine Kugel in die Kammer seines Revolvers zu schieben.

»Feigling?« wiederholte Kowalka freundlich. »Vielleicht.«

Er riß die Abzeichen von seiner Uniform und warf sie zu Reims hinüber. »Hier, fühlen Sie sich nun besser, Herr General?« fragte er und fügte hinzu: »Ich schon. Da verschwindet die Hälfte meiner Schuld.« Er lächelte von Augenstrahl entwaffnend zu. »Sie gehen vermutlich in die andere Richtung. Ich habe nicht den Wunsch, ein Opfer Ihres Pflichtgefühls zu werden.«

»Ich gehe westwärts«, blaffte von Augenstrahl.

»Freut mich sehr, das zu hören. General Capognoni, hoffentlich sehe ich Sie wieder, wenn dieser Schwachsinn vorüber ist. Das Hotel Imperiale in Cortina d'Ampezzo gehört zu meinen Lieblingsherbergen. Sind Sie manchmal dort?«

Capognoni antwortete nicht.

Kowalka schlug preußisch die Hacken zusammen, reckte seine Hand zum Nazigruß empor, rief: »Heil Mozart!« und wankte in den Schnee hinaus.

Von Augenstrahl sah Reims an. »Soll ich … jemandem etwas ausrichten … falls ich Glück haben sollte?«

Reims schaute auf, dankbar, pathetisch. »Meine Frau kann sich um sich selbst kümmern«, sagte er ernst, »und meine Söhne werden zu Offizieren und Ehrenmännern erzogen. Ich befürchte nicht, daß sie Schande über unseren Namen bringen werden. Sagen Sie ihnen, ich sei gestorben, wie ich es mir gewünscht hätte, und es sei nötig gewesen.«

»Heil Wagner«, murmelte Capognoni, aber keiner der Deutschen hörte ihn.

»Sagen Sie ihnen, sie sollen meinen Hund töten.«

Capognoni sah von Augenstrahl plötzlich entsetzt an, doch der nickte nur steif, mit geschlossenen Augen.

Das konnte man nicht hinnehmen. Reims und sein heroischer Selbstmord! Jetzt sollte selbst ein armer gesunder Hund sterben, um ihn in die Zwinger Walhalls zu begleiten.

»Warum einen unschuldigen Hund umbringen?« rief Capognoni unwillkürlich aus.

Reims ignorierte ihn, warf aber von Augenstrahl einen traurigen Blick zu. »Freiherr von Augenstrahl, wir waren in vielen Dingen unterschiedlicher Meinung«, sagte er, »aber wir sind beide deutsche Offiziere. Ich möchte Ihnen die Hand schütteln, bevor ich meine Pflicht tue.«

Impulsiv streckte von Augenstrahl seine behandschuhte Hand aus, die Reims in beide Hände nahm, praktisch versteinert in ihren zerschlissenen Fäustlingen. Sie blickten einander tief in die Augen, wie ein Liebespaar, und Capognoni hatte in seinem ganzen Leben noch nie so etwas Widerwärtiges gesehen. Plötzlich schossen unkontrolliert Tränen aus von Augenstrahls dunklen Augen, und Reims' ganzer Unterkiefer zitterte heftig.

Fast wild entriß von Augenstrahl seine Hand dem moribunden Griff des Älteren, salutierte auf die traditionelle vornazistische Weise, drehte sich um und verließ die Hütte.

Capognoni spürte bei sich einen Gesichtsausdruck, den er noch nie erlebt hatte, wahrscheinlich ein Ausdruck des Ekels, der Qual, wie sie ein Mann mit Menschlichkeit im Blut angesichts von Unmenschlichkeit empfand. Er sah zu Reims hinüber.

Reims fing an, sich mit viel Gestöhne und Gegrunze aus seinem Mantel zu schälen. Instinktiv wollte Capognoni ihm helfen, beherrschte sich aber. Weder wollte er an diesem abscheulichen Ritus teilhaben, von dem er nichts verstand, noch fühlte er sich qualifiziert, sich in die köstlichen Vergnügungen eines Mannes einzumischen, der jeden Hauch von Absurdität auskostete, als wäre es ein seltener Jahrgang menschlicher Erfahrung.

Der Revolver lag bereit. Reims durchwühlte seine Tasche mit Fingern, die ihm kaum noch gehorchten, Fingern, so verwirrt wie die eines Kindes, wenn sie eine unbekannte Substanz finden, so verloren wie die eines jungen Affen, der sich mit einer ungeschälten Banane abmüht. Endlich zog er ein paar Orden heraus und wollte sie an seinen Uniformrock stecken. Doch dazu war er nicht mehr in der Lage, einer nach dem anderen fielen sie zu Boden, was er nicht merkte. Dann schloß er die Augen und fuhr sich mit einer beinahe femininen Geste über die Brust. Seine Augen öffneten sich erneut, als er das Fehlen seiner Orden bemerkte. Er sah nach unten und begann zu winseln. Wie ein Baby, dessen Spielzeug aus dem Laufstall gefallen ist, streckte er die Hand aus, ohne überzeugt zu sein, die Orden jemals erreichen zu können. Flehend schaute er Capognoni an. Auch das Winseln war das eines Babys oder das eines ausgesperrten Hundes.

Capognoni gab den Blick unverwandt zurück. Mistkerl, dachte er, deinen Hund zum Tode zu verurteilen.

Das Winseln hörte nicht auf.

Capognoni hatte nicht übel Lust, seine eigene Pistole zu ziehen, ein paar Kugeln in Reims zu jagen und ihm das ganze ausgefeilte Ritual zu verderben, aber er bewegte sich nicht. Es war grausamer zu warten.

Reims runzelte die Stirn, fuhr sich wieder mit der Hand über das Herz, ließ sie über den Ordensbändern verweilen und schaute starr geradeaus. Er räusperte sich, als wollte er schreien, dann begann er mit der hohen wackligen Stimme einer alten Frau, die Nationalhymne zu singen.

Auf einmal war Capognonis Geschmack tödlich beleidigt, und ohne nachzudenken, sang er mit durchdringender Tenorstimme *Vesti la Guiba*, füllte die Luft mit sarkastischen Schluchzern, wie es drittklassige Künstler in neapolitanischen Restaurants tun.

Mitten in einer Phrase brach Capognoni ab. Reims hörte ihn nicht mehr. Seine Schläfenadern standen vor wie angespannte Muskeln, und das Blut raste die letzte Runde des Rennens. Reims schien durchsichtig zu sein, ein Netz aus Adern, welches das sich auflösende Fleisch bloßlegt. Es gab einen Knall, und er fiel bewegungslos zu Boden, der bitterkalte Zug von der in den Angeln hängenden Tür bewegte das kleine Büschel schutzloser Haare auf seinem Kopf, wie ein Windstoß, der mit einem Grasbüschel spielt.

Einen Augenblick lang war Capognoni benommen, als der Krach der Explosion den Raum erfüllte, langsamer erstarb als Reims, und dann fing er an zu würgen, doch da sein Magen leer war, führte das zu nichts weiter als einem quälenden Schmerz und tränenden Augen. Als er sich wieder faßte, kam ihm der Gedanke, wie unangenehm es war, allein zu sein, unbeobachtet. Gewiß konnte ein Mann alles ertragen, wenn die Notwendigkeit wegfiel, den Schein zu wahren. Er betrachtete den Raum, als sähe er ihn zum ersten Mal. Die unbehauenen Balken hatten eine gewisse Schönheit. Es war wie in Zeiten der Krankheit und des Alleinseins, wenn das Auge mangels irgendwelcher banalen Ablenkungen anfängt, in feuchten Flecken an der Zimmerdecke eine flüchtige Symmetrie zu entdecken, oder die Muster studiert, die Regentropfen auf einem Fenster hinterlassen, während man bei der Betrachtung ihrer Eskapaden vergeistigte Befriedigung empfindet. Die Stille klang wie Musik. Die Luft war kalt, aber er atmete bewußt tief durch und merkte, wie sauber sie war, steril wie Alkohol, hell und schlicht. Er dachte an gar nichts und erfreute sich dieses Gedankens.

Solche Freuden dauern nicht ewig. Sie stellen sich nur als Reaktionen auf einen ausweglosen Zustand ein, und bald fiel Capognoni wieder ein, wie grausam die Kälte wirklich war. Als er sich in seine Ecke kauerte, versuchte er das Hinüberwandern seines Blicks zu Reims zu verhindern, doch bereits dieses bewußte Vermeiden schien die Anwesenheit der blöden Leiche aufzubauschen, die so grotesk ausgestreckt im Schneematsch lag.

Er war bemüht, an angenehme Dinge zu denken, wie er es zuvor getan hatte, als die anderen noch in der Hütte waren. Jetzt sollte es ihm leichter fallen, an Italien zu denken. Schließlich war er allein. Er dachte an Capri, doch vor seinem inneren Auge sah er nur eine Ansichtskarte. Das Meer war zu blau, um echt zu sein, die Häuser zu rosa. In stummer heimlicher Panik wurde ihm klar, daß zu viel geschehen war, um noch angenehme Gedanken fassen zu können. Es war, als fiele man mit dem festen Vorsatz in den Schlaf, Schönes zu träumen. Kaum schläft man ein, verwandeln sich die Träume in Alpträume. Besser, man hat gar keine Gedanken. Es war zu kalt, nichts zu denken, und zudem war da noch diese Schweinerei auf dem Fußboden. Er lauschte dem Geräusch der Explosion nach und war nicht sicher, ob es schon verklungen war.

Grimmig ließ er die Gedanken herein, die auf ihn eindrangen und vor denen es offenbar kein Entrinnen gab, keine Erleichterung. Ein erbärmlicher Hund wurde einzig und allein aus dem Grunde zum Tode verurteilt, weil die weinerliche Eitelkeit eines Mannes nach einem Scheiterhaufen verlangte, der groß genug war, um seine Stellung zu unterstreichen. Wären keine Zeugen zugegen gewesen, hätte Reims vielleicht auf all diese widerliche Wichtigtuerei verzichtet. Wäre er allein gewesen, hätte er sich vielleicht nicht einmal umgebracht. Kein Schauspieler kann in einem leeren Theater sein Bestes geben. Sterben ist sinnlos, wenn man nicht in irgendeinem Gedächtnis herumspukt, wenn man keinen Nachgeschmack hinterläßt.

Capognoni dachte an sich selbst. Seine Soldaten hatten nicht gut gekämpft, genausowenig wie er. Für Zermürbungsschlachten war sein Temperament zu impulsiv, besonders wenn die Vernunft erklärte, sie seien von Anfang an verloren. Wie hätte er von seinen Männern verlangen können, mit dem Bajonett anzugreifen, einfach nur um der Ehre willen, wie einen unvermeidbaren Rückzug zu verschieben, einfach nur, um die vorherbestimmte Katastrophe hinauszuzögern? Es war doch gewiß kein Zeichen von Mut, wenn man freiwillig seiner eigenen Intelligenz zuwiderhandelte. Einen Rennwagen mit zweihundertzwanzig Stundenkilometer zu fahren, das war mit Intelligenz kombinierter Mut. Doch auch dabei produzierte man sich vor einem Publikum. Eine Fehleinschätzung bei dieser Geschwindigkeit, und man stirbt beobachtet, beklatscht, bedauert, heldenhaft. Nicht wie in all diesem Schnee, unbeachtet, unidentifiziert.

Er hatte erlebt, wie die Deutschen im Motorsport die Vorherrschaft errangen, unterstützt von gewaltigen Regierungssubventionen, die Maschinen von nie dagewesener Brutalität finanzierten. Die Fahrer saßen am Steuer dieser monströsen Waffen und zwangen sie wüst und unsensibel über die Rennstrecken. Die Italiener hielten dank ihres Könnens mit, indem sie ihre langsameren Autos zu erstaunlichen Leistungen überredeten und beschwatzten, indem sie mit ihren Motoren sprachen, mit den Blasen werfenden Reifen flüsterten, das Unbelebte vermenschlichten.

Das war Mut! Die italienische Geschichte war durchsetzt von respektgebietenden *condottieri*, vorzüglichen Mördern, unglaublichen Helden sowie, in letzter Zeit, Dutzenden von Teufelskerlen in den gefährlichsten Sportarten. Jeder Trottel kann in offener Feldschlacht mutig sein, wenn er nur dumm genug ist und die Indoktrination ihn der Menschheit entfremdet hat, aber echter Mut ist erforderlich, um wie Savonarola verbrannt zu werden, mit dem deutlichen Bewußtsein seines Opfers und mit bis zum Ende unbehinderter Intelligenz. Doch auch Savonarola war öffentlich verbrannt worden. Er starb vor Zeugen. Der Nachgeschmack war dagewesen, um gleich nach der Flamme einzusetzen.

Wie trist es war, zu verhungern. Was, wenn die Russen gar nicht kämen? Capognoni sah sich nach etwas um, worauf er schreiben, irgendeine Nachricht hinterlassen konnte. Dann fiel ihm ein, daß sein Füller verlorengegangen war, und schon bevor er verlorengegangen war, hatte er keine Tinte mehr gehabt. Diese Verschwörung, ihn anonym von der Erdoberfläche zu wischen, hatte etwas kompliziert Endgültiges. Allmählich war er davon überzeugt, den Hungertod zu sterben. Er lauschte, hörte aber nichts. Er schrie und war überrascht, seine eigene Stimme zu hören.

Was würde er tun, falls die Russen doch kämen? Natürlich sich ergeben. Das war logisch. Außer ein paar Russen würde es keine Zeugen geben, und etwas anderes würden sie nicht erwarten. Dann sah er zu Reims hinüber und spürte einen Teil jener alten Abneigung in ihm aufwallen. Er mußte wieder an die höhnischen Bemerkungen dieses erbärmlichen Lohengrins denken und an die prüfend-komplizenhaften Blicke Kowalkas mit seinem zynischen Quatsch über Caporetto und Vittorio Veneto, über den Krieg als rauschgoldenes Menuett zwischen zivilisierten Staaten. Plötzlich sah er Afrika vor sich, Italiens Platz an der Sonne und den grausamen Komplex, der die herrlichsten Träume in peinliche Wirklichkeit verwandelt hatte. Er dachte an die Straßen, die in Äthiopien gebaut worden waren, wie sich herausstellte nur, um den britischen Vormarsch zu ermöglichen. Was stimmte da nicht?

Er stimmte nicht. Er hatte an Kapitulation gedacht. Und er hatte nicht nur an Kapitulation gedacht, sondern er hatte Kapitulation für logisch gehalten. Er hatte sich geirrt, und er war Italien. Lange genug hatte er Beleidigungen geschluckt und so getan, als hörte er sie nicht, lange genug war er höflich, entgegenkommend, diplomatisch gewesen. Wollte man gewinnen, reichte es nicht aus, darauf zu warten, daß sich der Feind in Bewegung setzte, um dann zu reagieren. Wollte man gewinnen, war es von größter Wichtigkeit, ein Risiko einzugehen, die Initiative zu ergreifen. Er hätte Kowalka nach seiner Beleidigung an die Gurgel gehen müssen, statt sich zurückzulehnen und mit Sarkasmus zu antworten. Er hätte Reims niederbrüllen, erschießen sollen, irgend etwas. Seine natürliche

Höflichkeit war von diesen Witzfiguren immer als Schwäche ausgelegt worden. Jetzt wollte er sie alle zurückhaben ... lebendig. Er wollte die Szene noch einmal spielen. Er war mordswütend.

Zwei Schüsse fielen. Von Augenstrahl? Eine Entscheidung, rasch. Er war immer sehr ungern zum Zahnarzt gegangen, weil er unweigerlich auf den Schmerz durch den Bohrer reagierte, noch bevor das Instrument seine Arbeit begonnen hatte. Eines Tages hatte er sich völlig entspannt und eingeredet, sein Zahnarztbesuch sei ein alltägliches Ereignis, ohne besondere Bedeutung. Obwohl das Bohren höllisch weh tat, war es schon vorbei, bevor er zugelassen hatte, davon beeindruckt zu werden, und danach war er als ein Muster an Entschlossenheit auf die Straße getreten. Gefahr war etwas, in das man hineingetrieben wurde, dafür konnte man keine ausgefeilten Vorkehrungen treffen. Laß deine Gedanken schweifen.

In einiger Entfernung rief eine Stimme etwas. Zwei Stimmen. Capognoni warf einen Blick auf die Balken und dachte darüber nach, wie komplex Holz war. Was für ein Getue. Die Nationalhymne zu singen und sich diese blechernen Nadeln anzustecken, die zu Tausenden vergeben werden, zur Hebung der Moral. Rasch betrachtete er noch einmal das Holz, dann zündete er sich die letzte Zigarette an. Seine Hand zitterte, aber nur leicht. Es lag vermutlich an der Kälte.

Langsam öffnete sich die Tür, und eine Maschinenpistole schob sich schüchtern in die Hütte. Ihr folgte ein junger russischer Soldat, so gegen die Kälte gepolstert, daß er beinahe wie ein Taucher aussah. Nur sein Gesicht war zu sehen, ein stupsnasiges, pickliges, pubertäres Gesicht mit großen ängstlichen Augen. Sein Mund stand offen, und aus ihm quoll der Atem wie eine Sprechblase in einem Cartoon.

»*Raus!*« befahl der Russe nervös auf deutsch.

Capognoni lächelte und antwortete auf italienisch, er fühle sich wohler, wo er jetzt sei.

»*Raus?*« wiederholte der Russe und betonte das Wort wie eine Frage.

Erneut antwortete Capognoni auf italienisch, und nach

kurzem Zögern stolperte der Russe ins Freie und rief nach jemandem mit größerer Autorität.

Capognoni inhalierte seine Zigarette mit Behagen und las wieder und wieder das auf sie gedruckte Wort *Nazionale*.

Ein Leutnant trat ein und fragte: »*Sprechen Sie Deutsch?*«

»*Lei parla Italiano?*« fragte Capognoni zurück.

»*Raus!*« schrie der Leutnant, der es eilig zu haben schien.

»*Parlez vous français?*« fragte Capognoni.

Der Leutnant kam auf ihn zu, wobei er über Reims stolperte. Besänftigend hielt Capognoni eine Hand hoch.

Verärgert fuhr ihn der Leutnant an: »*Sie sind Kriegsgefangener! Raus!*«

Es schien nichts anderes übrigzubleiben. Das einzige Kommunikationsmittel war diese verdammte Sprache, die ihn geplagt hatte, seit er nach Rußland gekommen war.

»Ich weigere mich, mich zu ergeben«, sagte Capognoni ziemlich leise auf deutsch. Der Leutnant schien nicht zu verstehen.

»Wir befinden uns immer noch im Krieg«, ergänzte Capognoni.

Der Leutnant lächelte recht freundlich. »Was wollen Sie daran ändern?« fragte er.

Capognoni erwiderte das Lächeln. Er spielte eine Szene, die seiner würdig war, und er kannte den Wert jeder Nuance. Langsam öffnete er seine Halfter und zog genauso langsam seine Pistole.

Das gewinnende freche Lächeln des Leutnants wich diesem plötzlich aus dem Gesicht, als er sich der ungeheuren Gefahr bewußt wurde. Er griff nach seiner eigenen Waffe und hantierte ungeschickt damit herum. Capognoni zielte langsam und bedächtig auf den Leutnant, drückte aber nicht ab. Schließlich schoß der Leutnant; Capognoni saß ganz ruhig da.

»Sagen Sie ihnen …«, sagte er unter Schwierigkeiten, »die italienische Armee … hat als letzte den Widerstand an der Front aufgegeben.«

Der Leutnant war wütend. »Wen zum Teufel kümmert das«, rief er, »solange wir siegen?«

Capognoni sah sein Publikum an und entnahm dem besorgten Gesichtsausdruck des Leutnants, daß seine Geste in wenigstens einem Hirn unauslöschlich eingegraben sein würde. Der Nachgeschmack.

Wütend schlug der Leutnant mit der Faust auf die Kiste und heulte: »Warum haben Sie das getan?«

Capognoni öffnete den Mund, um zu antworten, starb aber statt dessen.

»Blödmann«, sagte der Leutnant, der ein Wehrpflichtiger und verlobt war.

JAY GUMMERMAN

Ein kleines Wäldchen

Kleinbaums einzige Hinterlassenschaft war eine Katze, namenlos und riesig, die auf Langers kleinem bleichem Bauch lag und im Schlaf brummte. Die Katze hatte im Schlaf schon immer Geräusche von sich gegeben, auch als Kleinbaum noch lebte, aber seit sie sich in Langers Zimmer breitgemacht hatte, ließ sie eine Reihe ganz neuer Fauch- und Greinlaute hören, Geräusche, die Langer spätabends manchmal gruselten, so wie auch jetzt, als er die Katze am grauen Mittag anstarrte, während draußen sacht Schnee fiel, der erste in diesem Jahr. Langer hatte allen im Haus von der Seltsamkeit der Katze erzählt, aber die Zimmer der anderen hatten alle Türen, die sie nachts schließen konnten, was sie auch taten, und sie fanden die Vorstellung, sich vor Kleinbaums Katze zu grausen, bloß lustig.

Langer war inzwischen der einzige im Haus ohne feste Arbeit, und in letzter Zeit war er auf den Gedanken verfallen, die anderen könnten ihm das übelnehmen oder, schlimmer noch, sich ihm irgendwie überlegen fühlen. Im Oktober hatten sie zum Beispiel abgestimmt und – bei Langers Enthaltung – beschlossen, daß Langer die Katze füttern sollte, weil schließlich er Kleinbaum ins Haus gebracht hatte. Leider war Langer damit den sprunghaften Launen der Katze völlig ausgeliefert: Sie führte ihr Leben so wie Kleinbaum, gelegentliche Ausbrüche von Aktivität im Wechsel mit langen kontemplativen Phasen dazwischen.

Manchmal blieb die Katze stunden-, sogar tagelang verschwunden, und Langer hörte sie dann im Speicher herumtapsen, bis sie auf ein nächtliches Zeichen hin, das nur wilde Tiere und Kinder wahrnehmen können, wieder auftauchte. Ständig sprang die Katze auf das Bettsofa im Gemeinschaftsraum, auf dem Langer nachts schlief, und bald würde es in Langers Träumen zu gären beginnen, bis sie ein schlichtes und zugleich brutales Ende nähmen. Mehrmals hatte er versucht, die Katze auszusperren, aber sie hatte mit ihrem Miauen und Am-Fenster-Kratzen stets soviel Wirbel gemacht, daß er sie widerstrebend wieder ins Haus gelassen hatte.

Das komische war nur, daß er Kleinbaum nicht mal gemocht hatte. Kleinbaum hatte nur in seinem Gehirn gelebt. Ein Hirnwichser war er gewesen, jawohl, obwohl Kleinbaum sich immer als Dichter bezeichnet hatte. Langers Meinung nach war das allerfeinste Affenscheiße – Kleinbaum war genausowenig ein Dichter wie sonst einer der Mitbewohner, die sie über das Schwarze Brett der Kooperative gefunden hatten, außerdem hatte er Kleinbaum nur aus dem Grund vorgeschlagen, weil Kleinbaum wie er von irgendwo aus dem Süden kam und eine Kaution hinterlegte, auf die er als Überbrückungskredit zurückgreifen konnte, ohne daß die anderen etwas davon erfuhren. Kleinbaum hatte mit keinem Wort eine Katze erwähnt, als er den Mietvertrag unterschrieben hatte. Eine Woche später war er einfach mit ihr aufgekreuzt – mit der Katze und einem Karton voller Bücher über Philosophie, darunter auch eine Bibel. Langer hatte die Bücher nach Kleinbaums Tod für lumpige sechzehn Dollar verkauft, aber die Bibel hatte er behalten, weil ihm der Mann im Buchladen nur zwei Dollar dafür geboten hatte, dabei steckte sie in einer eigens angefertigten wasserdichten Kassette, von der Kleinbaum behauptet hatte, daß sie auf dem Wasser treiben würde, wenn alles andere unterging. Mehr hatte Kleinbaum nie über die Bibel gesagt, obwohl sie eigentlich immer, wenn Langer seine Sachen durchsucht hatte, aufgeschlagen auf dem Nachttisch gelegen hatte.

Alles an Kleinbaum war ein Rätsel für Langer, der sich selbst Schlagzeugspielen beibrachte. Er war kein Wortklauber wie Kleinbaum. Wörter konnten einem den Verstand verkleistern, sie konnten ihn nicht klarer machen. Die Katze gab ein Geräusch von sich wie eine Krähe, und Langer dämmerte aus dem Schlaf, stützte sich auf die Ellbogen und harrte der Dinge, die da kommen sollten. Als die Katze erneut das Geräusch machte, war Langer endgültig wach. Er legte sich wieder hin und bemühte sich, in Trance zu fallen, weg von der Katze und dem Fernsehen, das in seinem Leben ablief, so wie es Blackwell immer tat, wenn *er* sich mal hinhaute, die Augen im Kopf verdreht wie jemand, der einen epileptischen Anfall hat.

Langer hatte Blackwell einmal im Ear Club in Portland erlebt, wo er einen ganzen Abend lang gespielt hatte, und hinterher hatte Langer Kleinbaum erzählt, daß er, Langer, nicht mehr derselbe sei, daß es für ihn kein Halten mehr gebe, bis er spielen konnte wie Blackwell, bis er Blackwell *sein* konnte, zumindest eine Session lang. Kleinbaum hatte ihn mit jenem Gesichtsausdruck angesehen, den er immer hatte und der im Grunde gar kein Gesichtsausdruck war. »Wie wirst du erkennen, wann du soweit bist?« fragte er. Typisch Kleinbaum, fand Langer. Man konnte Kleinbaum nichts erzählen, ohne daß er eine klugscheißerische Bemerkung dazu abgab. Herrgott, wenn er in der Nähe war, konnte man nicht mal atmen, ohne daß er gleich eine verdammte Analyse deiner Lunge vornahm. »Mach mal Sendepause«, hatte Langer immer wieder zu ihm gesagt. Worauf Kleinbaum stets erwidert hatte: »Worte sind ein Werbespot der Seele.« Kein Wunder, daß sich Kleinbaum ausgepustet hatte, dachte Langer. Er wollte niemand die Genugtuung lassen, ihn vorher umzubringen.

Die Katze fauchte, und Langer, der nur halb eingedämmert war, warf die Decke mitsamt der Katze auf den Dielenboden. Er ließ den Blick über seinen mageren bleichen Körper wandern, bis zu seinen mageren bleichen Zehen ganz unten. Er wackelte mit den Zehen, lächelte aber nicht. Dann bemerkte er auf seiner linken Hand einen halbmondförmigen violetten Fleck. Es war das charakteristische Symptom einer neuen und noch kaum erforschten Seuche, ging ihm durch den Kopf, unheilbar, aber nicht tödlich, eine Krankheit, die einen gerade noch so weit am Leben ließ, daß man leiden konnte. Er zog einen seiner Stöcke hervor, die er in das Gestell des Bettsofas gesteckt hatte, drückte damit fest auf die Mitte des Flecks, nahm ihn weg und beobachtete, wie das Blut wieder in die Vertiefung lief.

In ein paar Wochen würde er nicht mehr sehen, was er jetzt sah. Ursache und Wirkung existierten nicht, wenn man Schmerzen hatte, nur die Wirkung. Und die Zeit existierte auch nicht. Man lag einfach hilflos da, gefangen in diesem einen beschissenen Augenblick. Schmerz war das Gegenteil der Unendlichkeit, überlegte Langer und wurde wütend, als er feststellte, daß er sich schon ganz wie Kleinbaum anhörte. Er spielte einen leichten 7/4-Takt auf seinem Handrücken, bis es weh tat. Dann fiel ihm wieder ein, daß der Fleck vom Stempel des Türstehers im *Rosie's* stammte, wo er vorgestern abend für ein paar Bier gespielt hatte – obwohl er vor kurzem dreißig geworden war, wollte man von ihm noch jedesmal den Ausweis sehen. Er entspannte sich, schloß die Augen und ließ den Arm von der Bettkante baumeln.

Dann merkte er, wie kalt ihm war.

Er sah zu der Katze. Sie war an derselben Stelle, wohin er sie geworfen hatte, noch immer unter der Decke, wie ein riesiger Klumpen Soße, der aufs Durchrühren wartet. Er steckte sich die Finger in die Ohren, hörte aber auch dann noch das Geräusch, das lauter war als der monotone Schlag seines Herzens: Kleinbaums Katze schnurrte.

Das ist alles Fernsehen, rief sich Langer in Erinnerung. Das Gute am Fernsehen, wodurch man überhaupt erst mit dem Fernsehen fertig werden konnte, war der Knopf zum Ausschalten. In L. A. konnte Fernsehen zum Problem werden. Da gab es soviel von dem Scheiß, daß man sein ganzes Leben mit Ausschalten verbringen konnte, vorausgesetzt, man fand alle Geräte, was kein Zuckerschlecken war. Hier gab es Bäume. Hier konnte man im Freien in den Wald gehen, und die Stille, die von den Bäumen ausging, brachte einen ganz auf Null.

Bäume, dachte Langer und wuchtete sich vom Sofa.

Er trat nackt an das Erkerfenster, hielt ein Auge an das Einschußloch und sah nach draußen auf die Straße. Einen Augenblick fühlte er sich völlig wehrlos, aber dann fiel ihm ein, daß das Fenster bis auf das Loch ganz mit Rauhreif beschlagen war. Er sah ein paar Apfelbäume in einem Nest aus Schnee, und hinter dem Obstgarten breiteten sich in allen Richtungen noch mehr Bäume aus, Kiefern, Tannen und Pappeln. An der Ecke im Vordergrund pißte Birchs Dobermann den Pfosten des VORFAHRT-ACHTEN-Schilds an. Langer sah zu Birchs Haus rüber, wo links und rechts zwei Kiefern standen und verhinderten, daß Schnee auf das Dach fiel. Birchs Mutter war bereits arbeiten gegangen, zumindest stand ihr Mercury nicht mehr da. In dem Haus regte sich nichts. Langer machte dies nervöser, als wenn er Birch auf dem Rasen vor dem Haus mit seiner M16 auf Spottdrosseln schießen gesehen hätte. Langers Einschätzung nach war Birch einfach krank. Er trug lange Haare, aber wenn er in den Sechzigern schon mehr als ein aufs Entstehen wartender Furz gewesen wäre, hätte er bestimmt einen Bürstenhaarschnitt getragen und jedem, der nach Hippie aussah, ohne lange zu fackeln, in den Arsch getreten. Langer hatte jetzt kurze Haare, aber 1969, mit dreizehn, war er ein Freak gewesen. Sein Vater hatte ihn eines Tages im Garten hinter dem Haus mit Handschellen an die Rolle des Gartenschlauchs gefesselt und ihm mit einer Heckenschere die Haare geschnitten. Dies war der Auftakt zu einer langen Reihe von Auseinandersetzungen zwischen Langer und seinem Vater gewesen, der letztes Jahr an Magenkrebs gestorben war.

Er mußte daran denken, daß sein Auge von dem Einschußloch vollkommen eingerahmt wurde, und stellte sich vor, wie eine von der gleichen Stelle aus abgefeuerte Kugel in seine Pupille eindringen würde. Wie Robin Hood, dachte er, einen Pfeil mit einem anderen Pfeil spalten. Er ging von dem Fenster weg, sagte laut: »Fernsehen« und horchte auf das Scheppern seiner Stimme im Heizradiator. Es klang wirklich wie ein Radiator. Und worauf er stand, fühlte sich wie ein Boden an. Er ging wieder ans Fenster, dachte: »Fenster« und strich mit dem Finger langsam über die Glasscheibe.

Das Garagentor vom Nachbarhaus der Birchs wurde von Hand geöffnet, und als es eingerastet war, kam King White Daddy heraus, eingehüllt in eine Atemwolke. Alle im Haus nannten ihn King White Daddy, nur Kleinbaum nicht, der ihn mit seinem richtigen Namen angeredet hatte, Mr. Steward. In seinem knallorangeroten Bademantel und Cowboystiefeln, die ihm bis unter die bleichen plumpen Knie reichten, ging er in Langers Richtung, und selbst aus der Entfernung sah Langer den Ausdruck fester Entschlossenheit auf King White Daddys Hängebackengesicht, diese seltsame Entschlossenheit, mit der er seinen Lastwagen aufmotzte und Mädchen in

Birchs Alter dazu verführte, mit ihm auf eine Spritztour zu gehen.

Er war ein Freak, überlegte sich Langer, genau wie Birch, bloß war er schon so alt, daß seine Schrullen zum System gehörten. *Seine* Verbrechen tauchten nicht in den Akten auf wie die von Langer. Gegen Langer war zum Beispiel ein Haftbefehl wegen Zechprellerei bei *Bob's* in Thousand Oaks erlassen worden. Außerdem dealte Langer zur Zeit mit Pilzen, die er unter der Veranda anbaute, Pilze von der Sorte, die einem den Raumanzug öffneten und das Universum einließen. Er hatte vor, so lange zu dealen, bis er für seine Gigs als Schlagzeuger ein regelmäßiges Gehalt bekommen würde, aber in letzter Zeit hatte sein Geschäft nachgelassen. Der Trend ging jetzt zu den härteren Varianten von Speed und Coke, oder die Leute hörten ganz auf und zogen wieder nach L. A., um sich einen festen Job zu suchen. Sogar Langers Stammkunden, die Freaks der Freaks, wie Langer sie nannte, zogen wieder nach Norden, so wie sie in den Siebzigern von San Francisco aus in Richtung Norden gezogen waren. Langer sah sich schon im Jahre 2000 mit dem Rest seines kleinen Häufchens in der Mitternachtssonne an der Beringstraße aalen.

Er ging vom Fenster weg und schlüpfte in den Kimono, der zusammengeknüllt in seiner großen Trommel lag. Er hörte King White Daddy die Treppe heraufkommen und überlegte, ob er zur Tür gehen sollte. Zunächst ließ er es bleiben, aber nicht, weil er sich bewußt dagegen entschieden hatte. Als King White Daddy noch einmal klopfte, verhielt Langer sich weiterhin still. Dann schlich Kleinbaums Katze, die unter der Decke hervorgekrochen war, zwischen Langers Knöchel und kratzte am Türsockel.

»Ihr Arschlöcher«, murmelte Langer und meinte damit King White Daddy und die Katze, die immer im falschen Moment pinkeln mußte. Langer lehnte Katzenklos kategorisch ab, zumal seine Mutter für eine Firma arbeitete, die Katzenklos und alle erdenklichen anderen nutzlosen Haushaltsartikel herstellte. Die Katze hörte auf zu kratzen und blickte zu Langer auf, mit diesem blöden Kleinbaum-Gesicht, dachte Langer. Sie machte nie ein Geräusch, wenn es von ihr erwartet wurde.

Er öffnete die Tür einen Spalt weit und spähte nach draußen zu King White Daddy, der ein paar Einschußlöcher an der Seite des Hauses begutachtete. Die Löcher schienen ein Fragezeichen zu bilden, als wären die Schüsse absichtlich in diesem Muster abgefeuert worden. Die Katze drückte mit dem Kopf die Tür auf, aber als sie King White Daddys Stiefelspitzen sah, wich sie ins Haus zurück und lief zum Ofen, wo sie rasch wieder Fassung gewann. Langer starrte in King White Daddys Gesicht. Es sah noch genauso aus wie vor zwei Minuten, als King White Daddy auf der anderen Straßenseite gewesen war. Nur war es jetzt viel größer.

Aus King White Daddy sprudelte eine Stimme empor wie eine Fontäne aus einem Wal. »Willst du mich nicht reinlassen, Space? Oder sollen wir die Sache per Séance besprechen?«

So nannte King White Daddy ihn immer: Space. Langer hatte dazu keine Meinung.

»Welche Sachen haben wir zu besprechen?« fragte Langer.

Als King White Daddy keine Antwort gab, machte Langer die Tür weit auf. King White Daddy betrachtete immer noch die Einschußlöcher. »Gibt's bei euch Spechte, Space?« Er drehte sich zu Langer um und trat sich die Stiefel auf einer leeren Katzenfuttertüte ab, die Langer als Türmatte nach draußen gelegt hatte. »Sieht ganz so aus, als wär' euer Haus aus Sperrholz gebaut.«

Langer zuckte mit den Schultern und ging schweigend wieder in die Küche. Als er mit seiner Wasserpfeife zurückkam, stand King White Daddy im Haus und hielt sein Auge an das Einschußloch im Fenster. Langer zündete die Pfeife an. Fernsehen war viel lustiger, wenn man bekifft war, dachte Langer.

»Schätze, bei euch gibt's auch Glasspechte«, sagte King White Daddy.

»Wir haben alle möglichen Spechte«, sagte Langer. »Die hacken an allem herum, was man sich vorstellen kann.«

In Wahrheit hatte Birch tags zuvor das Haus mit seinem Gewehr unter Beschuß genommen. Der Grund dafür war, daß Birch ein mieses Arschloch war und es nicht leiden konnte, wenn Langer Schlagzeug spielte. Die gleiche Scheiße passierte auch in den Städten, dachte Langer, nur ließ man dort nicht zu, daß solche verrückten Sachen nach draußen drangen. Statt dessen fraßen die Leute sie in sich rein, wo sie weiterschwärten, bis man nach ziemlich kurzer Zeit mit einem verhärteten Lächeln auf dem Gesicht innerlich starb. Genau das war mit King White Daddy geschehen. Man konnte ihn mit zehn Stangen Dynamit in den Himmel befördern, und sein verkrampftes Grinsen würde in einem Stück zurück auf die Erde fallen.

Langer sah auf King White Daddys kahlen rosa Hinterkopf und grinste. Die Pfeife erfüllte den Raum mit dem süßen Duft von Marihuana. Er nahm einen tiefen Zug und hielt den Rauch in der Lunge.

»Ist's dazu nicht noch ein bißchen früh?« sagte King White Daddy. Er guckte noch immer durch das Einschußloch.

Langer stieß den Rauch absichtlich in Richtung der Katze aus. »Wieso den Tag nicht mal früh beginnen«, sagte er. »Besser früh als nie.« Er hatte dieses Spiel schon öfter mit King White Daddy gespielt, und diesmal hatte er nicht vor, es zu verlieren. King White Daddy würde sagen müssen, was er wollte. Langer hatte keine Lust, ihn danach zu fragen.

»Ich hab' von eurem Typ da gehört, Mann«, sagte King White Daddy und sah zu Kleinbaums Katze rüber. »Was ist denn bloß in den gefahren?«

Langer suchte nach einer schlauen Antwort, verkrampfte sich aber innerlich, so daß ihm nichts einfiel. Es machte ihn wütend, daß King White Daddy so an ihn rankam. »Ich hab' ihm gesagt, daß er sich im Haus keine Kugel durch den Kopf jagen kann«, stieß er schließlich hervor, und der Klang seiner Stimme gefiel ihm gar nicht. Es war, als hörte er sich auf Band. »Ich hab' seine Waffe in einer Tasche unterm Waschbecken gefunden. Ich räum' nicht gern anderer Leute Dreck weg.«

Er konnte sich noch an den Ausdruck gewohnheitsmäßiger Enttäuschung auf Kleinbaums Gesicht erinnern, als er ihm das gesagt hatte, wie ein Kind, das aufgefordert wird, draußen zu spielen. Dennoch war er schockiert, als Kleinbaum sich tatsächlich umgebracht hatte – in der Innenstadt, vor der Recyclingtonne auf dem Parkplatz des Safeway-Einkaufszentrums. Die Kugel war durch sein linkes Auge eingedrungen und am Hinterkopf wieder ausgetreten, wo sie ein großes Loch gerissen hatte, aber sein Mund war noch vollkommen zu sehen gewesen – er war zu einem leichten Lächeln verzogen, wie auf dem Gesicht eines Lebkuchenmanns. Kleinbaums Mutter war nicht gekommen, um Anspruch auf die Leiche zu erheben, und schließlich war Langer gebeten worden, den Toten zu identifizieren. Er hatte nicht mit der Wimper gezuckt, als man Kleinbaum in einer Schublade herausgezogen hatte, obwohl er die ganze Nacht aufgeblieben war und sich Gedanken über den Typ gemacht hatte, der die Schweinerei auf dem Parkplatz beseitigt hatte. Er fand, es war genau die Art von Job, die man ihm immer gab, wenn er sich in die Fernseh-Welt einklinkte. Bloß war im Fernsehen diese Arbeit nie zu sehen, nur der klugscheißerische Kriminalkommissar, der das Puzzle Stück um Stück zusammensetzte, während im Hintergrund ein Kreppband die Umrisse von Kleinbaums Leiche markierte.

Langer merkte, daß er King White Daddy angestarrt hatte, der jetzt zurückstarrte. Er steckte sich die Pfeife zwischen die Lippen und nahm einen langen Zug, ohne den Blick abzuwenden.

King White Daddy lächelte. Seine Augen hatten die Farbe von Blei. »Dann ist er jetzt wohl so 'ne Art Märtyrer.«

Langer antwortete, ohne den Rauch auszuatmen. »Er hatte keinen Grund. Man muß einen Grund haben, um ein Märtyrer zu sein.«

»Du solltest nicht mit vollem Mund reden.«

Langer stieß den Rauch in einem Schwall aus. »Ich habe ihn nach seinem Grund gefragt, und er hat gesagt, daß er einfach Schluß machen will.«

»Vielleicht ist er der Heilige Ohne Grund«, sagte King White Daddy. Er zog wieder seine Lächel-Nummer ab. »Mir fällt nichts Besseres ein, wofür man sterben kann.« Er ging vom Fenster zu Kleinbaums Katze, aber ganz vorsichtig, als könnte sie ihn anspringen. »Trotzdem ist das schon ein komischer Ort, um seine Seele zu parken.«

Er hob einen Fuß über den Kopf der Katze, aber die Katze

blieb einfach sitzen, ohne sich darum zu kümmern, ob King White Daddy so gemein war, auf sie zu treten, vielleicht hatte sie auch gar nicht gemerkt, was er vorhatte. Kleinbaum hatte die Katze mit Bierhefe großgezogen, damit sie schneller wuchs, und nun war alles an ihr aufgebläht, auch ihr Gehirn.

King White Daddy stampfte mit dem Fuß so fest wie möglich auf und verfehlte den Kopf der Katze um höchstens einen Zentimeter. Langer hörte den lauten Schlag erst kurz darauf, als beobachtete er die Szene aus weiter Ferne. Die Katze wälzte sich auf den Rücken, streckte die Pfoten in die Luft und hielt den Bauch zum Streicheln hin.

»Die Katze hat das gleiche Dope geraucht wie du«, sagte King White Daddy.

Langer deutete mit der Hand auf King White Daddys Körper und drückte auf einen imaginären Knopf. Er fragte sich, was Kleinbaum in dieser Lage getan hätte; gar nichts, überlegte er.

»Wenigstens hast du opponierende Daumen«, sagte King White Daddy. »Vielleicht wird aus dir doch noch was.«

»Mann«, sagte Langer und lachte. »Das muß Kabel sein. Über Antenne kriegt man so was nicht rein.«

»Kommt darauf an, welche Antenne du meinst.«

»Kommt auf gar nichts an«, sagte Langer zornig und wurde wütend auf sich, weil er wütend war. »Ich hab' keine Ahnung, von was zum Teufel wir eigentlich reden.«

»Opponierende Daumen«, sagte King White Daddy, als wäre alles sonnenklar. »Was unsere Art vom Rest von Noahs Party unterscheidet. In dieser Welt des Konsumterrors und der Staatsausgaben verliert man manchmal die Grundlage von allem aus den Augen. Man vergißt, daß man mit den Händen tatsächlich etwas von einem Baum pflücken und sich in den Mund stecken kann.« Sein Lächeln schien einzurasten. »Statt die Lebensmittelmarken im nächsten Einkaufszentrum einzulösen. Kannst du mir folgen?«

Langer nickte trotzdem.

»Unser Uncle Sam hat mir neulich einen langen Brief geschrieben. In der untersten Zeile heißt es: ›Benutzen Sie Ihre opponierenden Daumen‹ – selbstverständlich mit dem üblichen ›freundlichen Grunzen‹. Mitten in der Weihnachtszeit habe ich natürlich an Bäume gedacht.«

Er starrte Langer an, als hätten sie dieses Gespräch einstudiert und jetzt wäre Langer an der Reihe, etwas zu sagen.

»Bäume«, wiederholte Langer.

»In L. A. sind diese Aluminium-Dinger aus der Mode gekommen. Die Leute möchten jetzt das Original. Es ist ihr einziger Versuch im Jahr, sich von ihren Sünden reinzuwaschen, und obwohl sie wissen, daß es nicht funktionieren wird, sind sie bereit, es wenigstens zu probieren. Ein Baum verschafft ihnen vielleicht fünfzehn oder zwanzig Minuten Zufriedenheit. Das ist viel mehr, als sie vom Sex haben.«

Langer spürte, wie ihn die Mattscheibe in sich aufsog. Laß dich drauf ein, sagte er sich. Aber er fühlte sich noch nicht high genug. »Woher weißt du soviel über L. A.?« fragte er. »Du bist doch noch nie weiter südlich als Portland gewesen.«

»Das liegt an dieser anderen Antenne, von der ich dir erzählt habe«, sagte King White Daddy. »Ich glaube, du solltest dir mal die Zündkerzen reinigen lassen, Space. Deine Neuronen haben eine Fehlzündung nach der anderen.«

»Hände weg von Drogen!« dachte Langer bei sich, sagte es aber laut und nahm noch einen Zug. Er wartete, daß der Rauch in seine Lunge stieg, die sich rasch mit kalter Luft füllte.

»Du kannst nicht an 'ner Pfeife ziehen, die nicht brennt«, sagte King White Daddy und schüttelte seinen großen kahlen Kopf. »Du kannst deine Stütze nicht auf die Bank tragen, wenn der Scheck nicht abgeschickt worden ist.« Er öffnete den Gürtel seiner Hose und schnallte ihn sorgfältig, als würde er ein Stückchen Origami falten, wieder zu. »Ich dachte, ich könnte dich und Birch überreden, mit ein paar Äxten aufs Land zu fahren und ein kleines Wäldchen abzuholzen. Dann könnten wir die Bäume nach L. A. bringen und Kasse machen. Mit deinem Anteil könntest du einen Jahresvorrat deines Lieblingsstoffs kaufen.« Er ging näher an Langer heran und legte ihm tatsächlich die Hand auf die Schulter. »Du könntest elf Monate über Winterschlaf halten. Ich würde erst nächstes Jahr am ersten Dezember zurückkommen, um dich aufzuwecken.«

Da kannst du eher Kleinbaum aufwecken, dachte Langer und grinste King White Daddy benebelt an. »Was soll ich sagen«, sagte Langer. »Scheiße, was soll ich dazu sagen?«

»Blablabla«, sagte King White Daddy und nahm seine Hand weg. »Deine Lippen bewegen sich, aber aus deinem Mund kommt nur Blabla.«

»Birch ist eine Ratte.«

King White Daddy machte ein Gesicht, das fast ernst wirkte. »Schon, aber eine große Ratte. Und da draußen streunen überall Löwen und Tiger und Förster rum.« Er hockte sich hin und streichelte Kleinbaums Katze, die immer noch auf dem Rücken lag. »Mein Wahlspruch lautet: Sprich leise und halte eine automatische Waffe griffbereit.«

»Mein Gott«, sagte Langer und zündete seine Pfeife wieder an. Er stellte sich sein winziges Bild vor, zusammen mit King White Daddy, in Zeilen aufgerastert, so wie das Bild aussieht, wenn man zu nahe an den Fernseher herangeht. War man erst mal drin, konnte man nicht mehr abschalten, dachte Langer. Dann gehörte man dazu.

Er brauchte keine Kleinbaum, um sich das sagen zu lassen.

Hätte man die drei zusammen in der Gondel eines Riesenrads sitzen sehen, wäre man versucht gewesen, die Polizei zu alarmieren, obwohl es nicht leicht gewesen wäre, zu erklären, was einem an ihnen verdächtig vorkam. Auf den Vordersitzen eines interRent-Lastwagens wirkten sie jedoch so gut wie normal, und ohne eine Spur von Mißtrauen zu erregen, fuhren sie an einem Bus voller behinderter Kinder vorbei, die grienten und winkten, und an einem großen Sheriff in einem Streifenwagen, der einen winzigen Gefangenen transportierte.

Langer saß in der Mitte und King White Daddy am Steuer; Birch starrte in den Wald hinaus, während er Sonnenblumenkerne in einen Plastikbecher spuckte. An Birchs Gewehr, das am Handschuhfach lehnte, war ein maschinenbestickter Haltegurt befestigt, einer von der Sorte, wie Langer sie vor ein paar Jahren an jeder zweiten Folkgitarre gesehen hatte. Er wollte Birch fragen, wo er die Leiche des Gitarristen versteckt hatte, überlegte es sich dann aber anders und starrte durch die Windschutzscheibe auf eine Gewitterwolke, die am Himmel aufgemalt zu sein schien. Er war wütend, weil ihm kalt war und King White Daddy vor einer Stunde versprochen hatte, sie zum Frühstück einzuladen, und jetzt waren sie am Arsch der Welt, mitten in der Pampa, wo es keinen Kaffee und kein Rührei gab, ganz zu schweigen von einem Diner, wo man hätte frühstücken können.

Es fiel jetzt reichlich Schnee, aber sie fuhren trotzdem zum Bäumefällen ins Vorgebirge, trotz Lawinenwarnungen und der Gefahr von Glatteis. Kleinbaum hatte immer behauptet, im Leben gäbe es keine Mittelteile, nur Anfänge und Enden, aber Langer fand, das ganze Leben bestand nur aus Mittelteilen, ohne daß man wußte, wie man dahin gekommen war, und ohne einen blassen Schimmer, wie man da wieder rauskam. Er bückte sich, fischte einen Apfel – den vierten heute morgen – aus der Verpflegungstüte zu seinen Füßen und schälte ihn wie eine Orange. Birchs Dobermann auf der Pritsche des Lastwagens hatte zu winseln begonnen, und Birch schlug immer wieder mit der Faust gegen die Wand des Führerhauses, worauf der Hund ungefähr eine Minute ruhig blieb, um dann wieder anzufangen.

»Du weißt, was in der Bibel über Äpfel steht«, sagte Birch und kurbelte das Fenster auf seiner Seite runter. Der Lastwagen fuhr an einem Feld vorbei, das wie aus dem Wald geschnitzt wirkte. Er nahm sein Gewehr und zielte auf Brahma-Kühe; sie glotzten teilnahmslos auf die Straße, als warteten sie schon zu lange darauf, daß man sie wieder in den Stall trieb.

»Ich habe nicht gewußt, daß du so religiös bist«, sagte Langer und nahm einen großen Bissen von dem Apfel. Er wußte nicht genau, was in der Bibel über Äpfel stand, bis auf den Teil mit Eva natürlich, die Langer als die einzig Normale in der ganzen Geschichte erschien. Am liebsten hätte er in Kleinbaums Bibel nachgelesen, die in der Verpflegungstüte unter ihm steckte, aber er wollte Birch nicht zeigen, daß er sie mitgenommen hatte.

»Ich persönlich habe keinerlei religiöse Bindungen«, sagte Birch und richtete sein Gewehr auf ein Kalb, das eine Mutter beschnüffelte. »Meine Alte dagegen, die ist da ganz anders.

Dauernd erklärt sie mir, was dieses Zeichen eigentlich bedeutet oder was uns jener Typ im Fernsehen eigentlich sagen will. Meine Alte kann ein Rezept auf der Rückseite einer Schachtel Ritz-Cracker lesen und einem auf die Stunde und Minute genau sagen, wann es Heuschrecken vom Himmel regnen wird.«

Birch starrte durch die Windschutzscheibe, als rechnete er damit, den Lastwagen von Heuschrecken umschwärmt zu sehen. Kurz huschte Enttäuschung über sein Gesicht, als er merkte, daß von Heuschrecken nichts zu sehen war – vor ihnen lag nur das Band der Straße. »Meine Alte sagt, daß sie in einem großen Wirbelsturm kommen werden«, sagte er. »Könnt ihr euch das vorstellen? Ein Wirbelsturm aus Heuschrecken. Wäre doch ein ganz neues Lebensgefühl, wenn man mit so 'nem Schwarm von verfickten Grashüpfern rumwirbelt.« Er stopfte sich den Mund mit Sonnenblumenkernen voll und sah über sein Gewehr hinweg nach draußen. Auf der Pritsche des Lastwagens jaulte wieder der Dobermann, aber Birch schien ihn nicht zu hören.

»Nee, euren Jesus könnt ihr behalten«, sagte Birch und gab einen Schuß in die Luft ab. Der Knall war so laut, daß Langer das Gefühl hatte, die Kugel wäre aus seinem Kopf heraus abgefeuert worden. »Ein Atombunker und ein paar Dosen Paral sind mir da lieber. Auf Gottes Erdboden gibt's weder Menschen noch Insekten, die man nicht mit dem richtigen Gerät alle machen könnte.«

»Amen«, sagte King White Daddy.

Langer sah zu ihm rüber, um zu sehen, ob er das ernst meinte. Aber King White Daddy lächelte sein typisches Lächeln, als wäre er in Gedanken dem gegenwärtigen Geschehen immer schon ein Bild voraus.

»Als ob man vom Zug aus Büffel schießt«, sagte Birch sachlich und schoß auf einen Brahma-Bullen, kurz bevor er außer Sicht geriet. Langer beobachtete im Seitenspiegel, wie der Bulle in den Knien einknickte, dann wurde das Bild von einer endlosen Reihe Pappeln abgelöst. Langer hatte das Gefühl, als ob der Lastwagen jetzt parkte und rings um sie die Bäume an ihnen vorbeiziehen würden.

»Kühe kommen in den Kuhhimmel, wenn sie brav waren«, sagte Birch und zwinkerte King White Daddy zu. »Menschen kommen in den Kuhhimmel, wenn sie böse waren.«

»Wo kommt dann Space hin?« sagte King White Daddy.

Langer drückte auf den Zigarettenanzünder im Armaturenbrett. Er brauchte dringend ein bißchen TV-Serum, besonders deshalb, weil er eine Sendung in Stereoton empfing. Dann fiel ihm ein, daß er sein Marihuana auf dem Eßtisch im Haus liegengelassen hatte. Wahrscheinlich hatten es sich inzwischen seine Mitbewohner oder, schlimmer noch, Kleinbaums Katze eingepfiffen.

Mach doch endlich dieses Scheißfenster zu, dachte er und merkte dann, daß er es laut gesagt hatte. Es gab kein Zurück mehr. »Hier drin ist's scheißkalt, wie auf dem Pluto.«

»Ah, unser sensibler Künstler«, sagte Birch und warf den Plastikbecher aus dem Fenster. »Hauptsache, du hast's bequem, was? Wenn anderen der Arsch auf Grundeis geht, schalten wir einfach die Heizung an und schlüpfen in unsere Pantoffeln.« Er strich mit der Hand über das Gewehr, als streichelte er eine Katze. »Kannst dich ruhig zurücklehnen«, sagte er. »Wir werden die Kubaner schon allein zum Teufel jagen.« Etwas von dem, was er gerade gesagt hatte, schien ihn anzusprechen, als ob zwischen seinen Worten und seinen Gedanken ausnahmsweise einmal ein Zusammenhang bestand. Soweit sich Langer erinnerte, sah er ihn jetzt zum erstenmal lächeln, und dies schien in Birch etwas anzustacheln, auf das Langer lieber verzichtet hätte.

»Was würdest du tun, wenn hier 'ne Atombombe hochginge, du Waschlappen?« sagte Birch. »Würdest du alle Fenster hochkurbeln und dir 'nen Joint anstecken?« Er starrte Langer wütend an, während Langer ihn aus den Augenwinkeln beobachtete. »Oder würdest du dich abknallen wie dieser Schwuchtel-Jesus, der bei euch gewohnt hat?«

Langer setzte ein höhnisches Grinsen auf und sah weiter zur Windschutzscheibe hinaus. »Die Marines können nur eine Handvoll gute Männer gebrauchen«, sagte er. »Solche wie dich, Spargeltarzan.«

King White Daddy lachte. »Ein Spargeltarzan schimpft einen Spargeltarzan Spargeltarzan«, sagte er und schlug hämisch mit der Hand auf das Lenkrad.

Der Zigarettenanzünder sprang aus dem Armaturenbrett, und Birch riß ihn mit der Linken heraus, während er mit der Rechten Langer am Arm festhielt. »Gleich wird's dir wärmer«, sagte Birch und stieß den Anzünder in die Unterseite von Langers Handgelenk. Mit seiner freien Hand schlug Langer Birch immer wieder aufs Ohr, bis er den Anzünder fallen ließ, während King White Daddy auf sie beide eindrosch und sie ermahnte, sich verdammt noch mal abzuregen. Der Lastwagen kam auf die andere Spur, und als King White Daddy das Steuer herumriß, geriet der Lastwagen ins Schleudern. Langer schloß die Augen und hörte, wie Birchs Hund gegen die Seitenwand des Laderaums knallte. Er hörte Birch wie in einem Alptraum aufstöhnen. Er hörte, wie King White Daddy stumm am Lenkrad kurbelte. Und nachdem der Lastwagen sich überschlagen hatte und Langer auf Birch zu liegen kam, hörte er mit weit aufgerissenen Augen, wie draußen der Wind durch die Bäume pfiff.

Er blickte nach oben zu King White Daddy, der mitten in der Luft in seinem Sicherheitsgurt herumzappelte wie eine auf einen Haken gespießte Languste. Die Vorstellung, zwischen King White Daddy und Birch eingeklemmt zu werden, löste Panik in ihm aus, und als er plötzlich das Gefühl hatte, daß Heuschrecken auf den Lastwagen prasselten, trat er so lange gegen einen Riß in der Windschutzscheibe, bis ein Loch entstand, das groß genug zum Durchkriechen war. Binnen Sekunden hatte er sich befreit und stand in einer Schneewehe, wo ihm kleine Hagelkörner auf den Kopf fielen, während er mit unbewegter Miene den Lastwagen anstarrte wie einen Fernseher, obwohl Birch wahrscheinlich tot war und King White Daddy wahrscheinlich im Sterben lag. Er merkte, daß er zum erstenmal die Welt durch Kleinbaums Augen sah, und es regte ihn deshalb nicht auf, weil Kleinbaum sich auch nicht aufregen würde, er würde einfach gelassen das Ereignis betrachten. Es hatte gar nichts damit zu tun, daß man verarbeiten muß, was eben als nächstes geschah. Es hatte mit gar nichts irgendwas zu tun. Es kam darauf an, was geschehen war, nicht was man glaubte, daß geschehen sei.

Er ging zu dem Lastwagen zurück und sah in das Führerhaus. King White Daddy lag auf Birch, und Birch schlug ihm mit dem Arm wie aus Reflex auf das Bein. Langer sah in ihren Gesichtern, daß auch sie sich jetzt verändert hatten, streckte die Hand aus, packte Kleinbaums Bibel, die immer noch in ihrem wasserdichten Behälter steckte, ergriff dann Birchs Gewehr und zerrte es an dem Haltegurt nach draußen. Hinten im Lastwagen winselte der Dobermann; Langer blickte zu den Bäumen hinüber, sah erst Grün, dann Schwarz, ging ans hintere Ende des Lastwagens und schoß mehrmals in den Laderaum, bis Ruhe herrschte. Er ging wieder zum Bug des Lastwagens, trat die noch unzerbrochenen Scheiben ein und sagte: »Bäume«, ging, ohne sich umzudrehen, rückwärts von der Straße weg, bis eine Hand Holz berührte und er nicht mehr ins Führerhaus sehen konnte, gab mehrere Schüsse in diese Richtung ab, hörte auf, als er müde war, setzte sich unter einen Baum inmitten von Bäumen und las in Kleinbaums Bibel, eine zufällig aufgeschlagene Stelle.

Wir wollen euch aber, liebe Brüder, nicht im Ungewissen lassen über die, die da schlafen im Tode, stand in der Bibel, und er schnürte seinen linken Stiefel auf und zog ihn aus, zog auch die Socke aus, nahm Birchs Gewehr in die Hand, steckte sich die Mündung, so weit es ging, in den Mund und legte seinen großen Zeh an den Abzug. Denn wenn wir glauben, daß Jesus gestorben und auferstanden ist, so wird Gott auch die da entschlafen sind, durch Jesus mit ihm einherführen. Er schloß die Augen, hellwach, und öffnete sie wieder, und als er eine Frau mit Kleinbaums Katze auf den Armen von der Straße auf sich zukommen sah, ließ er sich darauf ein und genoß es sogar, denn er wußte, daß nicht einmal Kleinbaum das gesehen hatte. Es war Kleinbaums Mutter.

Sie war eine kleine Frau, schlicht gekleidet in einem taubenblauen Bauernkleid, das ihre Haut wie Wachs wirken ließ, und als ihm auffiel, daß sie Ähnlichkeit mit seiner Mutter hatte, verlor er rasch die Freude über ihren Anblick. Er wollte böse auf sie sein, ihr Vorwürfe machen und sie dazu bringen, ihm das zu geben, was sie ihm all die Jahre über vorenthalten hatte. Aber als sie vor ihm stand und mit einem Gesicht auf ihn herabsah, das so lieb und unveränderlich war wie das einer Kuh, merkte er, daß sie seinen Schmerz nicht sehen konnte oder nicht fähig war, ihn zu fühlen; man hätte ihr ein Gewehr an den Kopf halten können, und sie hätte einen dennoch aus den gleichen klaren Augen angesehen.

Mit dem Zeh drückte er den Abzug immer weiter nach unten, bis ihm kein Grund zum Aufhören mehr einfiel, aber dann nahm er die Mündung aus dem Mund und legte das Gewehr bedächtig auf den Boden. Er fühlte sich wie betäubt und wälzte sich auf den Bauch – der Schnee war glühend heiß und brannte ihm auf der Wange.

»Bist du tot, Junge?« fragte eine vertraute Stimme, obwohl die Worte nicht hätten seltsamer sein können. Langer schloß die Augen und dachte einen Moment darüber nach, und als er sich wieder umdrehte, sah er King White Daddy auf sich runterstarren, ebenso wie Birch, der direkt neben jenem stand und sich mit der Hand den Kiefer hielt. Die Bäume und alles andere zeigten zum Himmel, der so unerforschlich war, wie er ihn in Erinnerung hatte: Die Wolken waren nahtlos wie der Schnee.

Langer schüttelte den Kopf. »Nein«, sagte er zu ihnen und kam sich dabei überhaupt nicht weise vor. »Ich würde den Himmel erkennen, wenn ich ihn sähe.«

MARGRIET DE MOOR

Nenn mich einfach Tony

An diesem Tag hatten wir im Prinzip eine Stinklaune. Als wir
nach unten kamen, schauten wir auf die Uhr, ohne erkennen
zu können, wie spät es war. Wir begriffen, daß es den ganzen
Tag über nicht hell werden würde. Draußen war alles noch
weiß, aber das Tauwetter, das in der Nacht eingesetzt hatte,
hielt an. Erbost sahen wir, daß die Schneepolster, die den Ge-
müsegarten bedeckten, löchrig wurden. Dicke weiße Äste
wurden grau und tauchten wie ersoffene Katzen auf. An den
Eiszapfen am Rand des Verandadachs lief das Wasser in dün-
nen Strahlen herunter, es floß in den Schnee und nahm unsere
Pläne für diesen Tag mit. Wir verkrochen uns traurig auf den
Diwan und dösten mit im Nacken verschränkten Händen vor
uns hin. Der Raum schwebte im Düster. Daß der Vormittag
verstrich, sagte uns unser Magen.

Als es zwölf schlug, tauchte unsere Stiefschwester in der
Tür auf.

»Was macht ihr hier im Dunkeln?«

Uns mies fühlen.

»Kommt Tony noch?« fragten wir.

Sie knipste eine Schirmlampe an, gab uns einen Teller mit
Apfelkrapfen, etwas labberig, schade, und begann das Feuer
im Kamin zu schüren. Dabei machte sie schrecklichen Lärm,
nicht nur mit dem Schürhaken und der Zange, sondern auch,
unter eifrigem Ellbogengefuhrwerke, mit dem uralten Blase-
balg. »Um wieviel Uhr kommt Tony …«

Wir seufzten erleichtert, als sich unsere Stiefschwester, rotes
Haar, in grüne Wolle gekleidet, wieder im stillen Universum des
Wohnzimmers auflöste: Stühle und Tische, ein Büfett mit einem
Aufsatz voller Teeservice, Vorhänge, hinter denen es taute …

Er kam erst Stunden später. Gerade als wir uns klamm auf-
richteten, halb ertrunken in einem Meer von Schatten, sahen
wir ihn im hinteren Teil des immer noch leuchtenden Gartens
auftauchen.

»Er geht wirklich ein bißchen … ein bißchen …«

»Och …«

Man konnte es wegen des Schnees eigentlich nicht richtig sehen. Tony lief, seit einem Monat wieder an Land, breitbeinig. Er zog die Schultern hoch. Er schob die Fäuste in die Joppentaschen. Er beugte sich zur Seite und spuckte. Er trug die Mütze bis über die Augenbrauen und redete und schrie in einer Tour: So war er gestern mit uns durchs Dorfzentrum gegangen, die Leute schauten.

Und wir schauten auch.

»Ein verdammter Scheißkahn, diese Walfabrik«, tönte es leidenschaftlich zwischen uns, »und dann das Eis, überall dieses verdammte Scheißtreibeis!« – und schon sahen wir, mitgerissen von seiner Redegewalt, die *Willem Barentsz* in den Gewässern des Südlichen Eismeers kreuzen und unter der sechshundertköpfigen Besatzung unseren Bruder.

Der Himmel war blau. Das Eis weiß. Und das Meer, Jesses Maria, eine einzige Superfontäne aus Wasser und Luft, denn das Schiff war in eine Schule Finnwale geraten, die zufällig alle zur gleichen Zeit aufgetaucht waren, um Luft zu holen und auszublasen.

Tony überquerte die Straße. »Am Anfang der Saison sind sie noch gar nicht scheu«, schrie er, »dann sind es, verdammich, die hilfsbereitesten und freundlichsten Burschen der Welt!« Er stieß eine Ladentür auf.

Der Mann hinter der Theke sah uns an.

»Erst später kapieren die Scheißviecher, daß sie gejagt werden!«

Päckchen schweren Shag. Zeitschrift *Lachparade*. Lutschbonbons. Während wir mit dicken Backen die Dorfstraße hinuntergingen – Tony drehte sich eine und zündete sie an –, dachten wir an das Leben auf dem Ozeandampfer, der vor einem halben Jahr mit zehn kleineren Fangbooten in die Antarktis aufgebrochen war. Du stehst mit den Fingern in Halbhandschuhen an der Reling. Du siehst das riesige Deck mit seinen Winden und Kränen und links zwei massive Schlingerblöcke, die bei rauher See dafür sorgen, daß diese irrsinnig schweren Kadaver die Reling nicht durchbrechen. Das sagt

dir noch nicht soviel. Der Wind und deine kalte Nasen-
schleimhaut sagen dir vorläufig mehr, du verkriechst dich in
deine Joppe und schaust. Was ist Meer, was Land, gestern
hast du auf einer Eiszunge zwei Schneeleoparden gesehen,
du mußt dich an deine Fehleinschätzungen erst noch gewöhnen. Vögel fliegen über dich hinweg. Als du wieder nach unten schaust, fühlst du dich nicht ganz wohl in deiner Haut. Im
dunkelgrünen Wasser schwimmen riesige, noch durch nichts
erschütterte Tiere gutmütig neben dir her, du bist gekommen,
um zu jagen.

Er war der Jüngste. Er war der Einfältigste und ohne Zweifel aus diesem Grund der Liebling des Kapitäns, ein hinken-
der Fünfziger von altem Schrot und Korn: Wenn es sich so ergab, harpunierte er selbst noch gern. »Für einen Jäger, mein
Junge«, hatte er zu Tony gesagt, »bedeutet ein Tier nicht nur
Nahrung oder Geld, für einen Jäger ist ein Tier vor allem etwas, was man ständig im Kopf hat.«

Tony senkte die Stimme. In theatralischem Flüsterton begann er uns zu erzählen, wie diese Denkweise des Alten eines
Tages krankhafte Formen angenommen hatte.

Ein Tag wie jeder andere, klar, nicht zu kalt, sie hatten am
Vormittag alle halbe Stunde ein Tier erlegt, das Meer war rot
vor Blut. Tonnen um Tonnen Fleisch waren längsseits ge-
schleppt worden. Einige Biester wurden mit Luft aufge-
pumpt, damit sie weiter schwammen, andere hievte man
durch das Kadavergatt an Deck, Schwanz ab, Flossen ebenfalls, und rin ins Meer, Haie und Orkas stritten sich darum.
Dann, bevor das Echolot irgend etwas geortet hatte, tauchte
an Lee noch ein Wal auf. Es war, so was kommt ziemlich selten vor, ein Pottwal.

»Das Biest verhielt sich total bekloppt«, sagte Tony. »Es ließ
sich ein bißchen auf den Wellen schaukeln, wälzte sich auf die
andere Seite, blies dann seinen Strahl in die Höhe, psst!, versteht ihr, so als würde es die zwei oder drei Jäger, die in der
Nähe waren, mit seinem komischen Quadratschädel ausla-
chen. Aber bis dahin: null Probleme.«

Tony blieb stehen und warf uns einen feierlichen Blick zu.

»Und jetzt werd' ich euch mal erzählen, wie der Alte reagierte, als dieses Wahnsinnstrumm, keine fünfzig Faden von ihm auf der Brücke entfernt, ihm die Flanke zeigte: seinen dicken Speckmantel, in dem, verdammt, wenn's nicht wahr ist, eine alte Harpune steckte!«

Wir sahen ihn abwartend an.

»Und, was glaubt ihr, wie er reagierte?«

Der Kapitän befahl ein Fangboot längsseits. Er kletterte die Leiter hinunter, der Lieblingsschiffsjunge mußte mit. Tony war etwas mulmig zumute in dem kleinen, heftig schaukelnden Boot, aber er überlegte sich, daß die Sache in neunundneunzig Prozent aller Fälle doch gut ausging. Der Alte gab immer neue Kurse an. Etwas weiter nördlich, etwas weiter südlich, denn der Pottwal war mit einem Affenzahn abgezischt. Den plumpen Kopf erhoben, schwamm er da, und genau auf diesen Kopf schoß der Alte, hinter seiner Kanone, die achtzig Kilo schwere Harpune ab, die erste, denn er verfehlte sein Ziel, und jetzt sieh dir bloß mal dieses Hinkebein an: Da tanzt er vor lauter Frust herum und läßt blitzartig neu laden, denn der Fisch liegt gut voraus. Ein zweiter Schuß. Ein Projektil an einer Nylonleine, und diesmal ein Treffer. Als sich der Schaum in der Ferne rot färbt, tanzt der Alte schon wieder rum.

»Das schlägt ihm den Spund aus dem Leib!«

Den Spund, ja, die Beute war getroffen, und die Blasfontäne war nicht mehr weiß, sondern rosa. Und trotzdem ging's schief. Genau in dem Moment, als sie an Bord die Leine belegten, machte der davonschießende Koloß in einem ungestümen Moment so viel Fahrt, daß das Nylon riß. So kam es, daß Tony auf dieser Fläche aus Eis und Wasser zum drittenmal hörte: »Da! Da springt er! Da ist sein Schwanz!« Und wieder die glühende Leine davonschießen sah …

Er tauchte im Garten auf. Bevor er auf die Idee kommen konnte, in den Hauswirtschaftsraum zu gehen, wo unsere Stiefschwester über der kochenden Wäsche stand, hatten wir die Wintergartentüren schon aufgestoßen.

»Blöder Regen«, sagte Tony, und als er an uns vorbeistapfte, merkten wir, daß er gar nicht nach Regen roch, sondern noch immer nach dem Eis des Südpols von gestern.

Wir nahmen seine Joppe und die Mütze, die man regelrecht auswringen konnte, und zogen ihn ins düstere Wohnzimmer, wo ihm kaum etwas anderes übrigblieb, als sich nach einem Schubs von uns in den Sessel neben dem Feuer zu hauen.

»Und dann?« fragten wir kiebig, denn es fuchste uns noch immer, daß er gestern, gerade als wir bis in die Zehen hinein spürten, wie der Pottwal durchs Wasser fegte, verwundet, aber noch stolz und wütend genug, diesen elenden Kerlen einen neuen Streich zu spielen, daß Tony da plötzlich einem entfernten Bekannten in die Arme gelaufen war, der ihn auf Fußball ansprach und widerlicherweise nicht wieder lockerließ, bis sie vor der Kneipe standen.

»Dann …?« wiederholte Tony lahm.

»Dann der Pottwal!« riefen wir.

Langsam wurde er wach.

»Erst ein Bier.«

Ein Sprint, und schon waren wir wieder da. Ein paar rasch geöffnete Flaschen, und dann beanspruchten wir, auf einem Smyrnateppich vor dem Kamin, Aufmerksamkeit. Tony fuhr sich mit dem Handrücken über den Mund. »Och …« In einem Ton, der uns nicht sehr gefiel, sagte er: »Was glaubt ihr denn, bei diesen modernen Methoden hat der Wal, wenn's hart auf hart kommt, keine Chance.«

Wir warfen ihm einen kalten Blick zu.

»Erzähl das deiner Großmutter. Eine Chance ist immer drin.«

Anders als wir erwartet hatten, beharrte unser Bruder auf seiner Meinung.

»Nicht bei diesen Harpunen«, sagte er.

»Welchen Harpunen?«

»Solchen mit einer Granate vorne drin.«

Einen Moment lang verschlug es uns die Sprache. Dann sagten wir: »Angenommen, so eine Granate geht nicht los …«

Tony lümmelte sich noch tiefer in seinen Sessel. Wir hörten die Federn krachen. Noch immer mit dieser trägen, gleichgültigen Stimme, die er manchmal am Leib hatte, sagte er: »Sobald die Harpune in das Vieh eingedrungen ist, explodiert die Granate.«

Unsere Hände glitten von seinen Knien.

»Die Krallen der Harpune klappen auseinander. Die Waffe sitzt. Das verwundete Tier schwimmt dann natürlich weg, so schnell es kann, es taucht unter, aber tja, es sitzt an der Scheißleine fest. Die Jäger geben ihm erst mal etwas Luft, vielleicht ein paar hundert Meter, und dann, großer Gott, ja, dann setzen sie ihn fest. Sie kommen näher und schießen noch mal. Und noch mal. Bis er hinüber ist.«

Tony schwieg. Auch wir hielten den Mund. Im Dämmerschein des Feuers wurden unsere Lider schwer.

»Na ja«, murmelte Tony noch und bückte sich, um eine der Bierflaschen beiseite zu stellen. »Es ist auch nur ein Beruf. Soll man deswegen nachts wachliegen?« In seiner Stimme lag etwas Versöhnliches.

»Du verstehst das nicht, Tony«, antworteten wir leise und drohend.

Er stand auf. »Moment mal«, und ging zur Tür.

Während wir warteten, bis unser Bruder mit Pinkeln fertig war, merkten wir, daß es trotz des Kaminfeuers im Zimmer kälter wurde. Uns war gar nicht mehr warm. Auch hörten wir ein leises Pfeifen, das wir anfangs nicht einordnen konnten, und Wassergeschwappe, was uns ziemlich überraschte. Dann wurde uns klar, daß etwas Besonderes geschah, denn mit einemmall strich uns ein entsetzlicher Fischgeruch an der Nase vorbei, und im selben Moment sahen wir, in einer tiefstehenden kalten Sonne, ein stampfendes kleines Boot im Wasser, eine altmodische Holzschaluppe mit Ruderern, einem Steuermann und einem Harpunier mit 'nem Hinkebein, der gerade die Harpune von der Gabel nahm … und dieses leise Pfeifen, das also war der Polarwind, der uns über eine Entfernung von Abertausenden von Kilometern Eiswüste zu fassen gekriegt hatte.

Tony kam zurück. Er machte keineswegs Augen, als er all das Wasser und das Boot sah, sondern wiederholte im gleichen versöhnlichen Ton wie eben: »Es ist auch nur ein Beruf.«

Nun, das sahen wir inzwischen auch. Die Sicht war jetzt so gut, daß wir bestens mitverfolgen konnten, wie die Männer in dem kleinen Ruderboot einem Walfisch von übernatürlicher

Größe zu Leibe rückten. Das Ungetüm hing zwar an der Leine, ein Eisen saß bereits, aber es flüchtete mit derart spielerischer Leichtigkeit, daß die Walfänger jetzt doch gut daran taten, auf ihr Paradekunststück zurückzugreifen: das Lanzen.

»Besonders das Lanzen ist schwer, nicht?« sagten wir zu Tony.

Er nahm mit einfältigem Gesichtsausdruck die Bierflasche vom Mund. »…?«

Wir aber gaben keinen Daumenbreit nach.

»Und nur mit der Lanze, nicht wahr? Nicht mit der Harpune.«

Tony gab sich allmählich geschlagen.

»Die Harpune ist zu schwer.«

»Zu schwer?« fragten wir scheinheilig, als könnten wir nicht selbst genau vor unserer Nase sehen, um wieviel leichter und länger die Lanze war, die der Kapitän, kerzengerade in der voranschießenden Schaluppe stehend, jetzt in der Hand hielt.

»Zum Teufel, ja.« Wir hörten, wie Tony in Fahrt kam. »So mußt du sie halten, die Scheißlanze, genau so, locker in der Hand. Und dann richtest du sie auf das Scheißvieh, das sich da aus dem Staube macht, und dann schaust du noch mal an ihr entlang und stellst dich auf die Zehenspitzen und richtest, ohne zu atmen, die Scheißspitze senkrecht in die Scheißluft …«

Und dann bekommst du den Bogen. Den Bogen aus blinkendem Stahl, etwa zwölf Fuß lang, vor einem in der tiefstehenden Sonne erglühenden Himmel. Wir sahen bangen Herzens zu. Der Wurf war gekonnt, aber uns überlief es kalt. Wir spürten, daß die fliegende Klinge jeden Moment in einen befreundeten dicken, weichen Bauch dringen konnte.

Der Abscheu davor, das mit ansehen zu müssen, muß uns übermannt haben, denn auf einmal mischte sich unser Unterbewußtsein störend ein: Die Welt wurde grau. Genau wie wenn wir im Begriff waren, in der Kirche umzukippen, wurde die Welt grau, mit tanzenden Lichtpünktchen, und sosehr wir uns auch anstrengten, um das Boot und den Wal nicht aus den Augen zu verlieren, die Wirklichkeit sah so aus: Wir wurden gegen unseren Willen mit einer Traumvision traktiert, die nicht öder und blöder hätte sein können – dem einfältigen Gesicht einer Frau, die mit einem Tablett in den Händen auf uns zukam.

»Los! Gib's ihm!« hörten wir Tony schreien.

Und während dieses Spukbild einer Frau uns ein spukhaftes Glas Limonade in die Hand drückte, setzte im Hintergrund bösartig brüllend ein Chor ein.

»Hol ein, hol ein! Buh! Leine naß machen! Nach achtern, alle Mann!«

Erst als das Weib, rotes Haar, gekleidet in grüne Wolle, endlich abdampfte, kamen wir wieder zu uns. Der Nebel lichtete sich. Wir wandten uns wieder der Seeschlacht zu.

Da hatte sich einiges geändert. Aus dem Körper des Wals ragten diverse Harpunen und Lanzen. Und überall schwang Tauwerk. Was uns freilich am stärksten berührte, war, daß das heftig blutende Tier in nichts mehr dem im Grunde gutmütigen Kraftprotz glich, den wir hatten fliehen sehen, der Fisch nahm Rache. Er schwamm mit aufgerissenen Kiefern auf die Schaluppe zu, tauchte, zerschmetterte beim Hochkommen mit seinem Schwanz den Bug und wälzte sich so rasend auf die Seite, daß das Boot kenterte und die Ruderer zuerst gut vierzig Fuß in die Höhe und dann in die schäumende See geschleudert wurden. Und einer dieser Ruderer war unser Bruder.

Wir hörten ihn leise sagen: »Nach dem soundsovielten Wurf haben wir den Alten regelrecht angefleht, es gut sein zu lassen.«

Wir schüttelten den Kopf. »Nicht die geringste Chance, was?«

»Nein. War der Kerl stur!«

»Unserer Meinung nach war er verrückt.«

»Ja. Als wir noch mühelos weggekonnt hätten …«

Er brach ab.

Wir sagten: »Da sah er, wie der Wal wieder auftauchte und, das war das schlimmste, sich die Sache in aller Seelenruhe ansah.«

»Der Alte fing an, wie ein Wilder zu fluchen.«

Als Tony nach einer Weile wieder sprach, klang seine Stimme so leise, daß wir ihn fast nicht verstehen konnten.

»Das Wasser war kalt. Es zog an den Kleidern und zerrte einen in die Tiefe. Ich weiß noch, daß ich gar nicht an den Walfisch, sondern an die verdammten Scheißhaie dachte. Wir sind alle ertrunken.«

Ende, Stille, und da kam unsere Stiefschwester herein.

Sie knipste das große Licht an und sah sich im Zimmer um. Ihr Gesicht verfinsterte sich beim Anblick des nassen Chaos. Im Nu war sie zurück mit Lumpen und Eimer, und obwohl sie sich mit dem gewohnten Ungestüm an die Arbeit machte, konnten wir doch noch sehen, daß zwischen den Haien im tosenden Meer ein Delphin schwamm. Das Tier stieß mit der Schnauze einen eigentlich bereits ertrunkenen Jungen an, zufällig unser Bruder.

»Füße hoch.«

Wir sahen, wie Tony und der Delphin an einem unbeschreiblich milden Morgen eine sonnige Küste erreichten.

»Na? Wird's bald?«

Wir zogen unsere Füße in den durchweichten Schuhen hoch, damit unsere Stiefschwester den Boden aufwischen konnte.

Hans Fallada

Das versunkene Festgeschenk

Als der Frachtdampfer »Fröhlicher Neptun« nach fast einjähriger Ostasienfahrt beim Asia-Kai in Hamburg am 22. Dezember festmachte, hatte er siebenunddreißig höchst aufgeräumte Mann der Besatzung an Bord – und einen sehr betrübten, nämlich den zweiten Offizier, mit Namen Hein Martens.

Was die siebenunddreißig vergnügten Leute angeht, so bedarf ihre Fröhlichkeit – die noch die des lachenden Neptun an der Galion übertraf – keiner weiteren Begründung. Es ist immer herrlich, nach langer Fahrt in den Heimathafen einzulaufen, und wie erst am 22. Dezember, direkt vor dem lieben Weihnachtsfest! Eltern und Kinder, Freunde und Bräute, Herren mit Sehnsucht, mit Freude, mit Ungeduld der Heimkehrer, und das, was man ihnen allen aus der Seekiste an Geschenken zuteilen kann, ist immer willkommen: denn um ein Geschenk zum Weihnachtsfest strahlt immer ein besonderer Glanz.

Aber das war es ja gerade, was dem zweiten Offizier Hein Martens alle Freude an der Heimkehr verdarb und den frohen Schimmer des nahen Weihnachtsfestes verdunkelte: er hatte die schönste Seide aus Japan in seinem Koffer, gezuckerten Ingwer, herrliche, hauchdünne Teeschälchen und ein Lacktablett in Schwarz mit Rot und Gold, das jedes Frauenherz höher schlagen lassen mußte. Doch das, was er eigentlich hätte haben müssen, was er sehr wohl gehabt hatte, wonach er mit Ausdauer und Klugheit gejagt hatte, was er die ganze Heimfahrt bei sich in der Tasche getragen und zehntausendmal angesehen, gestreichelt und geliebkost hatte – mit all den sehnsüchtigen Wünschen, die ein junger und sehr verliebter Ehemann in sein kleines, nagelneues Puppenheim schicken kann, das hatte er eben nicht mehr! Gewissermaßen angesichts der Heimat, ein paar Seemeilen vor der Alten Liebe, war es ihm aus den Händen gerutscht, ohne jeden merklichen Plumps hatten sich die trübgrauen Wellen der

Nordsee darüber geschlossen: atjüs, kleiner Buddha, auf Nimmerwiedersehen!

Der Kapitän ist, wie immer, mehr Freund und Kamerad als Vorgesetzter: sobald sich der erste Ankunftstrubel gelegt hat, fragt er seinen zweiten Offizier: »Na, Martens, wie ist es denn mit Ihnen? Wenn mir recht ist, sind Sie diesmal dran mit der Bordwache, und zwar das ganze Fest über.«

»Geht in Ordnung, Käpt'n«, antwortet Martens, so betrübt wie ein Kabeljau, der auf Land liegt.

»Was?!« ruft der Kapitän und rollt vor Erstaunen seine kugelrunden, ein bißchen vorstehenden Augen. »Geht in Ordnung, sagen Sie junger Ehemann?! Als wir vor über zehn Monaten hier in Hamburg ablegten, waren Sie, wenn ich mich nicht sehr irre, sechs Wochen verheiratet …?«

»Fünf Wochen vier Tage, Käpt'n.«

»Na also! Und Sie schreien nicht Zeter und Mordio, daß Sie das Fest über hier Kahnwache halten müssen? Was ist denn in Sie gefahren?«

»Gar nichts, Käpt'n. Nur …«

»Was nur …?«

»Ich bin nämlich ganz einverstanden, wenn ich hier Wachdienst tue.«

»Das Fest über …?«

»Das Fest über.«

Der Kapitän rollte jetzt die Augen und ballte die Fäuste, er schnaufte vor Zorn wie eine Dampfmaschine unter Überdruck. »Ihr jungen Esel!« rief er wütend. »Lernt erst mal euch in der Ehe benehmen! Ich kann mir schon denken, was los ist. Erst schreibt sich das alle Tage die verliebtesten Turteltaubenbriefe – ich habe ja Ihre Post in jedem Hafen gesehen, ein Generaldirektor hat keine größere – und dann schleicht sich irgend so ein Mißverständnis ein oder eine gute Nachbarin schreibt eine hübsche kleine Gemeinheit. Und gleich ist der Pott entzwei, und wo eben noch der Himmel voll lauter Lerchen hing, krähen jetzt bloß noch die Raben …«

»Entschuldigen Sie, Käpt'n, wenn ich Ihnen erklären dürfte …«

»Das dürfen Sie eben nicht! Kein Wort will ich von all Ihrem Liebeskummer hören! – Warten Sie, heute und morgen haben wir noch zuviel mit der Entladung zu tun, aber am 24. morgens, vor der ersten Wache, verdünnen Sie sich von der ›Fröhlichen Neptun‹, fahren schnurstracks nach Haus, fassen Ihr Frauchen liebevoll um, und wenn Sie ihr dann in die Augen sehen, werden Sie auf der Stelle begreifen, daß Sie durch die lange Trennung bloß in ein albernes Spintisieren geraten sind, daß Sie aber …«

»Wenn ich Ihnen auseinandersetzen dürfte, Käpt'n … Ich möchte wirklich, wenigstens das Fest über …«

»Fallen Sie jetzt schon Ihrem Vorgesetzten ins Wort, Herr …?! Ich erteile Ihnen hiermit den dienstlichen Befehl, Herr Martens, Ihren Mund zu halten und übermorgen um acht Uhr morgens von Bord zu verschwinden. Verstanden, Herr Martens?«

»Zu Befehl, Käpt'n!« sagte Herr Martens sehr kleinlaut und grüßte mit der Hand am Mützenrand. »Schellfisch!!!« brummte der Alte recht vernehmlich hinter ihm drein. »Dorsch!!! Katzenhai!!! Ach, nichts weiter wie ein jämmerlicher Stint …!«

Und wirklich, ganz wie ein jämmerlicher Stint fühlte sich Hein Martens, als er am Morgen des Weihnachtstages die »Fröhliche Neptun« verließ, in jeder Hand einen Koffer. In den Koffern waren all die schönen Dinge, die bereits aufgezählt worden sind, vom Lacktablett bis zum Ingwer. Aber der kleine Buddha war nicht darin. Der kleine Buddha lag auf dem Grund der Nordsee, und auf ihn allein kam es doch an! Für den kleinen Buddha hatte er seiner jungen Frau Wort und Ehre verpfändet (wie er sich jetzt in seiner Trübsal einbildete), er hatte ihn schon besessen, und direkt vor dem Ziel hatte er ihn absaufen lassen. Es ist eine schreckliche Sache, wenn man eine sehr erstrebte Aufgabe im Leben schon gelöst hat, und plötzlich – durch einen törichten Zufall – ist die Lösung zerstört, unwiederbringlich!

Nicht einmal einen Plumps hatte er im Wasser getan, und da lag er nun unten, nützte niemandem und verdarb ihm und ihr alle Freude! Es war, um mit den Zähnen zu knirschen und sich das Haupthaar auszuraufen! Aber Hein Martens hatte das nach jenem unseligen Verlust schon so ausgiebig getan, daß jetzt alle Zorneskraft in ihm verpufft war und er wirklich nichts weiter war als ein jämmerlicher Stint, der Käpt'n hatte ganz recht!

Warum aber war der kleine Buddha für das Lebens- und Eheglück der jungen Martens-Leute so wichtig?

Das muß nun zuerst berichtet werden, sonst versteht kein Mensch, warum der sehr junge zweite Offizier – sonst ein recht fröhlicher, tatkräftiger Mann – trotz der Weisung seines Kapitäns nicht direkt mit seinen Koffern nach Haus fährt, sondern statt dessen durch den nebligen, nieslingen, naßkalten Hamburger Morgen zu Tante Paula geht. Das ist ein Seemannshaus, das er in seinen Junggesellentagen regelmäßig aufgesucht hat, ein völlig anständiges Quartier übrigens; aber eigentlich hatte er gedacht, er würde es als Ehemann nie wieder aufsuchen müssen.

Nun sitzt er also dort in der verblakten Gaststube, die andern Gäste haben ihren Kaffee vor sich, er aber einen steifen Grog. Ein wenig früh für diese Morgenstunde, aber ihm ist so, leider. Und wie kam es mit dem kleinen Buddha? Einfach und geheimnisvoll wie die meisten wichtigen Dinge unseres Lebens. Denn daß er seiner Braut und später seiner jungen Frau viel von seinen Fahrten erzählte und von den Ländern und Städten, die er gesehen und von den Menschen aller Farben und ihrem Leben und von den fremdartigen Dingen, das war einfach und selbstverständlich.

Es war auch weiter einfach und selbstverständlich, daß in der jungen Frau der Wunsch aufwachte, von diesen Dingen nicht nur zu hören, sondern sie auch zu sehen, und so gingen sie denn in die Museen und sahen sie sich an. Es war ganz herrlich, wie ihm da angesichts der aufgestapelten Herrlichkeiten die Erinnerung wieder lebendig wurde. Wenn er da so ein Baströckchen hängen sah, ein wenig verstaubt und unfrisch, so kam ihm ein Morgen in einem kleinen Südseehafen ins Gedächtnis. Ein junges, sanftäugiges, sanfthäutiges Mädchen war an ihm vorbeigegangen, ganz schnell hatte es ihn einmal angesehen, und eine Blüte hatte sie zwischen den Lippen gehabt. Ja, da wurde bei solchen Erinnerungen das Baströckchen wieder frisch, wie der Morgen und das junge Weib frisch gewesen waren, und sein junges Weib hörte diesen Erzählungen mit leuchtenden Augen zu, manchmal aber auch ein ganz klein bißchen eifersüchtig. Ja, das war alles schön und selbstverständlich gewesen, das Rätselhafte aber hatte damit begonnen, daß seine Frau sich in die Buddhas verguckt hatte. Es gab sehr viele Buddhas in diesem Museum, im Grunde sagten sie ihm gar nichts, wie sie da auf ihren Lotosblättern hockten, in Bronze oder vergoldet oder pechschwarz, manche so klein, daß man sie in die Westentasche stecken konnte, und andere riesengroß wie drei Männer. Manche hatten noch eine Scheibe hinter dem Kopf, bei den meisten aber war das Haar in eine komische Schafslöckchenperücke gelegt. Und alle lächelten sie ein wenig dümmlich, fand wenigstens er.

Sie aber fand das gar nicht. Im Gegenteil, je öfter sie in das Museum kamen, um so länger verweilten sie bei den Buddhas. Vorbei war es mit den fröhlichen Erinnerungen, sie stand stumm vor den Bildern. Manchmal aber drückte sie fest seine Hand und flüsterte: »Nein, wie schön das ist! Es ist das Schönste, was ich je gesehen habe!« Oder: »Siehst du nicht, wie herrlich er lächelt, Hein? Er muß schon ein Gott sein, um so lächeln zu können!«

Hein Martens sagte zu alldem ja und hielt auch geduldig aus. Er verstand nicht viel von Mädchen und Frauen, sie waren wohl sehr anders als Männer, das mußte man eben in Kauf nehmen. Ein bißchen ängstlich wurde er erst, als sie ihm erzählte, sie fange jetzt an, nachts von den Buddhas zu träumen, und immer wieder komme es in ihrem Traum vor, daß sie ganz schnell und heimlich einen klitzekleinen Buddha in die Handtasche steckte. Sie konnte es genau schildern, der Aufseher war im Raum, sah aber gerade fort – und sie war so geschickt!

Erst schämte sie sich schrecklich wegen dieser diebischen Träume, aber komisch, diese Scham verlor sich rasch. Bald brachte sie es fertig, ihn anzustoßen: »Jetzt würde es großartig passen! Ach, Hein …«

Ja, da bekam er es mit der Angst. Immerhin ging er auf lange Fahrt, überließ seine junge Frau für viele Monate sich selbst – das war schon ängstlich. Aber da fiel ihm zur rechten Zeit ein, daß sie ja nach Indien, nach Japan und nach China fahren, alles Länder, in denen es die Buddhas haufenweise gibt. Er schlug also seiner Frau vor, ihr einen Buddha mitzubringen. Diese Aussicht machte sie ganz glücklich! Sicher hatte sie auch schon unter ihrem Verlangen gelitten. Er mußte ihr schwören, auf Ehre und Seligkeit, daß er ihr einen schönen alten Buddha mitbringen würde, keinen nachgemachten aus Meerane oder Birmingham, sondern einen echten!

Sie sprach nun immer nur davon. Manchmal wurde sie ganz trübsinnig, er könne es vergessen oder doch nicht den richtigen bringen, das mußte ihrer Ehe Unheil bringen, schien es. Dann fuhr er fort, und ihr letztes Wort war nicht »Auf Wiedersehen!«, sondern »Vergiß nicht!« (Komisch, rätselhaft sind diese Frauen!) Und nun kamen ihre Briefe, und in jedem Brief schrieb sie von ›ihrem‹ Buddha, und dann schrieb sie ihm davon, daß sie ihm dafür auch etwas Schönes schenken würde, etwas ganz besonders Schönes, das er sich gar nicht denken könne …

Er machte sich nicht viel Gedanken deswegen. Der Käpt'n hatte ganz recht, ihn einen jungen Esel zu nennen, und von jungen Frauen hatte er wirklich nur eselhafte Kenntnisse. Doch der Buddhakauf gelang, es war nicht einmal ein Kauf, sondern er lernte in Nagasaki einen sehr netten, gebildeten Japaner, der sogar in Deutschland studiert hatte, kennen. Und wie es eben kam, in einem Gemisch aus Englisch und Deutsch erzählte er Herrn Mikimoto von dem brennenden Wunsch seiner Frau.

Herr Mikimoto lächelte ernst dazu und nickte würdig mit dem Kopf und sagte: »Das ist aber gut! Aber sehr gut ist das!« (Was Hein Martens gar nicht fand.) Und beim nächsten Wiedersehen überreichte er seinem deutschen Freunde einen daumenlangen Buddha, aus rötlichem Speckstein geschnitten. Es war wirklich ein Kleinod, wie Martens nachher Kenner sagten, und Herr Mikimoto wollte um keinen Preis Geld dafür nehmen, mit Mühe und Not brachte es Hein Martens fertig, ihm den schönen neuen Fotoapparat dafür zu ›schenken‹.

Auf der langen Heimfahrt hatte Hein Martens den Speck-stein-Buddha stets bei sich getragen, er hatte ihn hundertmal in Händen gehalten und ihn in Gedanken an die so geliebte, ersehnte Frau gestreichelt. Er hatte sich sogar mit ihm ange-freundet, er fand ihn weder langweilig noch dümmlich. Der kleine Buddha war gewissermaßen ein Stück von Elisabeth geworden – ehe sie ihn noch gesehen hatte!

Und nun lag er auf dem Grunde der Nordsee!

Drei steife Grogs, am frühen Morgen auf nüchternen Magen genossen, hatten doch ihr Gutes, so kam es wenigstens Hein Martens jetzt vor. Schließlich war es ja gar nicht so schlimm, daß der kleine Buddha des freundlichen, brillenäugigen Herrn Mikimoto abgesoffen war – es mußte auch in Hamburg genug Buddhas zu kaufen geben. Und Geld genug hatte er augenblicklich in seiner Brieftasche stecken, gutes, sorglich gehütetes Heuergeld!

Es war zwar eigentlich für ganz andere Dinge bestimmt, zum Ausbau des jungen Heims, von der Nähmaschine an bis zum Radioapparat, aber das war jetzt egal. Der Alkohol, der nie etwas anderes ist als ein Lügner, Prahler und Schwätzer, redete Hein Martens ein, daß es seiner jungen Frau gleich sein könne, ob der Buddha aus Nagasaki oder vom Johannisboll-werk stammte – wenn sie es nur nicht merkte! Er war sonst ein anständiger und ehrlicher Kerl und nicht gesonnen, seine Frau auch nur in den geringsten Dingen zu hintergehen. Aber hier, in diesem Fall, setzte plötzlich die Leitung aus, der Grog flüsterte ihm ein, er tue seiner Frau nur etwas Gutes, wenn er einen falschen Buddha unterschöbe.

Er stand also mit einem Ruck auf, vertraute Tante Paula seine Koffer an und ging auf die Buddhajagd. Es war immer noch diesig und naßkalt, im Hafen tuteten, heulten und klin-gelten sie mit allerhöchster Geschäftigkeit, wahrscheinlich, um sich am Heiligen Abend um so besser ausruhen zu kön-nen, aber das alles ging Hein Martens nichts an. Er war von Bord und auf der Jagd für das Weihnachtsfest, zwar ein mogliges, aber, wie schon gesagt, der Grog …

So ganz einfach war die Jagd aber scheinbar nicht. Hein

Martens suchte auf und ab, am Baumwall, auf den Vorsetzen, bei den Mühren, am Hopfenmarkt und im Dornbusch, er rannte mit einer löblichen Ausdauer in die unmöglichsten Geschäfte und fragte um einen Buddha, daumenlang, aus rötlichem Speckstein – denn so war er ja seiner Gattin bereits signalisiert! –, aber alles umsonst.

Die Buddhas waren in Hamburg nicht so dicht gesät wie in Ostasien, helfende Mikimotos stellte das Geschick auch nicht zum zweitenmal zur Verfügung, und was Hein Martens so zu sehen bekam, das war alles einfach Dreck aus Birmingham oder Meerane, was es ja gerade nicht sein sollte. Es erwies sich nun, daß der Umgang mit dem kleinen Buddha des Herrn Mikimoto Hein Martens Geschmack gelehrt hatte. Er sah auf den ersten Blick, wie unzulänglich diese Massenerzeugnisse waren und wie schön sein kleiner Freund gewesen. Als er noch neben Elisabeth im Museum gestanden hatte, waren alle Buddhas, ob Gold, ob Speckstein, ob schwarzes Holz, für ihn gleich gewesen, alle hatten sie in derselben dümmlichen Art gelächelt. Jetzt entdeckte er, daß sein Buddha wirklich schön gelächelt hatte, etwas Feierliches und himmlische Ruhe hatten darin gelegen.

Sein Irrweg hatte Hein Martens allmählich immer weiter aus der vertrauten Hafengegend fortgeführt, über den Großen Burstah war er so sachte auf dem Jungfernstieg angelangt. Hier herrschte heute – trotz des ungemütlichen Wetters – Großbetrieb: vor den Läden stauten sie sich, und in den Läden quetschten sie sich. In den Schaufenstern aber standen die Weihnachtsmänner mit Brille, Rute und Bart, und alle mit dem roten Mantel. Auch funkelte es in den Fenstern von Weihnachtstannen, strahlend bedeckt mit Flitterkram, und die Kinder drückten sich an den Scheiben noch immer die Nasen weiß und breit, genau wie er es als Junge getan hatte.

Das Herz wurde dem Hein Martens immer schwerer, wenn er an all die seligen Wünsche dachte, die sich heute zur Nacht erfüllen würden, und er sollte seiner Elisabeth ihren Lieblingswunsch nicht erfüllen dürfen! Als er dann ein Geschäft sah, das sich nach seinem Schild mit Ostasienkunst befaßte, trat er ohne Zögern ein, obwohl er sonst nie in dieses Geschäft gegangen wäre: es sah viel zu fein und teuer für ihn aus!

In dem Laden waren auch nur wenig Käufer, sie standen auf dicken Teppichen, und es wurde leise und vornehm mit ihnen geflüstert. Ebenso leise und vornehm wurde Hein Martens von einem bleichen, dunklen Herrn nach seinen Wünschen gefragt. Ein wenig unsicher brachte er sein Verlangen nach einem daumengroßen Buddha aus rötlichem Speckstein vor.

Der dunkle, bleiche Herr dachte einen Augenblick nach, sagte dann: »Ich will einmal nachsehen. Es ist möglich, daß wir so etwas dahaben.« Und verschwand.

Mit pochendem Herzen wartete Hein Martens – vielleicht konnte er doch noch den Wunsch seiner Frau erfüllen? Unwillkürlich faßte er nach seinem Geld, es wölbte seine linke Brusttasche erfreulich!

Dann kam der Verkäufer zurück und trug auf einem Tablett, feierlich wie eine Reliquie, einen kleinen rötlichen Buddha! Martens sah zwar sofort, daß dieser kleine Gott längst nicht den Vergleich mit seinem verlorenen aushalten konnte: er war lange nicht so fein geschnitten, hatte derbe Züge, und auch sein Lächeln war etwas derb, außerdem war er über handlang – aber was machte das alles?

Elisabeth kannte den andern nicht, und so würde ihr dieser schon gefallen!

»Den nehme ich!« sagte er rasch. »Was kostet er?«

Der Verkäufer hob den Buddha mit zwei spitzen Fingern und sah unter seinen Sockel. Dort war ein Zettel aufgeklebt, und auf dem Zettel standen einige Buchstaben. Diese Buchstabenschrift schien nicht ganz leicht zu entziffern, es dauerte eine ganze Weile, bis der bleiche Herr mit ernstem Blick »tausendsiebenhundertfünfzig Mark« sagte.

»Wie?!!!« schrie Hein Martens und tat einen Satz, als wäre ihm die Marsstange gegen den Kopf geschlagen.

»Eintausendsiebenhundertundfünfzig Mark, bitte schön«, wiederholte der dunkle Herr vollkommen deutlich.

»Aber das ist doch unmöglich!« rief Hein Martens, und Aufregung und Grog machten ihn recht unlogisch. »Ich hab' einen viel hübscheren Buddha gehabt und habe ihn in die Nordsee fallen lassen!«

Der Verkäufer sah ihn aufmerksam und ernst an.

»In der Nordsee liegt er!« wiederholte Hein Martens mit Nachdruck. »Wie kann Ihrer da so viel Geld kosten?! Das kann ich nie bezahlen!«

»Tja!« sagte der Verkäufer. Er setzte den Buddha auf das Tablett zurück und wandte sich zum Gehen. »Da hätten Sie eben besser aufpassen müssen. Wir hätten Ihnen viel Geld für einen guten Buddha aus rotem Speckstein bezahlt – so etwas ist eine Rarität.«

Eine Weile später saß Hein Martens in einem Lokal an der Reeperbahn.

Doch diesmal tat ihm der Alkohol nicht den Gefallen, sein Herz mit Hoffnungen zu erfüllen, er machte alles nur immer düsterer. Es war aussichtslos, einen Buddha zu kaufen; es war ausgeschlossen, mit leeren Händen vor seine liebe Frau zu treten, sein Leben war verpfuscht, durch seine Schuld, er hätte eben besser aufpassen müssen, das hatte der Verkäufer sehr richtig gesagt.

Er weiß nicht, wie er aus dem Lokal gekommen ist, aber hier ist er nun vor dem Portal des Museums, grade wie ein Baum, seiner Sinne völlig mächtig – so ein bißchen Grog tut ihm doch nichts!

Immerhin weiß er nicht, warum er hier hineingeht. Der Pförtner schaut auf und sagt: »Wir schließen in einer knappen halben Stunde, mein Herr!«

»Macht nichts!« ruft er fast fröhlich. »Ich will bloß was nachsehen. In einer Viertelstunde bin ich wieder draußen.«

Er geht schnurstracks auf die Ostasienabteilung, zu den Buddhas. Hier hat er mal Angst gehabt, seine Frau könnte eine Dummheit machen, und darum hat er ihr versprochen … Jedenfalls ist hier jetzt kein Mensch. Ein Aufseher (nicht der, den er von früher kennt) geht vorüber und sagt mahnend: »In einer Viertelstunde schließen wir.«

Drei Minuten später verläßt Hein Martens das Museum, einen daumenlangen Buddha aus rotem Speckstein in der Tasche.

»Das ist ja wirklich schnell gegangen«, sagte der Mann am Tor und lächelt.

Aber Hein Martens antwortet nicht. Er steht nun auf der Straße, sein Weg ist klar: so schnell wie möglich zu Tante Paula, um die Koffer zu holen, und dann ebenso schnell zu Elisabeth, mit all den Geschenken, der Seide, dem Ingwer, den Teeschälchen, dem Lacktablett und dem kleinen Buddha. Er hat alles, was für ein fröhliches Weihnachtsfest notwendig ist.

Aber in Wirklichkeit beeilt er sich gar nicht. Es dauert ziemlich lange, bis er bei Paula eintrifft. Und auch dort verlangt er nicht sofort seine Koffer, sondern läßt sich einen starken Kaffee kochen. Mit dem setzt er sich an den Holztisch, stützt den Kopf in die Hand und denkt nach.

Es ist eine ungeheure Veränderung in seinem Leben eingetreten, sein umduselter Schädel versteht es nur langsam, aber eines weiß er schon: er kann sich nicht mehr freuen. Er kann sich nicht mehr über seine Frau freuen, nicht über das Weihnachtsfest, auch nicht über das eigene Heim, die »Fröhliche Neptun« – er wird nie wieder mit dem Käpt'n wie früher reden können.

»Ich bin ein unehrlicher Mensch«, sagt er halblaut zu sich und sieht sich scheu in der Gaststube um, ob die ihm wohl was ansehen. Nein, sie sehen ihm nichts an, aber das ändert nichts, da er es von sich weiß. Wie soll ich heute mit Elisabeth Weihnachten feiern? denkt er wieder.

Schließlich nimmt er die Koffer und geht. Er geht den ganzen weiten Weg bis Hammerbrook, in jeder Hand einen Kabinenkoffer. Dabei kann er nachdenken, und damit kann er das Wiedersehen etwas hinausschieben.

Und nun steht er vor dem Haus und sieht hinauf. Dort oben, hinter dem schwacherleuchteten Fenster, sitzt sie und wartet auf ihn. Sie weiß natürlich aus der Zeitung, daß die »Fröhliche Neptun« eingelaufen ist, aber sie haben ausgemacht, daß sie sich nicht vor fremden Leuten, daß sie sich nur im eigenen Heim wiedersehen wollen.

Und nun kommt er in dieses eigene Heim, er stellt es sich genau vor, wie er die Koffer absetzt, sie umfaßt, in ihr Auge sieht … Sie küssen sich – aber in der Tasche hat er den gestohlenen Buddha. O du mein lieber Herr und Gott, was ist denn das für ein Wiedersehen! Das ist doch kein Wiedersehen für einen Mann und Gatten – das ist was für feige Lumpen! Und wenn es die ganze Welt nie erfährt, er weiß es – und sie wird es spüren, von der ersten Minute, vom ersten Blick an!

Nein, er geht nicht in das Haus. Er dreht sich um, stellt die Koffer in der nächsten Wirtschaft ab und winkt einer Taxe. Soll sie warten – soll sie lieber ein halbes Jahr, ja, ein ganzes Jahr warten müssen, aber verlogene Feste feiern – nein, er nicht!

Die Taxe hält vor dem Museum, aber da ist alles dunkel und still. Kein Mensch da! Daran hat er nicht gedacht – was soll er nun tun? Es bleibt nur ein Weg, der schwerste, sich selbst anzuzeigen. Er läßt sich zur nächsten Wache fahren.

Auf der Wache sitzen sie ziemlich gelangweilt herum, sie haben alle Zeit, ihn sich genau anzusehen. Sie sind auch nicht besonders fröhlicher Stimmung, die Herren Beamten, ein Weihnachtsabend mit den obligaten Festbetrunkenen statt mit lachenden Kindern ist nicht stimmungsfördernd.

»Was wollen Sie denn?« fragt ihn einer ziemlich unfreundlich.

Hein Martens hält den Buddha in der Tasche umklammert, eigentlich wollte er ihn jetzt vorziehen und alles beichten. Aber bei diesem unfreundlichen Ton schreckt er zurück. Im Augenblick fällt ihm etwas anderes ein: Er bittet um die Adresse von dem Leiter der Ostasienabteilung im Museum.

»Wozu wollen Sie die denn wissen?«

»Ich habe ihm was zu bringen.«

»Ist denn das so eilig? Heute ist Weihnachten!«

»Gerade darum. Er muß es noch vor dem Fest haben!«

»Sie sind doch Seemann? Was haben Sie denn für ihn?«

»Ich muß ihm was abliefern.«

»Gib ihm doch die Adresse!« schlägt ein Freundlicher vor.

»Du siehst doch, er hat einen sitzen«, antwortet der Scharfe. »Wenn wir ihm die Adresse geben, kriegen wir womöglich einen auf den Deckel. – Zeigen Sie erst mal, was Sie für ihn haben.«

Vorsichtig nimmt Hein Martens den kleinen Buddha aus

der Tasche. Nun kommt es darauf an, ob sie hier schon etwas von dem Diebstahl wissen – in einer Minute kann er verhaftet sein!

Aber sie sehen ganz gleichgültig auf den kleinen Gott.

»Ach, so 'ne Puppe!« sagt der Scharfe. »Ja, die sammeln solches Zeugs. Komisch, ich kann bei so was nichts finden. – Du, Hinnerk?«

»Die Menschen sind eben verschieden«, antwortete der Freundliche. »Also fahren Sie zu Professor Soundso Dieunddiestraße ...«

Hein Martens fährt. Schon etwas leichter klopft ihm sein Herz, er hat kehrtgemacht, er ist beim Wiedergutmachen. Er denkt auch daran, sich sein Haar zu kämmen, den Schlips zu richten – vorhin kam es nicht darauf an, wie er aussah. Jetzt ist es wieder wichtig geworden.

Aber er muß sehr hartnäckig sein, um beim Professor vorgelassen zu werden. Da brennt schon der Baum, da hört er Kindergelächter ...

»Es muß sein!« beharrt er.

Schließlich, draußen auf der Diele, empfängt ihn der Professor. »Nein, das ist aber zu schlimm!« schilt er. »Heute abend muß man wirklich seine Ruhe haben! Was wollen Sie denn? Aber sagen Sie es in einer Minute!«

Hein Martens braucht nicht einmal eine Minute. In der geöffneten Hand hält er dem alten, weißbärtigen Herrn den kleinen Buddha hin ...

»Da!« sagt er mit ganz leiser, zitternder Stimme. »Den habe ich heute zehn Minuten vor drei aus dem Museum gestohlen.« Und schweigt.

Der Professor starrt durch seine gewölbten Brillengläser den Störenfried an. Er nimmt den Buddha nicht, obwohl er ihn längst erkannt hat. Er sagt: »Mann! Sie werden doch nicht ... Sie machen sich ja unglücklich ...«

Dann tut er etwas Seltsames. Er greift in die Tasche, zieht seine Uhr heraus. »Es ist jetzt zwanzig nach sechs. Das machte zweieinhalb Stunden Verzweiflung, Einkehr, Reue. Sehr lange Stunden, wie?«

»Ja, sehr lange.«

»Kommen Sie – Sie müssen mir erzählen. – Frieda, ich kann jetzt nicht. In einer Viertelstunde, in einer halben Stunde – ganz egal!« Und er schiebt den Störenfried in ein Zimmer. »So – und nun erzählen Sie – von allem Anfang an!«

Und Hein Martens erzählte, erzählte von Braut und junger Frau, den Besuchen im Museum, den immer dringenderen Wünschen von Elisabeth und dem Ehrenwort. Er erzählte von Herrn Mikimotos Geschenk, der fröhlichen Heimfahrt auf der »Fröhlichen Neptun« – und dem endlichen Sturz des kleinen Buddha in die langsamen, trübgrauen Nordseewellen – drei Seemeilen vor der Alten Liebe.

Dann schwieg er eine Weile, und obwohl die Kinder nach ihrem Vater riefen, drängte ihn der Professor nicht. Und schließlich erzählte er mit leiserer, stockender Stimme weiter, und obwohl das alles eben erst erlebt, so grauenhafte Wirklichkeit war, schien es ihm wie ein böser Traum, als könnte er es gar nicht sein, der das alles getan hatte. Aber es war also doch in ihm, auch das …

Und schließlich verstummte er.

Der Professor sah nachdenklich auf den jungen Menschen, der da so zerknirscht vor ihm saß, und schließlich fragte er: »Wie alt sind Sie eigentlich?«

»Im Januar werde ich siebenundzwanzig.«

»Da wird es aber Zeit, daß Sie ein Mann werden, nicht wahr? Denken Sie doch, wenn der Diebstahl gleich entdeckt wäre, Ihr ganzes Leben wäre doch verpfuscht …«

»Das habe ich ja auch gefühlt – schon ohne Entdeckung.«

»Also!« sagte der Professor. »Ich denke doch, Sie haben was gelernt. – Und nun stecken Sie den Buddha wieder ein. – Nein, nur als Leihgabe, morgen nachmittag um fünf liefern Sie ihn mir hier wieder mit Bericht ab. Sie sollen doch heute abend Ihrer Frau einen Buddha schenken können – und da werden Sie merken, Sie ungewöhnlich törichter junger Mann, warum Ihre Elisabeth durchaus einen Buddha haben wollte und heute gar keinen mehr braucht! – Und nun machen Sie, daß Sie fortkommen! Fröhliche Weihnachten übrigens!«

»Fröhliche Weihnachten und vielen, vielen Dank!«

In der kleinen Wohnung steht der daumenlange Buddha auf dem Flur, auf der Spiegelkonsole, genauso wie er bei einem ersten flüchtigen Ansehen hingestellt wurde mit den Worten: »Ganz reizend – aber nun sollst du mein Geschenk sehen!«

Steht da, einsam und verlassen.

Die junge Frau aber sitzt mit ihrem heimgekehrten Mann am Bett des Kindes, und wie einstmals (und doch so anders!) flüstert sie in seine Ohren: »Siehst du nicht, wie herrlich er lächelt, Hein? Wie schön, daß Menschen so lächeln können; es ist das Schönste, was ich je gesehen habe!«

Und er sieht sie dabei lächeln, und dieses mütterliche Lächeln scheint nun ihm das Herrlichste auf der Welt, und bei diesem Lächeln findet er den Mut, sich ganz nah zu ihr zu beugen und die Geschichte seiner Irrungen zu erzählen: die Geschichte von dem kleinen ertrunkenen Buddha, der jetzt auf dem Grunde der Nordsee lächelt, sein fernes, fremdes Lächeln, weit fort von Schuld, Liebe und Torheit.

Er aber, Hein Martens, zweiter Offizier von der »Fröhlichen Neptun«, ist ein Mensch; Schuld und Liebe kennt er, und er findet es gut, kein Gott zu sein, sondern bloß ein törichter Mensch …

O. Henry

Das Geschenk der Weisen

Ein Dollar und siebenundachtzig Cent. Das war alles. Und sechzig Cent davon bestanden aus Pennystücken, Pennies, die man zu jeweils ein oder zwei Stück dem Krämer, Gemüsehändler oder Metzger abgehandelt hatte, bis man mit schamroten Wangen den unausgesprochenen Vorwurf der Knauserigkeit spürte, den solches Feilschen mit sich brachte. Dreimal zählte Della das Geld nach. Ein Dollar und siebenundachtzig Cent. Und morgen war Weihnachten.

Da blieb allerdings nichts anderes übrig, als sich auf die schäbige kleine Couch zu werfen und zu heulen. Das tat Della denn auch. Was zu der philosophischen Betrachtung anreizt, daß das Leben aus Schluchzen, Seufzen und Lächeln besteht, wobei das Seufzen überwiegt.

Während die Verzweiflung der Hausfrau allmählich in das zweite Stadium abklingt, wollen wir uns das Heim betrachten. Eine möblierte Wohnung für acht Dollar die Woche. Nicht daß sie in ihrer Armseligkeit jeder Beschreibung spottete, aber weit entfernt davon war sie sicher nicht.

An der Eingangstüre unten befanden sich ein Briefkasten, in den niemals Briefe geworfen wurden, und ein elektrischer Klingelknopf, dem kein Sterblicher je einen Laut entlocken konnte. Dazu gehörte noch eine Karte mit dem Namen »Mr. James Dillingham Young«.

Das ausgeschriebene »Dillingham« hatte während einer früheren Periode des Wohlstandes vornehm wirken sollen, als der Besitzer des Namens noch dreißig Dollar in der Woche bekam. Doch jetzt, da das Einkommen auf zwanzig Dollar zusammengeschrumpft war, schienen die Buchstaben des Namens »Dillingham« so verschwommen, als gedächten sie ernsthaft, sich zu einem bescheidenen und anspruchslosen »D« zusammenzuziehen. Jedesmal aber, wenn Mr. James Dillingham Young nach Hause kam und seine Wohnung betrat, wurde er von Frau James Dillingham Young, Ihnen schon als

Della bekannt, »Jim« gerufen und stürmisch umarmt. So weit, so gut.

Della hörte auf zu weinen und machte sich mit der Puderquaste über ihre Wangen her. Sie stand am Fenster und sah bedrückt einer grauen Katze zu, die im grauen Hinterhof einen grauen Zaun entlangschlich. Morgen war Weihnachten, und sie hatte nur einen Dollar und siebenundachtzig Cent, um Jim ein Geschenk zu kaufen. Seit Monaten hatte sie jeden Penny gespart, und das war der Erfolg. Mit zwanzig Dollar in der Woche kommt man nicht weit. Die Ausgaben waren größer gewesen, als sie gerechnet hatte. Sie sind es ja immer. Nur ein Dollar siebenundachtzig, um ein Geschenk für Jim zu kaufen. Für ihren Jim. Manch glückliche Stunde hatte sie damit verbracht, sich etwas Hübsches für ihn auszudenken. Etwas Schönes, Seltenes, Gediegenes – etwas, das beinahe der Ehre würdig gewesen wäre, Jim zum Besitzer zu haben.

Zwischen den Fenstern des Zimmers befand sich ein Pfeilerspiegel. Vielleicht haben Sie schon einmal einen Pfeilerspiegel in einer Achtdollarwohnung gesehen. Nur eine sehr schlanke und bewegliche Person kann, wenn sie ihr Spiegelbild in einer raschen Folge von Längsstreifen zu betrachten versteht, einen einigermaßen zuverlässigen Eindruck ihres Aussehens bekommen. Da Della schlank war, verstand sie sich darauf.

Plötzlich wandte sie sich vom Fenster ab und stellte sich vor den Spiegel. Ihre Augen glänzten hell, aber ihr Gesicht hatte innerhalb von zwanzig Sekunden jede Farbe verloren. Schnell löste sie ihr Haar und ließ es in seiner ganzen Länge herabfallen.

Nun gab es zwei Dinge im Besitz der Familie James Dillingham Young, auf die beide mächtig stolz waren. Eines davon war Jims goldene Uhr, die schon seinem Vater und Großvater gehört hatte. Das andere war Dellas Haar. Hätte in der Wohnung jenseits des Lichtschachtes die Königin von Saba gewohnt, Della hätte ihr Haar eines Tages zum Trocknen aus dem Fenster gehängt, nur um die Juwelen und Geschenke Ihrer Majestät in den Schatten zu stellen. Und wäre König Salomon mit all seinen im Kellergeschoß aufgestapelten Schätzen der Pförtner des Hauses gewesen, Jim hätte jedesmal im Vorbeigehen seine Uhr gezückt, nur um ihn vor Neid seinen Bart raufen zu sehen.

Da fiel also Dellas schönes Haar wie ein brauner Wasserfall glänzend und sich kräuselnd an ihr herab. Es reichte ihr bis unter die Knie und umhüllte sie fast wie ein Kleid. Mit nervöser Hast steckte sie es wieder auf. Einen Augenblick noch zögerte sie, während eine oder zwei Tränen auf den abgetretenen roten Teppich fielen.

Dann schlüpfte sie in ihre alte braune Jacke und setzte ihren alten braunen Hut auf. Mit wehendem Rock und dem immer noch glänzenden Leuchten in den Augen huschte sie zur Tür hinaus, die Treppe hinunter, auf die Straße.

Sie blieb erst vor einem Schild stehen, auf dem zu lesen war: »Mme Sofronie, Haare aller Art.« Della rannte eine Treppe hoch und sammelte sich, nach Luft ringend. Madame, massig, zu weiß gepudert, sehr kühl, sah kaum so aus, als könne sie Sofronie heißen.

»Wollen Sie mein Haar kaufen?« fragte Della.

»Ich kaufe Haar«, sagte Madame. »Nehmen Sie Ihren Hut ab und zeigen Sie, wie es aussieht.«

Herunter rieselte der braune Wasserfall.

»Zwanzig Dollar«, sagte Madame und wog die Haarflut mit geübter Hand.

»Schnell, geben Sie mir das Geld«, sagte Della. Oh, und die nächsten zwei Stunden tänzelten vorbei auf rosigen Schwingen. (Entschuldigen Sie die verhunzte Metapher!) Sie durchstöberte die Läden nach einem Geschenk für Jim.

Endlich fand sie es. Sicher war es für Jim und keinen anderen gemacht. Nichts kam ihm gleich in all den anderen Läden, die sie durchwühlt hatte. Es war eine Uhrkette aus Platin, schlicht und edel in der Ausführung; ihr Wert war nur am Material und nicht an protzigem Zierat zu erkennen – was ja bei allen echten Dingen der Fall sein sollte. Diese Kette war es sogar wert, die Uhr aller Uhren zu tragen. Sobald Della sie sah, wußte sie, daß sie Jim gehören mußte. Sie war wie er. Vornehmheit und Wert – diese Bezeichnungen trafen auf beide zu. Einundzwanzig Dollar nahm man ihr dafür ab, und mit den siebenundachtzig Cent eilte sie nach Hause. Mit dieser Kette an seiner Uhr konnte Jim in jeder Gesellschaft, so eifrig er wollte, nach der Zeit sehen. Denn so prächtig die Uhr auch war, er schaute oft nur verstohlen darauf, weil sie, statt an einer Kette, an einem alten Lederriemen hing.

Als Della zu Hause ankam, wich ihr Freudenrausch ein wenig der Besinnung und Vernunft. Sie holte ihre Brennschere hervor, zündete das Gas an und machte sich daran, die Verwüstungen wiedergutzumachen, die Freude am Schenken und Liebe angerichtet hatten. Und das, liebe Freunde, ist immer eine ungeheure Aufgabe – eine Mammutaufgabe.

Nach vierzig Minuten war ihr Kopf mit winzigen, eng anliegenden Löckchen bedeckt, die ihr ganz das Aussehen eines die Schule schwänzenden Lausbuben gaben. Sie besah sich lange, sorgfältig und kritisch im Spiegel. »Wenn Jim mich nicht umbringt«, sagte sie zu sich selbst, »bevor er mich eines zweiten Blickes würdigt, so wird er sagen, ich sehe aus wie ein Tanzgirl von Coney Island. Aber was konnte ich tun – oh, was konnte ich tun mit einem Dollar und siebenundachtzig Cent?«

Um sieben Uhr war der Kaffee fertig, und die heiße Bratpfanne stand hinten auf dem Ofen, bereit, die Koteletts aufzunehmen.

Jim kam nie zu spät. Della nahm die Uhrkette zusammengelegt in die Hand und setzte sich auf die Tischecke bei der Tür, durch die er immer hereinkam. Bald vernahm sie seinen Schritt weit unten auf den ersten Stufen, und für einen Augenblick wurde sie ganz weiß. Sie hatte die Gewohnheit, im stillen kleine Gebete für die einfachsten Alltagsdinge zu sprechen, und so flüsterte sie auch jetzt: »Lieber Gott, mach, daß er mich immer noch hübsch findet!«

Die Tür ging auf, Jim trat ein und machte sie hinter sich zu. Er sah schmal und ernst aus. Armer Kerl, erst zweiundzwanzig und schon mit einer Familie beladen! Er brauchte einen neuen Mantel und hatte keine Handschuhe.

Jim blieb an der Türe stehen, bewegungslos wie ein Setter, der eine Wachtel wittert. Seine Augen waren auf Della gerichtet und hatten einen Ausdruck, den sie nicht deuten konnte und der sie erschreckte. Es war weder Zorn noch Überraschung, weder Mißbilligung noch Entsetzen, überhaupt keines der Gefühle, auf die sie gefaßt war. Er starrte sie ganz einfach an, mit jenem sonderbaren Ausdruck auf seinem Gesicht.

Della rutschte vom Tisch herunter und ging auf ihn zu.

»Jim, Liebster«, rief sie, »schau mich nicht so an. Ich ließ mein Haar abschneiden und verkaufte es, weil ich Weihnachten einfach nicht überstanden hätte, ohne dir etwas zu schenken. Es wird wieder nachwachsen – du bist nicht böse, nicht wahr? Ich mußte es einfach tun. Und meine Haare wachsen ja unheimlich schnell. Sag ›Fröhliche Weihnachten‹, Jim, und laß uns glücklich sein. Du weißt ja gar nicht, was für ein schönes – ja, wunderschönes Geschenk ich für dich habe.«

»Dein Haar hast du dir abgeschnitten?« fragte Jim mühsam, als hätte er trotz der härtesten geistigen Anstrengung diese offensichtliche Tatsache noch nicht erfaßt.

»Abgeschnitten und verkauft«, sagte Della. »Magst du mich nicht trotzdem genauso gern? Ich bin doch auch ohne das Haar immer noch dieselbe, nicht wahr?«

Jim schaute sich forschend im Zimmer um.

»Du sagst, dein Haar ist fort?« sagte er mit fast idiotischem Ausdruck.

»Du brauchst nicht danach zu suchen«, sagte Della. »Verkauft ist es, sag' ich dir, verkauft und fort. Es ist Heiliger Abend, mein Junge. Sei lieb zu mir, ich habe es ja für dich getan. Es mag ja sein, daß die Haare auf meinem Kopf gezählt waren«, fuhr sie fort mit plötzlich ernsthafter Zärtlichkeit, »aber niemand könnte jemals meine Liebe zu dir zählen. Soll ich jetzt die Koteletts aufsetzen, Jim?«

Nun schien Jim schnell aus seinem Trancezustand zu erwachen. Er schloß Della in die Arme. Wir wollen daher zehn Sekunden lang mit diskreter Genauigkeit einen belanglosen Gegenstand in entgegengesetzter Richtung betrachten. Acht Dollar in der Woche oder eine Million im Jahr – was ist der Unterschied? Ein Mathematiker oder ein geistreicher Kopf würde uns eine falsche Antwort geben. Die drei Weisen aus dem Morgenlande brachten kostbare Geschenke, aber jenes schönste Geschenk war nicht darunter. Diese dunkle Andeutung wird sich später aufklären.

Jim zog ein Päckchen aus seiner Manteltasche und warf es auf den Tisch.

»Täusche dich nicht in mir, Dell«, sagte er. »Ich glaube, kein Haarschneiden, Scheren oder Waschen könnte mich dazu bringen, mein Mädchen weniger zu lieben. Aber wenn du dieses Päckchen aufmachst, wirst du sehen, warum ich zuerst eine Weile außer Fassung war.«

Weiße Finger zogen behende an Schnur und Papier. Ein entzückter Freudenschrei; und dann – o weh – ein schneller echt weiblicher Umschwung zu jähen Tränen und Klagen, welche den Herrn des Hauses vor die augenblickliche Notwendigkeit stellten, mit ganzer Kraft Trost zu spenden.

Denn da lagen sie, die Kämme – die ganze Garnitur von Kämmen, seitlich und hinten einzustecken, die Della so lange schon in einem Schaufenster am Broadway bewundert hatte. Herrliche Kämme, aus echtem Schildpatt, mit juwelenverzierten Rändern – genau von der Farbe, die zu dem verschwundenen Haar gepaßt hätte. Es waren teure Kämme, das wußte sie, und ihr Herz hatte sie voller Sehnsucht begehrt, ohne im entferntesten zu hoffen, sie je zu besitzen. Und jetzt gehörten sie ihr, aber die Flechten, die diese heißersehnten Schmuckstücke hätten zieren sollen, waren fort.

Doch sie drückte sie ans Herz, und endlich konnte sie aus verweinten Augen aufblicken und lächelnd sagen: »Meine Haare wachsen ja so rasch, Jim.«

Und dann sprang Della wie eine kleine, angesengte Katze in die Höhe und rief: »Oh, oh!«

Jim hatte ja sein schönes Geschenk noch gar nicht gesehen. Sie hielt es ihm eifrig auf offener Hand entgegen. Das mattglänzende, kostbare Metall schien auf einmal aufzuleuchten und ihre innige Freude widerzuspiegeln.

»Ist sie nicht ein Prachtstück, Jim? Ich habe die ganze Stadt abgejagt, bis ich sie gefunden habe. Du mußt jetzt hundertmal am Tag nach der Zeit sehen. Gib mir deine Uhr. Ich möchte sehen, wie sie sich daran ausnimmt.«

Anstatt Folge zu leisten, ließ sich Jim auf die Couch fallen, faltete die Hände hinter dem Kopf und lächelte.

»Dell«, sagte er, »wir wollen unsere Weihnachtsgeschenke

wegpacken und eine Weile aufheben. Sie sind zu schön, als daß wir sie jetzt gleich benützen könnten. Ich habe die Uhr verkauft, um das Geld für deine Kämme zu bekommen. Und jetzt, glaube ich, wäre es Zeit, die Koteletts aufs Feuer zu stellen.«

Die Heiligen Drei Könige waren, wie Sie wissen werden, weise Männer – wunderbar weise Männer –, die dem Kindl ein in der Krippe Geschenke brachten. Sie erfanden die Kunst des weihnachtlichen Schenkens. In ihrer Weisheit wählten sie sicher Geschenke, die für den Fall, schon auf dem Gabentisch vertreten zu sein, umgetauscht werden konnten. Und da habe ich Ihnen nun mit unbeholfener Feder die recht ereignislose Geschichte von zwei närrischen Kindern in einer Wohnung erzählt, die einander, gar nicht sehr weise, ihre größten Schätze geopfert haben. Aber in meinem Schlußwort an die Weisen unserer Tage möchte ich sagen, daß von allen, die schenken, diese beiden am weisesten waren. Von allen, die schenken und beschenkt werden, sind ihresgleichen am weisesten. Das gilt für immer und überall. Sie sind die Könige.

THOMAS ADCOCK

Robin Hood in New York

Schneeregen. Für mich war es nur ein weiterer affenkalter Dezembertag. Ein Tag, an dem der Gedanke, in einer warmen Badewanne zu sitzen und sich mit einer *Gillette Super-blue* die Pulsadern zu öffnen, gar nicht so übel erscheint. Für das weihnachtsbesoffene New York war es Heiligabend – das knallige *Große Finale* des Jahres. Wer Frau und Kinder, gebratene Truthähne, Schinken und haufenweise Geld für nette Geschenke besaß, die unter dem Weihnachtsbaum landeten, brannte darauf, alle anderen spüren zu lassen, wie irrsinnig glücklich er doch war.

Verkäufer, kleine Angestellte, Nutten und mich ausgenommen, arbeitet praktisch kein Mensch an Heiligabend. Ich bin Cop. Außerdem bin ich Teil einer Statistik, denn meine Frau hat sich dieses Jahr von mir scheiden lassen. Die wenigen Male, wenn ich lange genug zu Hause war, um ihr zuzuhören, sagte sie immer: »Wenn du einsam sein willst, heirate einen Cop.«

Irgendwer hat erzählt, er hätte letzte Woche meine Ex in dem Café im Erdgeschoß des netten Apartmenthauses gesehen, in dem ich gewohnt habe, bevor ich zu einer Zahl in einer Statistik wurde. In männlicher Begleitung.

Wahrscheinlich nimmt sie heute mit ihrem neuen Lover den Bus rüber nach Jersey, um die Feiertage mit ihrer Schwester zu verbringen. Wahrscheinlich schleppt sie für ihre Schwester, ihren Schwager mit seinem stinknormalen Acht-Stunden-Job und die drei rotznäsigen Kids Geschenke im Wert von ungefähr tausend Bucks mit. Genau die tausend Bucks, die sie locker von den Unterhaltszahlungen beiseite legen konnte, die ich laut Gericht jede Woche an sie zahlen muß. Nachdem sie ihren Teil gekriegt hat, bleibt mir gerade noch genug für die Miete der Ein-Zimmer-Bruchbude in der Lower East Side, wo ich jetzt wohne, meine Kneipen- und Wäschereirechnungen und sieben Tage Außer-Haus-Mahlzeiten. Fröhliche Weihnachten, Schatz.

Vielleicht war's gut, daß ich den Heiligabend-Dienst erwischt hatte. Ich wußte sowieso nicht, wohin ich gehen sollte, außer in die Kneipe im Erdgeschoß meiner neuen Behausung. Der Laden heißt *Rudy's*. Den Schuppen müßten Sie sehen. Dank schlechter Rohrleitungen schwitzen die Wände, und ich würde mich nicht wundern, wenn sich irgendwo in den schmierigen Gardinen vor den Fenstern ein Rudel Fledermäuse häuslich eingerichtet hätte. Der Barkeeper ist mit Papageien- und Schlangentätowierungen übersät, und ständig kommen diese traurigen, steinalten Matrosen aus der Nachbarschaft reingelatscht.

So sahen sie also aus, meine großartigen Alternativen an diesem Heiligabend: ein schönes Bad in der Wanne mit der *Super-blue*, ein weiteres trauriges Besäufnis bei *Rudy's* – oder eben arbeiten. Ich tat, was ich tun mußte.

Gegen Mittag stand ich auf, duschte, zog eine lange Unterhose und zwei Paar meiner wärmsten Socken an, machte mir eine Tasse Instantkaffee und dachte über mein Outfit für den Dienst in Zivil bei der *Midtown Anti-Crime Unit* nach. Die Tasse mußte ich erst mit einem nassen Papiertuch auswischen, da über Nacht irgendwas Braunes reingekrochen und gestorben war. Wie's nun mal war, zog ich nach dem Kaffee meine beigefarbene kugelsichere Weste an, streifte einen Matrosenpullover drüber und steckte die .38er *Police Special* und das Funkgerät ins Schulterhalfter. Dann noch Stiefel, Handschuhe, Strickmütze und Seemannsjacke, und schon war ich unterwegs, stapfte durch den Schneeregen zur U-Bahn.

Bei der Ein-Uhr-Dienstbesprechung im Revier hielt der Sergeant den üblichen knappen Feiertagsbericht vor der üblichen Feiertagsrumpfmannschaft. »Männer, wir sind verdammt schwach besetzt. Also muß ich euch ja nicht erst sagen, daß wir heute alles etwas lockerer angehen«, sagte er. »Wichtig ist nur eins, nämlich daß wir für den Tag des Herrn alles schön ruhig halten und dafür sorgen, daß die braven Bürger in Ruhe feiern können. Also kümmern wir uns in erster Linie um familiäre Streitereien. Danach kommt der Abschaum der Straße, der's darauf anlegt, den Leutchen das

Fest zu versauen, die noch auf die letzte Minute ihre Einkäufe machen wollen.«

Und ob wir verflucht schwach besetzt waren. Ich war der einzige, der in der Kälte auf Fußstreife in Midtown unterwegs war. Mein Partner hockte jetzt zu Hause in Queens in seinem warmen Haus mit dem flackernden Kamin und der bunten Lichterkette auf dem Dach, seinem Hund und seiner kleinen Tochter, seinem Farbfernseher mit Achtzigerbildschirm und seiner wieder schwangeren Frau. Außerdem waren die Schwiegereltern aus dem Norden des Staates zu Besuch, also genehmigte er sich wahrscheinlich gerade schon den zweiten Drink des Tages.

Ich hielt mich dicht an den Hauswänden, um mich, so gut es ging, vor dem Schneeregen zu schützen. Als ich die Ecke Broadway und West Thirty-third Street erreichte, besserte sich das Wetter ein bißchen. Es war immer noch feucht und kalt und gar nicht besonders weihnachtlich, was mir allerdings nur recht sein konnte.

Gegenüber dem fiebrigen Kaufhaus *Macy's* am Herald Square blieb ich stehen, um einen Blick auf die Wermutbrüder zu werfen, die am Fuß der Statue von Horace Greeley standen, der vor mehr als hundert Jahren ein bekannter New Yorker Zeitungsverleger gewesen war. Nur in New York konnte es ein Denkmal für einen Burschen geben, der soviel von seiner Stadt hielt, daß er heute vor allem dafür bekannt ist, seinen Lesern gesagt zu haben: »*Go west, young man, go west!*« Greeleys Schultern waren mit gefrorener Taubenscheiße besprenkelt.

Ich dachte an meine Ex und ihren neuen Lover. In der Zwischenzeit husteten die Saufbrüder. Ihr übler Atem hing in weißen Wolken vor ihren Gesichtern, während sie das rituelle Öffnen einer großen Flasche billigen *Thunderbird*-Weines abwarteten. Schließlich hatte ihr Anführer die Flasche auf und kippte ein paar Tropfen auf den Boden: eine stumme Ehrerbietung an kürzlich verstorbene oder inhaftierte Kumpel. Dann nahm er einen herzhaften Schluck und reichte die Flasche weiter.

Hinter der Statue von Greeley lagen ein paar Dutzend weiterer Typen zusammengerollt auf Bänken und Lüftungsschächten. Sie lagen so, daß ihre Barschaft geschützt war, wenn sie einschlafen sollten: das Geld auf einer Seite der Hutkrempen, eine Hand darunter als Kissen. Beraubt werden konnten sie nur, wenn jemand vorbeikam und ihnen die Hände abschnitt, was manchmal passierte.

Auf den Bürgersteigen wimmelte es vor Leuten, die noch auf den letzten Drücker einkaufen wollten. Sie hasteten schnell an den Pennern vom Herald Square vorbei, und auch wenn es die Zeit der Nächstenliebe war, stand ihnen doch Angst und Ekel deutlich ins Gesicht geschrieben. Ich finde es schon seit langem merkwürdig, daß Leute, denen es gutgeht, so große Angst vor Stadtstreichern und Obdachlosen haben, wo es doch eine Tatsache ist, daß die einzigen, die ihnen je wirklich geschadet haben, andere Leute waren, denen es ebenfalls gutgeht – in erster Linie Anwälte.

Auf der anderen Seite des Broadway erkannte ich einen Typen, den ich vor etwa einem Jahr in einer schicken Boutique an der West Fourteenth Street wegen Ladendiebstahls geschnappt hatte. Ein verängstigter sechzehnjähriger Junge, der von Glück reden konnte, daß ich ihn zuerst erwischt hatte. Die hauseigenen Schläger hätten ihm die Daumen gebrochen. Auf der Straße nannte man ihn Whiteboy, und er hatte niemanden, der sich um ihn kümmerte. In New York gibt es viele Kids wie Whiteboy. Aber wir ziehen es vor, sie zu ignorieren. Whiteboy lehnte lässig gegen ein *Florsheim*-Schaufenster, rauchte eine Zigarette und checkte die braven Bürger, die zwischen *Macy's* und *Abraham & Strauss* herumwieselten. Soweit ich wußte, besaß er durchaus Talent, war aber immer noch ein kleiner Laden- und Taschendieb.

Ich drückte mich an eine Hauswand und beobachtete Whiteboy, der wiederum das Gewimmel potentieller Opfer beobachtete. Er machte sich bereit, wartete auf die Chance, sich an jemanden ranzumachen, von dem er glaubte, bei minimalem Risiko das meiste abstauben zu können, genau wie's jeder gute Geschäftsmann macht. Lange mußte er nicht warten.

Sie war eine nerzbehängte fette Lady am Rand einer kleinen Menschentraube, die sich in den Eingang von *A & S* schob. Sie trug eine schwarze Lacklederhandtasche, die an einem straßbesetzten Riemen baumelte. Whiteboy konnte das Ding so schnell und behutsam aus ihren Wurstfingern pflücken, daß sie schon im zweiten Stock bei den Haushaltswaren war, bevor sie überhaupt mitkriegte, daß irgendwas fehlte.

Whiteboy schnippte die Zigarette fort, leckte sich einmal über den Mund und folgte ihr, wie eine hungrige Katze hinter einer gut genährten und unachtsamen Ratte herschleicht. Ich wartete eine Sekunde und folgte Whiteboy.

Natürlich griff er sich dann seine Beute. Whiteboy schien alt zu werden. Die fette Lady drehte sich blitzschnell um, zeigte mit dem Finger auf ihn und brüllte: »Dieb … Dieb!« Dann trat sie mir in den Weg, und ich donnerte gegen sie, also kreischte sie auch mich an. »Verdammt, können Sie nicht aufpassen, wo Sie hintrampeln?« Whiteboy wirbelte herum und sah mich, sah mir direkt in die Augen, erkannte mich sofort. Dann gab er auch schon Gas und war weg.

Er flitzte durch ein Dickicht gelber Taxen und mit Geschenken vollgepackter Vans und Kombis mit Nummernschildern aus den Vororten, rannte im Zickzack Richtung Greeley-Statue. Mir blieb nichts anderes übrig, als ihm nachzulaufen. Bei diesem dichten Verkehr auf der Straße und den Bürgersteigen zu schießen brachte mir genauso sicher ein Disziplinarverfahren, als hätte ich selbst die Handtasche der fetten Lady geklemmt.

Und dann passierte was ganz Seltsames.

Genau in dem Moment, als ich Whiteboy auf die Pelle rückte, standen sämtliche Wermutbrüder, die auf dem Herald Square herumlungerten, von ihren Bänken und Lüftungsgittern auf. Ich schwöre, sie blockten mich so sauber wie eine *Defense-Line* der *Jets*. Acht oder zehn große, schwere, angeschlagene Burschen stürzten sich auf mich, und als Resultat verlor ich Whiteboy aus den Augen.

Ich hätte nicht enttäuschter sein können. Die zweite Festnahme hätte einem Burschen wie Whiteboy locker zwei Jahre Zuchthaus eingebracht, Minimum. Ganz zu schweigen da-

von, daß ich mir dabei eine saubere Belobigung für die Perso-
nalakte verschafft hätte. Aber in meinem Job kann man sich
nicht lange damit aufhalten, einer Sache nachzutrauern, die
nicht gelaufen ist. Also beherzigte ich den Rat des Sergeants
aus der Dienstbesprechung und ließ es locker angehen.

Da ich keine Lust hatte, noch einmal den Zorn der fetten
Lady über mich ergehen zu lassen, machte ich mich in die ihr
entgegengesetzte Richtung auf den Weg, ging die Thirty-second Street runter zur Fifth Avenue. Ungefähr auf halber Höhe des Blocks begegnete ich einer jungen Frau in einem zerlumpten Mantel, mit vier prall gefüllten Einkaufstüten und
zwei zitternden kleinen Kindern. Sie stellte die Tüten gerade
auf den nassen Bürgersteig und rieb sich die nackten Hände,
als ich näherkam. Ein Mädchen und ein Junge, das ältere der
Kinder vielleicht sieben Jahre, klammerten sich an sie. »Mama, wie weit ist's denn noch?« wollte das Mädchen wissen.

Ich hörte keine Antwort. Also ging ich zu ihr und fragte die
Frau: »Wo wollen Sie denn hin, Lady?« Sie schaute fort,
schämte sich offensichtlich der Tränen in ihren Augen. Sie
war klein und zierlich, hatte eine hellbraune Haut und
schwarzes Haar, das glatt nach hinten aus dem Gesicht ge-
kämmt war und mit einem Gummiband zurückgehalten wurde. Ein eisiger Windstoß zerschnitt die Luft, und alle, ich ein-
geschlossen, zitterten.

»Können Sie mir vielleicht helfen, Mister?« sagte sie
schließlich. »Ich will nur zum Hotel oben an der nächsten
Ecke. Ach, meine Beine sind so schrecklich müde. Und diese
Tüten, sie sind so schwer. Die Griffe schneiden mir in die
Hände. Ich muß mich auch noch um meine Kleinen küm-
mern, wissen Sie.«

Sie meinte das *Martinique Hotel*. Das Gebäude ist eine große dunkle Ruine, das seine beste Zeit erlebt hatte, damals als
der Herald Square noch halbglamourös war. Heute blättert
die Farbe ab, es ist düster und unfreundlich und voller Menschen, die irgendwann während ihres Lebens vom Weg abge-
kommen sind. Die meisten von ihnen alleinstehende Frauen
mit Kindern. Wenn sie die Miete nicht mehr zahlen können,
werden sie vom Sozialamt »vorübergehend« im *Martinique*

untergebracht. Es ist ein ausgesprochen dummer Deal, selbst gemessen an den hohen New Yorker Maßstäben für Unsinnigkeiten. Der Tagessatz des Hotels für ein Zimmer mit Kochplatte läuft auf eine monatliche Rechnung hinaus, die vier bis fünfmal höher ist als die Miete der Wohnung, die die Familie gerade erst verloren hat.

»Wie heißen Sie?« fragte ich.

Sie zögerte nicht, obwohl eine gewisse Schüchternheit in ihrer Stimme lag. »Frances.«

»Okay, Miss Frances«, sagte ich und nahm ihre Tüten, zwei in jede Hand. Ich sah, daß sie neben einem Plastikradio, ein paar Märchenbüchern und einigen Konserven zum größten Teil Kinderkleidung enthielten. »Beeilt euch und kommt«, sagte ich zu Frances und den Kindern. »Das Wetter wird nicht lange so bleiben. Ich glaube, heute abend kriegen wir noch mal Schnee.«

Die drei folgten mir, und ich vermute, wir sahen schon ziemlich ungewöhnlich aus, vielleicht wie eine Reihe schäbiger Enten, die irgendwohin watschelten. Ich betrat vor ihnen das Hotel und stellte die Einkaufstüten vor der Rezeption ab. Frances' Kinder rannten sofort zu einer Gruppe anderer Kids, die zwei alten und zahnlosen Knaben zuschauten, wie sie sich mit einer dürren Tanne am Eingang abkämpften, dort war früher mal ein erstklassiges Restaurant gewesen. Heute diente es als Speiseraum für die auf städtische Kosten einquartierten Gäste. Der Raum war staubig und enthielt exakt zwei Tische, neun Klappstühle und ein halbes Dutzend mit Graffiti vollgeschmierter Automaten.

Frances hielt mich am Arm zurück, als ich gehen wollte.

»Es ist nicht viel, Mister, das weiß ich natürlich. Aber vielleicht können Sie's trotzdem brauchen.« Sie ließ mich los, streckte dann eine Hand aus, als wollte sie die meine schütteln. Ich streifte meinen Handschuh ab und nahm ihre kleinen kalten Finger in die Hand. Sie gab mir zwei Dimes. »Danke«, sagte sie. »Und fröhliche Weihnachten, Mister.«

Für mich sah sie tapfer und würdevoll aus. Manche anderen Leute, die wußten, woher ihr nächster Dollar kam, würden vielleicht den Fehler machen zu glauben, daß Frances verrückt sein mußte, oder doch zumindest etwas wirr im Kopf, wie sie da in diesem zerlumpten Mantel stand und ihre letzten paar Dimes verschenkte.

Ich versuchte, das Trinkgeld abzulehnen. Aber davon wollte sie nichts wissen. Es war immerhin Heiligabend, die Zeit des Jahres, in der Leute wie Frances ganz besonders tapfer sein mußten. Daher verstand ich, daß die Würde, großzügig sein zu können, ihr die Stärke gab, die sie jetzt brauchte.

»Danke, Frances«, sagte ich.

Ihre Augen verschleierten sich wieder. Ich kehrte auf die Straße zurück, wo es inzwischen zu schneien begonnen hatte.

Die wenigen Stunden, die mir noch bis zum Einbruch der Dunkelheit blieben, waren nicht besonders produktiv. Was nicht heißen soll, daß es für mich nicht genug zu tun gegeben hätte. Leute, die glauben, früher oder später würden alle Ganoven schon geschnappt, glauben auch an die gute Fee; Polizeiakten auf der ganzen Welt quellen über mit unerledigten Fällen. Das liegt ganz einfach daran, daß Cops in einer Welt, die weder besonders effizient noch perfekt ist, auch nicht anders sind als alle anderen. An manchen Tagen sind wir faul oder korrupt oder haben einen Kater. Oder sind, wie in meinem Fall an Heiligabend, mit dem Gedanken beschäftigt, daß Einsamkeit letztendlich genau all das ist, was es angeblich sein soll.

Nachdem ich Frances und die Kids im *Martinique* verlassen hatte, folgte ich einem Typen mit einem großen Leinenwäschesack, der die ideale Ausrüstung ist, wenn man Wertsachen aus einer Wohnung stiehlt, wo zufälligerweise gerade niemand zu Hause ist. Ich war praktisch schon am Hudson River, als mir klarwurde, daß der Kerl mich schon vor langer Zeit bemerkt haben mußte und sich jetzt einen Mordsspaß daraus machte, mich an einem feuchten, kalten und verschneiten Tag durch die Gegend rennen zu lassen. So großspurig und eingebildet können diese Typen manchmal sein.

Außerdem verplemperte ich ein paar Stunden damit, einen Burschen in einem sehr *uptown* wirkenden, sehr teuren Kaschmirmantel und elegantem Seidenschal zu beschatten.

Er hatte ein echtes kalifornisches Prachtgebiß und absolut perfektes blondes Haar. Die meisten Leute in New York hätten ihn für einen netten, einfältigen Fernsehmoderator oder vielleicht einen Dressman aus der *GO* gehalten. Ich hatte ihn als einen kleinen, auf Busse spezialisierten Handtaschendieb identifiziert, als Vertreter einer unbedeutenderen kriminellen Kunst, die an einem einzigen Nachmittag von jedem erlernt werden kann, der nicht gerade geistesschwach oder verkrüppelt ist. Man muß nur unschuldig und harmlos genug aussehen und sich bei Leuten herumdrücken, die warten, aus einem Bus aussteigen zu können. Dann schiebt man seine Finger in ihre Taschen und greift sich die Brieftaschen und Geldbörsen.

Diesen Typen durchschaute ich ziemlich schnell, als mir auffiel, daß er einen halbleeren Madison-Avenue-Bus fahren ließ und auf den nächsten wartete, der vollgestopft war mit schwatzenden Lenox-Hill-Matrosen, die in tausend Jahren nicht auf die Idee kommen würden, daß so ein netter und gutgekleideter junger Mann ein Taschendieb sein könnte.

Ich folgte dem Burschen, rauf bis zur Fifty-ninth Street, dann zu Fuß rüber zur Fifth Avenue und wieder runter in die unteren Forties. Als ich ihn mir schließlich schnappte, ihm meine Blechmarke zeigte und ihn sich am Fuß eines der Betonlöwen vor der New York Public Library aufstellen ließ, um ihn nach Waffen abzuklopfen, fand ich nur Bargeld. Dieser Taschendieb war erheblich cleverer, als er aussah. Irgendwann hatte er im Gedränge die Brieftaschen weggeschmissen und nur die Scheine eingesteckt, und ich hatte es nicht mitbekommen. In diesem Augenblick kam ich mir ziemlich blöd vor, und die Zuschauer, die jubelten, als ich ihn wieder laufen lassen mußte, bauten mich auch nicht gerade auf.

Also verzog ich mich zum Abendessen in den *Burger King* an der Ecke Fifth und Thirty-eigth Street. Es gibt nicht viele Orte, die für ein Festtagsmenü deprimierender sein könnten. Die Beleuchtung war so unangenehm grell, daß ich mir wie im Inneren eines Eiswürfels vorkam. Ein Plastikweihnachtsbaum mit Plastikbaumschmuck war an eine Wand gekettet, damit ihn niemand stehlen konnte, darunter lagen Geschenke-Dummys. Die Geschenke waren mit Vinylschnur zusammengebunden und ebenfalls angekettet. Wie es sich ergab, war ich der einzige Gast, also mußte natürlich ein pickeliger Teenager mit einem Besen in der Hand beschließen, daß ich meine Füße hob, während er unter meinem Tisch fegte.

Vermutlich mußte ich noch so was wie eine Festnahme durchführen, um mein Soll für den Tag zu erfüllen, auch wenn's nur eine Mickey-Mouse-Nummer, irgendein kleiner Fisch war. Also schlenderte ich nach meinem Festschmaus (Whopper, Fritten, Sprite und ein fritiertes Ding mit einer undefinierbaren heißen und klebrigen Füllung) runter zur Thirty-third Street und buchtete eine Nutte in weißer Fuchsimitat-Stola, Netzstrümpfen und rotem Lederrock ein. Sie war ganz allein auf dem Strich, eine Freischaffende, und sah aus, als könne sie eine warme Mahlzeit und eine schöne, trockene Zelle brauchen. Also lochte ich sie offiziell ein. Nach dem Papierkram war meine Schicht bis auf die letzten zwanzig Minuten vorbei.

Als ich das Revier verließ, war der Schnee naß und schwer geworden, und Manhattan war in einem stillen weißen Dunst versunken. Jeder schien von den Straßen verschwunden zu sein, und bis auf das schwach rot und grün schimmernde Leuchtfeuer auf dem Empire State Building waren die Lichter der Stadt erloschen. New York hatte sich an diesem Heiligabend zu einem langen Winterschlaf verzogen. Alles schien in Ordnung.

Doch eine Sache stimmte nicht an diesem beinahe idyllischen Bild.

Ich entdeckte Whiteboy wieder. Da war er auf dem Broadway, stapfte die dunkle, leere Straße mit einem riesigen Sack auf dem Rücken hinunter, als wäre er der Weihnachtsmann persönlich.

Ich folgte ihm langsam zurück zu der Stelle, wo ich ihn an diesem Nachmittag in der Nähe der Greeley-Statue verloren hatte. Ich konnte ihn deutlich sehen, als er seinen Sack auf einer Bank abstellte und mit derselben Truppe grauer unförmiger Wermutbrüder redete, die meine Verfolgungsjagd zuvor beendet hatte. Genau wie vorher ließen sie eine Flasche kreisen. Nur daß Whiteboy sie ihnen diesmal gab, und es war guter Stoff in einer Flasche mit richtigem Korken. Nachdem jeder einen kräftigen Schluck genommen hatte, redeten sie ein paar Minuten aufeinander ein, als hätten sie noch etwas Wichtiges vor.

Ich zog mich in der Dunkelheit unter einem Baugerüst zurück. Schnee fiel zwischen die Ritzen der Bretter über mir und häufte sich auf meinen Schultern, während ich dort stand und versuchte dahinterzukommen, was sich da vor meinen Augen abspielte. Lange brauchte ich nicht.

Als sie sich von der Statue rüber in Richtung Thirty-second Street auf den Weg machten, Whiteboy und zehn oder zwölf Penner, jeder mit einem Sack über der Schulter, geriet ich in einen Gewissenskonflikt, der allerdings nicht lange anhielt. Ich hätte über Funk Verstärkung rufen können, ließ es aber bleiben. Statt dessen folgte ich Whiteboy und seinen merkwürdigen Elfen.

Ich war nicht weiter überrascht, den blonden Handtaschendieb mit dem Kaschmirmantel zu sehen, als wir ankamen, wohin wir alle so zielstrebig gingen. Zum *Martinique*.

Inzwischen war die spindeldürre Tanne, die mir an diesem Nachmittag fast leid getan hatte, mit Lichtern und Lametta geschmückt und trug einen Stern an der Spitze. Die gleichen alten Käuze, die ich schon gesehen hatte, als ich Frances und ihren Kindern half, standen jetzt da und spielten mit ungefähr hundert weiteren mageren Kindern.

Whiteboy und seine Helfer gingen zum Baum und ließen die Säcke fallen. Sofort drängten sich die Kinder um sie. Allerdings waren sie dabei sehr still. Das hier waren Kinder, die nicht besonders viel Erfahrung mit Norman Rockwells Vorstellung von Weihnachten hatten, daher war ihnen auch nicht klar, daß man zu Weihnachten voll auf die Pauke hauen durfte.

Frances sah mich in der schwach beleuchteten Tür stehen. Ich muß schon ein toller Anblick gewesen sein, schneebedeckt und müde, nachdem ich fast acht Stunden auf Streife gewesen war.

»He, Mister!« rief sie mir vergnügt zu.

Whiteboy drehte sich um, sah mich … und ihm fiel die Kinnlade runter. Er flüsterte dem hübschen Burschen im Kaschmirmantel etwas zu, dann traten die zwei von den Kids und ihren vom Pech verfolgten Müttern zurück. Sie kamen zu mir. Die Kinder starrten mich aus großen, traurigen Augen an, gerade so, als hätten sie schon die ganze Zeit damit gerechnet, daß irgendwer ihre Party kaputtmachen würde. Inzwischen war Frances klar, daß sie einen schrecklichen Fehler begangen hatte.

»Hören Sie, wir haben hier eine kleine Weihnachtsparty«, sagte Whiteboy zu mir. Er war cool, viel härter und cleverer als damals bei der letzten Verhaftung. So wie er redete, hätte man genaugenommen sogar meinen können, wir hätten erst neulich nett miteinander geplauscht. »Irgendwas nicht in Ordnung, Officer?«

»Wer ist dein Partner?« fragte ich und warf dem hübschen Knaben einen Blick zu.

»Nennen Sie ihn einfach Slick.«

»Woher hast du und Slick den ganzen Kram in den Säcken da?«

»Alles gekauft und bezahlt.«

»Wenn du einen auf gerissen machst, kannst du einem unheimlich auf den Sack gehen, Whiteboy. Du weißt, daß ich die Sache nicht einfach ignorieren kann.«

Dann meldete sich Slick zu Wort. »Was haben Sie überhaupt gegen uns in der Hand? Ich hab' für heute die Schnauze voll von Polizeischikanen. Ich war heute nachmittag ausgesprochen kooperativ, aber ich denke ja gar nicht daran, bei diesem Spielchen noch mal mitzumachen.«

Ich beachtete ihn gar nicht weiter und sprach mit Whiteboy. »Sag deinem Freund, daß wir auf beiden Seiten des Spieles sehr viel von Diskretion und guten Manieren halten.«

Slick lächelte und lenkte meine Aufmerksamkeit auf sich. »Sagen wir doch einfach, daß Ihr Freund Whiteboy hier und ich auf die eine oder andere Art an einen Haufen Geld gekommen sind, über die wir im Augenblick nichts weiter sagen wollen, da es unseren in der Verfassung verbrieften Schutz vor Selbstbelastung verletzen würde. Sagen wir weiterhin, daß wir für alles Quittungen haben, was hier in den Säcken ist. Wo stehen wir dann, Officer?«

»Mit einem Bein in der Luft. Was auf die Dauer ziemlich unbequem sein kann.«

Jetzt lächelte Whiteboy. Er steckte sich eine Zigarette an, eine *Dunhill*. Dann zog er eine Manschette zurück und warf einen Blick auf die Armbanduhr, eine Uhr von der Sorte, die ihn entweder eine Menge Nerven oder eine Stange Geld gekostet haben mußte. Whiteboy arbeitete sich die Karriereleiter hoch.

»Sie haben doch jetzt Feierabend, oder?« fragte er mich. »Und Ihr Überstunden-Limit haben Sie für dieses Jahr doch auch schon erreicht, richtig?«

»Komm mir mit was anderem als nur deiner kessen Lippe. Ich kann dich achtundvierzig Stunden auf Riker's Island schmoren lassen, wenn ich dich jetzt wegen Verdachts auf Diebstahl einloche. Du solltest mir besser glauben, daß weder heute abend noch morgen ein Richter mit normalem Dienst oder Überstunden oder sonst was aufzutreiben ist, der deinen Antrag auf Freilassung auf Kaution bearbeiten könnte.«

»Okay, Officer, Sie haben gewonnen.« Whiteboy drehte sich um und sah die hohläugigen Kids an, die mucksmäuschenstill hinter ihm standen. Ich sah sie auch an. Frances' Junge und Mädchen lächelten mich tapfer an. Whiteboy drehte sich wieder um und sagte: »Sie wollen also wissen, woher das Geld kommt, richtig?«

»Wär' nett.«

»Stellen Sie sich das Geld als eine Art Sondersteuer vor. Ich finde, in dieser Jahreszeit sollten die Leute, die ein bißchen erübrigen können, mit einer Steuer belegt werden, und das Geld sollten Leute bekommen, die nichts haben. Vielleicht ist also genau das passiert, verstehen Sie? Nur eine kleine zusätzliche Besteuerung.«

»Derselbe Schwindel wie bei Robin Hood?«

»Ja, und hat man über den alten Robin Hood nicht sogar ein Buch geschrieben? Der einzige Unterschied ist, daß ich und Slick gar nicht dran denken, irgendwo draußen vor der Stadt im Wald zu leben.«

Ich hatte nichts gegen die zwei in der Hand, und das wußten sie. Wahrscheinlich wußten sie auch, daß ich gar nichts gegen sie in der Hand haben wollte. Was vermutlich der Grund war, wieso Whiteboy jetzt lächelte und meinte: »Meine Güte, Officer, haben Sie ein Herz. Es ist beschissene Weihnachten!«

Was sollte ich sagen? »Schon okay« war alles, was ich rausbrachte. Und dann gingen Whiteboy und Slick und ich zu den Säcken rüber und fingen an, Geschenke herauszunehmen, und verteilten sie an die Kids, ihre Mütter und auch an die alten Knaben.

Alles nur vom Feinsten. Slicks Geschmack war absolut Spitzenklasse. Und tatsächlich gab's auch für alles Quittungen, genau wie er gesagt hatte. Slick und Whiteboy waren vorsichtig gewesen. Sie hatten dafür gesorgt, daß wenigstens dieses eine Mal kein Mensch diesen Leuten etwas wegnehmen konnte.

Ich fand ein paar schwarze Damenlederhandschuhe von *Lord & Taylor* mit grauem Futter aus Kaninchenfell. Ich legte sie zur Seite, bis alle Kinder etwas bekommen hatten. Dann gab ich Frances die Handschuhe, unmittelbar bevor ich endgültig nach Hause ging.

Sie gab mir einen Kuß auf die Wange und wünschte mir noch mal frohe Weihnachten.

Eines Kindes Weihnacht in Wales

Ein Weihnachten war so sehr wie das andere in jenen Jahren, die nun um die Meerecke der Stadt entschwunden und außer aller Hörweite sind, bis auf das ferne Gespräch ihrer Stimmen, die ich manchmal einen Augenblick lang vor dem Einschlafen hören kann, daß ich jetzt nie mehr sagen kann, ob es sechs Tage und sechs Nächte lang geschneit hat, als ich zwölf war, oder ob es zwölf Tage und zwölf Nächte lang geschneit hat, als ich sechs war. Oder damals, als das Eis brach und der Schlittschuh laufende Schnittwarenhändler verschwand wie ein Schneemann durch eine weiße Falltür, ob das derselbe Weihnachtstag war, an dem die Rosinenkuchen Onkel Arnold halb krank machten und wir den seeseitigen Hügel hinunterrodelten, den ganzen Nachmittag lang, auf dem besten Teetablett; und Mrs. Griffith beschwerte sich, und wir warfen einen Schneeball nach ihrer Nichte, und als ich die Hände vors Feuer hielt, da brannten sie vor Kälte und Hitze so sehr, daß ich zwanzig Minuten lang weinte; und dann aß ich Wackelpudding.

Alle Weihnachten rollen den Hügel hinunter zum walisisch sprechenden Meer, wie ein Schneeball, der immer weißer und größer und runder wird, wie ein kalter und kopfüber kollernder Mond, der den Himmel hinunterbollert, der unsere Straße war; und alle Weihnachten machen halt am Ufer der eisgeränderten, fischefrierenden Wellen, und ich fahre mit den Händen tief in den Schnee und hole alles heraus, was ich finden kann: Tannenzweige und Weihnachtssingvögel, oder Pudding, Gezänk und Choräle, und Orangen und blecherne Pfeifchen, und das Kaminfeuer in der guten Stube, und Bums die Knallbonbons, und Heilig, heilig, heilig läuten die Glocken, und die Glasglocken beben am Baum, und Mutter Graugans aus der Weihnachtspantomime, und der Struwwelpeter – ach, die Paulinchen-verbrennenden Flammen und der klappernde Scherenmann. Und Billy Bunter aus dem bunten

Groschenheft und Black Beauty, und Goldelse und die kleine Frau; und Jungen, die drei Portionen essen, und Alice im Wunderland und Mrs. Potters Dachse, und Federmesser und Teddybären – benannt nach einem Mr. Theodor Bär, ihrem Erfinder oder Vater, der vor kurzem in den Vereinigten Staaten starb –, Mundharmonikas, Bleisoldaten und Milchpudding und Tante Bessy, die auf dem ungestimmten Piano in der guten Stube »Ein Männlein steht im Walde« und »Orangen und Lemonen« spielt, den ganzen Pfänder und Blindekuh spielenden Abend lang, am Ende des unvergeßlichen Tages, am Ende des nicht mehr erinnerten Jahres.

Tief taucht meine Erinnerung in jenen watteweißen, glockenklingenden Ball von Festtagen, der am Rande des chorälesingenden Meeres ruht, und heraus kommen Mrs. Prothero und die Feuerwehrmänner.

Es war am Nachmittag des Weihnachtsabends, und ich war in Mrs. Protheros Garten und wartete mit ihrem Sohn Jim auf Katzen. Es schneite. Zu Weihnachten schneit es immer. Der Dezember ist in meinen Erinnerungen weiß wie Lappland, nur Rentiere waren keine da. Aber dafür waren Katzen da. Geduldig, mit eiskalten Fingern und eiskaltem Herzen, unsere Hände in Socken gehüllt, warteten wir, um Schneebälle nach den Katzen zu werfen. Geschmeidig und lang wie Jaguare und mit furchtbaren Schnurrbärten, spuckend und fauchend würden sie über die weißen Mauern am unteren Ende der Gärten huschen und jagen, und die luchsäugigen Jäger, Jim und ich, Trapper von der Hudson Bay gleich hinter der Gasthausstraße, in Pelzmützen und Mokassins, würden unsere tödlichen Schneebälle gerade ins Grüne ihrer Augen schleudern. Die klugen Katzen ließen sich niemals blicken. Wir waren so still – eskimofüßig arktische Scharfschützen im alles erstickenden Schweigen des ewigen Schnees, der schon seit Mittwoch lag –, daß wir Mrs. Protheros ersten Schrei aus ihrem Schneehaus am unteren Ende des Gartens nicht einmal hörten. Oder wenn wir ihn hörten, so war er für uns nur wie der weitentfernte Kriegsruf unseres Feindes und unserer Beute, des Nachbars Polarkatze. Aber bald wurde die Stimme lauter. »Feuer!« schrie Mrs. Prothero, und sie schlug den

Gong, der sonst zum Essen rief. Und wir liefen den Garten hinunter, den Arm voller Schneebälle, auf das Haus zu, und, heißa!, da kam wirklich Rauch aus dem Speisezimmer, und der Gong bummerte, und Mrs. Prothero rief die Katastrophe aus, wie ein Stadtschreier in Pompeji. Das war besser als alle Katzen in ganz Wales, auch wenn sie in einer Reihe auf der Mauer gestanden hätten. Wir stürzten ins Haus, beladen mit Schneebällen, und machten an der offenen Tür des raucher-füllten Zimmers halt. Ja, etwas brannte ganz tüchtig. Viel-leicht war es Mr. Prothero, der nach dem Mittagessen immer in diesem Zimmer schlief, mit einer Zeitung auf dem Gesicht. Aber nein, der stand mitten im Zimmer und sagte: »Feine Weihnachten, das!« und schlug mit einem Hausschuh auf den Rauch los.

»Ruft die Feuerwehr!« schrie Mrs. Prothero und schlug weiter den Gong.

»Die werden nicht da sein«, sagte Mr. Prothero, »es ist doch Weihnachten.«

Es war kein Feuer zu sehen, nur dichte Rauchwolken, und mittendrin Mr. Prothero, der mit seinem Hausschuh dem Rauch winkte, als dirigiere er ein Konzert.

»Tut doch was!« sagte er.

Und wir warfen alle unsere Schneebälle in den Rauch – ich glaube aber, wir verfehlten Mr. Prothero – und liefen hinaus aus dem Haus zur Telephonzelle.

»Rufen wir doch auch die Polizei an«, sagte Jim.

»Und die Erste Hilfe.«

»Und Ernie Jenkins, der mag Feuer so gern.«

Aber wir riefen nur die Feuerwehr an, und bald kam auch das Feuerwehrauto, und drei große Männer mit Helmen brachten einen Schlauch ins Haus, und Mr. Prothero ging ge-rade noch rechtzeitig aus dem Wege, ehe sie den Wasserstrahl andrehten. Kein Mensch hätte einen Weihnachtsabend mit mehr Krach haben können, und als die Feuerwehrmänner den Wasserstrahl wieder abstellten und im nassen, rauchigen Zimmer herumstanden, da kam Jims Tante, Miss Prothero, die Treppe herunter, steckte den Kopf herein und sah sie an. Jim und ich warteten, ganz still, um zu hören, was sie zu ihnen sagen würde. Denn sie wußte immer das richtige Wort. Sie sah die drei großen Feuerwehrmänner mit ihren glitzernden Helmen an, wie sie dastanden, umgeben von Rauch und verbranntem Holz und halbgeschmolzenen Schneebällen, und dann sagte sie: »Möchten Sie vielleicht etwas zu lesen haben?«

Und nun kommt aus diesem gleißendweißen Schneeball der verflossenen Weihnachten der Strumpf hervor, der Strumpf aller Strümpfe, der am Fußende des Bettes hing, so daß der Arm einer wuschellockigen Negerpuppe oben hervorbaumelte und unten in den Zehen kleine Glocken läuteten. Da war auch eine ganze Kompanie Soldaten drin, tapfer und scharlachrot, nur daß sie niemals gut schmeckte, obwohl ich sie immer zu kosten versuchte, als ich noch ganz klein war: Bleisoldaten mit Gurt und Bärenfellmützen und Musketen, Schulter an Schulter, die nur allzubald ihre Köpfe und Beine verlieren sollten, in den Kriegen auf dem Küchentisch, wenn das Teegeschirr, die Kekse und die Rosinenkuchen weggeräumt waren, die ich immer backen half, indem ich die Rosinen entkernte und aufaß. Und da war ein Säckchen mit feuchten, vielfarbigen Geleebonbons, die wie kleine Kinder aussahen, und eine eingerollte Flagge, und eine falsche Nase, und eine Straßenbahnschaffnermütze, und eine Maschine, die Fahrscheine lochte und dabei klingelte ... Aber niemals eine richtige Schleuder; einmal, durch einen Irrtum, den niemand erklären konnte, eine kleine Axt und ein Gummibüffel, oder vielleicht war es auch ein Pferd, mit gelbem Kopf und aufs Geratewohl herumschlenkernden Beinen; und eine Zelluloidente, die, wenn man sie drückte, einen ganz unentenhaften Ton von sich gab, ein miauendes Muhen, wie es vielleicht eine ehrgeizige Katze fertiggekriegt hätte, die als Kuh gelten will; und ein Malbuch, in dem ich das Gras, die Bäume, das Meer und die Tiere in jeder Farbe malen konnte, die mir recht war; und bis zum heutigen Tag grasen die blendend himmelblauen Schafe auf der roten Weide unter einer Schar von regenbogenschnäbeligen und erbsengrünen Vögeln.

Der Weihnachtsmorgen war immer vorüber, noch ehe man Zeit hatte, hallo, Schneemann zu sagen. Und siehe da, auf einmal brannte der Pudding. Soll man nicht wieder den Gong schlagen und die Feuerwehr anrufen, und die bücherliebenden Feuerwehrmänner? Jemand fand im Kuchen das eingebackene silberne Dreipennystück mit einer Korinthe dran; und dieser jemand war immer Onkel Arnold. Das Sprüchlein, das aus meinem Knallbonbon fiel, lautete:

Lasset uns jubeln, denn Weihnacht ist da,
Lasst uns spielen und singen und rufen hurra!

Und die Erwachsenen blickten dann immer zur Zimmerdecke hinauf, und Tante Bessy, die schon zweimal von einer automatischen Maus mit einem Uhrwerk erschreckt worden war, wimmerte am Büfett und trank ein wenig Holunderwein.

Und jemand stellte eine Glasschüssel voll Nüsse auf den überhäuften Tisch, und mein Onkel sagte ganz genau wie jedes Jahr: »Ich habe da eine Schuhnuß erwischt, hol mir einen Schuhlöffel, Junge, daß ich sie öffnen kann!«

Und dann war das Essen vorüber.

Und ich erinnerte mich, am Nachmittag des Weihnachtstages, wenn die anderen ums Feuer saßen und einander erzählten, daß dies gar nichts sei, nein, rein gar nichts, verglichen mit den großen, schneeverwehten, bratgans- und truthahnstolzen, julscheitknisternden, tannenreisigen und unter dem Mistelzweig küssenden Weihnachtsfesten, als *sie* noch Kinder waren, daß ich hinausging in Schulmütze und Schal und Handschuhen, mit meinen funkelnagelneuen, knarrenden Stiefeln; in die weiße Welt hinaus, auf den seeseitigen Hügel, um Jim und Dan und Jack zu besuchen und mit ihnen durch die schweigende Schneelandschaft unseres Städtchens zu wandern.

Wir gingen stapfenden Schrittes durch die Straßen und hinterließen gewaltige, tiefe Fußstapfen im Schnee, auf den verborgenen Gehsteigen.

»Ich wette, die Leute werden glauben, da sind Nilpferde gegangen.«

»Was würdest du tun, wenn du ein Nilpferd die Krönungsstraße herunterkommen sähst?«

»Ich? Ich würde so machen, bums! Ich würde das Nilpferd übers Geländer schmeißen und den Hügel hinunterrollen. Und dann würde ich es unter dem Ohr kitzeln, bis es mit dem Schweif wedelt.«

»Aber was würdest du tun, wenn du *zwei* Nilpferde sehen würdest?«

Eisengepanzerte brüllende Nilpferdhengste klapperten, polterten und dröhnten durch den aufspritzenden Schnee auf uns zu, als wir an Mr. Daniels Haus vorbeikamen.

»Werfen wir Mr. Daniel einen Schneeball als Brief in den Briefkasten.«

»Schreiben wir etwas in den Schnee.«

»Schreiben wir ›Mr. Daniel sieht aus wie ein Spaniel‹ groß über seinen ganzen Rasen.«

»Seht her«, sagte Jack, »ich esse Schneekuchen.«

»Wie schmeckt's denn?«

»Wie Schneekuchen.«

Oder wir gingen die weiße Küste entlang.

»Können die Fische sehen, daß es schneit?«

»Natürlich, die glauben, der Himmel fällt herunter.«

Die schweigenden Himmel, die aus einer eisigen Wolke bestanden, trieben hinaus aufs Meer.

»Alle Hunde sind weg.«

Im Sommer jappten am Ufer Hunde von hundert vermengten Rassen und verbellten die zudringlichen Wogenkämme.

»Ich wette, für Bernhardiner wäre dieses Wetter jetzt aber gerade recht.«

Und wir waren schneeblinde Reisende, verloren auf den Bergen des Nordens, und die großen Hunde mit ihren Schwartenhälsen und Cognacflaschen sprangen auf uns zu und scharrten uns aus und bellten laut: »Branntwein: Marke Excelsior!«

Wir gingen heim, durch die verlassenen, armen Gassen, die zum Meer hinunterführten, wo nur wenige Kinder mit bloßen roten Fingern im tiefen, karrengleiszerfurchten Schnee herumscharrten und hinter uns eine Katzenmusik erhoben, mit Stimmen, die verhallten, als wir hügelan stapften und die

Schreie der Hafenvögel laut wurden, und die Sirenen der Schiffe draußen in der weißen, flockenwirbelnden Bucht.

Holt die großen alten Geschichten hervor, die wir am Feuer erzählten, als wir Kastanien rösteten und die kleingestellten Gaslichter rundum summten. Gespenster mit dem Kopf unter dem Arm schleppten ihre Ketten nach und sagten: »Huhhh« wie Eulen in den langen Nächten, wenn ich es nicht wagte, über die Schulter zu sehen; wilde Tiere lauerten im Verschlag unter der Treppe, wo die Gasuhr tickte. »Vor vielen Jahren einmal«, sagte Jim, »waren drei Jungen, genau wie wir, die bei Nacht im Schnee ihren Weg verloren, hinter dem Bethaus auf dem Friedhof von Bethesda, und hört, was ihnen geschah …«

Es war die schauderhafteste Geschichte, die ich je gehört habe.

Und ich erinnere mich auch, wie wir einmal von Haus zu Haus Weihnachtslieder singen gingen, ein, zwei Nächte vor dem Heiligen Abend, als auch nicht der leiseste Schimmer von Mondschein die geheimnisvollen, weiß durchwehten Gassen erhellte. Am Ende einer langen Straße war ein Weg, der zu einem großen Haus führte, und wir stolperten in jener Nacht durch die Finsternis hinaus, jeder einzelne von uns voll Angst, jeder für alle Fälle mit einem Stein in der Hand, aber wir waren alle zu tapfer, um auch nur ein Wort davon zu sagen. Durch die Alleebäume des Weges blies der Wind mit Stimmen wie von alten unheimlichen Männern, die vielleicht Schwimmhäute an den Füßen hatten und in Höhlen ächzten und keuchten. Wir erreichten den schwarzen, gewaltigen Klotz des Hauses.

»Was sollen wir ihnen singen?« flüsterte Dan.

»›Hört, die Engel singen schon‹? ›Weihnachten kommt nur einmal im Jahr‹?«

»Nein«, sagte Jack, »wir singen ›Der gute König Wenzeslaus‹. Ich zähle bis drei.«

»Eins, zwei, drei«, und wir begannen zu singen, mit Stimmen, die hoch und weit entfernt klangen in der schneegetünchten Finsternis rund um das Haus, in dem niemand wohnte, den wir kannten. Wir standen eng nebeneinander, dicht vor der dunklen Tür.

Und dann kam eine kleine trockene Stimme, wie die Stimme von jemand, der schon lange nicht gesprochen hat, und stimmte plötzlich in unseren Gesang ein: eine kleine trockene Stimme von der anderen Seite der Tür: eine kleine trockene Stimme durch das Schlüsselloch. Und als wir wieder aufhörten zu rennen, da waren wir vor unserem eigenen Haus. Die große Vorderstube war einladend und hell. Das Grammophon spielte. Wir sahen die roten und weißen Ballons am Arm der Gaslampe hängen. Onkels und Tanten saßen ums Feuer. Es war mir, als könne ich unser Abendessen riechen, das in der Küche gebraten wurde. Alles war wieder gut, und Weihnachten leuchtete durch die ganze vertraute Stadt.

»Vielleicht war das ein Geist«, sagte Jim.

»Vielleicht waren es Trolle«, sagte Dan, der immer Bücher las.

»Gehen wir hinein und sehen wir, ob noch Wackelpudding übrig ist«, sagte Jack. Und das taten wir.

Die Weihnachtsmesse

Nie ist mir die Unterhaltung verständlich geworden, die ich vor vielen Jahren mit einer jungen Frau geführt habe, als ich siebzehn Jahre alt war und sie dreißig. Es war am Weihnachtsabend. Da ich mit einem Nachbarn vereinbart hatte, gemeinsam mit ihm zur Mitternachtsmesse zu gehen, beschloß ich, mich nicht schlafen zu legen; er hatte mich gebeten, ihn kurz vor zwölf Uhr zu wecken.

Das Haus, in dem ich wohnte, gehörte dem Notar Meneses, der in erster Ehe mit einer meiner Kusinen verheiratet gewesen war. Seine zweite Frau, Conceição, und ihre Mutter hatten mich gastfreundlich aufgenommen, als ich vor einigen Monaten aus Mangaratiba nach Rio de Janeiro gekommen war, um mich für die Aufnahmeprüfungen der Universität vorzubereiten. In jenem zweistöckigen Haus der Rua do Senado lebte ich in den Tag hinein, ich hatte meine Bücher, kannte nur wenige Menschen und machte gelegentlich einen Spaziergang. Die Familie war klein; sie bestand aus dem Notar, seiner Frau, der Schwiegermutter und zwei Sklavinnen. Es war ein altmodischer Haushalt. Gegen zehn Uhr abends gingen alle zu Bett, um halb elf Uhr lag das Haus in tiefem Schlaf. Ich war noch nie im Theater gewesen, und mehr als einmal, wenn ich Meneses sagen hörte, er gehe abends ins Theater, bat ich ihn, mich doch mitzunehmen. Bei derartigen Gelegenheiten schnitt die Schwiegermutter eine Grimasse, und die Sklavinnen grinsten verstohlen; er aber antwortete nicht, zog sich an und kam erst gegen Morgen heim. Später erfuhr ich, daß das Theater eine Ausrede war. Meneses hatte nämlich eine Affäre mit einer geschiedenen Frau und schlief einmal in der Woche außer Haus. Anfangs hatte Conceição darunter gelitten, daß ihr Mann ein Verhältnis hatte, sich dann aber mit diesem Zustand abgefunden, sich sogar an ihn gewöhnt und zwar soweit, daß sie ihn zu guter Letzt als völlig normal empfand.

Die gute Conceição! Man nannte sie eine Heilige, eine Bezeichnung, die sie zu Recht verdiente, so leicht ertrug sie es, von ihrem Mann vernachlässigt zu werden. Tatsächlich hatte sie ein gemäßigtes Naturell, sie kannte keine Höhen und auch keine Tiefen, weder Freudenausbrüche noch Tränenströme. Zu der Zeit, als ich sie kannte, hätte sie sogar eine Mohammedanerin abgeben können, so willig hätte sie sich mit einem Harem abgefunden, sofern der Schein gewahrt geblieben wäre. Gott verzeih mir, wenn ich sie falsch beurteile. Alles an ihr war leblos und blaß, selbst ihr Gesicht war mittelmäßig, weder hübsch noch häßlich. Sie war das, was man eine sympathische Frau nennt. Sie sprach über niemanden ein böses Wort und verzieh alles. Haß war ihr fremd; vielleicht wußte sie nicht einmal, was Liebe war.

An jenem Weihnachtsabend ging der Notar ins Theater. Es war im Jahre 1861 oder 1862. Ich hätte für die Weihnachtsferien schon wieder in Mangaratiba sein sollen, blieb jedoch während der Feiertage in der Stadt, um »die Weihnachtsmesse am Hof« mitzuerleben. Die Familie meiner Gastgeber ging zur üblichen Stunde schlafen; ich setzte mich fertig angezogen ins Wohnzimmer, das zur Straße hin lag. Von dort aus konnte ich später durch die Diele hinausgelangen, ohne dabei jemanden im Schlaf zu stören. Es waren drei Hausschlüssel vorhanden; den einen hatte der Notar, den anderen würde ich mitnehmen, der dritte blieb am Nagel hängen.

»Aber Senhor Nogueira, was werden Sie die ganze Zeit tun?« fragte mich Conceiçãos Mutter.

»Ich werde lesen, Dona Inácia.«

Ich hatte einen Roman mitgebracht, *Die drei Musketiere*, ich glaube in einer alten Übersetzung des *Jornal do Comércio*. Ich setzte mich an den Tisch, der in der Mitte des Zimmers stand, und während das Haus schlief, bestieg ich beim Schein der Petroleumlampe wieder einmal den mageren Klepper D'Artagnans und zog auf Abenteuer aus. Bald hatte Dumas mich völlig berauscht. Im Gegensatz zu sonstigen Wartezeiten verflogen die Minuten. Kaum hörte ich die Uhr elf Uhr schlagen. Dann aber riß mich ein schwaches Geräusch von drinnen aus meiner Lektüre, es waren Schritte, die aus dem Besuchssalon ins Eßzimmer gingen. Ich hob den Kopf; gleich darauf sah ich Conceição auf der Schwelle der Wohnzimmertür stehen.

»Sind Sie noch nicht fort?« fragte sie.

»Nein, ich glaube, es ist noch nicht Mitternacht.«

»Wie geduldig Sie sind!«

Conceição trat ein, die Schlafzimmerpantöffelchen nachschleifend. Sie trug einen weißen Morgenrock, der um die Taille lose geknüpft war. Da sie sehr schlank war, wirkte sie romantisch, was gut zu meinem Abenteuerroman paßte. Ich schloß das Buch; sie nahm auf einem Stuhl mir gegenüber Platz, nahe am Kanapee. Als ich sie fragte, ob ich sie durch ein unbeabsichtigtes Geräusch geweckt hätte, antwortete sie sogleich:

»Keineswegs! Ich bin von allein aufgewacht.«

Ich warf ihr einen prüfenden Blick zu und bezweifelte ihre Behauptung. Ihre Augen sahen nicht nach Schlaf aus, vielmehr schien es, als habe sie sie noch keine Minute geschlossen. Diese Möglichkeit wies ich jedoch rasch von mir, ohne dabei zu überlegen, daß sie vielleicht gerade meinetwegen nicht geschlafen und nur gelogen hatte, um mich nicht zu bekümmern oder zu langweilen. Ich sagte bereits, daß sie gut, herzensgut war.

»Es muß bald soweit sein«, sagte ich.

»Wieviel Geduld Sie haben, zu wachen und zu warten, während der Freund aus der Nachbarschaft schläft! Und dabei allein zu warten! Fürchten Sie sich nicht vor den Geistern des Jenseits? Ich hatte Sorge, Sie könnten erschrecken, als Sie mich sahen.«

»Als ich Schritte hörte, war ich zunächst verwundert, aber dann waren Sie auch schon da.«

»Was lesen Sie da? Sagen Sie's nicht, ich weiß, es ist der Roman von den *Musketieren*.«

»Sie haben's erraten. Er ist wundervoll.«

»Lieben Sie Romane?«

»Sehr.«

»Haben Sie schon die *Moreninha* gelesen?«

»Von Dr. Macedo? Ja. Ich besitze das Buch in Mangaratiba.«

»Ich schwärme für Romane, lese aber wenig, aus Zeitmangel. Welche Romane haben Sie gelesen?«

Ich begann einige Namen aufzuzählen. Conceição hörte zu, den Kopf zurückgelehnt, und blickte mich durch halbgeschlossene Lider unverwandt an. Von Zeit zu Zeit befeuchtete sie die Lippen. Als ich zu Ende gesprochen hatte, sagte sie nichts; so verharrten wir einige Sekunden. Dann richtete sie den Kopf auf, verschränkte die Hände, lehnte das Kinn darauf und stützte die Ellbogen auf die Armlehnen, ohne ihre großen, forschenden Augen von mir abzuwenden.

Vielleicht langweilt sie sich, dachte ich.

Und schon sagte ich laut:

»Dona Conceição, ich glaube, es ist an der Zeit, daß ich ...«

»Nein, nein, es ist noch früh. Ich habe erst vorhin auf die Uhr geschaut. Es ist halb zwölf. Sie haben noch Zeit. Wenn Sie die ganze Nacht auf sind, werden Sie dann nicht morgen todmüde sein?«

»Ich bin's schon gewöhnt.«

»Ich nicht. Wenn ich eine Nacht durchwache, bin ich am nächsten Tag zu nichts zu gebrauchen und muß unbedingt ein Schläfchen machen, und wenn's nur eine halbe Stunde ist. Aber ich bin ja auch schon alt.«

»Sagen Sie das nicht, Dona Conceição!«

Ich hatte mit soviel Wärme gesprochen, daß sie unwillkürlich lächelte. Gewöhnlich waren ihre Gebärden träge, ihr Gebaren ruhig; nun aber stand sie rasch auf, ging zum anderen Ende des Wohnzimmers und machte ein paar Schritte zwischen dem Fenster, das zur Straße führte, und dem Arbeitszimmer ihres Mannes hin und her. In ihrer sittsamen Unordentlichkeit wirkte sie sehr eigenartig auf mich. Wenngleich schlank, hatte sie einen wiegenden Gang, als fiele es ihr schwer, ihr Gewicht zu tragen, ein Zug, der mir an jenem Abend besonders auffiel. Sie blieb mehrmals stehen, prüfte ein Stück des Vorhangs oder rückte einen Gegenstand auf der Etagere zurecht. Schließlich machte sie vor dem Tisch, der uns trennte, halt. Ihr Horizont war beschränkt; wieder sprach sie ihre Verwunderung darüber aus, daß ich die Nacht durchwachte. Ich wiederholte das, was sie bereits wußte, das heißt, daß ich noch nie eine Weihnachtsmesse am Hof gehört hätte und sie diesmal um keinen Preis missen wollte.

»Es ist die gleiche Messe wie auf dem Land, alle Messen sind gleich.«

»Das mag sein, aber hier wird sie sicherlich mit mehr Pomp gefeiert, auch werden viel mehr Menschen zugegen sein. Hören Sie, die Karwoche am Hof ist doch auch viel schöner als auf dem Land. Von Sankt Johannis will ich nicht reden, auch nicht von Sankt Anton …«

Sie lehnte sich vor, stützte die Ellbogen auf die Marmorplatte des Tisches und bettete das Gesicht zwischen die Handflächen. Da ihre Ärmel nicht zugeknöpft waren, fielen sie zurück, so daß ich ihre Unterarme sehen konnte, die hellhäutig und nicht so mager waren, wie man hätte vermuten können. Ihr Anblick war für mich zwar nicht neu, aber auch nicht gerade alltäglich; in jenem Augenblick jedoch war der Eindruck überwältigend. Die Adern waren so blau, daß ich sie trotz der schwachen Beleuchtung von meinem Platz aus zählen konnte. Conceiçãos Gegenwart machte mich noch wacher als das Buch. Ich fuhr fort, mich darüber zu verbreiten, was ich von den Kirchenfesten auf dem Lande und in der Stadt hielt, sowie von anderen Dingen, die mir gerade einfielen. Ich sprach und sprach, sprang von einem Thema zum anderen, kehrte willkürlich zum Ausgangspunkt zurück und lachte, um ihr ein Lächeln zu entlocken und ihre schneeweißen, ebenmäßigen Zähne zu sehen. Ihre Augen waren nicht gerade schwarz, aber dunkel; ihre Nase, dünn und lang und leicht gebogen, verlieh dem Gesicht einen fragenden Ausdruck. Als ich die Stimme ein wenig hob, wies sie mich zurecht:

»Leiser! Sonst wacht Mama auf.«

Dabei gab sie aber ihre Stellung nicht auf, die mir ausnehmend gut gefiel, weil unsere Gesichter ganz nahe beieinander waren. Tatsächlich war es nicht nötig, laut zu sprechen, um sich verständlich zu machen. So flüsterten wir beide, ich noch mehr als sie, weil ich mehr redete. Dann und wann wurde sie ernst, tiefernst und runzelte die Stirn. Endlich wurde sie müde und änderte Stellung und Haltung. Sie stand auf, umschritt den Tisch und setzte sich neben mich aufs Kanapee.

Ich wandte mich zu ihr und konnte einen verstohlenen Blick auf ihre Pantoffelspitzen werfen; aber kaum hatte sie sich gesetzt, verschwanden sie sofort unter ihrem langen Negligé, ich erinnere mich daran, daß sie schwarz waren.

Conceição sagte leise:

»Mama schläft zwar weit weg, hat aber einen federleichten Schlaf. Wenn sie jetzt aufwachte, würde sie so bald nicht wieder einschlafen.«

»Mir würde es ähnlich gehen.«

»Was?« fragte sie, sich vorbeugend, um besser hören zu können.

Ich setzte mich auf den Stuhl neben dem Kanapee und wiederholte meine Worte. Sie lachte über die Zufälligkeit, auch sie hatte einen leichten Schlaf; somit hatten wir alle drei einen leichten Schlaf.

»Es kommt vor, daß es mir wie Mama geht. Ich wache auf, kann nicht wieder einschlafen, wälze mich erst im Bett herum, stehe dann auf, zünde eine Kerze an, gehe spazieren, lege mich wieder hin – alles umsonst.«

»Und so ist es Ihnen heute ergangen.«

»Nein, nein«, warf sie ein.

Ich verstand ihr Verneinen nicht, vielleicht verstand sie es selber kaum. Sie ergriff die beiden Enden ihres Gürtels und schlug mit ihnen gegen die Knie, das heißt, gegen das rechte Knie, da sie gerade die Beine übereinandergeschlagen hatte. Dann erzählte sie von einem Traum und berichtete, sie habe nur einen einzigen Alptraum in ihrem Leben gehabt, und zwar als Kind. Sie wollte wissen, ob ich auch Alpträume erlebt hätte. So kam die Unterhaltung wieder in Fluß und schleppte sich geruhsam, gemächlich hin, so daß ich die Uhrzeit und die Mitternachtsmesse völlig vergaß. Sobald ich eine Erzählung oder eine Erklärung beendete, erfand sie sofort eine neue Frage oder einen neuen Stoff, und wieder ergriff ich das Wort. Von Zeit zu Zeit mahnte sie:

»Leiser, leiser …!«

Es entstanden auch Pausen. Zweimal schien es mir, als wolle sie einschlafen; aber schon öffnete sie ihre Augen, die sekundenlang geschlossen gewesen waren, ohne den geringsten Anschein von Müdigkeit, als hätte sie sie nur zugemacht, um besser sehen zu können. Bei einer dieser Gelegenheiten schien sie zu merken, daß ich völlig von ihr eingenommen war; ich erinnere mich daran, daß sie sie von neuem schloß, ich weiß nur nicht mehr, ob hastig oder langsam. Einige Bilder jener Nacht sind vertauscht oder verschwommen. Ich fühle, daß ich mir widerspreche und ins Faseln gerate. Einer jener Eindrücke, die mir frisch im Gedächtnis haften geblieben sind, ist der, daß sie, die im Grunde nur sympathisch war, mit einemmal schön, wunderschön wurde.

Jetzt stand sie mit verschränkten Armen da, aus Höflichkeit wollte ich aufspringen, vermochte es aber nicht, weil sie eine Hand auf meine Schulter legte und mich zwang, sitzen zu bleiben. Ich mühte mich, etwas zu sagen; sie aber erbebte, als liefe ihr ein kalter Schauer über den Rücken, wandte sich ab und setzte sich wieder auf den Stuhl, auf dem ich lesend gesessen hatte, als sie mich überraschte. Dann warf sie einen Blick in den Spiegel, der über dem Kanapee hing, und sprach von den Bildern, die die Wände schmückten.

»Diese Bilder sind schon alt. Ich habe Chiquinho schon gebeten, neue zu kaufen.«

Chiquinho war ihr Mann. Die Bilder sprachen für seinen Geschmack. Eines stellte Cleopatra dar, an die Darstellung auf dem anderen erinnere ich mich nicht mehr, jedenfalls waren Frauen darauf abgebildet. Beide Drucke waren alltäglich, zu jener Zeit schienen sie mir jedoch nicht unschön zu sein.

»Sie sind schön«, sagte ich.

»Das sind sie, aber sie sind schon fleckig. Außerdem möchte ich lieber Heiligenbilder haben, Bilder von zwei Heiligen. Diese hier passen besser in ein Junggesellenzimmer oder in einen Friseursalon.«

»In einen Friseursalon? Sicherlich sind Sie noch nie bei einem Herrenfriseur gewesen.«

»Ich kann mir aber vorstellen, daß die Kunden beim Warten über Weiber und Liebschaften reden und daß der Friseur sie mit gefälligen Abbildungen erheitern will. Für ein anständiges Heim finde ich diese Bilder höchst unpassend. So denke ich wenigstens, aber ich denke oft mancherlei Absonderliches, ich weiß. Wie dem auch sei, ich mag sie nicht. Ich habe eine Mutter Gottes von der Unbefleckten Empfängnis, die meine Schutzheilige ist, ein wunderschönes Stück, aber es ist ein Schnitzwerk, das sich nicht an die Wand hängen läßt, abgesehen davon, daß ich es ungern hier aufstellen würde. Es steht in meinem Gebetsschrein.«

Das Wort Gebetsschrein rief mir die Messe ins Gedächtnis zurück, ich dachte, es könne vielleicht schon zu spät sein, und wollte es sagen. Ich glaube, ich brachte sogar den Mund auf, schloß ihn jedoch sofort wieder, um zu hören, was sie zu erzählen hatte, und sie tat es mit soviel Zauber, Anmut und Sanftheit, daß meine Seele träg wurde und ich Messe und Kirche vollständig vergaß. Sie sprach von ihrer Frömmigkeit als Kind und junges Mädchen. Dann gab sie längst verjährten Ballklatsch zum besten, erzählte von Ausflügen, kramte Erinnerungen von der Insel Paquetá aus, alles durcheinander, und ohne abzusetzen. Als sie genug von der Vergangenheit hatte, ging sie auf die Gegenwart über; nun kam ihr Haushalt an die Reihe, häusliche Sorgen, die man ihr vor ihrer Heirat als unüberwindlich dargestellt hatte, die aber nach ihrer Erfahrung ganz geringfügig seien. Daß sie mit siebenundzwanzig geheiratet hatte, wußte ich, aber sie erwähnte es nicht.

Nun wechselte sie nicht mehr ihren Platz wie anfangs und veränderte auch nicht mehr die Stellung. Nun machte sie auch nicht mehr große Augen, sondern ließ den Blick ruhig über die Wände gleiten …

»Wir müssen das Wohnzimmer neu tapezieren lassen«, sagte sie bald darauf, als spräche sie mit sich selbst.

Ich stimmte zu, um etwas zu sagen, um jene magnetische Benommenheit abzuschütteln oder was sonst mir Sprache und Sinne lähmen mochte. Ich wollte die Unterhaltung beenden und wollte es auch nicht. Ich mühte mich, den Blick von ihr loszureißen, aus einem Gefühl der Achtung heraus. Aber die Furcht, sie könne glauben, ich langweile mich, was nicht der Fall war, führte mich dazu, den Blick wieder auf Conceição zu heften. Allmählich schlief die Unterhaltung ein. Auf der Straße war es totenstill.

Eine Weile noch – wie lange weiß ich nicht – verharrten wir

in völligem Schweigen. Das einzige Geräusch war ein ratten-ähnliches Nagen im Arbeitszimmer, das mich aus jener Betäubung riß; ich wollte es erwähnen, wußte aber nicht wie. Conceição schien in Gedanken versunken zu sein. Plötzlich hörte ich, wie von außen ans Fenster geklopft wurde, hörte eine Stimme, die brüllte: »Weihnachtsmesse! Weihnachtsmesse!«

»Da ist Ihr Freund«, sagte sie und stand auf. »Das ist wirklich komisch. Sie wollten ihn wecken, und nun muß er Sie hier wach rütteln. Laufen Sie, es muß schon spät sein. Adieu.«

»Ob es schon an der Zeit ist?« fragte ich.

»Natürlich.«

»Weihnachtsmesse!« ertönte es draußen wieder, und wieder wurde gegen die Fensterscheibe getrommelt.

»Los, los, lassen Sie nicht auf sich warten! Es war meine Schuld. Leben Sie wohl, auf Wiedersehen bis morgen.«

Und mit ihrem wiegenden Gang verschwand Conceição leise im Hausflur. Ich trat auf die Straße hinaus und fand den Freund, der auf mich wartete. Schnurstracks eilten wir zur Kirche. Während der Messe schob sich Conceiçãos Gestalt mehrmals vor den Priester – was auf Rechnung meiner damaligen siebzehn Jahre gehen mochte. Am darauffolgenden Morgen berichtete ich beim Frühstück von der Mitternachtsmesse und den Leuten, die in der Kirche gewesen waren, ohne damit Conceiçãos Neugierde zu entfachen. Im Verlauf des Tages fand ich sie wieder wie immer, natürlich und liebevoll, ohne daß irgend etwas in ihrem Benehmen an unsere Unterhaltung vom Vorabend erinnert hätte. Über Neujahr fuhr ich nach Mangaratiba. Als ich im März wieder nach Rio de Janeiro kam, war der Notar an einem Gehirnschlag gestorben. Conceição wohnte jetzt in Engenho Novo, aber ich besuchte sie nicht und begegnete ihr auch anderswo nicht. Später hörte ich, daß sie den Schreiber ihres Mannes geheiratet hatte.

Kälte

Ich erinnere mich nicht, wohin ich damals fahren wollte und weshalb ich mich in jener Straße befand – ich kannte sie, obwohl sie von meiner Wohnung ziemlich weit entfernt lag. Es war Abend, die Lichter brannten bereits, ich wartete auf meine Straßenbahn. Ein Winterabend in der Stadt kann weich und warm sein. Die Fenster der Häuser leuchten, der Lichtschein pflanzt sich in kleinen Ketten auf der Straße fort, die Verkehrsampeln wechseln die Farbe. Wenn man warm gekleidet ist und an irgend etwas denkt, was einen betrifft, wenn man versucht, für eine Zeitlang Trauriges zu vergessen und sich, so man kann, über irgend etwas zu freuen. Wenn man die Lichter betrachtet, ohne über sie nachzudenken, und wenn man müßig dahinschlendert – dann kann ein Abend in der Stadt weich und warm sein.

Die Autos hatten den Schnee von den Straßen gefahren, und an anderen Stellen klebte er fest am Asphalt, Neuschnee war aber nicht gefallen. Seit Wochen hingen dicht über den Häusern Wolken, die Tage waren kurz, es war warm, aber es fiel kein Schnee. Ich stand auf dem winterlichen Asphalt und hatte gute Laune. Als die Straßenbahn kam, stieg ich in den vorderen Wagen.

Schon seit mehreren Jahren litt ich an einer Krankheit, von der manchmal Arm- und Beinknochen schmerzten, außerdem hustete ich. Die Ärzte konnten aber einfach nicht feststellen, was mir fehlte. Die Zeit verging, und ich selbst, da ich mich nicht sehr krank fühlte, ja, es sogar zeitweilig ganz vergessen konnte, drängte mich den Ärzten nicht auf und ging selten zu ihnen, das heißt nur, wenn es unumgänglich war und ich wieder neuen Mut fassen mußte. Ich studierte und lebte wie alle anderen, aber irgendwie prägte mich die Krankheit. Manchmal dachte ich übermäßig viel über sie nach, zeitweise fürchtete ich mich sehr und konnte überhaupt nichts tun – meine Augen, ich fühlte es, bekamen davon einen unguten Ausdruck. Sie waren wahrscheinlich zu aufmerksam und traurig und manchmal böse. Wenn ich andere Menschen ansah, merkte ich, daß sie meinen Blick nicht ertragen konnten, sie wandten sich ab, und ich selbst fühlte mich dabei nicht wohl. Und dann versuchte ich, anders zu schauen, nicht so lange, nicht so starr.

Ich bestieg die Plattform und sah direkt vor mir ein junges Mädchen. Sie stand in der Ecke, das Profil mir zugewandt und hielt sich an den blanken Stangen neben dem Fenster fest. Als ich einstieg, sah sie mich an und ich erfaßte ihr Gesicht.

Sooft ich auch schon geliebt hatte, es war nichts geblieben, nur Enttäuschung, und deshalb lagen wahrscheinlich auch die Sehnsucht und Erwartung – hier, mit diesem Mädchen könnte ich vielleicht glücklich werden – in meinem Blick und bestimmten in gewisser Weise seinen Ausdruck. Ich wiederhole, mir war bewußt, was für Augen ich hatte und wie seltsam schwermütig sie blickten; obwohl man sich selber nicht sehen kann, wußte ich es, und deshalb überraschten mich an diesem Mädchen auch die Augen. In ihnen sah ich alles, was ich bis dahin nur in mir selbst gefunden hatte.

Sie waren dunkel. Große Augen, ruhig, vielleicht sogar ein wenig träge. Aber hinter dieser Ruhe und leichten Trägheit (wahrscheinlich sollte man nicht Trägheit, sondern Weiblichkeit sagen) lag etwas Seltsames, ein klein wenig Unruhe, vielleicht Schmerz oder Aufgewühltheit, ein verschwiegener Gedanke, eine Hoffnung, Sehnsucht.

Ich löste eine Fahrkarte. Der Schaffner war ein Mann. Etwas befremdend, daß der Schaffner ein Mann ist, dachte ich, denn sonst sah man in diesem Beruf nur Frauen. Doch dieser Gedanke kam schon ganz mechanisch. Ich trat auf das Mädchen zu und stellte mich neben sie, blickte zum Fenster hinaus, so daß sie mich von der Seite sah und ich, wollte ich sie sehen, den Kopf hätte herumdrehen müssen. Auch sie hatte anscheinend etwas empfunden. Vielleicht hatte sie meine Augen bemerkt oder nur wahrgenommen, daß ich, der ich neben ihr stand, ein schöner junger Mann war. Ich wußte schon lange, daß ich eigentlich ein schöner junger Mann war. Aber der

Ausdruck in ihren Augen, von dem ich bereits sprach, verstärkte sich und veränderte sogar ihr Gesicht ein wenig.

Viele junge Menschen durchlaufen solche Zeiten, wenn die erste Liebe verflogen ist und kein Zweifel mehr besteht, daß es vorbei ist, daß man aber nichts dazugelernt hat und so dumm wie zuvor und vor allen Dingen unglücklich ist, und daß man dann, nachdem man sich etwas erholt hat, nach einer neuen Liebe sucht und sich mit einem, dann mit einem anderen und mit einem dritten Mädchen trifft, um schließlich festzustellen, daß man immer noch nichts dazugelernt hat und kein Mädchen zu halten vermag. Man bringt es nicht fertig, daß alles gutgeht, daß beide glücklich sind: wieder ein Fehlschlag. Und dann ist einem übel zumute. Natürlich tröstet man sich, daß beim nächsten Male alles anders sein wird. Das wird dann endlich die wahre Liebe sein. Man wartet auf sie. Manchmal ist einem beinahe zum Weinen zumute (oder man schreibt Gedichte), und manchmal vergißt man auch alles, denkt gelassen: ich warte. Es wird sich ändern. Ich werde wieder einem Mädchen begegnen. Wir werden uns kennenlernen. Ich werde sie heiraten … und so weiter.

Das ist eine Zeit, die seelisch fürwahr schwer zu ertragen ist. Man meint zu leben. Dann wieder ist es schier unmöglich zu leben. Nur manchmal kommt es einem plötzlich zu Bewußtsein, daß man allein ist, niemanden hat und an niemanden denken kann, daß man trotz allem wirklich unglücklich ist. Es geht einem wirklich schlecht.

Manchmal sah ich sie an und merkte, daß auch sie mich ansah und diesmal meinen Blick erwiderte. Verschwiegenste Gedanken kamen mir in den Sinn. Die Trambahn fuhr die Straße entlang, nach drei Haltestellen machte sie einen Bogen, dann mußte ich aussteigen. Und ich dachte, daß es nicht schlecht wäre, sich mit ihr bekannt zu machen, ein Wiedersehen zu vereinbaren und dann … und dann?

Sie hatte einen hübschen, beigefarbenen Mantel an und war ziemlich groß, doch kleiner als ich, und das gefiel mir. Einmal, als die Straßenbahn bremste, fiel ich beinahe auf sie, hielt mich aber fest, und obwohl ich sie gar nicht gestreift hatte, zuckte sie leicht zusammen: mir war es angenehm, denn auf diese Weise verriet sie, daß sie wußte, daß ich hier, neben ihr stand.

Nur eines war etwas unverständlich. Je häufiger und aufmerksamer ich sie ansah (war ich nicht vielleicht schon zu aufdringlich?), desto fremder wurde ihr Blick, desto auffallender veränderte sich ihr Gesichtsausdruck. In ihrem Gesicht kamen Trauer und ein gewisser Schmerz zum Vorschein, Kälte und gleichzeitig etwas wie Freude und Erwartung. Ihr Gesicht war seltsam, ihre Augen waren seltsam. Aber mir gefiel das Mädchen mehr und mehr. Am liebsten hätte ich dieses Gesicht, diese Augen und die schmalen Finger liebkost: gerne hätte ich zu ihr ›Liebes‹ gesagt, oder: ›ich fühle mich dir vertraut‹. So ist es doch für gewöhnlich?

Ich hatte mich ganz in meinen Träumen verloren und merkte plötzlich, daß sie jetzt aussteigen mußte. Zum letzten Mal sah sie mich an. Ihr Blick war bitter, in ihm lag ein Aufruf und fast auch Haß. Dann wandte sie sich ab und ging zur Tür. Der Wagen hielt an. Jetzt mußte man irgend etwas unternehmen. Meine Gedanken waren mit einem Male wie weggeblasen.

Natürlich mußte ich mit ihr zusammen aussteigen und sagen: »Fräulein, entschuldigen Sie ... Sie sind soeben in der Straßenbahn gefahren. Ich habe sie dort gesehen ... ich hätte gerne Ihre Bekanntschaft gemacht. Vielleicht könnten wir Freunde werden ... ja, tatsächlich ... Wollen wir uns morgen wiedersehen, wann paßt es Ihnen am besten?«

Sicher wird sie zustimmen. Wir vereinbaren eine Zeit, legen den Treffpunkt fest. Wahrscheinlich wird sie anfangs verwirrt sein und ein erstauntes Gesicht machen, vielleicht auch versuchen wegzulaufen, obwohl sie das kaum machen kann: ihr Blick. – Ich mußte nur hinter ihr her die zwei Stufen hinabsteigen.

Aber ich tat es nicht.

Sie stieg aus, ohne sich umgedreht zu haben, und wandte sich auch danach nicht um, obwohl ich das wahrscheinlich erwartet hatte, und ich, bemüht, sie nicht aus den Augen zu verlieren, folgte dem beigefarbenen Mantel mit meinem Blick, wollte jetzt aussteigen, sah aber plötzlich, daß sie mit dem linken Bein einknickte, sie ging und knickte ein, ich sah, wie sie hinkte, sie hinkte stark.

Wie war das möglich? Sie hinkte also!

Ich wir dabei, auszusteigen und blieb in der Tür stehen. Leute stiegen ein und aus. Sie drängten vorwärts und beschimpften mich. Dann war Ruhe, die Straßenbahn erbebte. Ich stand allein in der Tür und umklammerte sinnlos die eisernen Griffe.

»Deshalb also dieser Blick ... Weshalb bist du aufgestanden? ... Lauf, spring hinter ihr her, erkläre ihr deine Liebe, sie hinkt doch schließlich!«

»Ich werde nirgendwohin mit ihr ausgehen können. Und wie werde ich mit ihr zusammen auf der Straße gehen? Alle werden sie anstarren, und ich werde neben ihr laufen und sie an der Hand führen müssen, und alle werden auch mich anstarren. Schließlich hinkt sie ja!«

»Aber sie hat ein schönes Gesicht und solche Augen! Ja! So ein liebes Gesicht. Und ihre Hände sind schön. Überhaupt sieht sie lieb aus. Sie hat dir doch schließlich gefallen!«

»Aber sie hinkt doch! Ihr Hinken ist wirklich stark! Eine Krankheit oder ein unseliger Unfall. Sie ist eine Mißgeburt! Sie kann sich den schönsten und teuersten Mantel umhängen, ich aber kenne sie nicht, sie ist eine Mißgeburt, ich will sie gar nicht kennen!«

»Du lügst, du kennst sie. Du hast sie angesehen und alles über sie gewußt. Und auch sie weiß alles über dich. Solange sie nicht ausgestiegen war, hat sie dich angesehen und noch nicht alles über dich gewußt. Aber jetzt, wo du zurückgeschreckt bist, weiß sie alles über dich, und jetzt gibt es schon nichts mehr, worüber du mit ihr sprechen könntest!«

»Das ist auch gut so. Sie hat eine Mappe in den Händen gehalten. Das heißt also, sie studiert irgendwo. Dort hat sie Freunde. Diese Freunde kennen sie. Selbstverständlich werden sie sich um sie kümmern. Sie werden sie auch liebgewinnen. Und dann wird sie irgendeiner heiraten. Und ich bin doch schließlich ein Fremder, ja, für sie bin ich doch völlig fremd. Ja und überhaupt ... Sie hinkt doch schließlich ganz stark!«

Die Straßenbahn bog ab und ratterte über eine kurze

Brücke. Dann fuhr sie durch eine dunkle Straße. Hier brannten keine Lichter, nur die Hausnummern und die grauen Fenster leuchteten, und die Straßenbahnschienen wurden von langen, blassen Flecken im schmutzigen Schnee gesäumt.

»Du bist ein Idiot, du bist der größte Idiot auf der ganzen Welt! Einmal im Leben hast du ein Mädchen getroffen, das dir nicht nur gefällt und das nicht nur schön ist, sondern in deren Augen das gleiche zu lesen ist wie in deinen, und das deshalb sicherlich alles in der gleichen Weise versteht, wie du es verstehst, und das dir sehr nahestehen, dir unentbehrlich werden könnte – einmal im Leben triffst du einen Menschen, der dir nahe ist, und könntest dich auf der Stelle in ihn verlieben, aber du läufst trotzdem einfach davon, und das nur, weil sie hinkt …«

An der nächsten Haltestelle stieg ich aus und rannte im Laufschritt zurück. Ich rannte schnell dorthin, und mir wurde warm, mir wurde heiß. Aber was für ein verfluchter Bezirk war das! Hier gab es überall kaum Licht. Die Laternen brannten entweder überhaupt nicht oder glühten nur. Ich dachte, der helle Mantel sei sicherlich leicht aufzuspüren. Lange suchte ich ihn. Ich ging die Straße auf und ab, zuerst entfernte ich mich nicht weit von der Haltestelle, ging dann aber weiter, und schließlich bog ich in irgendeine Gasse ein und suchte in verschiedenen Höfen. Nirgends war sie.

Jetzt war ich weit von meiner Wohnung entfernt und ging zu Fuß zurück. Eigentlich könnte ich jeden Abend zu dieser Haltestelle gehen und das hinkende Mädchen im hellen Mantel suchen, das war durchaus möglich, und im Verlauf einer Woche würde ich sie sicherlich treffen: so dachte ich, als ich nach Hause ging. Aber aus irgendeinem Grunde tat ich es doch nicht, und ich sah sie nie mehr.

Irgendwie hatte ich Angst, und mir war übel zumute. Ein Winterabend kann sehr kalt sein, auch wenn nur Schnee fällt und kein starker Frost herrscht, man warm angezogen ist und an irgend etwas, was einen angeht, denkt; auch wenn viele Menschen in der Nähe sind, in den Häusern und auf den Straßen Lichter brennen. Die Hauptsache – du denkst, dir fehlt etwas.

Ich ging nach Hause, aber soviel ich mich auch bewegte, ich konnte nicht warm werden. Die Straßen kannte ich, aber alles um mich herum schwieg und war schwarz, kalt: die Bäume im Schnee, die kleinen menschlichen Gestalten, die hohen Mauern. Eine bestimmte Fremdheit, Verwahrlosung, Bosheit war in allem Bekannten, nirgendwo mehr die frühere gewohnte Wärme.

Ich kam heim und legte mich sogleich schlafen.

Die Lehrerin

Hoher Schnee lag in den Straßen von Winesburg. Es hatte vormittags gegen zehn zu schneien angefangen, dann war Wind aufgekommen und hatte den Schnee in dichten Wolken durch die Main Street gefegt. Der Schlamm auf den Landstraßen, die nach Winesburg führten, war gefroren, aber weich überdeckt und stellenweise vereist. »Feines Schlittenwetter«, meinte Will Henderson an der Bar von Ed Griffiths Kneipe. Dann verließ er die Wirtschaft und traf draußen den Apotheker Sylvester West, der in einer Art wuchtiger Überschuhe, die Polarstiefel genannt wurden, dahinstolperte. »Der Schnee wird die Leute am Sonnabend in die Stadt bringen«, sagte der Apotheker. Die beiden Männer blieben stehen und unterhielten sich über ihre Angelegenheiten. Will Henderson, der nur einen leichten Mantel und keine Überschuhe anhatte, trat mit der Spitze seines rechten Fußes gegen die Wade seines linken. »Der Schnee wird dem Weizen guttun«, bemerkte der Apotheker tiefsinnig.

Der junge George Willard war froh, daß er nichts zu tun hatte; an diesem Tage war ihm nicht nach Arbeiten zumute. Die wöchentliche Ausgabe der Zeitung war gedruckt und Mittwochabend zur Post gebracht worden. Der Schnee hatte Donnerstag angefangen. Um acht, als der Frühzug vorüber war, tat er ein Paar Schlittschuhe in die Tasche und begab sich zu dem Staubecken der Wasserwerke. Aber statt dort Schlittschuh zu laufen, folgte er einem Pfad am Staubecken vorbei und den Wine Creek entlang, bis er zu einem Buchengehölz gelangte. Dort machte er sich im Schutz eines gefällten Baumes ein Feuer und setzte sich auf das Ende des Stammes, um nachzudenken. Als es zu schneien anfing und der Wind blies, tummelte er sich, um dem Feuer Nahrung zu verschaffen.

Der junge Reporter dachte über Kate Swift nach, die früher seine Lehrerin gewesen war. Am Abend zuvor war er wegen eines Buches, das er gern lesen wollte, bei ihr zu Haus gewesen und hatte eine Stunde allein mit ihr verbracht. Es war bereits das vierte oder fünfte Mal, daß die Frau mit großer Eindringlichkeit auf ihn eingeredet hatte. Er war sich nicht ganz klar, was sie eigentlich damit wollte, und begann sich einzubilden, daß sie vielleicht in ihn verliebt sei, ein Gedanke, der ihm zugleich schmeichelhaft und lästig war.

Er sprang von dem Baumstamm auf und häufte Reisig auf das Feuer. Er vergewisserte sich, ob er auch allein war, und sprach dann laut, wobei er sich vorstellte, die Frau wäre bei ihm. »Ach was, Sie machen sich nur lustig über mich, nicht wahr. Aber ich werde Ihnen schon auf die Sprünge kommen, warten Sie nur ab.«

Der junge Mann machte sich auf und ging den Weg zur Stadt zurück. Das Feuer ließ er hinter sich im Wald brennen. Die Schlittschuhe klirrten in seiner Tasche, als er durch die Straßen ging. In seinem Zimmer im New Willard House machte er den Ofen an und legte sich aufs Bett. Begehrliche Gedanken regten sich in ihm; er ließ den Vorhang herunter, schloß die Augen und drehte das Gesicht zur Wand. Er nahm ein Kissen in die Arme und stellte sich vor, es sei die Lehrerin, deren Worte etwas in ihm aufgewühlt hatten, die er umarmte, und dann wieder, es sei Helen White, die schlanke Bankierstochter, in die er seit langem halbwegs verliebt war.

Um neun Uhr abends lag hoher Schnee in den Straßen, und es war bitter kalt geworden. Das Vorwärtskommen war sehr anstrengend. Die Geschäfte lagen im Dunkeln, und die Leute hatten sich in ihre Häuser verkrochen. Der Abendzug von Cleveland hatte große Verspätung, doch kein Mensch war an seinem Eintreffen interessiert. Gegen zehn lagen alle achtzehnhundert Einwohner der Stadt in ihren Betten, außer vieren.

Der Nachtwächter Hop Higgins war wenigstens teilweise wach. Er war lahm und trug einen schweren Knüppel. In dunklen Nächten hatte er eine Laterne bei sich. Zwischen neun und zehn machte er seine Runde. Er humpelte die Main Street auf und nieder und prüfte die Ladentüren. Dann ging er in die Hintergassen und probierte die Hintertüren. Fand er alles ordnungsgemäß verschlossen, eilte er um die Ecke zum New Willard House und klopfte dort an die Tür. Den Rest der Nacht pflegte er dort beim Ofen zu verbringen. »Geh du ruhig zu Bett, ich werde den Ofen in Gang halten«, sagte er dem Jungen, der auf einem Feldbett im Hotelbüro schlief.

Hop Higgins setzte sich beim Ofen hin und zog die Stiefel aus. Sobald der Junge sich schlafen gelegt hatte, fing er an, sich über seine eigenen Angelegenheiten Gedanken zu machen. Im Frühjahr wollte er sein Haus anstreichen und berechnete da beim Ofen die Kosten an Farbe und Arbeit. Und das brachte ihn auf andere Kalkulationen. Der Nachtwächter war sechzig und wünschte sich zurückzuziehen. Er war im Bürgerkrieg Soldat gewesen und bezog eine kleine Pension. Er hoffte, irgendeinen anderen Weg zu finden, der ihm seinen Lebensunterhalt eintrug, und spielte mit der Idee, ein berufsmäßiger Frettchenzüchter zu werden. Im Keller seines Hauses hatte er bereits vier dieser seltsam geformten, wilden, kleinen Raubtiere, deren sich die Sportsleute bei der Kaninchenjagd bedienen. »Im Augenblick habe ich ein Männchen und drei Weibchen«, erwog er. »Wenn ich Glück habe, sind es im Frühling zwölf oder fünfzehn. Und noch ein Jahr weiter, dann bin ich in der Lage, in Sportzeitungen zu annoncieren, daß ich Frettchen zu verkaufen habe.«

Der Nachtwächter machte es sich in seinem Sessel bequem; sein Gehirn lief völlig leer. Er schlief nicht. Durch jahrelange Übung hatte er es so weit gebracht, die langen Nachtstunden weder schlafend noch wachend dazusitzen. Am Morgen war er dann fast so erfrischt, als ob er geschlafen hätte.

Nachdem somit Hop Higgins sicher in seinem Stuhl hinter dem Ofen verstaut ist, sind nur noch drei Menschen in Winesburg wach. George Willard befindet sich in der Redaktion des *Eagle* unter dem Vorwand, an seiner Geschichte weiterarbeiten zu wollen, doch in Wirklichkeit, um der gleichen Stimmung wie morgens beim Feuer im Walde nachzuhängen. Im Glockenturm der Presbyterianer-Kirche sitzt Reverend Curtis Hartman im Dunkeln, um sich auf eine Offenbarung Gottes vorzubereiten. Und die Lehrerin Kate Swift ist gerade dabei, ihr Haus zu verlassen und im Schneesturm spazierenzugehen.

Es war nach zehn, als Kate Swift sich aufmachte. Zu dem Spaziergang kam es ohne jede vorherige Überlegung, gleichsam als ob der Mann und der Junge, die beide an sie dachten, sie in die winterlichen Straßen hinausgetrieben hätten. Tante Elizabeth Swift war wegen einer Hypothekensache, in der sie Geld stecken hatte, aufs Land gefahren und wollte vor dem nächsten Tag nicht zurück sein. Im Wohnzimmer des Hauses bei einem riesigen Füllofen saß die Tochter und las ein Buch. Unversehens sprang sie auf die Füße, griff nach ihrem Mantel an dem Garderobenständer bei der Haustür und lief aus dem Haus.

Kate Swift war dreißig und wurde in Winesburg nicht zu den hübschen Frauen gezählt. Ihr Teint war nicht gut; das Gesicht war mit Pusteln bedeckt und zeugte von schlechter Gesundheit. Nachts jedoch, allein in den winterlichen Straßen, war sie reizend. Sie hielt sich gerade, ihre Schultern waren ebenmäßig, und was ihre Gesichtszüge betrifft, so glichen sie denen von kleinen Putten, wie man sie im Zwielicht eines Sommerabends im Garten auf Sockeln stehen sieht.

Am Nachmittag war sie wegen ihres Befindens bei Doktor Welling gewesen. Der Doktor hatte gescholten und ihr gesagt, es bestehe Gefahr, daß sie ihr Gehör verlieren könne. Es war darum unvernünftig von Kate Swift, draußen im Sturm herumzulaufen, unvernünftig und unter Umständen gefährlich.

Auf der Straße dachte sie nicht mehr an die Worte des Doktors, und selbst wenn sie daran gedacht hätte, würde sie doch nicht umgekehrt sein. Es war sehr kalt, aber nachdem sie fünf Minuten gegangen war, machte ihr die Kälte nichts mehr aus. Sie ging ihre eigene Straße hinunter und dann, an einer Heuwaage, die vor einer Scheune stand, vorbei und in Richtung auf Trunion Pike. Am Trunion Pike entlang kam sie zu Ned Winters Stallungen, wo sie nach Osten abbiegend einer Straße zwischen kleinen Holzhäusern folgte, die über Gospel Hill zur Sucker Road führte, die durch ein flaches Tal an Ike Smeads Hühnerfarm vorüber zum Reservoir der Wasserwerke lief. Die kecke, erregte Stimmung, die Kate Swift ins Freie getrieben hatte, verschwand während des Gehens und kam dann wieder.

In ihrem Charakter war eine abstoßende Schärfe, das spürten alle. Im Schulraum war sie wortkarg, kühl und streng, und trotzdem stand sie den Schülern in ihrer besonderen Art sehr nahe. Zuweilen, wenn auch nicht häufig, schien etwas über sie zu kommen, und dann war sie glücklich. Alle Kinder im Klassenraum fühlten die Wirkung ihrer glücklichen Stimmung. Sie arbeiteten eine Zeitlang nicht, lehnten sich in den Bänken zurück und blickten auf die Lehrerin.

Die Hände auf dem Rücken verschränkt ging diese dann im Klassenzimmer auf und ab und sprach sehr rasch. Es schien gar nicht darauf anzukommen, welches Thema ihr in den Sinn kam. Einmal erzählte sie den Kindern von Charles Lamb und erfand seltsam intime Anekdoten aus dem Leben des toten Schriftstellers. Sie erzählte wie jemand, der mit Charles Lamb unter einem Dach zusammen gewohnt hatte und sämtliche Geheimnisse seines Lebens kannte. Das stiftete bei den Kindern einige Verwirrung, denn sie meinten, Charles Lamb müsse jemand gewesen sein, der einmal in Winesburg gelebt hatte.

Bei einer anderen Gelegenheit sprach die Lehrerin über Benvenuto Cellini zu den Kindern. Diesmal lachten sie. Was für einen aufschneiderischen, prahlerischen, mutigen und liebenswerten Burschen machte sie aus dem alten Künstler! Auch über ihn erfand sie Anekdoten. Da gab es eine über einen deutschen Musiklehrer, der in Mailand ein Zimmer über Cellinis Behausung hatte. Diese Anekdote ließ die Jungen in schallendes Gelächter ausbrechen. Sugars McNutts, ein fetter Bengel, mußte so lachen, daß er das Gleichgewicht verlor und von der Bank fiel. Kate Swift lachte mit, doch ganz plötzlich wurde sie dann wieder kühl und streng.

In jener Winternacht, als sie durch die verlassenen, verschneiten Straßen wanderte, befand sie sich in einer Krise. Obgleich kein Mensch in Winesburg so etwas argwöhnte, war ihr Leben sehr abenteuerlich gewesen – und war es auch noch. Tag für Tag, ob sie nun in der Schule arbeitete oder durch die Straßen lief, kämpften Kummer, Hoffnung und Sehnsucht in ihr. Hinter dem kühlen Äußeren war ihre Seele den allerungewöhnlichsten Erlebnissen ausgesetzt. Die Leute in der Stadt hielten sie für eine unverbesserliche alte Jungfer, und da sie eine scharfe Zunge hatte und ihren eigenen Weg ging, meinten sie, es fehle ihr völlig an jenen menschlichen Empfindungen, die in dem Dasein dieser Mitbürger gutes und schlechtes Wetter zu machen pflegten. In Wirklichkeit war Kate Swift die ungeduldigste, leidenschaftlichste Seele unter ihnen; mehr als einmal in den fünf Jahren, seitdem sie von ihren Reisen zurückgekehrt war, um sich in Winesburg niederzulassen und Lehrerin zu werden, hatte sie sich genötigt gesehen, aus dem Haus zu laufen und die halbe Nacht beim Umherlaufen irgendeinen Kampf auszufechten, der in ihr tobte. Einmal, in einer regnerischen Nacht, war sie volle sechs Stunden unterwegs gewesen, und als sie nach Haus kam, gab es Streit mit Tante Elizabeth Swift.

»Ein Segen, daß du kein Mann bist«, sagte die Mutter heftig. »Wie viele Male habe ich auf das Nach-Hause-Kommen deines Vaters warten müssen, immer in Angst, daß er wieder irgendeine Schweinerei angerichtet hatte. Ich habe mein gerüttelt Maß an Unzuverlässigkeit durchgemacht, also nimm es mir nicht übel, wenn mir nichts daran liegt, die schlechten Seiten deines Vaters in dir wiederaufleben zu sehen.«

Wenn Kate Swift an George Willard dachte, geriet sie in Feuer. Als Schuljunge hatte er etwas geschrieben, worin sie den genialen Funken erkannt zu haben glaubte, und diesen Funken wünschte sie anzublasen. An einem Sommertag war sie in die Redaktion des »Winesburg Eagle« gegangen, und als sie sah, daß der Junge nichts zu tun hatte, nahm sie ihn mit hinaus über die Main Street bis zum Jahrmarktgelände, wo die beiden sich an einen Grashang setzten und miteinander sprachen. Die Lehrerin versuchte, dem Jungen einen Begriff von den Schwierigkeiten zu geben, mit denen er als Schriftsteller zu rechnen haben würde. »Vor allem mußt du das Leben kennenlernen«, erklärte sie, und ihre Stimme bebte vor Ernst. Sie packte George Willard bei den Schultern und drehte ihn zu sich hin, um ihm in die Augen blicken zu können. Ein Vorübergehender hätte glauben können, daß die beiden sich umarmten. »Wenn du Schriftsteller werden wirst, mußt du aufhören, leere Worte zu machen«, ermahnte sie ihn. »Besser, du gibst jeden Gedanken ans Schreiben auf, bis du mehr vorbereitet bist. Jetzt mußt du erst einmal leben. Ich will dir keine Angst machen, aber ich möchte, daß du die Tragweite dessen begreifst, was du auf dich nehmen willst. Du darfst nicht ein bloßer Höker mit Worten sein. Worauf es ankommt und was es zu lernen gibt, ist nicht das, was die Leute reden, sondern das, was sie denken.«

An dem Abend vor jener stürmischen Donnerstagnacht, in der Reverend Curtis Hartman im Glockenturm der Kirche saß und darauf wartete, einen Blick auf den Leib der Lehrerin zu werfen, hatte der junge Willard sie besucht, um sich ein Buch zu leihen. Und dabei hatte sich das ereignet, was den Jungen in Verwirrung und Verlegenheit brachte. Das Buch unter dem Arm wollte er weggehen, da sprach Kate Swift wiederum mit großer Eindringlichkeit auf ihn ein. Es begann Nacht zu werden, und im Zimmer war es dämmerig. Als er sich zur Tür wandte, um das Haus zu verlassen, rief sie ihn leise beim Namen und ergriff mit einer impulsiven Bewegung seine Hand. Und da der Reporter in dem Alter war, in dem er rasch zum Mann heranwuchs, fühlte sich das Herz der einsamen Frau von dieser Mischung aus Männlichem und Knabenhaftem angerührt. Es verlangte sie leidenschaftlich danach, ihm den Ernst des Lebens begreiflich zu machen und ihm beizubringen, wie man es wahrhaftig und ohne Lüge darzustellen lernt. Sie beugte sich vor und streifte seine Backe mit ihren Lippen. Und im gleichen Augenblick wurde er sich zum ersten Mal der auffallenden Schönheit ihrer Gesichtszüge bewußt. Beide waren aus der Fassung, und um ihrer Empfindungen wieder Herr zu werden, gab sie sich barsch und überlegen. »Was nützt das alles? Zehn Jahre werden nötig sein, bis du begriffen hast, was ich dir klarmachen möchte, wenn ich hier so zu dir rede«, rief sie zornig.

In der Sturmnacht und während der Pastor in der Kirche auf sie wartete, suchte Kate Swift die Redaktion des *Winesburg Eagle* auf, um noch einmal mit dem Jungen zu sprechen. Nach der langen Wanderung durch den Schnee fühlte sie sich kalt, einsam und müde. Als sie durch die Main Street kam, sah sie, daß Licht aus dem Fenster der Druckerei auf den Schnee fiel. Kurzentschlossen öffnete sie die Tür und begab sich hinein. Eine Stunde saß sie beim Ofen in der Redaktion und sprach über das Leben. Sie sprach mit glühendem Ernst. Das, was sie in den Schnee hinausgetrieben hatte, fand eine Auslösung im Reden. Wie es ihr manchmal in der Schule vor den Kindern passierte, geriet sie in Begeisterung. Sie war wie besessen von dem Wunsch, diesem Jungen, der ihr Schüler gewesen war und an dessen Begabung sie glaubte, eine Tür zu öffnen und ihm das Leben verständlich zu machen. Ihr Verlangen danach war so überwältigend, daß es zu etwas Körperlichem wurde. Wiederum packte sie ihn bei den Schultern und drehte ihn zu sich hin. Ihre Augen blitzten in der matten Beleuchtung. Sie stand auf und lachte, aber diesmal nicht höhnisch wie sonst, sondern eigenartig zögernd. »Ich muß gehen«, sagte sie; »wenn ich noch einen Augenblick länger bleibe, werde ich dich noch küssen wollen.«

In der Zeitungsredaktion gab es einen Moment der Verwirrung. Kate Swift wandte sich um und ging zur Tür. Sie war Lehrerin, aber sie war auch Frau. Wenn sie George Willard ansah, erhob sich das heiße Verlangen in ihr, von einem Mann geliebt zu werden, ein Verlangen, das schon tausendmal wie ein Sturmwind durch ihren Körper gefahren war. Und im Licht der Lampe sah George Willard nicht mehr wie ein Junge aus, sondern wie ein Mann, bereit, den Part des Mannes zu spielen.

Sie ließ sich von ihm in die Arme nehmen. In dem überheizten, kleinen Büroraum wurde die Luft plötzlich schwer, und alle Widerstandskraft verließ sie. Sie lehnte sich an die niedrige Barriere bei der Tür und wartete. Und als er näher kam und seine Hand auf ihre Schulter legte, ließ sie ihren Körper schwer gegen seinen fallen. Dadurch vermehrte sich die Verwirrung für George Willard sofort. Einen Moment hielt er die Frau eng an sich gepreßt, dann wurde ihr Körper starr, und zwei kleine Fäuste begannen ihn ins Gesicht zu schlagen. Als die Lehrerin fortgerannt war und ihn allein gelassen hatte, ging er wild fluchend in der Redaktion auf und ab.

In diesem Zustand der Verwirrung war es, als Reverend

Curtis Hartman auftrat. George Willard glaubte, die Stadt sei verrückt geworden, als der Geistliche hereinstürzte und, mit der blutigen Faust in der Luft herumfuchtelnd, behauptete, die Frau, die George kurz vorher in den Armen gehalten hatte, wäre ein Werkzeug Gottes und die Verkünderin der Wahrheit.

George blies die Lampe beim Fenster aus, schloß die Tür der Druckerei hinter sich ab und begab sich nach Haus. Er ging durch die Hotelhalle an Hop Higgins vorbei, der an seine Träume über Frettchenzucht verloren war, und in sein Zimmer hinauf. Das Feuer im Ofen war ausgegangen; er zog sich in der Kälte aus. Die Laken fühlten sich wie trockener Schnee an, als er sich ins Bett legte.

Dort wälzte er sich umher. Nachmittags hatte er auf dem Bett gelegen und in Gedanken an Kate Swift ein Kissen umarmt. Die Worte des Geistlichen, der seiner Meinung nach plötzlich den Verstand verloren haben mußte, klangen ihm im Ohr. Seine Augen wanderten im Zimmer umher. Der natürliche Groll des Männchens, das sich genasführt sieht, legte sich; George bemühte sich zu begreifen, was geschehen war. Doch es gelang ihm nicht. Wieder und wieder drehte er die Sache in seinem Kopf hin und her. Stunden vergingen, und er meinte, der neue Tag müsse bald anbrechen. Gegen vier zog er die Decke bis ans Kinn und versuchte einzuschlafen. Er machte die Augen zu, und als er schläfrig zu werden begann, hob er die Hand und tastete im Dunkel umher. »Irgend etwas ist mir entgangen. Irgend etwas, das Kate Swift mir klarmachen wollte«, murmelte er im Halbschlaf. Und dann schlief er ein, und in ganz Winesburg war er in jener Winternacht der letzte, der zum Schlafen kam.

Angela Carter

Die Braut des Tigers

Mein Vater verlor mich beim Kartenspiel an das Tier.

Es gibt eine bestimmte Verrücktheit, die überfällt die Reisenden aus dem Norden, wenn sie das liebliche Land erreichen, in dem die Zitronen blühen. Wir kommen aus Ländern mit kaltem Klima, zu Hause liegen wir immer im Kampf mit der Natur, aber hier – ach! Man könnte meinen, man sei in die gesegneten Gefilde geraten, wo der Löwe neben dem Lamm ruht. Alles blüht, kein kalter Hauch stört diese sinnenfreudige Luft. Die Sonne schüttet Früchte über uns aus. Und die tödliche, sinnliche Lethargie des lieblichen Südens befällt das verhungerte Hirn; es keucht: »Wohlleben! Mehr Wohlleben!« Aber dann kommt der Schnee, man kann ihm nicht entrinnen, er ist uns seit Rußland gefolgt, als wäre er hinter unserem Wagen hergelaufen, und in dieser düsteren, verbitterten Stadt hat er uns endlich eingeholt, treibt gegen die Fensterscheiben, um meinen Vater zu verspotten, der das ewige Vergnügen erwartet hatte. Die Adern an seiner Stirn schwellen und pochen, und seine Hände zittern, während er des Teufels Gebetbuch austeilt.

Von den Kerzen tropfte heißes, ätzendes Wachs auf meine nackten Schultern. Ich sah ihm zu mit dem wilden Zynismus, der jenen Frauen eigentümlich ist, die durch die Umstände dazu gezwungen sind, schweigend Zeuginnen der Torheit zu werden, während mein Vater, in seiner Verzweiflung von immer mehr Schlucken des Feuerwassers angespornt, das sie hier »Grappa« nennen, die letzten Reste meiner Erbschaft verschleudert. Als wir Rußland verließen, besaßen wir fruchtbare schwarze Erde, blaue Wälder mit Bären und Wildschweinen, Leibeigene, Kornfelder, Bauernhöfe, meine geliebten Pferde, die weißen Nächte kühler Sommer, das Feuerwerk der Nordlichter. Welche Last muß ihm dieser Besitz bedeutet haben, denn er lacht fröhlich, als er sich jetzt zum Bettler macht; er ist von einer solchen Leidenschaft gepackt, daß er alles dem Tier schenkt.

Jeder, der in diese Stadt kommt, muß mit dem Grandseigneur eine Partie Karten spielen, es kommen freilich nur wenige. Man hatte uns in Mailand nicht gewarnt, oder wir hatten es nicht verstehen können – mein holpriges Italienisch, der verwirrende Dialekt dieser Gegend. Ja wirklich, ich selber schlug dieses abgelegene Provinzstädtchen vor, das seit zweihundert Jahren aus der Mode gekommen, weil es sich, o Ironie, keines Kasinos rühmen kann. Ich wußte nicht, daß der Preis für den Aufenthalt in seiner dezemberlichen Einsamkeit ein Spiel mit dem Herrn war.

Es war schon spät. Die feuchte Kälte dieses Ortes kroch in Steine und Knochen und tief in die Lungenbläschen; sie drang mit einem Schauer selbst in unseren Salon, wohin sich der Herr begab, um in der Verschwiegenheit zu spielen, die zu seinem Wesen gehörte. Wer hätte die Einladung zurückgewiesen, die uns sein Diener in unserem Quartier überreichte? Gewiß nicht mein zügelloser Vater; der Spiegel über dem Tisch gab mir seine Besessenheit wieder, meine Reglosigkeit, die flackernden Kerzen, die sich leerenden Flaschen, die bunten Gezeiten der Karten, die auf und nieder gingen, die starre Maske, die alle Gesichtszüge des Tiers verbarg außer seinen gelben Augen, die dann und wann über seine unbehaarte Hand zu mir hinüberstreiften.

»*La Bestia!*« sagte unsere Wirtsfrau und betastete scheu einen Briefumschlag mit seinem riesigen Wappen, einem Tiger im Sprung, und halb Furcht, halb Staunen lag auf ihrem Gesicht. Und ich brachte es nicht über mich zu fragen, warum sie den Herrn dieser Gegend La Bestia nannten – hatte es wohl mit diesem heraldischen Zeichen zu tun? Ihre Sprache war durch die träge, bronchitische Redeweise der Gegend so erstickt, daß ich sie kaum verstehen konnte, außer als sie bei meinem Anblick sagte: »*Che bella!*«

Seit ich krabbeln konnte, war ich immer die Hübsche gewesen, mit meinen glänzenden, nußbraunen Locken, meinen Rosenwangen. Ich war am Weihnachtstag geboren – meine Christrose, nannte mich meine englische Kinderfrau. Die Bauern sagten: »Das leibhaftige Ebenbild ihrer Mutter«, und schlugen ein Kreuz zum ehrfürchtigen Gedenken an die Tote. Die Lebensblüte meiner Mutter hielt nicht lange an; nur ihrer Aussteuer wegen von einem solchen Windhund aus dem russischen Adel geheiratet, starb sie bald an seiner Spielleidenschaft, seiner Hurerei, seinen ausschweifenden Festen. Und das Tier reichte mir die Rose aus seinem tadellosen, wenn auch altmodischen Knopfloch, als es eintrat, während der Diener ihm den Schnee von dem schwarzen Rock klopfte. Diese weiße Rose, unnatürlich und nicht aus dieser Jahreszeit, die meine nervösen Finger jetzt zerpflückten, Blatt für Blatt, wie mein Vater glorreich seine Laufbahn beendete, die nur aus Katastrophen bestand.

Dies ist eine schwermütige, in sich versunkene Gegend; eine sonnenlose, gestaltlose Landschaft, der träge Fluß schwitzt Nebel aus, die kahlen Weiden stehen krumm. Und eine grausame Stadt; die düstere Piazza, ein Platz, wie geschaffen für öffentliche Hinrichtungen, unter dem übergreifenden Schatten einer scheunenhaften, bedrohlichen Kirche. Man pflegte die Verurteilten in Käfigen an die Stadtmauer zu hängen; Unfreundlichkeit ist den Leuten hier selbstverständlich, ihre Augen sitzen eng beieinander, sie haben schmale Lippen. Ihr Essen ist kärglich, Nudeln, die in Öl schwimmen, gekochtes Rindfleisch mit einer Sauce aus bitteren Kräutern. Ein Friedhofshauch liegt über dem ganzen Ort, die Bewohner sind gegen Eis und Kälte so vermummt, daß man kaum ihre Gesichter erkennen kann. Und sie lügen und betrügen, Wirtsleute, Kutscher, alle. Du liebe Zeit, wie sie uns gemolken haben!

Der trügerische Süden, wo man meint, es gäbe keinen Winter, und vergißt, daß man ihn mit sich schleppt.

Meine Sinne wurden immer verwirrter von dem berauschenden Parfum des Herrn, ein viel zu starker Duft nach Zibet für diesen kleinen Raum und diese Enge. Er schien in diesem Parfum zu baden, seine Hemden und seine Unterwäsche damit zu tränken; wonach mag er wohl wirklich riechen, daß er es so übertönen muß?

Ich habe noch nie einen so großen Mann gesehen, der so zweidimensional wirkt, obwohl das Tier wunderlich elegant ist in seinem altmodischen Gehrock, der seinem Aussehen nach in jenen fernen Jahren gekauft sein mochte, die vor seiner selbstgewählten Abgeschlossenheit lagen; es empfindet es nicht mehr als notwendig, mit der Mode zu gehen. Etwas Ungeschlachtes ist in seinem Äußeren, etwas Riesenhaftes, nichts Gewinnendes; das Tier strahlt eine sonderbare Selbstbeherrschung aus, als kämpfe es mit sich, aufrecht zu bleiben, obgleich es sich viel lieber auf allen vieren bewegen würde. Traurig verzerrt es unsere menschlichen Hoffnungen, göttergleich zu sein, das arme Ding; nur aus einer gewissen Entfernung könnte man meinen, das Tier unterscheide sich kaum von irgendeinem anderen Mann, obgleich es eine Maske trägt, auf die ein sehr schönes Männerantlitz gemalt ist. O ja, ein wunderschönes Gesicht; aber eins mit einer zu strengen Symmetrie der Züge, um ganz menschlich zu sein: Die eine Hälfte seiner Maske ist das Spiegelbild der anderen, zu vollkommen, unheimlich. Er trägt auch eine Perücke, falsche Haare, die mit einer Schleife zu einem Zopf gebunden sind, eine Perücke wie auf altmodischen Porträts. Ein passendes Seidentuch, mit einer Perle festgesteckt, verbirgt seinen Hals. Dazu Handschuhe aus hellem Ziegenleder, die so riesig und ungeschlacht sind, daß sie wohl keine Hände bedecken.

Er ist eine Karnevalsfigur aus Pappmaché und Kreppapierhaaren; aber am Kartentisch ist er gerissen wie ein Teufel.

Wenn er sich über sein Blatt beugt, hallt seine maskierte Stimme wie aus einer großen Ferne, und er leidet an einem so grollenden Sprachfehler, daß nur sein Diener ihn versteht und übersetzen kann, so als wäre sein Herr eine tolpatschige Puppe und er selbst ein Bauchredner.

Der Docht sank in das zerschmolzene Wachs, die Kerzen flackerten. Als meine Rose all ihre Blätter verloren hatte, war auch meinem Vater nichts mehr geblieben.

»Außer dem Mädchen.«

Spielen ist eine Krankheit. Mein Vater sagte immer, er liebte mich, und dennoch setzte er seine Tochter aufs Spiel mit den Karten. Er fächerte sein Blatt auf; im Spiegel sah ich, wie wilde Hoffnung seine Augen funkeln ließ. Er hatte sich den Kragen zugeknöpft, seine zerzausten Haare standen zu Berge, er zeigte die Höllenqualen eines Mannes im letzten Stadium der Verkommenheit. Es zog durch alle alten Wände, und ich fror schlimmer als jemals zuvor in Rußland, wenn die Nächte dort am kältesten sind.

Eine Dame, ein König, ein As. Ich erkannte sie im Spiegel. Oh, ich wußte genau, daß er sich einbildete, er könnte mich nicht verlieren, mit mir würde sogar alles wieder zurückkommen, was er verloren hatte, mit mir wäre das verschleuderte Vermögen meiner Familie mit einem Schlag zurückgewonnen. Und wenn er nicht gewann, nun gut, dann also das Ahnenschloß des Tiers vor den Toren der Stadt, die unermeßlichen Einkünfte; die Ländereien entlang dem Fluß, die Renten, die Schatztruhe, die Mantegnas, Giulio Romanos, die Salzfässer von Cellini, die Titel … die ganze Stadt selbst.

Man darf nicht denken, daß mein Vater mich geringer schätzte als das Lösegeld für einen König, aber eben auch nicht höher.

Es war jetzt eiskalt in diesem Zimmer. Und mir, dem Kind aus dem unwirtlichen Norden, kam es vor, als wäre nicht mein Fleisch, sondern in Wahrheit meines Vaters Seele in Gefahr.

Mein Vater glaubte natürlich an Wunder; welcher Spieler tut das nicht? Waren wir nicht gerade zu der Jagd nach so einem Wunder aufgebrochen aus dem Land der Bären und Sternschnuppen?

So schwankten wir zum Rand des Abgrunds.

Das Tier brüllte und legte dann die drei übrigen Asse auf den Tisch.

Die ungerührten Diener glitten nun so glatt herbei, als ob sie auf Rollen liefen, um eine Kerze nach der anderen zu löschen. Wenn man sie betrachtete, so mochte man meinen, nichts von Bedeutung wäre geschehen. Sie gähnten ein wenig vorwurfsvoll; es war fast Morgen, wir hatten sie nicht ins Bett gehen lassen. Der Kammerdiener des Tiers brachte ihm den Mantel. Mein Vater blieb inmitten dieser Vorbereitungen zum Aufbruch sitzen und starrte noch immer auf die Karten, die ihn im Stich gelassen hatten.

Der Diener teilte mir knapp mit, daß er morgen um zehn Uhr mich und meine Koffer abholen und in den Palazzo des

Tiers bringen würde. *Capisco?* Ich war so erschrocken, daß ich kaum etwas begriff. Geduldig wiederholte er die Anweisungen für mich, er war ein sonderbarer, dünner, behender kleiner Mann, der sich mit unregelmäßigen Schritten vorwärts bewegte, auf schief angesetzten Füßen, die in merkwürdigen, keilförmigen Schuhen steckten.

Hatte mein Vater vorher ein feuerrotes Gesicht gehabt, so war er jetzt weiß wie der Schnee, der auf der Fensterbank lag. Seine Augen schwammen, gleich würde er weinen.

»Wie der gemeine Inder«, sagte er; er liebte es, Gedichte zu rezitieren, »einer, dessen Hand eine Perle fortwarf, reicher als sein ganzer Stamm ... Ich habe meine Perle verloren, meine unbezahlbare Perle.«

Daraufhin stieß das Tier plötzlich einen wilden Ton hervor, halb Grollen und halb Brüllen; die Kerzen flackerten. Der flinke Diener, der unverschämte Heuchler, übersetzte, ohne mit der Wimper zu zucken: »Mein Herr will sagen: wenn Sie so nachlässig mit Ihren Schätzen sind, dann sollten Sie damit rechnen, daß sie Ihnen abgenommen werden.«

Er bedachte uns mit der Verneigung und dem Lächeln, das uns sein Herr nicht bieten konnte, und sie verschwanden.

Ich schaute den Schneeflocken zu, bis sie, kurz vor der Morgendämmerung, zu rieseln aufhörten; starker Frost setzte ein, der nächste Morgen brachte ein Licht wie aus Eisen.

Die Kutsche des Tiers, ein elegantes, wenn auch altmodisches Modell, war kohlpechrabenschwarz und wurde gezogen von einem blanken schwarzen Wallach, der Dampf aus seinen Nüstern blies und so lebhaft auf dem festgetretenen Schnee herumstapfte, daß ich wieder Hoffnung schöpfte. Vielleicht war die ganze Welt doch nicht so von Eis umschlossen, wie ich es jetzt war. Ich hatte mich immer etwas an Gullivers Meinung gehalten, daß Pferde besser sind als wir, und an jenem Tage wäre ich ihm mit Freuden ins Königreich der Pferde gefolgt, wenn sich dazu nur eine Gelegenheit ergeben hätte.

Der Diener saß in einer schmucken schwarzgoldenen Livree hoch oben auf dem Bock und umklammerte ausgerechnet einen Strauß von seines Herrn verdammten weißen Rosen, als ob ein Blumengebinde eine Frau über irgendeine Demütigung hinwegtrösten könnte. Er sprang mit unnatürlicher Gelenkigkeit herab, um sie mir feierlich in meine widerstrebende Hand zu legen. Mein tränenüberströmter Vater will eine Rose zum Zeichen, daß ich ihm vergeben habe. Als ich eine abbreche, steche ich mir in den Finger, und so bekommt er seine Rose ganz mit Blut verschmiert.

Der Diener kroch um meine Füße herum, um mit einer sonderbaren Art von gleichgültiger Willfährigkeit die Decken um mich herum festzustopfen, vergaß jedoch seine Stellung so weit, daß er sich mit einem übermäßig beweglichen Zeigefinger genußvoll unter der Halbperücke kratzte, während er mir einen Blick zuwarf, den meine alte Kinderfrau »altmodisch« genannt hätte; er war spöttisch, verschlagen, eine Spur Verachtung lag darin. Und Mitleid? Nein, kein Mitleid. Seine Augen waren feucht und braun, sein Gesicht überzogen mit der unschuldigen Listigkeit eines uralten Babys. Er besaß die irritierende Angewohnheit, ununterbrochen Selbstgespräche zu führen, während er die Gewinne seines Herrn einlud. Ich zog die Vorhänge zu, um nicht das Lebwohl meines Vaters sehen zu müssen; mein Groll war scharf wie eine Glasscherbe.

Verspielt an das Tier! Und was an ihm, so überlegte ich, mochte genau das »Tierische« sein? Meine englische Kinderfrau hat mir einmal von einem Tigermann erzählt, den sie in London gesehen hatte, als sie ein kleines Mädchen war, das sollte mir einen Schreck einjagen, damit ich brav war, denn ich war ein wildes kleines Ding, und mit einem Stirnrunzeln oder einem Bestechungslöffel voll süßer Marmelade allein konnte sie mich nicht zähmen zur Unterwerfung. Wenn du nicht aufhörst, die Stubenmädchen zu ärgern, meine Schöne, dann kommt der Tigermann und nimmt dich mit. Sie haben ihn aus Sumatra von den indischen Inseln mitgebracht, erzählte sie; sein Hinterteil war ganz voll Fell, und einem Menschen ähnelte er nur vom Kopf abwärts.

Das Tier jedoch geht stets maskiert, sein Gesicht also kann nicht aussehen wie meines.

Aber der Tigermann konnte trotz seiner Behaarung wie jeder gute Christ ein Glas Bier in die Hand nehmen und leertrinken. Das hatte sie mit eigenen Augen gesehen, als sie gerade so groß war wie ich und noch stammelte und krabbelte. Dann pflegte sie aufzuseufzen vor Sehnsucht nach ihrem London jenseits der Nordsee und der vielen vergangenen Jahre. Wenn diese junge Dame aber nicht artig war und brav ihre roten Bete aufaß, dann würde sich der Tigermann seinen großen schwarzen Reisemantel umwerfen, der genau wie der Mantel von deinem Papa mit Pelz gefüttert ist, er würde das schnelle Pferd des Erlkönigs mieten und durch Nacht und Wind geradewegs zum Kinderzimmer reiten, und –

Ja, meine Schöne! VERSCHLINGEN WÜRDE ER DICH!

Wie habe ich immer gequietscht in wonnigem Schrecken, habe ihr halb geglaubt und halb gewußt, daß sie mich nur necken will. Es gab auch Dinge, von denen ich genau wußte, daß ich sie ihr nicht erzählen durfte. Auf unserem einsamen Bauernhof, wo die kichernden Kindermädchen mich in das Geheimnis einweihten, was der Bulle mit den Kühen macht, hörte ich von der Tochter des Wagenmeisters. Pst, pst, das darf aber nicht deine Kinderfrau wissen, daß wir das gesagt haben; die Kleine vom Wagenmeister, Hasenscharte, Schielaugen, häßlich wie die Sünde, wer hätte die schon haben wollen? Und doch ist ihr zu ihrer Schande und unter dem grausamen Gespött der Pferdeknechte der Bauch dick geworden, und sie tuschelten, der Sohn, den sie geboren hätte, stammte von einem Bären. Kam mit einem Fell und ausgewachsenen Zähnen auf die Welt; das war der Beweis. Als er jedoch erwachsen war, wurde er ein guter Schäfer; nur geheiratet hat er niemals, er hauste vor dem Dorf in einer Hütte und konnte den Wind aus allen Himmelsrichtungen blasen lassen und außerdem konnte er auch genau sagen, aus welchen Eiern Hähne und aus welchen Hennen schlüpfen würden.

Die verstörten Bauern hatten meinem Vater eines Tages einen Schädel gebracht, der auf jeder Stirnseite Hörner hatte, einen guten Finger lang, und sie weigerten sich, auf das Feld zurückzugehen, wo ihr armseliger Pflug das Ding aufgestöbert hatte, es mußte erst ein Priester kommen und mit ihnen gehen, denn dieser Schädel hatte den Kieferknochen eines Mannes, nicht wahr?

Altweibermärchen, Kinderstubenängste! Ich kannte nur zu gut den Grund für die Verzagtheit, die ich so angenehm herauskitzelte mit abergläubischen Wundergeschichten aus meiner Kindheit an jenem Tag, an dem diese Kindheit endete. Von nun an war meine Haut mein einziges Kapital auf der Welt; und heute mußte ich sie zum erstenmal zu Markte tragen.

Wir hatten die Stadt weit hinter uns gelassen und überquerten jetzt eine breite, flache Mulde aus Schnee, in der Weidenstümpfe mit geschorenen Köpfen gefrorene Tümpel säumten; Nebel löste den Horizont auf und zog den Himmel tiefer, bis er nur noch ein paar Handbreit über uns zu schweben schien. So weit das Auge reichte, kein Lebewesen. Wie kümmerlich und armselig war die tote Jahreszeit in diesem falschen Garten Eden, in dem alle Früchte dem Frost erlegen waren! Und meine zarten Rosen, schon verwelkt. Ich öffnete den Wagenschlag und warf den sinnlosen Strauß auf den hochgepreßten, festgefrorenen Schlamm der Straße. Plötzlich erhob sich ein scharfer, beißender Wind und warf mir trockene Schneekörner ins Gesicht. Der Nebel hob sich so weit, daß sich vor mir ein Areal von halb zerfallenen Fassaden aus reinem rotem Backstein enthüllte, die riesige Menschenfalle, die größenwahnsinnige Zitadelle seines Palazzos.

Es war eine Welt für sich, aber eine tote, ein ausgebrannter Planet. Ich erkannte, daß sich das Tier mit seinem Geld nicht Luxus, sondern Abgeschiedenheit erkauft hatte.

Das kleine schwarze Pferd trabte geradewegs durch das mit Figuren verzierte Bronzeportal, das sich dem Unwetter wie ein Scheunentor geöffnet hatte, und der Diener half mir aus dem Wagen auf die zersprungenen Fliesen in der großen Halle, in die duftende Wärme eines Stalles, süß von Heu, beißend von Pferdemist. Unter dem großen Dach, wo die Balken dicht besetzt waren mit den letzten Schwalbennestern des Sommers, brach ein Chor von Gewieher und dumpfem Hufgetrappel aus; ein Dutzend grazile Nüstern reckten sich aus den Krippen und wandten sich uns zu, mit steil gespitzten Ohren. Das Tier hatte seinen Pferden den Speisesaal überlassen. Die Wände waren passend bemalt mit einem Fresko von Pferden,

Hunden und Männern in einem Wald, in dem die Bäume gleichzeitig Blüten und Früchte an den Zweigen trugen.

Der Diener zupfte mich höflich am Ärmel. Der Herr wartet schon.

Gähnende Türen und zerbrochene Fenster ließen überall den Wind ein. Wir stiegen eine Treppe nach der anderen hoch, unsere Schritte hallten auf Marmor. Durch Bögen und Türen erblickte ich gewölbte Gemächer, die wie in einem Irrgarten eins aus dem anderen hervortraten wie chinesische Schachteln und in die unendlich verzweigten Räumlichkeiten dieses Ortes führten. Er und ich und der Wind waren das einzige, das sich hier regte; alle Möbel lagen unter Schleiern von Staub, die Kronleuchter waren mit Tüchern verhängt, Gemälde von ihren Haken genommen und mit der Bildseite an die Wand gelehnt, als ob ihr Herr ihren Anblick nicht ertragen könnte. Der Palast war entkleidet, als wollte sein Eigentümer gerade ausziehen oder als wäre er noch niemals richtig eingezogen. Das Tier hatte sich entschieden, an einem unbewohnten Ort zu leben.

Der Diener warf mir aus seinen braunen beredten Augen einen beruhigenden Blick zu, in dem jedoch auch eine solch scheele Geringschätzung lag, daß er mich nicht trösten konnte, und hüpfte weiter auf seinen schiefen Beinen vor mir her, wobei er leise vor sich hin murmelte. Ich hob den Kopf und folgte ihm; mein Herz aber war schwer, trotz all meines Stolzes.

Der Herr hat seinen Königssitz hoch oben im Haus, in einem engen, stickigen, düsteren Raum; er hält die Fensterläden noch am Mittag geschlossen. Als wir ihn endlich erreicht hatten, war ich außer Atem und erwiderte das Schweigen, mit dem er mich begrüßte. Ich will nicht lächeln. Er kann nicht lächeln.

In seiner kaum je gestörten Abgeschiedenheit trägt das Tier ein Gewand mit osmanischen Mustern, einen losen Mantel aus stumpfem Purpur, goldbestickt, am Halse hochgeschlossen und so lang, daß er seine Füße verbirgt. Die Füße des Sessels, in dem er sitzt, sind schön gearbeitete Klauen. Er versteckt seine Hände in weiten Ärmeln. Das kunstvolle Meisterwerk seines Gesichtes erschreckt mich. Ein kleines

Feuer auf einem kleinen Rost. Windstöße lassen die Läden klappern.

Der Diener hustete. Ihm fiel die delikate Aufgabe zu, die Wünsche seines Herrn zu übersetzen.

»Mein Herr …« Ein Scheit fiel in die Asche und krachte mächtig in diese unheimliche Stille hinein, der Diener fuhr zusammen, verlor den Faden und begann von vorn.

»Mein Herr hat nur einen einzigen Wunsch.«

Der schwere, üppige, wilde Duft, mit dem der Herr auch am vorigen Abend parfümiert gewesen war, hängt um uns in der Luft, steigt in blauen Wolken aus den Löchern eines kostbaren chinesischen Räuchergefäßes.

»Er wünscht sich nur …«

Hier begann der Diener im Angesicht meiner Teilnahmslosigkeit zu stammeln, seine spöttische Überlegenheit war dahin, denn der Wunsch seines Herrn, wie unbedeutend er auch sein mag, klang unerträglich anmaßend aus dem Mund eines Lakaien, und diese Rolle des Zwischenträgers war es offenbar, die ihn vor allem verlegen machte. Er schluckte, räusperte sich und stieß schließlich ohne Punkt und Pause eine Flut von Worten hervor.

»Der einzige Wunsch meines Herrn ist die schöne junge Dame unbekleidet zu sehen nackt ohne ihr Kleid und das nur ein einziges Mal wonach sie unbeschadet zu ihrem Vater zurückgebracht werden wird mit einem Barscheck in der Höhe jener Summe die er an meinen Herrn beim Kartenspiel verloren hat und außerdem einer Anzahl von schönen Geschenken wie Pelze, Juwelen und Pferde …«

Ich blieb ruhig stehen. Während dieses Gespräches waren meine Augen auf gleicher Höhe wie die hinter der Maske, die jetzt den meinen auswichen, als ob er sich jetzt, zur Rettung seiner Ehre, für sein Ansinnen ebenso schämte wie für das Sprachrohr, das sie in Worte kleidete. *Agitato, molto agitato* rang der Diener die Hände in den weißen Handschuhen.

»*Denuda* …«

Ich traute kaum meinen Ohren. Ich stieß ein heiseres Gelächter aus; so lacht keine junge Dame! pflegte mich meine alte Kinderfrau zu ermahnen. Ich tat es trotzdem. Und tue es noch. Vor dem rauhen Krächzen meiner herzlosen Heiterkeit prallte der Diener entsetzt zurück, rang die Hände, als ob er sie loswerden wollte, verzweifelt und in stummem Flehen. Ich spürte, ich schuldete ihm eine Antwort in einem so fehlerlosen Toskanisch, wie ich es nur zustande brachte.

»Sie können mich in ein fensterloses Gemach bringen lassen, mein Herr, dann verspreche ich Ihnen, daß ich für Sie meinen Rock bis zur Taille hochheben werde. Es muß jedoch ein Tuch über mein Gesicht gezogen werden, damit es verborgen bleibt; das Tuch muß so locker auf mir liegen, daß es mich nicht erstickt. So werde ich von der Hüfte aufwärts vollkommen bedeckt sein, und es gibt kein Licht. Dort dürfen Sie mich einmal besuchen, mein Herr, und nur das eine Mal. Danach will ich direkt in die Stadt zurückgefahren und auf dem Marktplatz abgeliefert werden, vor der Kirche. Wenn Sie wünschen, mir Geld zu zahlen, dann will ich es gerne entgegennehmen. Ich muß jedoch darauf beharren, daß Sie mir nur die Summe geben, die Sie unter diesen Umständen jeder anderen Frau auch zahlen würden. Wenn Sie es jedoch vorziehen, mir gar kein Geschenk zu machen, so ist das Ihr gutes Recht.«

Wie freute ich mich, als ich sah, daß ich das Tier ins Herz getroffen hatte! Denn nach einem Dutzend Herzschlägen quoll eine einzige Träne schimmernd im Winkel des maskierten Auges. Eine Träne! Eine Träne, wie ich hoffte, der Scham. Die Träne bebte einen Augenblick am Rande des gemalten Jochbeins, rann dann über die gemalte Wange und tropfte schließlich mit einem hellen Klang auf den gekachelten Boden.

Der Diener scheuchte mich hastig unter murmelnden Selbstgesprächen aus dem Raum. Eine malvenfarbene Wolke von seines Herrn Parfum wallte mit uns in den eisigen Korridor hinaus und löste sich dort im Luftzug auf.

Eine Zelle war für mich gerichtet, eine wahrhaftige Zelle, ohne Fenster, ohne Luft, ohne Licht, in den tiefsten Eingeweiden des Palastes. Der Diener zündete eine Lampe für mich an; ein schmales Bett, ein dunkler Schrank mit geschnitzten Früchten und Blumen zeigten sich im Dämmer.

»Ich werde mein Bettlaken zu einer Schlinge knüpfen und mich damit aufhängen«, sagte ich.

»O nein«, erwiderte der Diener und musterte mich mit seinen großen und plötzlich melancholischen Augen, »o nein, das werden Sie nicht. Sie sind eine Frau von Ehre.«

Und was trieb er in meiner Schlafkammer, diese zappelnde Karikatur eines Mannes? War er mein Wärter, bis ich mich den Wünschen des Tiers unterwarf oder es sich den meinen? War meine Lage so beschränkt, daß man mir keine Kammerzofe mehr zugestand? Der Diener klatschte, wie als Antwort auf meinen unausgesprochenen Wunsch, in die Hände.

»Um Ihre Einsamkeit zu lindern, Madame …«

Hinter der Schranktür Klopfen und Klappern, die Tür klappt auf, und heraus gleitet eine Soubrette aus einer Operette, schimmernde nußbraune Locken, rosige Wangen, blaue Kugelaugen; es dauert einen Augenblick, ehe ich sie erkenne in ihrer kleinen Haube, den weißen Strümpfen und gestärkten Unterröcken. In der einen Hand trägt sie einen Spiegel, in der anderen eine Puderquaste, und wo ihr Herz sitzen sollte, ist eine Spieldose; sie klingelt, während sie auf ihren winzigen Rädern auf mich zurollt.

»Hier lebt nichts Menschliches«, sagte der Diener.

Meine Kammerzofe hielt an, verneigte sich; aus einem gesäumten Schlitz an der einen Seite ihres Körpers ragt der Griff eines Schlüssels heraus. Sie ist eine wunderbare Maschine, das raffiniert ausbalancierte System von Schnüren und Rollen der Welt.

»Wir haben uns der Dienstboten entledigt«, sagt der Diener, »wir umgeben uns statt dessen zu unserm Nutzen und Vergnügen mit Attrappen, und wir sind nicht weniger zufrieden als die meisten anderen Herren.«

Mein Aufziehzwilling machte vor mir halt, zirpte in ihren Eingeweiden ein Menuett aus dem 18. Jahrhundert und bot mir ein kühles Lächeln. Klick, klick – sie hebt ihren Arm und pudert mir emsig die Wangen mit rosiger Kreide, daß ich husten muß; dann dreht sie mir ihren kleinen Spiegel entgegen.

Ich sah darin nicht mein eigenes Gesicht, sondern das meines Vaters, als hätte ich bei der Ankunft im Palast des Tiers wie eine Quittung für seine Schulden sein Gesicht aufgelegt. Was heulst du noch, du Narr in deinem Selbstbetrug?

Betrunken dazu. Er stieß seinen Grappa zurück und warf den Becher fort.

Als der Diener meinen Schreck und mein Entsetzen sah, nahm er mir den Spiegel weg, hauchte ihn an, rieb ihn mit einer Kante seiner behandschuhten Faust blank und reichte ihn mir zurück. Jetzt sah ich nur mich selbst, hohläugig nach einer schlaflosen Nacht und so blaß, daß ich meine Kammerzofe und ihr Rouge brauchen konnte.

Ich hörte, wie sich der Schlüssel in der schweren Tür drehte und die Schritte des Dieners auf dem steinernen Gang verhallten. In der Zwischenzeit fuhr mein Ebenbild fort, die Luft zu pudern und ihre zirpende Melodie von sich zu geben, doch war sie, wie sich herausstellte, nicht unermüdlich; bald wurde ihr Pudern träger, ihr Metallherz in einer Nachahmung von Müdigkeit langsamer, ihre Spieluhr lief ab, bis sich die Töne so verzerrten, daß sie falsch klangen, wie einzelne Regentropfen, und schließlich, als ob der Schlaf sie überwältigt hätte, bewegte sie sich gar nicht mehr. Als sie eingeschlummert war, hatte ich nur den einen Wunsch, das gleiche zu tun. Ich sank wie gefällt auf das schmale Bett.

Zeit verstrich, aber ich weiß nicht, wieviel. Irgendwann weckte mich der Diener mit Brötchen und Honig. Ich winkte ihm, das Tablett wieder fortzunehmen, aber er setzte es energisch neben der Lampe ab, nahm eine kleine Dose aus Chagrinleder herunter und überreichte sie mir.

Ich wandte meinen Kopf ab.

»Oh, meine Dame!« Wie verletzt knarrte seine hohe Stimme! Geschickt öffnete er den goldenen Verschluß; in einem Bett aus rotem Samt lag ein einzelner Diamantohrring, vollkommen wie eine Träne.

Ich klappte die Dose wieder zu und warf sie in eine Ecke. Diese plötzliche, heftige Bewegung muß auf den Mechanismus der Puppe gewirkt haben. Sie ließ ihren Arm emporschnellen, fast wie um mich zu strafen, und gab ein paar Gavottetriller von sich. Dann war sie wieder ruhig.

»Nun gut«, sagte der Diener beleidigt. Und kündigte mir an, es sei für mich an der Zeit, meinen Gastgeber abermals zu besuchen. Er gestattete mir nicht, mich zu waschen oder mir die Haare zu bürsten. Im Inneren des Palastes herrschte so wenig natürliches Licht, daß ich nicht unterscheiden konnte, ob es Tag war oder Nacht.

Es sah nicht so aus, als hätte sich das Tier, seitdem ich es das letzte Mal gesehen hatte, überhaupt gerührt; er saß in seinem großen Sessel mit den Händen in den Ärmeln, und die schwüle Luft war vollkommen still. Ich mochte eine Stunde geschlafen haben, eine Nacht oder einen Monat, seine steinerne Reglosigkeit, die erstickende Atmosphäre hatten sich nicht verändert. Der Weihrauch stieg aus dem Gefäß und zog noch immer die gleichen Kringel durch die Luft. Das gleiche Feuer brannte.

Soll ich für Sie meine Kleider ablegen, wie ein Ballettmädchen? Ist das alles, was Sie von mir verlangen?

»Ein Blick auf die Haut einer jungen Dame, die noch kein Mann gesehen hat ...«, stammelte der Diener.

Ich wünschte, ich hätte mich mit jedem Bauernburschen auf meines Vaters Höfen im Heu gewälzt, um nur nicht die Voraussetzungen für diesen demütigenden Handel zu erfüllen. Daß er so wenig forderte, war der Grund, warum ich es nicht gewähren konnte; ich mußte mit dem Tier nicht sprechen, damit es mich verstand.

Eine Träne stieg ihm in das andere Auge. Und dann bewegte er sich; er verbarg sein Karnevalspappgesicht mit den schweren geknüpften falschen Haaren in, wie ich sagen würde, seinen Armen; er zog seine, wie ich sagen würde, Hände aus den Ärmeln, und ich sah seine pelzigen Pfoten, seine Krallen, die Wunden reißen konnten.

Die Träne tropfte auf sein Fell und glänzte. Und in meiner Zelle hörte ich stundenlang diese Pfoten vor meiner Tür hin und her tappen.

Als der Lakai wieder mit seinem Silbertablett auftauchte, besaß ich ein ganzes Paar Diamantohrringe wie aus dem reinsten Wasser der Welt; ich warf den zweiten in die gleiche Ecke, in der der erste lag. Der Diener zitterte vor Kränkung und Bedauern, bot mir jedoch nicht wieder an, mich zum Tier zu führen. Statt dessen lächelte er einschmeichelnd und gab von sich: »Mein Herr, er sagt, er bittet die junge Dame zu einem Ausritt.«

»Was soll das?«

Er machte kurz das Galoppgetrappel nach und krächzte zu meiner Verwunderung tonlos: »Trapp trapp! Trapp trapp! Auf die Jagd wollen wir gehen!«

»Ich werde ausreißen, ich werde in die Stadt reiten.«

»O nein«, erwiderte er, »sind Sie nicht eine Frau von Ehre?«

Er klatschte in die Hände, und mein Kammermädchen klickte und hampelte sich zurecht für ihre Imitation von Leben. Sie rollte zum Schrank, aus dem sie gekommen war, und griff hinein, um mein Reitkleid herauszuholen und über ihren künstlichen Arm zu legen. Ausgerechnet das, mein eigenes Reitkleid, das ich in einem Koffer auf dem Dachboden jenes Landhauses vor Petersburg zurückgelassen hatte, das uns schon vor langer Zeit verlorengegangen war, lange bevor wir uns auf diese wilde Wanderschaft in den grausamen Süden gemacht hatten. Entweder war es wirklich das echte Reitkleid, das mir meine alte Kinderfrau genäht hatte, oder eine vollkommene Kopie, perfekt bis zum verlorenen Knopf am rechten Ärmel, bis zu dem ausgerissenen Saum, der nur mit einer Nadel festgesteckt war. Ich drehte und wendete den abgetragenen Stoff in meinen Händen, um einen endgültigen Beweis zu finden. Der Wind, der durch den Palast jagte, ließ die Tür in ihrem Rahmen beben; hatte der Nordwind meine Kleider quer durch Europa zu mir geblasen? Bei uns zu Hause konnte ein Bärensohn die Winde nach seinem Willen wehen lassen. Welche Zauberdemokratie herrschte in beidem, in diesem Palast und jenem Tannenwald? Oder sollte ich bereit werden, es als Beweis für das Lebensprinzip meines Vaters zu nehmen, der mir immer eingehämmert hatte: alles ist möglich, wenn man genug Geld hat?

»Hopp, hopp, Galopp«, schlug der Diener zwinkernd vor, ganz offensichtlich gefielen ihm das bevorstehende Vergnügen und meine Verwirrung. Das Aufziehmädchen hielt mir meine Jacke hin, und ich erlaubte mir, scheinbar widerstrebend hineinzufahren, dabei war ich halb verrückt danach, hinaus an die frische Luft zu kommen, fort von diesem todbringenden Palast, und wenn auch in einer solchen Gesellschaft.

Die Portale der Halle ließen den hellen Tag hinein; ich sah, daß es Morgen war. Unsere Pferde waren schon gesattelt und geschirrt, Tiere in Fesseln, und warteten auf uns. Sie schlugen mit ihren ungeduldigen Hufen Funken aus den Steinen, während ihre Stallgenossen gemütlich im Stroh lagerten und sich in der stummen Sprache der Pferde miteinander unterhielten. Ein oder zwei Tauben, das Gefieder aufgeplustert, um die Kälte abzuwehren, scharrten und pickten nach Körnern. Der kleine schwarze Wallach, der mich hergebracht hatte, begrüßte mich mit einem schmetternden Wiehern, das in dem dunstigen Gebäude widerhallte wie in einem Schalloch, und ich wußte, ihn sollte ich reiten.

Ich habe immer Pferde verehrt, diese edelsten aller Geschöpfe, sie haben eine so verwundete Sensibilität in ihren weisen Augen, diese kluge Beherrschung der Kraft in ihrer angespannten Hinterhand. Ich schnalzte meinem blanken, schwarzen Gefährten zu, und er erwiderte meinen Gruß durch einen Kuß mit seinen weichen Nüstern auf meine Stirn. Da stand noch ein kleines zottiges Pony, das an den *trompe l'œil*-Ranken unter den Hufen der gemalten Pferde auf der Wand herumschnoberte, und in seinen Sattel sprang der Diener mit einem Schwung wie im Zirkus. Dann kam das Tier, in einen mit schwarzem Pelz gefütterten Mantel gehüllt, und hievte sich auf eine ernste graue Mähre. Kein geborener Reiter; er klammerte sich an ihre Mähne wie ein schiffbrüchiger Matrose an den Mast.

Kalt war dieser Morgen, aber er schimmerte in jenem grellen Wintersonnenlicht, das die Netzhaut sticht. Ein wirbliger Wind blies, er schien uns zu begleiten, als trüge ihn der Maskierte, Gewaltige ohne Worte in seinem Mantel und ließe ihn je nach Belieben frei, denn er zerzauste zwar die Mähnen der Pferde, hob aber nicht den Nebel über der Ebene.

Eine karge Landschaft in trüben braunen und sepiafarbenen Tönen des Winters lag rings um uns, die Marschwiesen streckten sich düster bis an den breiten Fluß. Diese geschorenen Weiden. Dann und wann ein Vogelschwarm, klagende Schreie.

Ein abgründiges Gefühl der Fremdheit begann allmählich

von mir Besitz zu ergreifen. Ich wußte, daß meine beiden Gefährten in keiner Hinsicht waren wie andere Männer, der äffische Gefolgsmann nicht und nicht der Herr, für den er sprach, mit den krallenbewehrten Vorderpfoten, der mit den Hexen im Bunde war, die im hohen Norden, nahe der Grenze nach Finnland, die Winde aus ihren zugeknöpften Taschentüchern fahren ließen. Ich wußte, sie lebten nach einer anderen Logik, als ich getan hatte, bis mich mein Vater mit seiner menschlichen Gedankenlosigkeit den wilden Tieren ausgeliefert hatte. Dieses Wissen jagte mir noch immer eine gewisse Angst ein; aber, wie ich sagen muß, keine große … Ich war ein junges Mädchen, eine Jungfrau, und deshalb sprachen die Männer mir jeden Verstand ab, so wie sie ihn allen absprachen, die nicht genau wie sie waren, trotz ihres eigenen Unverstandes. Ich konnte in dieser verlassenen Wildnis um mich her keine einzige Seele entdecken, und auch wir sechs, Pferde wie Reiter, konnten uns nicht rühmen, daß es unter uns eine Seele gab, denn schließlich behaupten die besten Religionen der Welt kategorisch, daß weder Tiere noch Frauen mit solchen zerbrechlichen, unstofflichen Dingen ausgerüstet wurden, als Gott der Herr die Pforten des Gartens Eden aufstieß und Eva samt ihrer Sippe hinaustorkeln ließ. So wird man sicher verstehen, daß ich, wenn ich auch nicht gerade behaupten will, ich hätte mich insgeheim metaphysischen Spekulationen hingegeben, als wir so durch das Ried zum Fluß ritten, doch ganz gewiß über das Wesen meiner eigenen Situation nachdachte, wie ich gekauft und verkauft und von Hand zu Hand gegeben worden war. Das Aufziehmädchen, das mir meine Wangen puderte – war denn nicht auch mir nur das gleiche nachgeahmte Leben unter Männern zugewiesen worden, das der Puppenmacher ihr verliehen hatte?

Und dennoch, was die wahre Natur dieses krallenbewehrten Zauberers sein mochte, der auf seinem bleichen Pferd so ritt, daß ich mich daran erinnerte, wie Kublai Khans Leoparden auf Pferden zur Jagd geritten sein mochten, davon hatte ich noch keine Vorstellung.

Wir kamen an das Ufer des Flusses, der so breit war, daß wir nicht hinübersehen konnten, und so ruhig vor lauter Kälte, daß er kaum zu strömen schien. Die Pferde senkten ihre Köpfe, um zu trinken. Der Diener räusperte sich, wollte sprechen; wir befanden uns an einem Ort vollkommener Abgeschiedenheit, jenseits eines Dickichts aus winterkahlen Binsen, einer Hecke aus Ried.

»Wenn Sie sich ihm nicht ohne Kleider zeigen wollen …«

Mechanisch schüttelte ich den Kopf.

»… dann müssen Sie darauf gefaßt sein, meinen Herrn zu sehen, nackt.«

Der Fluß klatschte mit einem leisen Seufzer auf die Kiesel. Meine Fassung ließ mich im Stich; plötzlich befand ich mich am Rand einer Panik. Ich glaubte nicht, daß ich seinen Anblick ertragen könnte, wie immer er auch sein mochte. Die Mähre hob das tropfende Maul und schaute mich geradewegs an, als ob sie mich ermuntern wollte. Das Wasser brach sich wieder zu meinen Füßen. Ich war weit fort von zu Hause.

»Sie«, sagte der Diener, »müssen.«

Als ich merkte, wie ängstlich er war, daß ich ablehnte, nickte ich.

Das Riedgras neigte sich unter einem jähen Windstoß, der einen Schwall des schweren Duftes seiner Verkleidung mit sich führte. Der Diener hielt den Mantel vor seinen Herrn, um ihn vor mir zu beschirmen, während er die Maske abnahm. Die Pferde scharrten mit den Hufen.

Nie wird sich der Tiger mit dem Lamm zur Ruhe legen; er erkennt keinen Vertrag an, der nicht gegenseitig ist. Das Lamm muß lernen, mit den Tigern zu laufen.

Eine große, katzenhafte, lohgelbe Gestalt, das Fell gemustert mit wilden geometrischen Gittern in der Farbe von versengtem Holz. Sein gewölbter, schwerer Kopf, so schrecklich, daß er ihn verbergen muß. Wie fein die Muskeln, wie fest sein Tritt. Die vernichtende Heftigkeit seiner Augen, wie Zwillingssonnen.

Ich spürte, wie es mir die Brust zerriß, als litte ich an einer herrlichen Wunde.

Der Diener trat vor, wie um seinen Meister zu verhüllen, nachdem ihn das Mädchen wahrgenommen hatte, aber ich sagte: »Nein.« Der Tiger saß still wie ein Wappentier in einem

Pakt, den er mit seiner eigenen Wildheit geschlossen hatte, um mir kein Leid zu tun. Er war viel größer, als ich es mir hätte vorstellen können, wenn ich an die armseligen, schäbigen Tiere dachte, die ich einmal in der Menagerie des Zaren in Petersburg gesehen hatte, die goldene Frucht ihrer Augen getrübt, dahinwelkend in ihrer Gefangenschaft im hohen Norden. Nichts an ihm erinnerte mich an Menschliches.

Deshalb knöpfte ich mir nun bebend die Jacke auf, ich wollte ihm zeigen, daß auch ich ihm kein Leids tun würde. Aber ich war ungeschickt und errötete ein wenig, denn noch kein Mann hatte mich nackt gesehen, und ich war ein stolzes Mädchen. Stolz war es, nicht Scham, der meine Finger so lähmte, und eine gewisse Besorgnis, daß dieses schwache, kleine Ding aus der menschlichen Polsterwerkstatt vielleicht doch nicht großartig genug war, um seine Erwartungen an uns zu erfüllen, denn sie konnten ja auch in der endlosen Zeit seines Wartens unendlich groß geworden sein. Der Wind raschelte im Röhricht und kräuselte den Fluß.

Ich zeigte seinem tiefen Schweigen meine weiße Haut, meine roten Brustwarzen, und auch die Pferde wandten ihre Köpfe, um mich zu betrachten, als wären sie ebenfalls ganz höflich neugierig auf die leibliche Natur der Frauen. Dann senkte das Tier seinen riesigen Kopf. Genug! sagte der Diener mit einer Geste. Der Wind erstarb, alles war wieder still.

Danach gingen sie zusammen fort, der Diener auf dem Pony reitend, der Tiger wie ein Hund vor ihm herlaufend, und ich ging eine Weile am Flußufer spazieren. Ich hatte das Gefühl, als ob ich zum erstenmal in meinem Leben frei wäre. Dann wurde die Wintersonne blasser, ein paar Schneeflocken wirbelten aus dem verdämmernden Himmel, und als ich zu den Pferden zurückkehrte, sah ich, daß das Tier wieder auf seiner grauen Mähre saß, in Mantel und Maske und allem Anschein nach wieder ein Mann, während dem Diener eine gute Strecke von Schwimmvögeln an der Hand hing und ein frisch erlegter junger Rehbock hinter ihm an den Sattel gebunden war. Ich schwang mich schweigend auf den schwarzen Wallach, und so kehrten wir in den Palast zurück, während der Schnee immer dichter fiel und unsere Spuren auslöschte.

Der Diener brachte mich nicht zurück in meine Zelle, sondern in ein elegantes, etwas altmodisches Boudoir voller Sofas, die mit verschossenem rosa Brokat bezogen waren, einem Feenschatz an orientalischen Teppichen, leise klirrenden Kristallkronleuchtern. Kerzen in Kandelabern aus Geweihen ließen Regenbogenglanz aus den Prismenherzen meiner Diamantohrringe sprühen, die auf meinem neuen Ankleidetisch lagen, neben dem schon mein aufmerksames Kammermädchen mit ihrer Puderquaste und dem Spiegel bereitstand. In der Absicht, die Schmuckstücke an meinen Ohren zu befestigen, nahm ich ihr den Spiegel aus der Hand. Aber er hatte gerade wieder einen seiner Zaubermomente, und ich sah nicht mein eigenes Gesicht, sondern das meines Vaters; zuerst glaubte ich, er lächelte mir zu. Dann sah ich, daß er aus reiner Genugtuung lächelte.

Er saß, wie ich erkannte, in dem Wohnraum in unserem Hotel, am gleichen Tisch, an dem er mich verloren hatte, war jetzt allerdings emsig damit beschäftigt, ansehnliche Banknotenstapel durchzuzählen. Meines Vaters Verhältnisse hatten sich also bereits geändert; er war gut rasiert, ordentlich am Kopf, trug anständige neue Kleider. Ein beschlagenes Glas Champagner stand griffbereit neben einem Eiskübel. Das Tier hatte augenblicklich für seinen Blick auf meine Brüste sofort bar gezahlt, als hätte ich dabei auch sterben können. Dann sah ich, daß meines Vaters Truhen gepackt waren, fertig für die Abreise. Konnte er mich wirklich so leichtherzig hier zurücklassen?

Neben dem Geld lag eine Note auf dem Tisch, in einer klaren, schönen Handschrift. Ich konnte sie ganz deutlich lesen. »Die junge Dame wird unverzüglich eintreffen.« Von irgendeinem Windhund, mit dem er in seiner abgrundtiefen Gemeinheit sofort die nächste Liaison ausgehandelt hatte? Keineswegs. Denn in diesem Augenblick pochte der Diener an meine Tür und kündigte mir an, daß ich den Palast ab sofort jederzeit verlassen könne. Er trug einen sehr schönen Zobelmantel über dem Arm, mein eigenes kleines Geschenk, die Morgengabe des Tiers, mit dem es mich zum Packen anhielt und fortschickte.

Als ich wieder in den Spiegel sah, war mein Vater verschwunden, und ich fand ein blasses, hohläugiges Mädchen, das ich kaum wiedererkannte. Der Diener fragte höflich, für wann er den Wagen bestellen solle, als zweifelte er gar nicht daran, daß ich mich bei der ersten Gelegenheit mit meiner Beute aus dem Staub machen würde, während mein Kammermädchen, dessen Gesicht nicht mehr das Abbild meines eigenen war, weiter über beide Wangen strahlte. Ich werde sie in meine eigenen Kleider stecken, aufziehen und zurückschicken, damit sie die Rolle von meines Vaters Tochter übernimmt.

»Laß mich allein«, sagte ich zu dem Diener.

Er brauchte jetzt nicht mehr die Tür zu verriegeln. Ich befestigte die Ohrringe an meinen Ohren. Sie waren sehr schwer. Dann zog ich meinen Reitanzug aus und ließ ihn auf dem Boden liegen, wo er war. Als ich jedoch bei meinem Hemd angelangt war, sanken mir die Arme herab. Ich war es nicht gewohnt, nackt zu sein. Ich war so wenig an meine eigene Haut gewöhnt, daß ich mich, als ich alle meine Kleider abgelegt hatte, fühlte, als würde ich gehäutet. Ich dachte, das Tier hatte wirklich wenig verlangt, verglichen mit dem, was ich mich anschickte, ihm zu geben. Aber für Menschen ist es nicht natürlich, nackt zu gehen, zumindest nicht mehr, seit wir uns zum erstenmal die Lenden mit Feigenblättern gürteten. Er hatte das Schändliche verlangt. Ich spürte eine so grausame Pein, als zöge ich mir mein eigenes Fell ab, und das lächelnde Aufziehmädchen stand erstarrt, vergaß, daß sie das Leben nur nachahmte, und schaute zu, wie ich mich entblößte bis auf das kalte weiße Fleisch unseres Kontrakts, und wenn sie mich nicht sah, dann war es um so mehr wie auf dem Marktplatz, wo die Augen, die einen beobachten, einem keine Existenz zumessen.

Und es kam mir vor, als wäre mein ganzes Leben, seit ich den Norden verlassen hatte, unter dem gleichgültigen Blick aus solchen Augen verlaufen, wie sie sie hatte.

Jetzt war ich splitternackt, bis auf seine untadeligen Tränen.

Ich hüllte mich in den Pelz, den ich ihm zurückgeben mußte, um mich vor den beißenden Winden zu schützen, die durch die Korridore pfiffen. Ich kannte den Weg zu seiner Höhle auch ohne den Diener.

Keine Antwort, als ich versuchsweise an seine Tür klopfte. Dann wirbelte der Wind den Diener den Gang entlang. Er hatte wohl beschlossen, daß, wenn einer nackt geht, alle nackt gehen. Ohne seine Livree zeigte er sich, wie ich vermutet hatte, als ein zartes Geschöpf mit seidigem, mottengrauem Fell, braunen Fingern, geschmeidig wie Leder, schokoladenfarbener Schnauze – das sanfteste Wesen der Welt. Er jieperte leicht, als er mich sah, mit meinem edlen Pelz und den Juwelen, zurechtgemacht, als ob ich in die Oper ginge, und in einer ganz zärtlichen Zeremonie zog er mir den Zobel von den Schultern. Der Zobel verwandelte sich daraufhin in eine Schar von schwarzen, quiekenden Ratten, die auf ihren harten kleinen Füßen sofort die Treppe hinunter raschelten und meinem Blick entschwanden.

Der Diener führte mich mit einer Verneigung in den Raum des Tiers.

Der purpurrote Morgenrock, die Maske, die Perücke lagen auf seinem Stuhl bereit, ein Handschuh schmückte jeden Ärmel. Die leere Hülle seiner äußeren Erscheinung war gerichtet für ihn, aber er hatte sie liegenlassen. Ein Geruch von Fell und Urin hing im Raum, das Weihrauchgefäß lag zerbrochen in Scherben auf dem Boden. Halbverbrannte Scheite aus dem verloschenen Feuer waren überall verstreut. Eine Kerze, die im eigenen Fett auf dem Kaminsims klebte, entzündete zwei winzige Flammen in den Pupillen seiner Tigeraugen.

Er trabte vor und zurück, vor und zurück, die Quaste seines schweren Schwanzes zuckte, während er die Länge und Breite seines Gefängnisses zwischen den abgenagten und blutigen Knochen abschritt.

Er wird dich verschlingen.

Kinderstubenängste erschufen Fleisch und Sehnen; früheste und archaischste aller Ängste, die Angst, verschlungen zu werden. Das Tier und sein Fleischfresserbett aus Knochen und ich, weiß, zitternd, roh. Ich näherte mich ihm, als wollte ich ihm mit mir selbst den Schlüssel zu einem friedlichen Königreich übergeben, in dem sein Appetit nicht meinen Untergang bedeuten muß.

Er wurde still wie ein Fels. Er fürchtete sich weit mehr vor mir als ich mich vor ihm.

Ich kauerte mich auf das feuchte Stroh und streckte meine Hand aus. Ich war jetzt im Kraftfeld seiner goldenen Augen. Er knurrte hinten in der Kehle, senkte seinen Kopf, ließ sich auf die Vorderpfoten nieder, fauchte, zeigte mir seine rote Kehle, seine gelben Zähne. Ich rührte und regte mich nicht. Er schnupperte, als wollte er meine Angst riechen. Es gelang ihm nicht.

Langsam, ganz langsam begann er, sein schweres, schimmerndes Gewicht über den Boden auf mich zuzuschleifen.

Ein ungeheures Dröhnen, wie von der Maschine, die die Erde dreht, erfüllte den kleinen Raum, er hatte begonnen zu schnurren.

Der süße Donner seines Schnurrens ließ die alten Mauern beben und die Läden gegen die Fenster schlagen, bis sie auseinanderbarsten und das weiße Licht des schneeigen Monds hereinließen. Ziegel fielen krachend vom Dach; ich hörte sie tief unten auf dem Hof zerschellen. Der Widerhall seines Schnurrens rüttelte an den Fundamenten des Hauses, die Mauern fingen an zu tanzen. Ich dachte: Alles wird auseinanderbrechen, alles wird sich auflösen.

Er schob sich immer dichter an mich heran, bis ich den rauhen Samt seines Hauptes an meiner Hand spürte, dann eine Zunge, schneidend wie Sandpapier. Er wird mir die Haut vom Leibe lecken!

Und jeder Schlag seiner Zunge riß mir eine Haut nach der anderen fort, all die Häute eines Lebens in der Welt, und übrig blieb eine eben geborene Patina aus glänzenden Haaren. Meine Ohrringe wurden wieder zu Wasser und sickerten mir auf die Schultern; ich schüttelte die Tropfen aus meinem wunderschönen Fell.

Nell Dunn

Die goldene Bluse

»Leiht mir eine ihren Mann fürs Wochenende?«

»Ja, meinen kannst du haben, er ist ein dreckiger Scheißkerl, wenn ich dir ein Geheimnis verraten darf.«

»Ich würd' dir ja meinen leihen, er wird dir bloß nicht viel nützen!«

»Schickt sie alle zu mir. Ihr wißt ja, wo ich wohne – gleich bei der Kirche.«

»Ist dir ein Blonder oder ein Dunkler lieber?«

»Die Haare interessieren mich eigentlich weniger!«

Wir lachen, fünfundzwanzig Frauen, die, über drei lange Tische gebeugt, billige Süßigkeiten für Weihnachten verpacken. Dicke rote Finger, die von der Kälte angeschwollen sind, bewegen sich blitzschnell von den Tabletts zu den Schachteln. In Sekunden sind sie ordentlich gepackt, ein kleiner Ring aus Pralinen mit drei rosa Mäusen in der Mitte.

Die Fabrik besteht aus nur zwei Räumen; der, in dem ich bin, ist der Raum, in dem wir die Pralinen verpacken. Dabei wickeln wir um jede Praline ein buntes Papierchen, lecken die Etiketten ab und kleben sie darauf: *Cognac, Cointreau, Dolcis et Forte* tun so, als seien sie Liköre, schmecken aber wie zum Erbrechen süßer Sirup. Im anderen Raum werden die Pralinen hergestellt; ein verschlissenes Fließband transportiert die farbige Füllung unter die tropfende Schokolade.

»Ich hab' heut mit meiner Diät angefangen«, ruft mir die bucklige Sheila zu, und der Klang ihrer Stimme mischt sich mit der Musik, die aus einem Lautsprecher oben in der feuchten Wand kommt: »I remember you, you 're the one who made my dreams come true … Yes I do.« Um den Lautsprecher wabern fettige Dunstschwaden. »… When my life is through, and the angels ask me to recall the thrill of them all …« Sheila nickt im Achteltakt mit dem Kopf. Um den Hals hat sie einen schmutziggelben Schal gewickelt, und ihre Haare stehen starr über dem Kragen ihrer Jacke ab.

»Darf man was essen?«

»Ja, wenn du dich nicht erwischen läßt.«

Hinter mir packen und sprechen abwechselnd Lily und Rube, die Sortiererinnen. Dabei werfen sie die Pralinen geschickt in die Schachteln.

»Sie denkt sich nicht viel dabei. Ich würd' mich umbringen!«

»Ich auch. Ich würd' wahnsinnig werden.«

»Wir wollen hoffen, daß das Baby ihren Buckel nicht erbt.«

»Es ist ja was anderes, wenn's von dem Kerl ist, den man heiraten will, aber wenn man nicht einmal weiß, wer es war …«

»Vielleicht hat er's im Dunkeln gemacht.«

»Das würde mich nicht wundern – sie ist ja dermaßen blöd!«

An der anderen Seite neben mir spuckt eine alte Frau in einen Lappen und wischt sich damit die Hände ab – »Ich hab'n Katarrh, krieg' ihn jeden Winter. Das hier war mal 'ne Wäscherei, weißt du – deshalb ist es so feucht. Heizen können sie nicht, sonst schmilzt die Schokolade. Ich hätt' beinahe einen Soldaten geheiratet. Zwei Jahre bin ich mit ihm gegangen, aber dann hat er mir einen Brief von einem Mädchen gezeigt, das Armeehelferin war, und gesagt, es war nichts dabei. Aber wenn sie's vor der Hochzeit so machen, dann machen sie's hinterher auch, deshalb hab' ich gesagt, es ist aus mit uns. Er hat geweint wie ein Baby. Einmal hab' ich ihn noch bei Woolworth gesehen, als ich mit meinem letzten Kind schwanger war, und ich hab' so einen Klumpen in der Kehle gehabt, daß ich nichts rausbringen konnte. Ich mußte rauslaufen. Ich würde jetzt Mrs. Stacey heißen statt Mrs. Smith.«

Meine Augen beginnen in dem kalten künstlichen Licht zu schmerzen. Der Raum, in dem wir seit acht Uhr morgens sitzen und unsere fünfundzwanzig Pence die Stunde – die unter Achtzehnjährigen zehn Pence – verdienen, hat keine Fenster. Die Sirene heult. »Teepause. Du holst den Zucker, krumme Sheil!«

»Ich komme mit dir.« Sheila mit dem Buckel und ich gehen die gefährlich knirschende Treppe zum Dachboden hinauf und schalten das Licht an. Mäuse huschen in alle Richtungen. Sie fährt mit einem angeschlagenen Porzellanbecher in einen offenen Sack.

»Hast du Geschwister, Sheila?«

»Nein, wir sind nur zu zweit, ich und meine Mama. Du denkst vielleicht, ich bin verwöhnt, weil ich die einzige bin, aber das stimmt gar nicht.«

»Gehst du manchmal zum Tanzen, Sheila?«

»Nein, aber ich gehe ins Café. Die Männer gehen mit mir rauf, dahin, wo's dunkel ist.«

Ich schiebe meine Tasse unter die Teemaschine und beobachte, wie sie sich mit grauem Tee füllt, dann folge ich Rube und Lily in die Garderobe. Stühle gibt es nicht. Wir setzen uns zwischen die Fahrräder auf den Betonboden und lehnen die Köpfe an die Mäntel, die an der Wand hängen. Joyce, ein Mädchen mit langen kastanienbraunen Haaren, die sie mit zwei rosa Spangen zurückhält, kuschelt sich in eine Ecke und ißt aus einem Stück Zeitungspapier kalte Pommes frites.

»Wann heiratest du, Joyce?«

»Nächsten Monat, wenn ich sechzehn werde.«

»Ganz schön jung, meinst du nicht?«

»Was soll'n das für'n Sinn haben zu warten, bis ich eine alte Schachtel bin?«

»Hast du denn deine Aussteuer schon zusammen?«

»Nein.«

»Willst du deinen rosa Schlafanzug anziehen?«

»Nein, mein Geburtstagskostüm.«

»Habt ihr das gehört? Joyce feiert nackt.«

»Sei nicht gemein.«

»Es ist doch eine nette Gemeinheit.«

»Mach dir nichts draus, Joyce, ich finde es toll!« sagt die alte Mrs. Gordon, deren arthritische Finger steif aus ihren schwarzen fingerlosen Handschuhen hervorstehen.

Über den Waschbecken im nächsten Raum hängt ein Schild: Waschen Sie sich die Hände, wenn Sie auf der Toi-

Ich rufe Rube zu: »Könntest du bitte mal kurz herkommen?«

»Habt ihr das gehört! Wir müssen ein Auge auf sie haben –
und ihr beibringen, wie man redet. Es heißt: ›Rube, verdammt
noch mal, mach, daß du herkommst, Kollegin!‹«

»Weißt du, wo ein Handtuch ist?«

»Es gibt keins. Wasch deine Hände bloß nicht, es dauert
fünf Minuten, bis sie wieder auftauen. Außerdem, was ich
nicht weiß, macht mich nicht heiß.«

»Hilf uns mit der Maschine.«

Zwei von den Mädchen kippen den Inhalt der Teemaschine in das Waschbecken. »Schaut euch das an! Da ist 'ne Ziga-
rettenkippe drin.«

»Ich hab' mir doch gedacht, daß er sauer schmeckt.«

Lily turnt auf einem Fahrrad herum.

»Wart auf mich!« Rube steigt vor Lily auf das Fahrrad, faßt
sie um die Taille und stößt sie gegen die Sattelspitze. Sheila ki-
chert. »Magst du ein Sandwich?« Ich nehme eins und beiße in
ein dickes Brot, das mit Zitronensirup bestrichen ist.

»Mein Papa schläft unten, und ich schlafe oben bei meiner
Mama. Meine Mama hat schon zehn Jahre nicht mehr mit
meinem Papa geschlafen – sie hat sieben Kinder, und der
Doktor sagt, wenn sie noch eins kriegt, geht sie drauf. Aber
sie will sowieso nicht mehr mit meinem Papa schlafen – er ist
ein ewig grantiger Scheißkerl.«

»Here they have a lot of fun ... twistin' the night away ...«,
tönt es munter aus dem Lautsprecher.

»Komm her, Rube!« Lily knallt das Fahrrad an die Wand.
Rube zieht den Bauch ein und streckt die Brust raus, so daß
man das Wort CANDY, das auf ihre Brusttasche gestickt ist,
sehr deutlich sieht.

»See the man in evening clothes ... How he got hit right on
the nose ...« Lily lehnt sich zurück, und Rube beugt sich, die
kräftigen Schultern schüttelnd, über sie und zwängt ihr dabei
das Bein zwischen die tanzenden Schenkel.

»Zier dich nicht, Sheil, mach mit!«

Sheila grinst, rappelt sich schwerfällig auf und schwingt
ihren massigen Körper im Takt hin und her; dabei hält sie ih-

re Jacke krampfhaft vor dem Bauch zusammen. »Oh, man, there ain't nothing like … Twisting the night away.«

»Gut, Sheila!« Die Frauen drängen sich um sie und feuern sie an. »Hast du das bei den Soldaten gelernt, Sheil?«

Animiert, weil sie plötzlich im Mittelpunkt der Aufmerksamkeit steht, streckt sie ihre steifgefrorenen Hände aus und schwenkt ihr plumpes Bein, das purpurrot von der Kälte ist.

»Zieh deine Jacke aus, Sheil, tu dir keinen Zwang an!« Rube und Lily hören auf zu tanzen und gesellen sich zu den Zuschauern. Der Raum ist erfüllt von frischem Schweißgeruch. Die Musik schmettert weiter … »See the fella in blue jeans, dancing with the older queen, who's dolled up in a diamond ring … Twistin', twistin', twistin' the night away.«

Sheila öffnet den Mund und wiegt sich dabei verwegen in den Hüften. Während die Musik dem Höhepunkt zustrebt, wirft sie ihre Jacke von sich; dabei wird eine goldene Damastbluse sichtbar. »Oh, man, you oughta see him go … Twistin', twistin', twistin' the night away.« Das Lied ist aus, und sie steht in dem Kreis aufgeheizter Frauen, auf dem Gesicht ein breites, einfältiges Grinsen, die reich bestickte viktorianische Bluse in den alten Tweedrock gestopft.

»Oho! Schaut euch das an!«

Anerkennendes Pfeifen: »Was für eine Bluse!«

»Wo hast du denn die her, Sheil, vom Jahrmarkt?«

»Das Leben ist so trist, da muß man wenigstens was Glänzendes anziehen, nicht, Sheil?«

»Meine Mama hat sie mir gekauft.« Ihre knochigen Arme stehen aus den niedlichen Puffärmelchen heraus.

»Schwindle nicht – einer von deinen Freunden im Café hat sie dir geschenkt.«

»Damit könntest du glatt als Armeehelferin gehen!«

»Schade, daß sie die Straßen gesäubert haben.«

Sheila spreizt sich geziert kichernd und läßt dabei ihr Kinn auf den gelben Schal sinken, den sie immer noch um den Hals gewunden hat.

»Weißt du was, Sheila, wir schneiden dir die Ärmel ab, das sieht viel besser aus!«

Mit einer riesigen Schere schreitet Rube zur Tat, während die anderen schrille Pfiffe ausstoßen.

»Jetzt bist du bereit, startklar für den Jazz-Band-Ball.«

Die Bluse hat weite Armlöcher, und jetzt ist Sheilas schmuddliger BH zu sehen.

»Du hast dich unter den Armen nicht gewaschen, Sheil, das sieht man!« Brüllendes Gelächter.

»Weißt du was, Lily, wir machen ihr einen tiefen Rückenausschnitt.« Rube greift hastig nach der Schere und schneidet ein V in die Bluse. Die Bluse gleitet von Sheilas Schultern und läßt ein zerrissenes Unterhemd sehen. Die Tür geht auf. »Zurück an die Arbeit!«

Sheila, die immer noch grinst, setzt sich auf den Boden und kreuzt die Arme vor der Brust, bis ihr jemand eine abgetragene Strickjacke zuwirft. Auf dem braunen Linoleum liegen inmitten von weggeworfenen Bonbonpapierchen und Zigarettenkippen, glänzend im harten Neonlicht, die goldenen Ärmel.

T. Coraghessan Boyle

Die Mütze

Sie schickten dem Bären ein Killerteam hinterher. Drei Typen in weißen Anoraks mit Schulteraufnähern vom Staatlichen Forstdienst. Es war am späten Freitag nachmittag, etwa eine Woche vor Weihnachten, und der Schnee fiel so dicht, daß es den Eindruck machte, als wären Himmel und Erde zusammengeklebt. Jill hatte ihre Kneipe eben erst für den Abend geöffnet, als sie zur Tür hereingestampft kamen. Der Große – er bestellte Jim Beam und Bier für alle drei – hätte selbst ein Bär sein können, so wie er in dem schweren Steppanorak unter der Last seiner Schultern zu versinken schien, das Gesicht im Gewirr eines schwarzen Barts verborgen; in seinen blauen Augen blitzte etwas Raubtierhaftes, Herausforderndes. »Hallo, Hübsche«, sagte er und blickte Jill direkt in die Augen, während er ein Bein über den Barhocker schwang und die Unterarme auf die blinkende Kupferstange stemmte. »Wie ich höre, habt ihr hier ein Bärenproblem.«

Ich saß im Dunkel am Ende der Bar, nippte an meinem Bier und beobachtete das Schneetreiben. Jill hatte das Licht noch nicht eingeschaltet, und ich war froh darüber – der Laden hatte so eine beruhigende Unterwasseratmosphäre, der Schnee lag wie eine Decke vor dem Fenster, das Feuer in der Ecke war sanft wie eine Rückenmassage. Ich war hellwach und bewegte mich – zündete mir eine Zigarette an, hob das Glas zum Mund –, aber ich fühlte mich so friedlich, als wäre ich eingeschlummert.

»Stimmt«, sagte Jill, die wegen der »Hübschen« leicht errötet war. Vor zwei Wochen hatte sie mir im Bett gestanden, daß sie sich schon seit Jahren nicht mehr hübsch fühlte. Was redest du denn da? fragte ich. Sie schob die Unterlippe vor und sah weg. Neun Kilo habe ich zugenommen, sagte sie. Ich streichelte sie und lächelte, wie um zu sagen: Neun Kilo – was sind schon neun Kilo? Fettklößchen, sagte ich und spielte damit auf eine der Novellen von Maupassant an, die sie mir geschenkt hatte. Das finde ich nicht witzig, sagte sie, aber dann rollte sie sich zu mir und streichelte mich.

»Ich bin Boo«, sagte der große Kerl, kippte seinen Bourbon und nahm einen Schluck Bier. »Und die zwei sind Scott«, hier nickte er nach links zu seinem Nachbarn, der wie er einen Bart und eine blaue Strickmütze trug, »und Josh.« Josh, der nicht älter als neunzehn sein konnte, fuhr zu seiner Rechten in die Höhe wie ein Stehaufmännchen. Boo zog den Reißverschluß seines Anoraks auf, so daß ein wattiertes Hemd in der Farbe von getrocknetem Blut sichtbar wurde.

»Geht das alles zusammen?« fragte Jill.

Boo nickte, und mir fiel die Narbe auf, die quer über seinem Backenknochen verlief. Ich assoziierte Dosenöffner, Kartoffelschäler, die langen, hakenförmigen gelblichen Klauen von Bären. Dann wandte er sich an mich. »Und was trinkst du, Kumpel?«

Ich hatte gerade die ersten Geräusche aus der Küche gehört – den leisen Kuß von Tasse und Untertasse, das Klappern von Besteck –, und mein Magen sauste abrupt abwärts wie ein außer Kontrolle geratener Fahrstuhl. Ich hatte den ganzen Tag nichts gegessen. Es war Monatsmitte, sämtliche Taschenbücher im Haus hatte ich gelesen, alle Platten gehört, und ich wartete auf meinen Scheck von der Stütze. Natürlich gab es keinen Briefträger hier oben – den halben Winter über war die Straße sowieso gesperrt –, aber Marshall, der Kneipenbesitzer und inoffizielle König der Siedlung, war ins Tal runtergefahren, um Vorräte für den feiertäglichen Ansturm von Touristen, Motorschlittenpiloten und ähnlichen Leuten anzulegen, und er hatte mir versprochen, mir den Scheck mitzubringen. Falls er da war. Falls er da war und falls Marshall es durch den Schneesturm zurück schaffte, würde ich mir drei oder vier Gläschen Wild Turkey gönnen, danach das Familienmenü kosten und dann Kaffee und Kahlua-Likör nippen, bis Jill mit der Arbeit fertig war. »Bier«, sagte ich.

»Würdest du diesem Mann da ein Bier bringen, Hübsche?« bat Boo in seinem Hinterwäldler-Baß, und nachdem sie mir eins aufgemacht und das Geld von ihm kassiert hatte, fing er mit dem Bären an. Ob sie ihn gesehen habe? Wieviel Schaden er angerichtet habe? Wie seine Spuren aussähen – irgendwas Auffälliges darin? Seine Losung? Sein Pelz sei rötlich, ja? Beinahe zimtfarben? Und das eine Ohr sei abgeknickt?

Sie hatte ihn gesehen. Aber nicht, als er krachend in die Vorratskammer eingebrochen war, die Kiste mit 350-Gramm-Dosen Thunfisch aufgehebelt und mehrere Liter roten Burgunder samt Glassplittern geschlürft hatte, und auch nicht, als er eine Blutspur hinterlassen hatte, die wie ein rosa Band zwischen den Ponderosakiefern im Wald verschwunden war. Nein, damals nicht. Sie hatte ihn unter weitaus intimeren Umständen gesehen – im eigenen Schlafzimmer, um genau zu sein. Sie hatte zusammen mit ihrem achtjährigen Sohn Adrian in der hinteren Kammer geschlafen (um Wärme zu sparen, übernachteten sie im selben Zimmer: abends drehte sie die Heizung ab und warf eine Handvoll Kohlen in den Kachelofen in der Ecke), als auf einmal das Fenster zu Bruch ging. Die eisige Luft schoß herein wie ein Speer, man hörte das dumpfe Dröhnen des schweren Bärenkörpers gegen die Hauswand und eine Explosion von Flaschen, Büchsen und allem möglichen, als er den Müll auf der hinteren Veranda durchwühlte. Sie und Adrian fuhren gerade rechtzeitig hoch, um das verdutzte, zottlige Gesicht des Bären in dem leeren Fensterrahmen zu erkennen, und dann sausten sie los wie von der Tarantel gestochen, zur Vordertür hinaus, und schlossen sich im Auto ein. Sie waren im Schlafanzug zu mir gekommen, zitternd wie Flüchtlinge. Als ich mit meiner Weatherby-Schrotflinte angerückt war, hatte sich der Bär längst davongemacht.

»Ja, ich hab' ihn gesehen«, antwortete Jill. »Er hat mein Schlafzimmerfenster eingeschlagen, das mußte ich mit Brettern zunageln.« Josh, der junge Bursche, schien das witzig zu finden, denn er fing an, leise vor sich hinzukeckern, ein hektisches Ein- und Ausatmen wie bei einem alten Hund, dem etwas in der Kehle steckengeblieben ist.

»Also, ehrlich!« Jill stand im Mittelpunkt und blühte auf. »Ich hatte bloß mein Nachthemd an, und barfuß war ich auch, aber ich habe keine Sekunde gezögert – zack, hab' ich meinen Sohn an der Hand gepackt, und schon war ich zur Tür raus.«

»Im Nachthemd, ja?« sagte Boo, über dessen Gesicht dabei ein breites, genüßliches Grinsen glitt, so daß er im trüben Licht einen Moment lang aussah wie ein lüsterner Satyr mit haarigen Beinen, der aus der Kälte hereingekommen war.

»Vielleicht war er doch nicht bloß wegen der Abfälle gekommen«, bemerkte ich, und alle grölten los. In diesem Augenblick kam Marshall mit vollbeladenen Armen zur Tür herein und stampfte sich den Schnee von den Stiefeln. Ich stand auf, um ihm zu helfen, und als er anfing, in seiner Brusttasche herumzufingern, verspürte ich eine Woge der Erleichterung: Er hatte an meinen Scheck gedacht. Ich war schon halb zur Tür hinaus, um ihm beim Hereintragen der Vorräte zu helfen, da hörte ich Boos dröhnenden Baß wie fernen Donner: »Keine Sorge, meine Hübsche«, sagte er, »wir kriegen ihn schon.«

Drei Tage später kam Regina an. Sie hatte in den letzten Jahren immer über die Feiertage ein Zimmer hier oben gemietet, angeblich ihrer Gesundheit wegen, zum Langlaufen und zwecks Tapetenwechsel, aber eigentlich ging es ihr nur darum, vor den sexbesessenen Einsiedlern, die das ganze Jahr zwischen Kiefern und Sequoien verbrachten, ihren stretchbehosten Hintern herumzuzeigen. Sie war Zahnarzthelferin aus Los Angeles. Ihr Gebiß war perfekt, sie lächelte ununterbrochen, und zwar mit dem Gleichmut der Mona Lisa, und sie trug die Sorte Büstenhalter, die in den fünfziger Jahren populär waren – die Sorte, die ihre Brüste durch den Skipullover trieb wie Atomsprengköpfe. Es war bekannt, daß sie gelegentlich mit einem Touristen ins Bett ging oder mit einem vom Glück begünstigten Einheimischen, wenn ihr der Sinn danach stand, aber im Grunde war sie auf Marshall scharf. Zwei Wochen lang zu Weihnachten und dann noch einmal eine Woche über Ostern war sie Stammgast in seiner Kneipe, wurde ebenso Teil der Dekoration wie das Elchgeweih oder der ausgestopfte Bär, wenn sie im Norwegerpulli, roten Skihosen und Sealstiefeln auf ihrem Barhocker saß, einen Sektcocktail schlürfte und darauf wartete, daß er mit der Arbeit fertig war. Manchmal hielt sie nicht durch, und jemand anders schleppte sie ab, während Marshall grimmig von hinten aus der Küche zusah, meist aber blieb sie brav sitzen, wie eine Blume, die darauf wartet, ihre Blütenblätter abzuwerfen.

Als sie an jenem Nachmittag in diese weiße Welt hereinschneite, war es ein Vorgeschmack auf die guten Zeiten, die auf uns zukamen – Frauen aus der Stadt, Wochenend-Cowboys, Großmütter, Kinder, Hunde und Anwälte waren unterwegs, Weihnachtsbäume und -dekorationen wurden aufgebaut, das große Fest der gänsefressenden Christen stand dicht bevor. Ihr Honda mit den kleinen schneekettenbewehrten Rädern, die mich immer an Spielzeug erinnerten, rollte auf den schneeumfriedeten Parkplatz. Es war etwa vier Uhr nachmittags, der Himmel war von einem tristen Grau, und eine lockere Verwehung türmte sich langsam auf der Veranda auf. Dann kam sie herein, stampfte und schüttelte sich, die Strickmütze tief in die Stirn gezogen, und hielt sofort nach Marshall Ausschau.

Ich saß auf meinem Stammplatz, mit dem fünften Bier beschäftigt, der Scheck, den Marshall mir drei Tage zuvor mitgebracht hatte, war zu einem Drittel aufgebraucht, und ich rechnete mißmutig nach, daß ich bei diesem Tempo schon Weihnachten wieder pleite sein würde. Scooter stand hinter der Theke, und seine verwitwete Schwiegertochter Mae-Mae hockte mürrisch über einem Tom Collins drei Plätze neben mir. Mae-Mae hatte ihren Mann vor zwei Jahren an den Berg verloren (oder vielmehr an die Serpentinenstraße, die uns mit der Zivilisation verband und die sich, verräterisch wie ein Ziegenpfad im Himalaja, in nur vierzig Kilometern die 2200 Höhenmeter aus dem San-Joaquin-Tal bis zu uns heraufschlängelte), und seitdem hatte sie weder gelächelt noch ein Wort gesprochen. Sie war aus Thailand. Scooters Sohn, ein Vietnam-Held, hatte sie aus Südostasien mitgebracht. Wenn Jill frei hatte oder zu viele Touristen den Laden stürmten, kam Scooter von seiner Hütte bei Little Creek, in 1650 Meter Höhe gelegen, heraufgefahren und hängte seinen Skianorak im Hinterzimmer an den Haken, um Cocktails zu schütteln, zu rütteln und zu mischen. Er nahm dann immer Mae-Mae mit, damit sie aus dem Haus kam.

Scooter und ich hatten gerade mit Blick auf die bevorstehenden Football-Ausscheidungsspiele fachmännisch diverse Einzelfragen der Verteidigungstaktik diskutiert, als Reginas Honda auf den Platz rollte; nun brachen wir das Gespräch ab und sahen lieber mit offenem Mund zu, wie sie sich wie eine Go-Go-Tänzerin schüttelte, ihre Jacke aufknöpfte, um die zinnenartigen Brüste freizulegen, und es sich auf einem Barhocker bequem machte. Scooter schob sich das weiße Haar aus der Stirn und grinste sie breit an. »Naa«, sagte er und versuchte, sich an ihren Namen zu erinnern, »äh, äh, schön, Sie wiederzusehen.«

Sie strahlte ihn mit ihrem Fluorlächeln an, blickte an der geistesabwesenden Mae-Mae vorbei zu mir, der ich wie ein nervöser Hund nickte, dann wandte sie sich wieder an ihn. »Marshall hier?«

Scooter setzte sie davon in Kenntnis, daß Marshall unten im Tal ein paar Besorgungen machte, aber bis zum Abend zurück sein sollte. Und was wollte sie trinken?

Sie seufzte, schlug die Beine übereinander und zündete sich eine Zigarette an. Ihre Mütze paßte zu allem anderen – aus Skandinavien importiert und handgestrickt, die Wolle von den Trollen höchstpersönlich aus Barthaaren von Widdern gesponnen, zweihundert Kröten im Designer-Store. Oder so ähnlich. Die Mütze war grau, wie ihre Augen. Mit schwungvoller Gebärde nahm sie sie ab, fuhr sich durch das kurze schwarze Haar und bestellte einen Sektcocktail. Ich sah auf die Uhr.

Irgendwo hatte ich gelesen, daß in Alaska neunzig Prozent aller Erwachsenen Alkoholprobleme haben. Das konnte ich mir vorstellen. Schnee, Eis, Graupeln, Wind, die dunkle Nacht der Seele: Was sollte man schon sonst machen? Hier oben in den Bergen war es genauso. Big Timber war eine Ansammlung von vielleicht hundert weit verstreuten Hütten auf einem plateauartigen Gipfel in den südlichen Sierras. Die Hütten gehörten größtenteils Sommerfrischlern und Langlauf-Fans aus L. A. und San Diego, Gynäkologen, Bühnen-Agenten, Werbefritzen, Trinkern und Naturfreunden, der Rest einem harten Kern von siebenundzwanzig asozialen Typen, die diesen Ort das ganze Jahr über ihr Zuhause nannten. Ich gehörte zu den letzteren. Jill auch. Unter den übrigen fünfundzwanzig xenophoben Provinzlern fanden sich drei Frauen, davon waren zwei verheiratet, zudem ohnehin jenseits der Wechseljahre. Das einzige weitere weibliche Wesen war eine trunksüchtige Lyrikerin mit extremem Silberblick, die am äußersten Rand der Siedlung in der Hütte ihrer Eltern lebte und Männer haßte. Der Fernsehempfang ließ zu wünschen übrig, Radio gab es keins, und die nächstgelegene Bücherei war eine Ein-Zimmer-Angelegenheit auf halbem Wege ins Tal, wo man sich mit drei Exemplaren der *Dornenvögel* und den gesammelten Werken von Irving Wallace brüstete.

Also tranken wir.

Das gesellschaftliche Leben, soweit es eins gab, spielte sich rund um Marshalls Kneipe ab, die ihr gesamtes Angebot in einem einzigen riesigen Raum bereitstellte, von Hamburgern und Chili-Omeletts über Tabletten gegen Sodbrennen, Grippemittel und Dosen mit eingelegten Rüben bis zum Toilettenpapier, außerdem Alkohol, die Nähe anderer Menschen und die Gelegenheit, an den Hebeln eines Videospiels in der Ecke außerirdische Eindringlinge zurückzuschlagen. Jeden Freitag organisierte Marshall Familienmenüs, an Thanksgiving und zu Weihnachten veranstaltete er Truthahnfestessen, zu Silvester schmiß er eine Party, und während des langen, einsamen Winters hielt er die Bar auch an den Wochenenden offen, wobei er weniger an seinen Profit als an unsere geistige Gesundheit dachte. Zum Anwesen gehörten auch acht recht rustikale Hotelzimmer, die normalerweise nicht belegt waren, sich aber jetzt – mit dem Eintreffen von Boo, dessen Killerkollegen, Regina und mehreren anderen Touristen – allmählich füllten.

Am Tag, als Regina einrollte, hatte Jill das ausnahmsweise einmal gute Wetter ausgenutzt, um mit ihrem Kombi den Berg hinunterzukurven und Weihnachtseinkäufe zu erledigen. Eigentlich hätte ich mitfahren sollen, aber wir hatten Streit gehabt. Wegen Boo. Am Abend vorher war ich von meinem Nachmittagsspaziergang hereingekommen und hatte gesehen, wie Jill mit einem leeren Kuhaugenblick halb über der Theke lag, während ihr Boo aus etwa fünfzehn Zentimetern Entfernung sein Baritongesäusel ins Gesicht hauchte. Ich sah das, und dann sah ich auch, daß die Hände der beiden ineinander verschlungen waren, als wären sie beim Fingerhakeln oder so etwas. Marshall war in der Küche, Josh besorgte es dem Videospiel, und Scott hatte sich wohl auf sein Zimmer verzogen. »Hallo«, sagte Boo und drehte sich beiläufig zu mir um, »was tut sich so?« Jill warf mir einen trotzigen Blick zu, ehe sie sich losmachte und etwas planlos in der Kasse herumwühlte. Ich war in der Tür stehengeblieben und sagte gar nichts. *Wuschzz, wuschzz*, tönte das Videospiel, *pjing, pjing*. In der Küche ließ Marshall irgend etwas fallen. »Mach dem Mann da einen Drink, Schätzchen«, sagte Boo. Ich drehte mich um und ging hinaus.

»Verdammt, ich begreif' dich nicht«, hatte Jill gemeint, als ich sie später von der Arbeit abholte. »Das ist doch mein Job, Mann. Was soll ich denn machen? Mir ein Schild um den Hals hängen, wo draufsteht: Eigentum von M. Koerner?«

Ich erwiderte, das hielte ich für eine ganz gute Idee.

»Hättest gar nicht herzufahren brauchen«, sagte sie. »Ich geh' zu Fuß.«

»Und der Bär?« fragte ich, denn ich wußte, wie sehr sie der Gedanke an ihn erschreckte, wußte, daß es für sie entsetzlich war, die düsteren, nur vom Schnee erhellten Straßen entlangzugehen, weil sie Angst hatte, dem Vieh über den Weg zu laufen – ich wußte es und wollte, daß sie es zugab, daß sie mir sagte, sie brauche mich.

Doch sie sagte nichts weiter als: »Scheiß auf den Bären«, und dann war sie weg.

Jetzt bestellte ich ein weiteres Bier, schlenderte an der Theke entlang und setzte mich auf den Barhocker neben Regina. »Hallo«, sagte ich, »erinnern Sie sich an mich? Michael Koerner? Ich wohne oben hinter dem Haus von Malloy.«

Sie kniff die Augen zusammen und schenkte mir ein Lächeln, das ich bis tief hinunter in die entferntesten Zellen meines Fortpflanzungstrakts spürte. Ich war ihr nicht bekannter als irgendein chinesischer Landarbeiter, den man aufs Geratewohl aus der gesichtslosen Masse herausgeholt hat. »Sicher«, sagte sie.

Wir plauderten ein wenig. Wie glatt die Straßen doch waren – noch schlimmer als letztes Jahr. Ein wildgewordener Bär? Ach, wirklich? Und Marshall hatte jetzt einen Bart?

Ich hatte sie zu zwei Sektcocktails eingeladen und pflegte wieder einmal ein neues Bier, da kam Jill zur Tür hereingestürmt, die Arme mit glitzernd verpackten Paketen beladen. Sie strahlte vor Menschenfreundlichkeit und Festtagslaune; neben ihr zottelte Adrian her, der aussah, als wäre er eben vom fliegenden Rentier des Weihnachtsmannes abgestiegen. Falls Jill vom Anblick Reginas irritiert war – genauer gesagt davon, daß ich diesem Anblick so nahe und so mit ihm verknüpft war –, so ließ sie es sich keinen Moment anmerken. Die Pakete knallten dumpf auf die Theke, Scooter und Mae-Mae wurden mit fröhlichem Quietschen begrüßt, Regina umarmt – und ich ignoriert. Adrian ging direkt auf das Videospiel los, wobei er nur kurz haltmachte, um die sechs Vierteldollarmünzen einzustreichen, die ich ihm wie eine Opfergabe entgegenhielt. Jill bestellte sich einen Cocktail und redete auf Regina ein, schwatzte los über Frisuren, Fingernägel, Schuhe, Blusen und so weiter, als freute sie sich, sie hier zu sehen. »Diese Mütze finde ich einfach wunderschön!« rief sie irgendwann aus und streckte die Hand aus, um die Wolle zu befühlen. Ich drehte mich auf dem Barhocker um und starrte aus dem Fenster.

In diesem Augenblick tauchte Boo auf. Undeutlich erkennbar, vom Schnee weichgezeichnet, stapfte er über die öde weiße Fläche des Parkplatzes wie in einem Traum. Die Kapuze seines weißen Anoraks war hochgeschlagen, er trug ein Gewehr über der Schulter und zerrte irgend etwas hinter sich her. Etwas Schweres, Schwarzes, eine längliche, schmale Form, die sich wie ein Schatten hinter ihm ausbreitete. Als er stehenblieb, sich aufrichtete und in Dampfschwaden gehüllt nach Luft rang, bemerkte ich schockiert, daß zu seinen Füßen der Kadaver eines Tiers lag, rot wie eine offene Wunde im Schnee. »He!« schrie ich, »Boo hat den Bären erwischt!« Im nächsten Augenblick stürzten wir alle hinaus auf den windgepeitschten Parkplatz, standen zwischen den bedrohlichen Baumreihen und unter dem geschwollenen Bauch des grauen Himmels, und Boo blickte verdutzt von dem ausgenommenen Kadaver eines Rehbocks auf. »Was ist denn los, Feuer in der Kneipe?« fragte er. Seine scharfen blauen Augen parierten kurz meinen Blick, dann musterte er nacheinander Scooter, Adrian und Mae-Mae, betrachtete einen Moment lang Jill und fixierte schließlich Reginas erstauntes Gesicht. Er grinste.

In der schwarzen Schnauze des Rehbocks bleckten die gelblichen Zähne; die Augen waren glasig. Boo hatte das Tier von der Brust bis zur Lende aufgeschlitzt, und aus dem hinteren Ende der schartigen Wunde quoll ein halbgefrorener Klumpen grauweißer Darmschlingen. Ich kam mir lächerlich vor.

»Köder«, erklärte Boo und ließ den Blick dabei wieder über uns schweifen. »Ich ziehe eine Blutspur, die man noch mit geschlossenen Augen und zugeklebter Nase verfolgen könnte. Dann häng' ich das Fleisch an einen Baum und brauch' bloß noch auf Meister Petz zu warten.«

Jill wandte sich ab, ein wenig theatralisch, wie ich fand, und bekundete halblaut Protest und Abscheu unter Berufung auf »das arme Tier«, dann nahm sie Adrian bei der Hand und zerrte ihn in Richtung des Hauses. Mae-Mae starrte durch uns alle hindurch, dieses Gemetzel ähnelte für sie jenem anderen, das ihren Mann das Leben gekostet hatte, kopfüber in der kleinen Blechdose seines Autos, Blut auf dem Berghang. Regina musterte Boo. Er stand vor dem erlegten Rehbock und grinste wie ein Urmensch angesichts seine Jagdbeute, dann bückte er sich, um das Vieh beim Geweih zu packen und es quer über den Platz zu schleifen, als wäre es ein alter Teppich für den Kirchenbasar.

An diesem Abend ging es in der Kneipe rund. Die ersten Touristen waren eingetroffen, und deshalb sah man zehn bis zwölf neue Gesichter an der Bar. Ich löffelte in der Einsamkeit meiner Hütte Hühnersuppe und eine Dose kalte Rüben, wickelte mir einen kitschigen schwarzgoldenen Schal um den Hals und stapfte durch den dunklen, konturlosen Wald zur

Kneipe hinüber. Als ich eintrat, roch ich Parfum, süße Liköre, heiße Körper, und ich hörte das sinnliche Klicken der Billardkugeln, die das Gegröle der rings um mich anschwellenden Stimmen rhythmisch untermalten. Festtagslaune, o ja, allerdings.

Jill stand hinter der Theke. Alle Bewohner der Siedlung waren da, einschließlich der zwei alten Frauen und der schielenden Lyrikerin. An der Theke lehnte, lümmelte und lachte eine Schar johlender Fremdlinge und etliche, die ich vage von früheren Jahren her kannte; andere hockten hinten an den Tischen über ihren Steaks. Marshall stand am Grill. Ich schlängelte mich zur Theke hindurch und stellte mich zwischen einen bärtigen Fremden mit einem Cowboyhut aus grauem Filz und einen Kerl, der mir irgendwie bekannt vorkam, der mich aber mit zutiefst verächtlichem Blick ansah und sich dann abwandte. Ich fragte mich kurz, womit ich diesen Mann wohl gekränkt haben konnte (Wintergäste – ich wußte ja kaum noch, was ich letzte Woche getan und gesagt hatte, geschweige denn letztes Jahr), als ich Regina erblickte. Und Boo. Sie saßen hinten in einer Nische, ihr Tisch war übersät mit leeren Gläsern und Bierflaschen. Gut, dachte ich. Ein heimtückisches Lächeln der Befriedigung huschte über meine Lippen, und dann sah ich Jill an.

Ich merkte, daß sie die beiden aus den Augenwinkeln beobachtete, obwohl ein unbeteiligter Zuschauer sicher geglaubt hätte, ihre ganze Aufmerksamkeit gelte Alf Cornwall, dem alten Furzer, der vor ihr an der Theke saß und ein Gläschen Pfefferminzschnaps trank, während er bis zum Erbrechen das einzige Thema wiederkäute, das ihm wichtig war – das heißt den beklagenswerten Zustand seiner Gesundheit. »Jill«, rief ich schadenfroh, »wie wär's denn mit ein bißchen Bedienung hier?«

Sie warf mir einen Blick zu, der Metall hätte zerfressen können, dann stieß sie sich von der Theke ab, goß mir langsam einen Schluck Wild Turkey ein und zapfte noch langsam ein Glas Bier. Ich zwinkerte ihr zu, als sie mir die Drinks hinstellte und mein Geld vom Tresen aufsammelte. »Heute abend nicht, Michael«, sagte sie, »ich fühl' mich nicht danach.« Ihre Stimme klang so schleppend und düster wie die eines professionellen Klageweibes. Langsam wurde mir klar, wieviel sie von diesem Boo gehalten hatte (und wie wenig von mir), und ich sah über die Schulter, um ihn kurz mit haßerfüllter Eifersucht zu mustern. Als Jill mir das Wechselgeld hinlegte, packte ich sie am Handgelenk. »Zum Teufel, was soll das heißen: ›Heute abend nicht‹?« zischte ich. »Darf ich jetzt nicht mal mehr mit dir reden, oder was?«

Sie sah mich an wie eine Märtyrerin, eine achtundzwanzigjährige Frau, die von ihrem Mann am Ende der bewohnten Welt im Stich gelassen worden war und einen unglücklichen Jungen und einen abgehalfterten Beau durchbringen mußte, für den der Gedanke ans Heiraten etwa so verlockend war wie eine Lobotomie; sie sah mich an wie eine Frau, die die Hoffnung auf romantische Abenteuer aufgegeben hatte. Dann riß sie sich los und schlurfte davon, um sich wieder sämtliche faszinierenden Begleitumstände von Alf Cornwalls letztem Stuhlgang anzuhören.

Gegen elf ließ der Andrang etwas nach, und Marshall kam hinter dem Grill vor, um sich an der Bar einen Rémy Martin einzugießen. Auch er legte ein außergewöhnliches Interesse an Alf Cornwalls Verdauungstrakt an den Tag und schnüffelte etwa fünf Minuten lang versonnen an seinem Cognac, ehe er mit dem Glas in der Hand zu Boo und Regina hinüberschlenderte. Er setzte sich neben Regina, nickte und grinste, aber er wirkte nicht allzu vergnügt.

Wie Boo war Marshall ein massiger Typ. Breiter Schädel, breit um den Bauch, graues Haar und weißgesprenkelter Bart. Er war Mitte Vierzig, zweimal geschieden, und er hatte eine lässige, naturburschenhafte Art, die Frauen anziehend fanden, oder einmalig – oder was auch immer. Jedenfalls die Frauen hier oben. Jill hatte in dem Jahr, bevor ich hergezogen war, etwas mit ihm gehabt, er war einer der Hauptgründe, warum die schielende Lyrikerin Männer haßte, und unzählige Langlauf-Skihäschen, Arztgattinnen und Ausflüglerinnen hatten schon ein kleines außerplanmäßiges Training auf dem Wasserbett im Eichenholzrahmen eingelegt, das sein Zimmer hinten im Haus beherrschte. Boo hatte keine Chance. Zehn

Minuten nachdem Marshall sich hingesetzt hatte, stand er an der Bar, etwas unsicher nach den vielen Drinks, und taxierte Jill von oben bis unten, als hätte er nur einen Gedanken.

Ich war bei meinem dritten Bourbon und dem fünften Bier, das Licht war schummrig, das Feuer prasselte, und der Sechs-Meter-Weihnachtsbaum glitzerte wie ein Satellit. Alf Cornwall hatte seinen Mist mit nach Hause genommen, die Lyrikerin, die Ehefrauen und zwei Drittel der Neuankömmlinge waren gegangen. Ich diskutierte mit dem Typen im Cowboyhut, der, wie sich herausstellte, aus San Diego kam, über Stranderosion und behielt dabei Boo und Jill am anderen Ende der Theke im Auge. »Also, echt«, brüllte San Diego, als wäre ich eine halbe Meile weit weg, »da bauen sie diese gottverdammten, total sinnlosen Wellenbrecher hin, und was hat man davon, frag' ich Sie? Hä?«

Ich hörte ihm nicht zu. Boo streichelte Jills Hand wie ein Handschuhvertreter, Marshall und Regina saßen in ihrer Nische im Clinch, und ich fühlte mich verletzt, gekränkt und ausgeschlossen. Ein brennendes Holzscheit brach auseinander und krachte dumpf in die Glut. Marshall stand auf, um das Feuer zu schüren, und auf einmal ging mir der Hut hoch. Ich drehte San Diego abrupt den Rücken zu, schob meinen Hocker nach hinten und ging rasch ans andere Ende der Bar.

Jill sah meinen Gesichtsausdruck und zuckte zusammen. Ich legte die Hand auf Boos Schulter, der sich im Zeitlupentempo zu mir umdrehte, das Gesicht riesengroß, über seinem Backenknochen glänzte die Narbe. »Das kannst du nicht machen«, sagte ich.

Er sah mich nur an.

»Michael«, sagte Jill.

»Häh?« fragte er. »Was meinst du?« Dann blickte er zu Jill, und als er den Kopf wieder zu mir drehte, wußte er es.

Ich schubste ihn, als er sich gerade vom Barhocker erhob, und er knickte kurz mit den Knien ein, ehe er sich fing und auf mich losstürzte. Wenn Marshall nicht eingeschritten wäre, hätte er mich vernichtet, aber das war mir egal. Auch so bekam ich noch einen fürchterlichen Schlag aufs Brustbein, der mich gegen den Tresen schleuderte, so daß ein paar Gläser umflogen. Paff, paff, zerschepperten sie auf dem Fliesenboden, wie Glühbirnen, die man von einer Leiter fallen läßt.

»Verdammt noch mal«, brüllte Marshall los, »jetzt reicht's aber.« Sein Gesicht war bis zu den Wurzeln des Schnurrbarts rot angelaufen. »Michael!« sagte oder vielmehr donnerte er, dann winkte er angewidert ab. Boo stand hinter ihm und sah mich böse an. »Ich glaube, du hast genug getrunken, Michael«, sagte Marshall. »Geh jetzt nach Hause.«

Ich wollte sofort widersprechen, wollte Obszönitäten herausbrüllen, wollte auf beide zugleich losgehen, das Mobiliar zerlegen und den Baum in Brand stecken, aber ich tat es nicht. Ich war nicht mehr sechzehn: ich war einunddreißig und vernünftig. Die Kneipe war die einzige im Umkreis von vierzig Kilometern, und ich würde verflucht durstig und verflucht einsam werden, wenn ich hier auf Dauer Lokalverbot bekäme. »Schon gut«, sagte ich. »Schon gut.« Und dann, während ich mir die Jacke überstreifte: »Tut mir leid.«

Boo grinste, Jill sah aus wie in der Nacht, als der Bär bei ihr eingebrochen hatte. Regina musterte mich entweder interessiert oder amüsiert – ich war mir nicht sicher –, Scooter sah aus, als müßte er dringend pinkeln gehen, und San Diego machte mir wortlos Platz. Ich zog die Tür hinter mir zu. Leise.

Draußen schneite es. Große, warme, tröstliche Flocken. Es war die Art von Schneefall, bei der mein Vater immer die Hände aufgehalten und gemurmelt hatte: *Gott rupft sicher gerade Gänse da oben.* Ich wickelte mir den Schal um den Hals und wollte eben über den Parkplatz gehen, da sah ich durch die Flocken eine verschwommene Bewegung. Zuerst dachte ich an einen Spätankömmling aus dem Tal, irgendeinen Teilzeit-Bewohner, der seine Hütte beziehen wollte. Dann dachte ich, es sei der Bär.

In beidem hatte ich unrecht. Der Schnee fiel auf die dunklen, astlosen Säulen der Baumstämme nieder, Kreidestriche auf einer Schiefertafel, ich zählte drei Atemzüge ab, und dann trat Mae-Mae aus der Finsternis. »Michael?« sagte sie und kam näher.

Ich konnte ihr Gesicht in dem gelben Licht erkennen, das durch die Fenster der Kneipe sickerte und wie Schimmelpilz auf dem Schnee lag. Sie lächelte mich freundlich an, dann veränderte sich ihre Miene, und sie berührte mit dem Zeigefinger meinen Mundwinkel. »Was passieren dir?« fragte sie, und auf ihrem Finger schimmerte Blut.

Ich leckte mir die Lippe. »Nichts. Hab' mir wohl auf die Lippe gebissen.« Der Schnee fing sich wie Konfetti im Federbusch ihres Haars, und ihre Augen strahlten mich aus der Dunkelheit an. »He«, begann ich, von einer Eingebung überkommen, »willst du vielleicht mit zu mir kommen und noch was trinken?«

Am nächsten Tag war ich gegen Abend mit der Axt im Wald. Es waren etwa minus zehn Grad, ich hatte ein Fläschchen Presidente dabei, das mich warm hielt, und ich suchte eine hübsche, rundgewachsene Silbertanne von anderthalb Metern Höhe. Ich hörte, wie der Schnee unter meinen Stiefeln ächzte, sah meinem in der Luft hängenden Atem nach; ich blickte mich um und sah zehntausend Bäumchen unter dem Baldachin der Riesenwipfel, und keiner war richtig. Als ich endlich gefunden hatte, was ich suchte, hatte der Schnee das Licht aufgesogen und die Bäume waren zu Schatten geworden.

Als ich mich bückte, um vom Stamm des Baumes, den ich mir ausgesucht hatte, den Schnee zu wischen, ließ mich etwas über die Schulter nach hinten schauen. Dämmerlicht, Stämme unter dem Schnee, Äste, Stümpfe. Anfangs sah ich ihn nicht, aber ich wußte, daß er da war. Sechster Sinn. Dann aber, noch ehe die zottige Silhouette aus dem Zwielicht hervortrat, hatte ich eine prosaischere Erklärung: Ich konnte ihn riechen. Scheiße, Pisse, Fell, Aas, schlechter Atem, urtümlicher Gestank schlechthin. Da war er, ein Schatten unter Schatten, riesenhaft wie ein umgestürzter Baum, der Bär, und beobachtete mich.

Nichts passierte. Weder grinste ich ihn so lange an, bis er verlegen wurde, noch schmiß ich meine Axt nach ihm oder kletterte auf einen Baum, noch trottete er in einem Anfall von Panik davon oder warf sich mit blutgierigem Gebrüll auf mich, und auf einen Baum kletterte auch er nicht. Ich stand starr da wie eine Skulptur aus Eis, wagte nicht einmal, mich aufzurichten, weil ich Angst hatte, den Augenblick zu zerstören, und beobachtete den Bären. Kommunizierte mit ihm. Er war ein Streuner, ein Einzelgänger, noch etwas groggy vom Lufttransport aus dem Yellowstone-Nationalpark, wo er sich zu sehr an die Menschen gewöhnt hatte. Auch an mich schien er schon gewöhnt. Ich fragte mich, ob er meine Spuren ebenso studiert hatte wie ich die seinen, und was er überhaupt hier draußen in den rauhen, verschneiten Wäldern tat, anstatt sich gemütlich in seiner Höhle zusammenzurollen. Zehn Minuten vergingen. Fünfzehn. Der Wald wurde dunkel. Ich richtete mich auf. Er war weg.

Weihnachten wurde eine reichlich triste Sache. Andere mögen nach den Feiertagen Depressionen bekommen, ich hatte sie vorher, währenddessen und danach auch noch. Ich war pleite, Jill und ich standen kurz vor der Trennung, der Anblick der hundert Meter hohen Bäume und der schneebedeckten Gipfel ekelte mich langsam an, und für den Rest der Menschheit hatte ich etwa so viel übrig wie Gulliver für die Yahoos. Gegen sechs ging ich doch noch bei Jill vorbei, um freudlos und wortkarg ein Mahl mit ihr und Adrian zu teilen und danach Geschenke auszutauschen. Adrian bekam von mir einen sechzig Zentimeter großen grellorangefarbenen Plastikdrachen aus Taiwan, der Pfützen eines rötlichen Zeugs verspuckte, das an Erbrochenes erinnerte, und Jill schenkte ich eine billige Wollmütze mit rosa Bommel. Sie schenkte mir ein Paar Handschuhe. Zum Kaffee blieb ich nicht.

Silvester war etwas anderes.

Zum einen, weil ich selbst eine Party gab. Und zum anderen war ich von schlichtem Menschenhaß zu Nihilismus, Geistestod und noch jenseits davon gelangt. Es war Neujahr, zwei Uhr früh, alle Gäste in der Kneipe trugen bunte Hütchen, ich hatte die Hälfte aller anwesenden Frauen geküßt – darunter die widerwillige Jill, die anschmiegsame Regina und die säuerlich aus dem Mund riechende Lyrikerin – und fühlte mich leer und voll zugleich, leichtsinnig, überschwenglich, hoffnungsfroh, verzweifelt und besoffen. »Feiern wir bei mir weiter«, schrie ich, als Marshall die letzte Bestellung ankündigte und das Licht heller drehte. »Seid alle eingeladen.«

Dreißig Lebeleute stapften durch die verschneiten Straßen, bliesen in Plastiktröten und Scherztrompeten, ließen Motorschlitten, Jeeps und Kombilaster an, nahmen angebrochene Flaschen mit hinaus und juchzten zu den Sternen hinauf. In meiner kleinen Hütte wurde es eng wie in einem Netz voller Fische, man quetschte sich gegeneinander, grinste und grölte, flirtete oben in der Dachkammer, kotzte in die Toilette, kicherte vor dem Kamin. Boo war da, Schwamm drüber, und Jill auch. Marshall, Regina, Scooter, Mae-Mae, Josh und Scott, die Lyrikerin, San Diego und wer sonst noch alles unter dem mit einer glitzernden Narrenkappe geschmückten Elchgeweih gestanden hatte, als meine Einladung ergangen war. Jemand legte eine Reggae-Platte auf, die seismische Vibrationen ins Gebälk jagte, und ein paar Leute fingen an zu tanzen. Ich stand draußen in der Küche und fummelte mit den Eiswürfeln herum, als Regina mit einem Glas in der Hand durch die Tür getorkelt kam. Sie grinste mich schief an und hielt mir das Glas hin. »Was trinkst'n du?« fragte sie.

»Pink Boys«, antwortete ich. »Wodka mit zerstoßenem Eis und rosa Limonade, das Ganze gut durchgeschüttelt.«

»Pink Boys«, sagte Regina oder versuchte es zu sagen. Sie trug ihre Strickmütze und die dazu passende Weste; die Mütze war tief in die Stirn gezogen, die Weste fast bis zum Nabel aufgeknöpft. Ich nahm ihr das Glas aus der Hand, und sie ging auf mich los, bekam meinen Oberarm zu fassen und steckte mir die Zunge in den Mund. Im nächsten Moment preßte ich sie gegen den Herd, erforschte mit der Zungenspitze ihr prachtvolles Gebiß und fuhr mit der Hand in diese wunderschöne Strickweste wie in eine Goldgrube.

Nichts davon bereitete mir Probleme. Ich verschwendete keinen Gedanken an die Beweggründe, Moral, Treue oder den morgigen Tag: Ich war ein Geschöpf der Natur und reagierte auf natürliche Bedürfnisse. Außerdem war Jill im Wohnzimmer in Marshalls Umarmung verkeilt, womit der alte Satyr und Bergfürst seinen historischen Anspruch erneuerte, Boo kauerte mit Mae-Mae vor dem Feuer und sah sie aus seinen blitzenden Augen an und murmelte etwas über Bärendreck, und zwar mit so tiefer Stimme, daß Johnny Cash erbleicht wäre, während Josh und die Lyrikerin fröhlich über Edna St. Vincent Millay lästerten und dabei ihre Körper ungelenk zu Bob Marleys Voodoo-Rhythmen schwenkten. Silvester. Es war wie eine Szene aus dem *Reigen*.

Gegen halb vier hatte mich Regina abgewiesen, für die ich offensichtlich nur ein Köder gewesen war, Marshall und Jill waren zweimal verschwunden und wieder aufgetaucht, Regina hatte erfolglos versucht, Boo und Mae-Mae zu trennen (die sich inzwischen in meine Schlafkammer verzogen hatten), San Diego war hingefallen und hatte dabei meinen Couchtisch zu Splittern zerlegt, wir leerten gerade den vierten Liter Wodka, und Josh tauschte mit der Lyrikerin Adressen aus. Prost Neujahr, dachte ich, betrachtete das Chaos und mümmelte trübselig ein paar Taco-Chips, während der betrunkene San Diego mir etwas über Geländewagen, Außenborder und Thunfischjagd ins Ohr brüllte. Marshall und Jill hielten Händchen, und Regina in der anderen Ecke des Zimmers sah gefährlich aus. Sie hatte vier oder fünf Pink Boys getrunken, abgesehen von dem, was sie vorher in der Kneipe gekippt hatte, aber wer zählte schon noch mit? Auf einmal stand sie auf – oder vielmehr: sie schnellte nach vorn wie ein Marineinfanterist beim Sturmangriff – und fing an, ihre Sachen zusammenzusuchen.

Was dann geschah, ist immer noch nicht ganz klar. Irgendwie war ihre Mütze verschwunden – damit fing alles an. Zuerst stöberte sie nur herum, schob Stapel von Schals und Daunenjacken beiseite, stocherte unter Möbelstücken, verscheuchte Leute von der Couch und aus den Sesseln, dann aber wurde sie hektisch. Die Mütze sei ein Andenken, ein Erbstück. Ihre Urgroßmutter habe sie damals in Flekkefjord zur Erinnerung an die Krönung von Olaf dem Dritten gestrickt oder so ähnlich und dann mit nach Amerika genommen. Jedenfalls sei sie unersetzlich. Wertvoller als die Magna Charta, das Turiner Grabtuch und der Hope-Diamant zusammen. Sie wurde schrill.

Jemand schaltete die Anlage aus. Alle wuselten herum. Ein Komiker – der mir völlig fremd war – zog eine Show ab, indem er hinter dem gerahmten Foto von Dry Gulch, Wyoming, nachsah, das neben dem Kamin hing. »Sie wird sich schon finden«, sagte ich.

Regina hatte einen Stapel Zeitungen über den Boden verstreut und durchwühlte jetzt die Kiste mit Brennholz in der Ecke. Sie drehte sich mit wilder Miene zu mir um. »Den Teufel wird sie«, fauchte sie. »Jemand hat sie mir gestohlen.«

»Gestohlen?« wiederholte ich.

»Stimmt genau«, sagte sie, jetzt sehr bestimmt. Sie sah dabei Jill an. »Irgendeine Schlampe. Eine fettärschige, eifersüchtige Schlampe, die einfach nicht damit fertig wird, daß man sie aussticht. Eine, eine …«

Sie konnte den Satz nicht beenden. Jill sprang von der Couch hoch wie etwas, das in Pamplona in die Arena gestürmt kommt, und plötzlich fielen die beiden wütend übereinander her, zerrten sich gegenseitig an den Haaren und kratzten einander wie die Harpyien. Regina kreischte und fluchte gleichzeitig, Jill ging gezielt auf schmerzempfindliche Stellen los. Ich wußte mir keinen Rat. San Diego beging den Fehler, die beiden trennen zu wollen, und bekam dafür einen tiefen Kratzer ins Gesicht. Als sie schließlich gegen die Stehlampe krachten, die mit einem klimaktischen Knall von geborstenem Glas zu Boden flog, packte Marshall Regina von hinten und zerrte sie aus dem Zimmer, während ich mir größte Mühe gab, Jill zu bändigen.

Die Tür knallte zu. Jill machte sich los, nach Atem ringend, und drehte mir den Rücken zu. Zwanzig blasse, ratlose Gesichter verteilten sich im Raum wie japanische Lampions. Einige der Männer blickten etwas blöde drein, als hätten sie etwas mit angesehen, was sie eigentlich nichts anging. Keiner sagte ein Wort. In diesem Moment kam Boo aus dem Schlafzimmer, mit Mae-Mae im Schlepptau. »Was ist denn hier für ein Krach?« fragte er.

Ich sah mich im Zimmer um. Mit einem Mal fühlte ich mich unbeschreiblich fertig. »Die Party ist vorbei«, sagte ich.

Ich wachte am Mittag mit einem Kater auf. Ich trank Wasser aus der Leitung, klatschte mir etwas davon ins Gesicht und wankte zur Kneipe hinüber, um zu frühstücken. Marshall war da, er stand hinter dem Grill und sah aus, als wäre er aus Kartoffelbrei. Er bemerkte mich kaum, als ich hereinschlurfte und einen Platz am Fenster einnahm, wo sich fröhliche, redselige und wohlgenährte Touristen drängten.

Ich blätterte durch den *Chronicle* und pustete gerade auf meine dritte Tasse Kaffee, als ich Reginas Auto sah. Es glitt am Fenster vorbei, bewältigte die Kurve am Ende des Parkplatzes und bog dann auf die Straße ins Tal hinunter ein. Ich war mir nicht ganz sicher – es war ein trüber Tag, der Himmel war wie rauchverhangen –, aber soweit ich es ausmachen konnte, hatte sie keine Mütze auf. Aus war's mit ihrer Rolle als Bergfürstin, dachte ich. Schluß mit den Sektcocktails und dem hautengen, reizvollen Stretch über dem Hintern – von jetzt an ging es auf Mundgeruch und Zahnfleischschwund zu. Ich widmete mich wieder der Zeitung.

Als ich das nächstemal aufblickte, sah ich Boo, Josh und Scott aus einem Jeep Cherokee aussteigen, dicht umringt von Gaffern und Sonntags-Skiläufern. Über die Motorhaube des Wagens geworfen, an den Rändern rot glänzend von rohem Fleisch und Blut, lag ein Bärenfell, an dem noch der Kopf dranhing. Der Pelz war rötlich, fast zimtfarben, und das eine Ohr war abgeknickt. Ich sah zu, wie Boo zur Tür heranschlenderte, zwei sechzehnjährige Skihäschen mit geföntem Haar vorbeiließ und sich dann in die Kneipe schob.

Er blieb einen Moment am Eingang stehen, nahm die Sonnenbrille ab und wischte sie sorgfältig am Anorak ab, ehe er sie in der Brusttasche verstaute. Dann ging er auf die Kasse zu, wobei er lässig nach der Brieftasche griff. »Hallo«, grüßte er, als er mich entdeckte, und blieb kurz stehen, um sich über meinen Tisch zu beugen. »Wir haben ihn erwischt«, sagte er, wobei sein Bariton in den Keller ging. Mit einer knappen Kopfbewegung deutete er auf den Wagen vor der Kneipe. Vorn auf seinem Anorak hatte er einen Fleck, eine bräunlich verfärbte Stelle. Ich drehte den Kopf zur Seite, warf einen Blick aus dem Fenster und sah dann wieder ihn an; es kam mir vor, als hätte mir jemand einen Schlag in die Magengrube versetzt. »So so«, sagte ich.

Wir schwiegen. Er sah mich an, ich sah ihn an. »Tja«, meinte er nach einer Weile, »also mach's gut«, und dann ging er an den Tresen weiter, um seine Rechnung für das Zimmer zu zahlen.

Jill kam gegen eins. Auch sie trug eine Sonnenbrille, und als sie sie hinter der Theke abnahm, sah ich den blauschwarzen Halbmond unter ihrem rechten Auge. Was Marshall betraf, so würdigte sie ihn keines Blickes. Später, nachdem ich die Zeitung zweimal durchgeblättert hatte und meinte, es sei jetzt Zeit für einen oder zwei Bloody Marys und für ein bißchen Football im Fernsehen, setzte ich mich an die Bar. »Hallo, Michael«, sagte sie, »was kriegst du denn?«, und ihr Tonfall war so sanft, so zerknirscht, so milde, freundlich und versöhnlich, daß ich geradezu spüren konnte, wie die mächtigen, schweren, schiebenden Platten der Welt unter meinen Füßen wieder ins Lot kamen.

Ach ja, die Mütze. Als mir eine Woche später der ganze Ruß und Staub und die Holzspäne in meiner Hütte zuviel wurden, zerrte ich den Staubsauger zum halbjährlichen Hausputz hervor. Ich reinigte den Teppich, saugte die Vorhänge ab und holte die Spinnweben aus den Ecken. Als ich die Kissen auf der Couch umdrehte, das Saugrohr tief hinter die Lehne steckte, fand ich die Mütze. Innen drin war ein Kaufhausschildchen: *J. C. Penney*, las ich, *$ 7,95*. Eine Weile stand ich reglos da und drehte das Ding in der Hand hin und her. Dann warf ich es ins Feuer.

John Updike

Eine Konstellation von Ereignissen

Die Ereignisse wirkten wie in Abständen auf einen weiten tiefen Himmel verteilt, dessen dritte Dimension schwindlig machte. Im Rückblick konnte Betty kaum glauben, daß die Tage so dicht aufeinander gefolgt waren. Doch nein, dort lagen sie, flach auf dem Kalender, einer nach dem anderen – vier strahlende Februartage.

Am Sonntag nach der Kirche hatte Rob sie und die Kinder zum Skilanglauf mitgenommen. Sie machten einen regelrechten Ausflug daraus. Er rief Evan an, weil sie am Freitag schon im Büro darüber gesprochen hatten, während der Sturm um ihr grünverglastes Bürohaus in Hartford tobte. Und sie rief die Smiths an, weil der Junggeselle Evans Lydia Smiths Liebhaber war, und lud sie ebenfalls ein; dies war die Art von zelebrierter, boshafter Geste, die Rob überzogen fand. Aber Lydia kam ans Telefon und war entzückt. Während ihre Stimme noch in Bettys Ohr zwitscherte, steckte Betty Rob und seiner gerunzelten Stirn die Zunge raus.

Sie trafen sich alle in ihren verschiedenfarbigen Autos am Feld der Pattersons, und schon bald bildeten sie eine Zeile dunkler Silhouetten quer über das weiße Weideland. Evan und Lydia strebten offensichtlich in Führung; Rob und Billy, fast schon so groß wie sein Vater, sowie Fritzie Smith, die in den Fußspuren ihrer Mutter ganz das sportive Mädchen mimte, belegten die mittlere Strecke, wobei der kleine Smith-Junge Mühe hatte, mit der Gruppe mitzuhalten; und Betty und ihre Jüngste, die arme, jammernde, miserabel ausgerüstete Jennifer, bildeten den Schluß, zusammen mit Rafe Smith, der nicht so oft Ski lief wie Lydia und dessen Bindung dauernd aufsprang. Er war schlanker als Rob, wirkte eher wie ein Clown, mit mehr Zweifeln, scharfen Gesichtszügen und grünen Augen: einer von der traurigen, ermutigenden Sorte Mann. Unermüdlich feuerte er Jennifer an: »Uppala, Jenny, bleib in der Spur, jetzt hast du den Rhythmus, ups«, und schon gerieten die Ski des Kindes wieder durcheinander, und es fiel hin. Inzwischen stand auch mit Sicherheit wieder einer von Rafes Füßen neben der Bindung, und Betty mußte warten, während die anderen zu fernen Punkten schrumpften.

Die Felder in ihrer strahlenden Helle waren riesig. Bettys Augen blinzelten, als sie sie in sich aufnahm. Die Spuren ihrer Gruppe und die Spuren der Schneemobile, die hier herumgetollt waren, nachdem der Sturm sich gelegt hatte, störten die herrliche Leere kaum – welliges Land, eine einsame Eiche auf einem Hügel, Weidezäune, wie mit dem Stift gezeichnet, verwitterte Verbotsschilder, die für sie nicht galten. Rob hatte mit einem der Patterson-Söhne geschäftlich zu tun und würde es auf eine Herausforderung ankommen lassen; die Felder schienen unter Robs Schutz zu liegen wie unter einer gläsernen Kuppel. Ein Bach, zu hörbarem Leben aufgetaut, verlief dort, wo zwei Hänge aufeinanderstießen. Betty zögerte, an dieser Stelle den Spuren der anderen zu folgen, denn das hieß, mit den Skiern von Schneebank zu Schneebank über ein Bett von eisigem, keckem, verborgenem Wasser zu treten. Sie bekam es mit der Angst und lief einen Umweg von fünfzig Schritten über die Holzbrücke. Rafe nahm Jennifer auf den Arm und überquerte den Bach. Am anderen Ufer sprang seine Bindung auf, aber niemand war zu Schaden gekommen. Das Kind lachte zum erstenmal an diesem Nachmittag.

Warm strahlte die Sonne vom Schnee zurück; Betty dachte, daß ihr Gesicht heute den ersten Anflug von Bräune abbekam, und dann wären es nur noch wenige Wochen, bis hier wieder Kühe grasten und Fladen auf die Primeln fallen ließen. Als sie auf der anderen Seite des Baches den Hang hinaufstrebte Richtung Wald, rutschte sie ab und fiel auf die Seite. Der Schnee war feucht und warm. »Mist«, sagte sie. Doch mit Wohlgefallen nahm sie die Wölbung ihrer jeansengen Hüfte wahr, als sie über sich hinweg auf Rafe blickte, der hinter ihr herstakste, die grünen Augen sonnenschmal und wachsam.

»Soll ich dich hochziehen?« fragte er und streckte die Hand aus, einen feuchten, schwarzen Fäustling. Als sie danach greifen wollte, streifte er den Handschuh ab und bot ihr die bloße

Hand, knochig und rosig und erschreckend, so plötzlich in der freien Luft. »Uppala«, sagte er, und die Anstrengung, sie hochzuziehen, brachte ihn aus dem Gleichgewicht, so daß sich wieder die Bindung löste. Diesmal lachten beide, sie und Jenny.

Am Eingang des Waldwegs wartete Rob mit demonstrativer Geduld. Bevor er sich beklagen konnte, tat sie es: »Jennifer wird noch verrückt auf diesen schrecklichen, geliehenen Skiern. Warum bekommt sie keine ordentliche Ausrüstung wie andere Kinder?«

»Ich bleibe bei ihr«, sagte ihr Ehemann, zugleich fest und ausweichend, wie es seine Art war, indem er die Frage umging, während er sie scheinbar beantwortete und Selbstlosigkeit vortäuschte, um sie zu beschämen. Doch Betty spürte, daß das Lächeln auf ihrem Gesicht so unbestreitbar, so unauslöschlich wie die Sonne auf dem Feld stehenblieb. Robs Gesicht wurde düster, er setzte zum Sprechen an; Rafe unterbrach sogleich mit einer Entschuldigung und nahm die Trödelei auf sich und seine defekte Bindung. Einen Moment lang, der ein ungewisses Zittern in ihrem Inneren auslöste – vielleicht war es auch nur der Zusammenprall angestrengter Gesichtsröte mit dem kühlen blassen Schatten des Waldes, hier an seinem Rand –, standen die beiden Männer nebeneinander, mit dem Mechanismus der Bindung befaßt, nicht auf Bettys Anwesenheit achtend. Rob fand den Fehler, und Rafes Ski löste sich nicht mehr.

Im Wald fielen Rob und Jennifer zurück, und Rafe glitt eilig voraus, um seine Kinder und schließlich sogar seine Ehefrau und Evan einzuholen. Betty versuchte bei ihrem Mann und dem Kind zu bleiben, aber sie waren zu unerträglich, die eine jammerte, der andere runzelte die Stirn, und beide waren wenig erpicht auf ihre Gesellschaft. So ließ sie sich vorwärts gleiten und fand sich bald allein im Wald, ferner Stimmen, dem Wispern ihrer Ski und dem sanften, freundlichen Hub ihres eigenen Atems innewerdend. Kiefernstämme glitten vorüber, einer hinter dem anderen und danach noch einer, in Reihen und wieder vereinzelt, schattige Harmonien. Hier und da wuchsen die Bäume in den Pfad hinein; ein Zweig streifte ihr Auge so leicht, daß sie erstaunt war, Schmerz zu empfinden und Tränen zu weinen. Sie geriet an eine Lichtung, wo mehrere Wege auseinandergingen. Hier wartete Rafe; schmal, auf seine Stöcke gelehnt, ein Schatten zwischen anderen. »Welchen Weg, glaubst du, haben sie eingeschlagen?« Er klang atemlos und wirkte verloren. Seine Frau und ihr Liebhaber waren ihm entkommen.

»Links der Weg führt zu den Autos zurück«, sagte sie.

»Ich weiß nicht, welche Spuren die ihren sind«, sagte er.

»Tut mir leid«, sagte Betty.

»Muß dir nicht leid tun.« Er lehnte entspannt auf seinen Stöcken und machte keine Anstalten weiterzulaufen. »Wo ist Rob?« fragte er.

»Er kommt. Er hat mir Klein Jenny abgenommen. Ich warte hier. Fahr du schon weiter.«

»Ich werde mit dir warten. Es ist zu gruselig da drinnen. Möchtest du das Buch haben?« Die Sätze folgten einander so gleichmäßig, als läge in der Abfolge eine Logik.

Das Buch handelte von Jane Austen und war von einem Englisch-Professor geschrieben, bei dem Betty vor Jahren studiert hatte, noch ehe die Radcliff-Universität sich Harvard nannte. Sie hatte es auf dem Vordersitz seines Autos liegen sehen, während sie alle an ihren Skiern herumhantierten, und hatte einen Ausruf des Wiedererkennens getan. Im Laufe eines merkwürdigen, zerdehnten Sommers – es war der Sommer, in dem Billy geboren worden war – hatte sie hintereinander alle sechs Jane Austen-Romane gelesen, auf einer Sonnenveranda sitzend, wartend und wartend. Dann stillte sie plötzlich. »Wenn du es durchhast.«

»Hab' ich. Es ist harmlos, aber liebenswert, wie du sagen würdest. Soll ich es dir morgen früh vorbeibringen?«

Er war vor kurzem aus einer Anwaltskanzlei in Hartford ausgestiegen und hatte hier in der Stadt eine eigene Praxis eröffnet. Er hatte nur wenige Mandanten, doch das Nichtstun schien ihm Spaß zu machen. Etwas von Zerbrechlichkeit und Unfähigkeit schien ihm anzuhaften. »Ja«, sagte sie und fügte hinzu: »Jennifer kommt um zwölf aus der Schule.«

Und dann holten Jennifer und Rob sie ein. Beide mußten besänftigt werden, und sie vergaß das Versprechen des schattenhaften Mannes, als wäre ihr Bewußtsein besessen gewesen von der Leere dieses Ortes, wo die verschneiten Pfade auseinanderstrebten.

Am Montag war strahlendes Wetter, und das Läuten an der Tür unterstrich das musikalische Tropfen der Eiszapfen, die rings um das Haus klingende Perlen fallen ließen. Rafe stand komisch gebeugt unter dem Getröpfel der vorderen Dachtraufe und hielt das Buch trocken gegen seinen Parka. Er sagte, er wolle es ihr nur geben, aber sie lud ihn zu einem Kaffee ein: Er sah so traurig aus, immer noch verloren. Sie setzten sich mit dem Kaffee aufs Sofa, und bald lagen seine Arme um sie, und seine Lippen, die nach Kaffee schmeckten, waren warm auf ihrem Mund, und seine Hände kühl auf der Haut unter ihrem Pullover, und sie konnte ihre Gedanken nicht daran hindern zu schweben, in einem goldenen Innewerden des Sonnenlichts auf den Dielen dahinzutreiben, großen, schrägen Sonnenflecken, Rhomben, die durchbrochen waren von den fedrigen Silhouetten ihrer Topfpflanzen auf den Fensterbänken. Als er sie auf das Sofa legte und ihr Blickwinkel sich umkehrte, sprangen die Schatten der Tropfen in den Sonnenflecken aufwärts und schienen der Schwerkraft zu trotzen. Ihr schwirrte der Kopf. Sie setzte sich auf, stieß ihn ohne Vorwurf von sich, löste ihr Haar und steckte es wieder fest. »Was tun wir denn?« fragte sie.

»Ich weiß es nicht«, sagte Rafe. Und tatsächlich schien er es nicht zu wissen. Sein Ansturm hatte unbeholfen, ängstlich und unaufrichtig gewirkt; er schien dankbar, gebremst worden zu sein. Sein Gesicht war rosig, wie seine Hand es gewesen war. Im Licht der Fenster hinter dem Sofa schienen seine Augen sehr grün. Ein Farnblatt, das dort hing, warf ein Schattennetz, in das Rafes Gesichtszüge bald eintauchten, bald daraus hervorkamen, während er sich entschuldigte, redete, scherzte. »Babyspeck!« hatte er, ihren Pullover hochziehend, beim Anblick ihres Bauches gerufen, und hatte sie plötzlich niedergebeugt, um die Falte dort zu küssen, das Gesicht scharf und schmal und heiß. Er hatte Angst, spürte Betty, und die Wahrnehmung bannte ihre eigene Furcht.

Sanft manövrierte sie ihn von ihrem Körper fort und zur Tür hinaus. Es war nicht schwierig; sie erinnerte sich an ihre Collegetage, die sein Buch in ihr wachgerufen hatte, und daran, wie man sich Jungen vom Leib hält. In seiner Dankbarkeit hörte er nicht auf zu lächeln. Sie schloß die Haustür. Sein Körper tanzte fast vor Erleichterung, als er die tauende Straße überquerte. Und für sie, allein in dem leeren Haus zurückbleibend, war es, als wäre zusammen mit ihrer Furcht auch ein Teil ihrer Seele gebannt worden; weder Bedauern noch Erwartung spürend, trieb sie über die Sonnenflecke, die unablässig mit fallenden Tropfen bestickt wurden, trieb dahin zwischen dem gewölbten Glänzen von Glas und Porzellan und metallenem Küchengerät, in des Hauses fremder Wärme – fremd, wie jedes Vorkommnis uns scheint, wenn nur wir anwesend sind, um es zu bezeugen. Betty hob den Pullover, um ihren blassen Bauch zu betrachten. Babyspeck. Die mittleren Jahre hatten ihre Taille geglättet. Aber Lydia, andererseits, war eine Sportlerin, knabenhaft und hager, flink auf den Skiern, mit diesem gewissen römischen, androgynen, rätselhaften Etwas im Aussehen. Daran war Rafe gewöhnt. Der Gegensatz hatte ihn aus dem Gleichgewicht gebracht.

Sie nahm das Buch vom Sofa. Er gehörte zu jenen Männern, die ein Buch behutsam lesen konnten, so daß es wie nicht gelesen aussah. In ihrer großen, schwimmenden Ruhe überraschte sie sich dabei, daß sie unfähig war, auch nur ein Wort zu lesen.

Am Dienstag nahm Rob sie mit nach Philadelphia, wie sie es schon vor Wochen geplant hatten. Sie war dort geboren, er hatte geschäftlich dort zu tun. Sie mitzunehmen, das hatte er ihr nur zu deutlich bekundet, war sein Zugeständnis an ihr langweiliges Leben als Hausfrau. Trotzdem liebte sie es, liebte sie ihn, sobald der rüttelnde, dröhnende Terror des Fluges vorüber war. Die Stadt im Wintersonnenlicht sah gläserner und sauberer aus, als sie sie in Erinnerung hatte, ihre rauhe und riesige, liebe, düstere Stadt der Brüderlichen Liebe. Rob war hergekommen, weil seine Versicherungsgesellschaft ein Einkaufszentrum im südlichen New Jersey mitfinanzierte; er verschwand hinter der seltsam ägyptisierenden Fassade des Penn Mutual Gebäudes – sie wirkte jetzt doppelt falsch, weil sie als historische Fassade an einen neuen Wolkenkratzer gepappt worden war, eine hoch aufragende Schachtel aus getöntem Glas. Sie schlenderte die Walnut Street entlang, um Schaufenster anzugucken, bis ihr die Füße weh taten. Dann nahm sie ein Taxi vom Rittenhouse Square zum Kunstmuseum. In Philadelphia lag weniger Schnee als in Connecticut; ein Teil des Grases an der Promenade war sogar noch grün.

Oben im Treppenhaus des Museums sah man immer noch Saint-Gaudens große patinabedeckte Diana – in Bettys Mädchenzeit war die Statue in ihrer Vorstellung irgendwie mit der guten Fee der Märchen durcheinandergeraten (nur daß sie nackt war, da sie Ballkleid und Unterröcke, die gute Feen für gewöhnlich tragen, abgestreift hatte, um besser ihre langen Beine schwingen zu können) – auf einer Fußspitze in schattiger Höhe posieren. Doch sonst hatte sich im Museum vieles geändert, es gab viel zusätzliche Helle. Die drei Versionen von dem »Akt, eine Treppe herabsteigend« und die traurig ruinierte »Braut, von ihrem Junggesellen gerade ganz entkleidet« beunruhigten und beleidigten sie nicht mehr. Das Wagnis wird zur Klassik mitten in unserem Leben, noch während wir altern und sterben. Rob fand sich pünktlich, wie er es versprochen hatte, um 15 Uhr 30 bei den impressionistischen Bildern ein; ihre plötzliche Liebe zu ihm, hier in diesem Saal voller greller Farben und voll Licht, war wie ein Hinschmelzen. Betty lehnte sich an ihn, er wich ihrer Berührung aus, und in ihren ungewohnten Stöckelschuhen mußte sie einen Ausfallschritt tun, um die Balance zu halten.

Sie tranken Tee in der Cafeteria, im dunklen Anzug und Kostüm fehl am Platz zwischen den Studenten und den Bärten und der mit Bedacht gewählten Lumpenkleidung, die von der Revolution des letzten Jahrzehnts übriggeblieben waren. Auch hier war aus dem Radikalen das Bequeme geworden. »Wie gefällt es dir, wieder hier zu sein?« fragte Rob.

»Es hat sich verändert, ich habe mich verändert. Mir gefällt, wo ich jetzt bin. Aber es war sehr lieb von dir, mich mitzunehmen.« Sie berührte seine Hand, und er zog sie nicht fort auf der glatten Tischplatte, deren Weiß sie an Schnee denken ließ.

Glück mußte auf ihrem Gesicht gelegen haben, wie vor Sonnenbrand glühend, denn er sah sie an und schien sie einen Moment lang wahrzunehmen. Dieser Moment machte ihn unruhig. Obwohl er zu schwergewichtig war, um hübsch genannt zu werden, hatte er doch wunderschöne Augen, goldbraun und unbeteiligt wie die eines Löwen; sie wurden zu Schlitzen, und er zog die Stirn in Falten bei der ungewohnten Anstrengung, ein Kompliment zu formulieren. »Jammerschade«, sagte er, »daß du meine Frau bist.«

Sie lachte erstaunt. »So? Warum?«

»Du würdest so eine liebenswerte Geliebte abgeben.«

»Glaubst du? Woher weißt du das? Hast du je eine Geliebte gehabt?« Sie war sich der Antwort so sicher, daß sie fortfuhr, bevor er nein sagen konnte. »Woher weißt du dann, daß ich eine liebenswerte Geliebte wäre? Vielleicht wäre ich schrecklich. Kreischend, besitzergreifend. Akzeptier mich lieber als Ehefrau«, riet sie ihm selbstgefällig. Der Tisch war weiß und mit schmutzigem Teegeschirr zugestellt; sie konnte es kaum erwarten, wieder zu Hause zu sein, im Bett. Seine Art des Liebens war wie er selbst, fest und unermüdlich, und es klappte immer. Sie bewunderte das. Früher hatte sie es angebetet, bis ihre Anbetung ihn zu deprimieren schien. Und auch jetzt – an diesem glitzernden Tisch – deprimierte ihn irgend etwas an ihr – vielleicht die Geliebte, die er in ihr entdeckt hatte, die Geliebte, zu der unter allen Männern der Welt ausgerechnet ihm der Weg versperrt war, die er niemals besitzen konnte. Sie streichelte seine Hand, als würde sie eine gemeinsame Not mit ihm teilen. Aber das Glück in ihr wuchs weiter an, übermütig und sinnlos, unerklärlich, unaufhaltsam, obwohl sie erkannte, daß sie auf seinen Schwingen Rob hinter sich ließ. Und nie war er ihr zuverlässiger oder freundlicher erschienen als in dem Moment, da sie aufstanden, zahlten und zusammen das Museum verließen, und nie sie ihm stärker zugehörig als seine Ehefrau.

Auf dem Rückflug nahm sie, um ihre Angst zu beschwichtigen, das Buch aus ihrer Handtasche und las: »*Wie Lionel Tril-*

ling schon 1957 sagte (noch bevor die Macht der Frauen derart ge-
wachsen war): ›Das Außergewöhnliche an Emma ist, daß sie eine
sittliche Kraft besitzt, so wie ein Mann eine sittliche Kraft besitzt‹;
›Ständig ist ein Bewußtsein in ihr am Werk, ein Sinn dafür, was sie
zu sein und zu tun hätte‹.«

Rob sah ihr über die Schulter und fragte: »Ist das nicht Rafes Buch?«

»Genau das gleiche«, sagte sie prompt und es erwies sich, daß der Betrug gar nicht so schwerfiel. »Du mußt es am Sonntag bei ihm auf dem Vordersitz gesehen haben, genau wie ich. Und heut morgen habe ich bei Wanamakers ein Exemplar entdeckt.«

»Es sieht gebraucht aus.«

»Ich hab' drin gelesen. Als ich auf dich wartete.«

Sie nahm sein Schweigen als Beruhigtsein. Er raschelte mit seiner Zeitung. Dann fragte er: »Ist es nicht schrecklich trocken?«

Sie täuschte Nachdenklichkeit vor. Ein ungewisses Scheppern unter ihr änderte seine Tonlage. »Hm. Trocken, aber liebenswert.«

»Ein trauriger Bursche, findest du nicht?« sagte Rob unvermittelt. »Dieser Rafe.«

»Was ist so traurig an ihm?«

»Du weißt schon. Hörner aufgesetzt zu kriegen.«

»Vielleicht liebt Lydia ihn dafür um so mehr.«

»Unmöglich«, beschied ihr Ehemann und versteckte sich hinter dem *Inquirer*, als die 727 scheppernd und zitternd zu einer Bruchlandung ansetzte. Mit jener irrationalen Leidenschaft, die Rob so haßte, klammerte sie sich an seinen Arm; er wandte den Blick absichtlich nicht von der Zeitung und schloß sie aus. Doch in einem Winkel seines Verstandes erhörte er ihre Gebete, widerwillig, und brachte das Flugzeug sicher zur Erde.

Im Traum unterrichtete sie wieder, und Rafe wirkte zwischen ihren Schülern verloren. Sie hatte eine Frage an ihn, konnte aber anscheinend seine Aufmerksamkeit nicht erringen, obwohl er sich nicht wirklich schlecht betrug; er hatte sich halb umgewandt und sprach mit irgendeinem arroganten, spillerigen Mädchen aus der Klasse … Es brachte sie derart zur Verzweiflung, daß sie aufwachte. Sie spürte Leere und leichte Angst. Rob war nicht mehr im Bett. Sie hörte die Tür schlagen. Er war auf dem Weg zur Arbeit. Die Kinder waren im Parterre und stritten sich, ein gnadenloses Geräusch, als ob etwas überkochte. Mittwoch. Sie stand auf, und ein Rest des nächtlichen Beischlafs glitt an der Innenseite ihrer Schenkel herab.

Als die Kinder zur Schule waren, bewegte sie sich durch das leere Haus und erforschte die Erkenntnis, daß sie verliebt war. Wie die Holzdielen, die Türrahmen, die Tapeten schien diese Tatsache nicht so sehr angenehm, als vielmehr notwendig zu sein, nicht schmückend, sondern auf eine Weise funktional, die sie erst noch begreifen, auf die sie sich konzentrieren mußte. Der Schnee auf dem Dach war ganz geschmolzen; das Tropfen von der Traufe hatte aufgehört, und trockenes Sonnenlicht ruhte still auf dem warmen Haus, der leeren Straße und den gesprenkelten Dächern der Stadt jenseits der sonnenhellen schmutzigen Fenster. Valentinskarten, von den Kindern aus der Schule mit nach Hause gebracht, lagen auf der Anrichte verstreut. Der Kalender zeigte den kürzesten Monat an, eine Bonbonniere randvoll mit roten Feiertagen. Rafes Büronummer stand frisch im Telefonbuch verzeichnet. Sie wählte, nicht so sehr, um ihn zu erreichen, als um das Ausmaß ihrer Leere zu erforschen. Zu ihrem Erschrecken hörte das Klingeln auf; er hatte abgenommen.

»Rafe?« Ihre gebrochene Stimme überraschte sie.

»Hey, Betty«, sagte er. »Wie war's in Philly?«

»Woher weißt du, daß ich dort war?«

»Weiß doch jeder. Du hast keine Geheimnisse vor uns.« Er hörte auf zu scherzen, weil er merkte, daß er sie ängstigte. »Lydia hat es mir erzählt.« Evan hatte es ihr erzählt und Rob ihm, bei der Arbeit. Es war eine durchsichtige Welt der Liebe; ihr helles Haus schien transparent. »War's nett?« fragte Rafe.

»Wunderschön.« Sie merkte, daß sie sich verteidigte. »Die Stadt kam mir … harmloser vor, irgendwie.«

»Was hast du gemacht?«

»Bin rumgelaufen, hab' mich nostalgisch gefühlt. Bin zum Museum auf dem Hügel rauf. Rob hat mich dort abgeholt, und wir haben einen Tee getrunken.«

»Hört sich gut an.« Seine Stimme, für sich allein, war reicher und entspannter als seine körperliche Gegenwart, sein hilfloser, demütiger Clowns-Ausdruck. Ihr Schweigen zwang ihn zum Weitersprechen. »Hast du Zeit gehabt, einen Blick in das Buch zu werfen?«

»Es gefällt mir sehr«, sagte sie. »Es ist so gelehrig und ruhig. Ich lese es ganz langsam; ich möchte, daß es ewig dauert.«

»Ewig kommt mir sehr lang vor.«

»Willst du mich sehen?« Ihre Stimme war unwillkürlich schwer geworden.

Seine Antwort kam so schlicht und scharf wie sein grüner Blick, als sie »Mist« gerufen hatte. »Sicher«, sagte er.

»Wo? In diesem Haus ist es zu auffällig.«

»Komm hierher, in die Stadt. Hier gehen den ganzen Tag die Leute ein und aus. Neben mir ist ein Friseur.«

»Hast du keine Mandanten?«

»Erst am Nachmittag.«

»Soll ich es wagen?«

»Ich weiß nicht. Wagst du es?« Etwas sanfter fügte er hinzu: »Du mußt gar nichts *tun*. Du möchtest mich einfach *sehen*, richtig. Noch abzuwickelnde Geschäfte, mehr oder weniger.«

»Ja.«

In der Innenstadt lastete eine geisterhafte Stille auf den Bewegungen von Autos und Menschen. Betty stellte fest, daß ihr ein Wintergeräusch aus der Kindheit fehlte: der Gesang der Schneeketten. Winterreifen hatten ihn obsolet gemacht. Die Zeit machte alles obsolet, wenn man nur lange genug wartet. Rafes Gebäude war ein trostloser Backstein-Büroblock, gebaut vor hundert Jahren, als dieser Vorort von Hartford noch eine unabhängige Zukunft zu haben schien. Ein anspruchsvolles Wappen aus Granit krönte die Fassade, die vielleicht eines Tages als historisch gelten würde. Die Treppen waren mit Linoleum belegt und rochen wie eine Garderobe an einem Regentag. Eine Dunstwolke aus versengtem Haar und Shampoo kam aus der Tür neben der seinen. Er erwartete sie in seinem Wartezimmer und schloß die Tür hinter ihr ab. Auf seinem Sofa, einer kühlen, schmalen, klebrigen Kunstleder-Couch unter einer Wand aus ledergebundenen Gesetzestexten erwies sich Rafe als impotent. Der Anblick ihrer Nacktheit schien ihn fassungslos zu machen. Trotz seiner Benommenheit und Verwirrung hörte er nicht auf zu lächeln. Und sie lächelte zurück. Er war schön, so schlank und locker, aber mußte erst dazu gebracht werden, es zu wissen. »Was glaubst du, woran es liegt?« fragte er.

»Du hast Angst«, sagte sie. »Aber ich mache dir keinen Vorwurf. Es mit mir aufzunehmen ist nicht leicht.«

Er nickte. Seine Augen waren in diesem verschlossenen, fensterlosen Raum weniger grün. »Wir werden eine Menge Sorgen haben, nicht wahr?«

»Ja.«

»Ich glaube, mein Körper sagt uns, daß noch Zeit wäre für einen Rückzieher. Willst du?«

Oben, auf einer mehrbändigen Ausgabe gebundener Gesetze, deren gleichförmige Rücken horizontale Streifen bildeten wie vorbeihuschende Eisenbahnfenster, lag eine andere Art Buch, ein kleines Taschenbuch. In dem Dämmer des Wachtraumes, wo ihre Nacktheit das Hellste war, entzifferte sie den Titel: *Emma*. Sie antwortete: »Nein.«

Und obwohl es im nachhinein vieles zu bedauern gab und ein Schmerz blieb, der nie aufhören sollte, bildeten diese Tage – die weiten Felder, das tropfende Vordach, die Bilder im Museum, die Gesetzbücher – in Bettys Erinnerung ein strahlendes, schimmerndes Ganzes, eine Konstellation, doch nicht verstreut wie ein Sternenhaufen, sondern kontinuierlich, eine Kehre am Berg, ein Regenbogen.

Richard Ford

Winterbeute

Ich war noch nicht lange wieder in der Stadt. Vielleicht einen Monat, mehr nicht. Unten in Silver Bow hatte ich schließlich keine Arbeit gefunden, und als es kalt wurde, gab ich mein Zimmer dort auf und zog zu meiner Mutter in das Haus in den Bitterroot-Hügeln, um mich auszuruhen und ein wenig von meinem Verdienst für schlechtere Zeiten zurückzulegen.

Meine Mutter hatte zu der Zeit einen Freund im Haus, einen alten Ölsucher mit Namen Harley Reeves. Und Harley und ich kamen nicht miteinander aus, was ich ihm wirklich nicht übelnehmen kann. Er hatte selbst seinen Job in der Nähe von Gillette, Wyoming, verloren, als der Ölboom zusammenbrach. Und er machte genau das, was ich machte, und er war zuerst dagewesen. Alle waren damals arbeitslos. Es war keine gute Zeit in dieser Gegend von Montana, und es sah auch nicht so aus, als ob sich das bald ändern würde. Die zwei versuchten es ein letztes Mal, sie waren beide in den Sechzigern, zwei Fremde, die in dem kleinen Haus, das mein Vater ihr hinterlassen hatte, zusammenlebten.

Also zog ich schon eine Woche später in die Stadt, in eine kleine Elendswohnung gegenüber den Güterbahnhöfen der Burlington Northern, und begann zu warten. Es gab nichts zu tun. Fernsehen. In eine Bar gehen. Zum Clark Fork hinunterwandern und dort, wo sie einen kleinen Park angelegt hatten, angeln. Einfach irgendwie die Zeit totschlagen. Man denkt immer, man hätte gern alle Zeit in der Welt, aber das ist eine Illusion. Ich hatte das Gefühl, mit dem Rücken an der Wand zu stehen, und wußte nicht, was mit mir in der nächsten Woche geschehen sollte, und das ist ein Gefühl, das man nicht wieder los wird und das es schwermacht, fröhlich zu sein. So was hat niemand gern.

Ich stand in der Top Hat Bar und trank etwas mit Little Troy Burnham, und wir sprachen über die Rotwildsaison, als eine Frau, die an der Bar gesessen hatte, aufstand und zu uns herüberkam. Ich hatte die Frau zu anderen Zeiten in anderen Bars in der Stadt gesehen. Sie war meistens nachmittags gegen drei Uhr anzutreffen und dann wieder manchmal spät nachts, wenn ich auf meinem Rückweg durch die Bars war. Sie tanzte mit Männern von dem Luftstützpunkt und saß dann bis spät mit ihnen herum und trank und redete. Ich nehme an, daß sie schließlich mit einem nach Hause ging. Sie sah überhaupt nicht schlecht aus – blond, mit großen dunklen Augen, kräftigen Hüften und dunklen Augenbrauen. Sie war vielleicht vierunddreißig, aber sie konnte auch vierundvierzig sein oder vierundzwanzig, denn sie trank regelmäßig, und regelmäßiges Trinken kann beides bewirken, besonders bei Frauen. Als ich sie das erste Mal sah, dachte ich: Sie ist auf dem Weg nach unten. Eine Bergmannsfrau, die von Butte hier herauf verschlagen worden war, oder die Tochter eines Rangers, die plötzlich weggelaufen war, was immer passieren kann. Oder schlimmer. Und sie hatte mich nicht gereizt. Kummer kommt billig und geht teuer – so kann man's jedenfalls sehen.

»Habt ihr mal Feuer für mich?« sagte die Frau zu uns. Sie stand vor unserem Tisch. Nola war ihr Name. Nola Foster. Das hatte ich gehört. Sie war nicht betrunken. Es war vier Uhr nachmittags, und außer Troy Burnham und mir war niemand da.

»Wenn du mir 'ne Liebesgeschichte erzählst, würd ich alles für dich tun«, sagte Troy. Das sagte er immer zu Frauen. Er würde immer alles für irgendwas tun. Troy sitzt in einem Rollstuhl, weil er von einem Bohrturm gefallen ist, und kann nur sehr wenig tun. Wir waren seit der Schule und sogar von noch früher her Freunde. Er war immer klein und ich groß. Aber Troy war ein hervorragender Ringer gewesen und hatte in Montana Turniere gewonnen, und ich hatte wenig Sport getrieben – nur ein bißchen geboxt, das war alles. Seit kurzem wohnten wir im selben Mietshaus an der Ryman Street, obwohl Troy dort ständig wohnte und Taxi fuhr, um sich über Wasser zu halten, während ich hoffte, bald was Besseres zu finden. »Ich würd wirklich gern 'ne Liebesgeschichte hören«, sagte Troy und rief zur Bar hinüber, sie sollten noch mal bringen, was Nola in der Hand hatte.

»Nola, Troy. Troy, Nola«, sagte ich und gab ihr Feuer.

»Kennen wir uns?« sagte Nola, während sie sich setzte, und sah mich an.

»In der East Gate. Schon etwas her«, sagte ich.

»Das ist eine sehr nette Bar«, sagte sie kühl. »Aber ich hab gehört, da ist jetzt 'n neuer Besitzer.«

»Freut mich sehr, eine neue Bekanntschaft zu machen«, sagte Troy grinsend und stellte die Gläser zurecht. »Und jetzt laß mal die Liebesgeschichte hören.« Er zog sich dicht an den Tisch heran, so daß sein Kopf und seine mächtigen Schultern über der Tischfläche lehnten. Troys Sturz hatte ihm die Hüfte zerstört. Da ist noch etwas, aber keine Hüften. Er braucht Krücken und einen besonderen Sitz in seinem Taxi. Er ist zugleich zart und stark, wenn er auch in den meisten Dingen so gut zurechtkommt wie jeder andere auch.

»Ich *habe* geliebt«, sagte Nola ruhig, als der Barkeeper ihr Getränk gebracht und sie einen Schluck genommen hatte. »Aber jetzt nicht mehr.«

»Das ist 'ne kurze Liebesgeschichte«, sagte ich.

»Das ist doch nicht alles«, sagte Troy grinsend. »Stimmt's? Hier, auf dein Wohl.« Er hob das Glas.

Nola sah mich wieder an. »Also gut. Cheers«, sagte sie und trank.

Zwei Männer hatten am anderen Ende des Raumes angefangen, Pool zu spielen. Sie hatten das Licht über dem Tisch angeschaltet, und ich konnte das Klicken der Kugeln hören, und einer sagte: »Knack sie, Craft.« Und dann das Klatschen eines härteren Stoßes.

»Ihr wollt doch gar nichts davon hören«, sagte Nola. »Ihr seid betrunkene Männer, das ist alles.«

»Doch, wollen wir«, sagte Troy. Er war immer so leicht zu begeistern. Er hätte wirklich allen Grund gehabt, sich zu beklagen, aber ich hab nie gehört, daß er was sagte. Und ich glaub, er hat ein gutes Herz.

»Und du? Wie heißt du überhaupt?« sagte Nola zu mir.

»Les«, sagte ich.

»Les also«, sagte sie. »Du willst das nicht hören, Les.«

»Doch, will er«, sagte Troy, legte die Ellenbogen auf den

Tisch und zog sich ein wenig in die Höhe. Troy war ein bißchen betrunken. Vielleicht waren wir das alle.

»Warum nicht?« sagte ich.

»Siehst du? Klar. Les will auch mehr davon hören. Er ist so wie ich.«

Nola war eigentlich eine hübsche Frau, sie hatte eine Art von Würde, die nicht auf den ersten Blick zu erkennen war, und Troy war hingerissen von ihr.

»Also gut«, sagte sie und trank noch einen Schluck.

»Was hab ich dir gesagt?« sagte Troy.

»Ich hab wirklich geglaubt, daß er sterben würde«, sagte Nola.

»Wer?« sagte ich.

»Mein Mann. Harry Lyons. Ich gebrauch den Namen jetzt nicht mehr. Jemand hat euch die Geschichte schon mal erzählt, nicht?«

»Mir nicht. Gottverdammt!« sagte Troy. »Ich *will* diese Geschichte hören.«

Ich hatte sie auch noch nicht gehört, obwohl ich gehört hatte, daß es eine Geschichte gab.

Sie zog an ihrer Zigarette und sah uns beide mit einem Blick an, der sagte, daß sie uns nicht glaubte. Aber sie fuhr fort. Vielleicht dachte sie schon an den nächsten Drink.

»Er sah so nach Sterben aus. Karditisch nennen sie das. Er war bleich, und seine Mundwinkel waren heruntergezogen, als könnte er den Tod sehen. Sein Herz hatte schon im Juni aufgehört zu schlagen, und ich hatte das Gefühl, ich würd eines Tages in die Küche kommen und er würd da sitzen mit dem Gesicht im Toast.«

»Wie alt war dieser Harry?« fragte Troy.

»Dreiundfünfzig Jahre alt. Viel älter als ich.«

»Ja, wenn das Herz nicht mehr will«, sagte Troy und nickte mir zu. Troy hatte selbst Probleme mit seinen Organen. Ich glaub, sie sind alle etwas heruntergerutscht, als er auf dem Boden aufschlug.

»So ein Mann wird etwas seltsam, wenn's ans Sterben geht«, sagte Nola still. »Als beobachtete er den Tod, wie er kommt. Obwohl Harry immer noch zur Arbeit bei Champion's ging. Er war Kontrolleur. Dazu beobachtete er *mich* die ganze Zeit. Beobachtete mich, um zu sehen, ob ich drauf gefaßt war, nehm ich an. Sah nach, ob die Versicherung in Ordnung war, glich das Konto aus, legte den Schließfachschlüssel an einen bestimmten Ort. All das. Würd ich aber auch machen. Wer nicht?«

»Aber klar doch, verdammt noch mal«, sagte Troy und nickte wieder. Troy nahm das alles tief auf, das konnte ich sehen.

»Und ich geb zu, ich *war* drauf gefaßt«, sagte Nola. »Ich liebte Harry. Aber wenn er starb, was sollte ich tun? Sollte ich etwa auch sterben? Ich mußte für mich planen. Ich mußte daran denken, von einem gewissen Punkt an ohne Harry zurechtzukommen. Er war nicht *lebens*wichtig für mich.«

»Wahrscheinlich hat er dich deshalb beobachtet«, sagte ich. »Für sich selbst war er wahrscheinlich doch lebenswichtig.«

»Ich weiß.« Nola sah mich ernst an und rauchte ihre Zigarette. »Aber ich hatte eine Freundin, deren Mann sich umgebracht hat. Ging in die Garage und ließ den Motor laufen. Und seine Frau war *nicht* darauf gefaßt. Nicht wirklich. Sie glaubte, er wär da draußen, um die Bremsscheiben zu erneuern. Und als sie rausging, lag er tot da. Sie mußte dann schließlich nach Washington D.C. ziehen. Sie hatte völlig das Gleichgewicht verloren. Hatte auch das Haus verloren.«

»Das ist beides hart«, stimmte Troy zu.

»Und so sollte's mir nicht gehen, dachte ich. Und wenn Harry was davon merkte, na dann, so sei's. Ich konnt's nicht ändern. An manchen Tagen wachte ich auf und sah ihn im Bett an, und ich dachte: Stirb, Harry, hör auf, dir darüber Sorgen zu machen.«

»Ich dachte, das wär 'ne Liebesgeschichte«, sagte ich. Ich sah zu den beiden Männern hinüber, die Pool spielten. Einer kreidete seine Queue, während der andere sich über den Tisch beugte, um einen Stoß zu machen.

»Kommt schon noch«, sagte Troy. »Nur 'n bißchen Geduld, Les.«

Nola leerte ihr Glas. »Ich garantier dafür.«

»Dann komm schon«, sagte ich. »Erzähl den Teil mit der Liebe.«

Darauf sah Nola mich seltsam an, als wüßte ich wirklich, was sie erzählen würde, und als dächte sie, ich könnte es auch selbst erzählen. Sie hob das Kinn und sah mich an.

»Eines Abends kam Harry von der Arbeit nach Hause, okay?« sagte sie. »Sah aus wie der Tod selbst, wie gewöhnlich. Nur daß er zu mir sagte: ›Nola, ich hab 'n paar Freunde eingeladen, Liebling. Läufst du mal zu Albertson's und holst 'n Steak?‹ Ich fragte, wann sie kämen. Er sagte, in 'ner Stunde. Und ich dachte: Eine Stunde! Weil er nie Leute mit nach Hause brachte. Wir gingen in Restaurants und Bars, wißt ihr. Wir hatten nie Gäste. Aber ich sagte: ›Okay, ich hol Steak.‹ Und ich stieg ins Auto und fuhr hin und holte das Fleisch. Ich dachte, Harry hat's verdient, er soll haben, was er will. Wenn er Freunde hier haben und Steak essen will, dann soll er's kriegen. Männer wollen, bevor sie sterben, seltsame Dinge.«

»Das ist auf jeden Fall richtig«, sagte Troy ernst. »Ich war volle vier Minuten tot, als ich unten ankam. Und ich hab die ganze Zeit nur von Hummer geträumt. Und dabei hatte ich noch nie 'n Hummer gesehen, jetzt schon, aber damals nicht. Vielleicht gibt's Hummer im Himmel.« Troy grinste uns beide an.

»Das war aber nicht der Himmel«, sagte Nola und wedelte mit dem Arm, um noch einen Drink zu bestellen. »Als ich wieder zurückkam, saß Harry da mit drei Krähenindianern herum, in meinem Haus, im Wohnzimmer, und trank mit ihnen *mai tais*. Seine *Freunde*, sagte er. Aus der Fabrik. Und Harry war als strenger Mormone aufgewachsen. Nicht, daß es irgendwas bedeutet hätte.«

»Ich nehm an, er hat sich's anders überlegt«, sagte ich.

»So was passiert immer wieder«, sagte Troy gewichtig. »Die Mormonen sind nicht mehr so, wie sie mal waren. Sie waren früher wirklich schlimm, aber das hat sich alles verändert. Obwohl ich glaub, Farbige dürfen immer noch nicht ganz in den Tempel.«

»Die drei waren aber in meinem Haus. Mehr sag ich nicht. Und ich hab wirklich keine Vorurteile. Gibt Leoparden mit

Flecken, gibt welche ohne. Mir egal. Und ich war nett. Ich ging sofort in die Küche und legte die Steaks in die Pfanne und Kartoffeln ins Wasser und holte Erbsen aus'm Gefrierfach. Und ging wieder rein, um was mit ihnen zu trinken. Und wir saßen rum und redeten 'ne halbe Stunde. Redeten über die Fabrik. Redeten über Marlon Brando. Der Mann und eine der Frauen waren verheiratet. Er arbeitete mit Harry zusammen. Und die andere Frau war ihre Schwester, Winona. In Mississippi gibt's 'ne Stadt, die so heißt. Ich hab nachgesehen. Also nach 'ner Weile – alles nett und freundlich – geh ich in die Küche, um die Kartoffeln abzupellen. Und die andere Frau, Bernie, kam mit, um mir zu helfen, nehm ich an. Und ich stand da am Herd und kochte, und diese Bernie sagt zu mir: ›Ich weiß nicht, wie du das machst, Nola.‹ ›Was machst, Bernie?‹ sag ich. ›Daß du Harry mit meiner Schwester gehen läßt und so glücklich dabei bleibst. Wenn Claude das machte, das könnt ich nicht aushalten.‹ Und ich drehte mich um und sah sie nur an. *Winona ist was?* dachte ich. Der Name erschien mir für 'ne Indianerin so ungewöhnlich. Und ich schrie ›Winona, Winona‹, so laut ich konnte, da vor dem Herd. Ich wurd einfach verrückt, 'ne Minute oder so, glaub ich. Schrie und hielt 'ne Kartoffel in der Hand, heiß. Der Mann kam in die Küche gerannt. Claude Kluger Feind. Claude war unheimlich nett. Er paßte auf, daß ich mir nichts antat. Aber Harry dachte sich schon, daß alles vorbei war, als ich anfing zu schreien. Und er und diese Winona gingen einfach aus dem Haus. Und er kam nicht mal bis zum Wagen, sein Herz machte nicht mehr mit. Er hatte 'nen myokarditischen Infarkt draußen auf dem Gehsteig vor Winonas Füßen. Er dachte wahrscheinlich, das würd alles ganz glatt ablaufen. Er glaubte wohl, wir würden einfach nett zusammen zu Abend essen. Und ich würd's nie rauskriegen. Nur hat er nicht damit gerechnet, daß Bernie was sagen könnte.«

»Vielleicht wollte er 'n bißchen mehr Liebe von dir«, sagte ich. »Vielleicht gefiel's ihm nicht so, nicht lebenswichtig zu sein, und er wollte dir damit was sagen.«

Nola sah mich wieder ernst an. »Daran hab ich auch schon gedacht«, sagte sie. »Mehr als einmal. Aber das wär verletzend gewesen. Und Harry Lyons war nicht der Mann, der einen verletzte. Er war eher ein Leisetreter. Ich glaub einfach, er wollte, daß wir alle Freunde wurden.«

»Leuchtet mir ein.« Troy nickte und sah mich an.

»Was ist mit Winona passiert?« fragte ich.

»Was mit Winona passiert ist?« Nola nahm einen Schluck und sah mich scharf an. »Winona zog nach Spokane. Was mit mir passiert ist, wär 'ne bessere Frage.«

»Wieso? Du bist hier bei uns«, sagte Troy begeistert. »Dir geht's bestens. Les und mir sollte's mal so gut gehen wie dir. Les hat keine Arbeit. Und ich hab kein Glück. Dir geht's von uns dreien am besten, würd ich sagen.«

»Würd ich nicht sagen«, sagte Nola offen und wandte sich um und starrte zu den Männern am Pooltisch hinüber.

»Was hat er dir hinterlassen?« fragte ich.

»Zweitausend«, sagte Nola kalt.

»Das ist eine kleine Summe«, sagte ich.

»Und es ist auch noch eine traurige Liebesgeschichte«, sagte Troy kopfschüttelnd. »Du hast ihn geliebt, und es ist so schlecht zu Ende gegangen. Wie bei Shakespeare.«

»Ich hab ihn genug geliebt«, sagte Nola.

»Was ist mit Sport. Magst du Sport?« sagte Troy.

Nola sah Troy darauf etwas merkwürdig an. In seinem Rollstuhl sieht Troy nicht gerade wie ein ganzer Mann aus, und manchmal wirken deshalb einfache Sachen, die er sagt, überraschend. Und was er da gesagt hatte, überraschte Nola. Ich hab mich in all den Jahren daran gewöhnt.

»Wie wär's mit Skilaufen?« sagte Nola und warf mir einen Blick zu.

»Fischen«, sagte Troy und stützte sich wieder auf die Ellenbogen. »Laß uns zusammen fischen gehen. Schluß mit dem Durchhängen.« Troy schien nicht weit davon entfernt, mit der Faust auf den Tisch zu hämmern. Und ich fragte mich, wann er zum letzten Mal mit einer Frau geschlafen hatte. Vor fünfzehn Jahren, vielleicht. Und jetzt war das alles für ihn vorbei. Aber er war aufgeregt und freute sich, hier zu sein und mit Nola Foster reden zu können, und ich wollte ihm nicht im Weg stehen. »Da wird jetzt niemand sonst sein«, sagte er.

»Wir fangen 'nen Fisch, und das wird uns aufmuntern. Frag Les. Er hat da schon 'nen Fisch gefangen.«

Ich war in den Tagen morgens fischen gegangen, immer wenn die *Today*-Show im Fernsehen vorbei war. Einfach um eine Stunde totzuschlagen. Der Fluß fließt durch die Stadtmitte, und konnte in fünf Minuten da sein und unterhalb der Motels, die dort stehen, angeln und zu den blauen und weißen Bitterroot-Hügeln hinaufsehen, wo das Haus meiner Mutter war, und manchmal beobachtete ich Gänse, die auf ihrem Zug hier vorbeikamen. Es war ein seltsamer Winter. Der Januar war warm wie ein Frühlingstag, und der Chinook kam als warmer Wind von den östlichen Hügeln. Es gab ein paar kühle oder kalte Tage, aber viele waren warm, und nur unten in den Tälern, wo die Sonne überhaupt nicht hinkam, sah man Eis. Man konnte einfach zum Fluß gehen und weit auswerfen, dorthin, wo die Fische tief in den kühlen Pools standen. Und dann konnte einem sogar der Gedanke kommen, daß die Dinge bald wieder besser aussehen würden.

Nola wandte sich um und sah mich an. Der Gedanke, jetzt fischen zu gehen, mußte ihr, das war mir klar, wie ein Witz vorkommen. Obwohl sie vielleicht kein Geld für eine Mahlzeit hatte und glaubte, daß wir sie einluden. Oder vielleicht war sie auch noch nie fischen gewesen. Oder vielleicht wußte sie, daß sie auf dem Weg nach ganz unten war, wo alles egal ist, und dies war zumindest mal was anderes und einen Versuch wert.

»Hast du 'nen großen Fisch gefangen, Les?« fragte sie.

»Ja«, sagte ich.

»Siehst du?« sagte Troy. »Bin ich ein Lügner oder nicht?«

»Vielleicht.« Nola sah mich dann seltsam an, aber auch sehr freundlich, wie mir schien. »Was war'n das für'n Fisch?«

»'ne braune Forelle. Stand tief unten, mit'm Hasenohr«, sagte ich.

»Ich weiß nicht, was das ist«, sagte Nola und lächelte. Ich sah, daß sie mir nicht böse war, denn ihr Gesicht war gerötet, und sie sah hübsch aus.

»Was?« fragte ich. »'ne braune Forelle oder 'n Hasenohr?«

»Das«, sagte sie.

»Ein Hasenohr ist eine Art Fliege«, sagte ich.

»Ach so«, sagte Nola.

»Laß uns doch einmal aus der Bar raus«, sagte Troy laut und ließ seinen Stuhl vor- und zurückrollen. »Wir gehen fischen, dann essen wir Backhähnchen. Troy bezahlt.«

»Was hab ich zu verlieren?« sagte Nola und schüttelte den Kopf. Sie sah uns beide an und lächelte, als könnte sie sich doch etwas vorstellen, was zu verlieren war.

»Du hast alles zu gewinnen«, sagte Troy. »Kommt.«

»Alles«, sagte Nola. »Sicher.«

Und wir verließen das Top Hat, Nola schob Troys Rollstuhl, und ich folgte.

An dem Abend war es auf der Front Street so warm wie im Mai, obwohl die Sonne schon hinter den Gipfeln verschwunden und es beinahe dunkel war. Der Himmel im Osten hinter den Saphires, von wo die Dunkelheit kam, war tiefblau, aber lachsrot über der sinkenden Sonne. Und wir waren in der Mitte. Halbbetrunken versuchten wir, uns immer neue Dinge auszudenken, um die Zeit totzuschlagen.

Troys Taxi stand vorn an der Bar, und Troy rollte zu ihm hinüber und wirbelte herum.

»Ich zeig euch mal meinen großen Trick«, sagte er grinsend. »Steig du ein und fahr, Les. Du bleibst hier, Süße, und guckst zu.«

Nola hatte ihr Glas mit herausgebracht und stand in der Nähe der Tür des Top Hat. Troy hob sich selbst aus dem Rollstuhl auf den Asphalt. Ich setzte mich auf den Beifahrersitz neben Troys Stangen und seinem Spezialsitz, der besonders hoch war, und ließ den Wagen mit der linken Hand an.

»Fertig«, rief Troy. »Jetzt fahr langsam an. Fahr an.«

Und ich ließ den Wagen langsam anrollen.

»O mein Gott«, hörte ich Nola sagen und sah, wie sie die Handfläche an die Stirn legte und wegsah.

»Jaa, Jaa-haa«, schrie Troy.

»Dein armer Fuß«, sagte Nola.

»Es tut mir nicht weh«, rief Troy. »Es ist nur wie Druck.«

Von meinem Sitz aus konnte ich ihn nicht sehen.

»Jetzt hab ich alles gesehen«, sagte Nola. Sie lächelte.

»Jetzt rückwärts, Les. Komm langsam rückwärts«, rief Troy.

»Mach's nicht noch mal«, sagte Nola.

»Einmal reicht, Troy«, sagte ich. Sonst war niemand auf der Straße. Ich dachte daran, wie komisch es für irgend jemanden sein mußte, das zu sehen, ohne etwas darüber zu wissen. Ein Mann fährt aus Spaß einem anderen Mann über den Fuß. Betrunken, würde man wahrscheinlich denken, und das wär ja auch richtig.

»Klar. Okay«, sagte Troy. Ich konnte ihn immer noch nicht sehen. Aber ich schob den Schaltknüppel wieder in »Park« und wartete. »Hilf mir jetzt mal, Süße«, hörte ich Troy zu Nola sagen. »Ist leicht runterzukommen, aber der alte Troy kommt nicht allein wieder rein. Du mußt mir helfen.«

Und Nola sah mich an, das Glas noch immer in der Hand. Es war ein seltsamer Blick, ein Blick, der etwas von mir zu wollen schien, aber ich wußte nicht was und konnte nicht antworten. Und dann stellte sie das Glas auf den Gehweg und ging Troy in den Stuhl zurückhelfen.

Als wir am Fluß ankamen, war es so gut wie dunkel, und der Fluß war nur ein großer Raum, den man hören konnte. Hinter ihm sah man die Lichter der südlichen Stadt und die drei Brücken und die Papierfabrik von Champion's, die eine Meile flußabwärts lag. Und jetzt, da die Sonne weg war, wurde es kalt, und ich dachte, daß es wahrscheinlich noch vor dem Morgen Nebel geben würde.

Troy hatte darauf bestanden, daß wir beide hinten saßen, als hätten wir uns ein Taxi genommen, um uns zum Fischen bringen zu lassen. Auf dem Weg zum Fluß hinunter sang er ein Ölsucherlied, und Nola saß dicht neben mir und ließ mein Bein dicht an ihrem liegen. Und als wir am Fluß ankamen, unterhalb des Lion's Head Motel, hatte ich sie zweimal geküßt und wußte, was ich alles tun konnte.

»Ich glaub, ich geh fischen«, sagte Troy von seinem kleinen, angehobenen Fahrersitz. »Ich geh nachtfischen. Und ich hol meinen Rollstuhl raus und meine Rute und alles, was ich brauch. Das wird Spaß machen.«

»Kannst du überhaupt 'nen Reifen wechseln?« fragte Nola. Sie bewegte sich nicht. Es war nur eine Frage, die sie beschäftigte. Die Leute fragen Krüppel alles mögliche.

Troy wirbelte aber plötzlich herum und sah uns an, wie wir da auf dem Rücksitz des Taxis saßen. Ich hatte den Arm um Nola gelegt, und wir blickten auf seinen großen Kopf und die kräftigen Schultern, unter denen es nur noch einen halben Körper gab, der nicht mehr zu viel nütze war. »Das könnt ihr Rollstuhl-Troy schon zutrauen«, sagte Troy. »Rollstuhl-Troy kann alles, was ein ganzer Mann kann.« Und er lächelte uns mit seinem verrückten Lächeln an.

»Ich glaub, ich bleib im Wagen«, sagte Nola. »Ich warte auf das Backhähnchen. Das werd ich mir angeln.«

»Für Ladies ist es jetzt sowieso zu kalt«, sagte Troy barsch. »Nur Männer. Nur Männer im Rollstuhl ist die neue Regel.«

Ich stieg aus dem Taxi und half Troy, den Rollstuhl aufzustellen und sich hineinzusetzen. Ich hob seine Angelausrüstung aus dem Kofferraum und setzte sie zusammen. Troy angelte nicht mit Fliegen, und ich knüpfte einen kleinen Blinker an seine Schnur und sagte ihm, er solle weit auswerfen, ihn eine Weile auslaufen lassen, damit er in die tiefe Strömung geriet, und ihn dann langsam ganz einholen. Mit der Strategie, sagte ich ihm, würde er in fünf oder zehn Minuten einen Fisch fangen.

»Les«, sagte Troy in der kalten Dunkelheit hinter dem Taxi zu mir.

»Was?« sagte ich.

»Hast du schon mal daran gedacht, was Kriminelles zu tun? Einfach irgendwas Schreckliches? Alles verändern.«

»Ja«, sagte ich. »Manchmal denk ich an so was.«

Troy hatte seine Angelrute quer über den Rollstuhl gelegt, und er hielt sie in den Fäusten und sah den sandigen Abhang hinunter ins Dunkel und auf das funkelnde Wasser.

»Warum tust du's nicht?« fragte er.

»Ich weiß nicht, was ich tun sollte«, sagte ich.

»Blut vergießen«, sagte Troy. »Einfach Blut vergießen.«

»Und dann für immer in 'n Knast«, sagte ich. »Oder vielleicht hängen sie einen auf und lassen einen baumeln. Da ist das hier noch besser.«

»Okay. Das stimmt«, sagte Troy, immer noch hinunterstarrend. »Aber *ich* sollt's machen, oder? Ich sollte das Schlimmste tun, was es gibt.«

»Nein, solltest du nicht«, sagte ich.

Und dann lachte er. »Ha, du hast recht. Niemals«, sagte er. Und er rollte sich zum Fluß hinunter, in die Dunkelheit hinein, und lachte den ganzen Weg.

In dem kalten Taxi hielt ich danach Nola Foster eine lange Zeit in den Armen. Hielt sie nur so, atmend und wartend. Durch das Rückfenster konnte ich das Lion's Head Motel sehen, das Restaurant, das dort am Flußufer liegt und in dem Kerzen auf den Tischen brannten und Leute aßen. Ich sah das WELCOME-Schild, aber nicht die Namen derer, die willkommen geheißen wurden. Ich sah Wagen auf der Brücke, die auf dem Weg nach Hause waren. Und das brachte mich auf Harley Reeves im kleinen Haus meines Vaters in den Bitterroots. Ich stellte mir vor, wie er mit meiner Mutter im Bett lag. Warm. Ich dachte an die verblichene, alte Tätowierung auf Harleys Schulter. VICTORY stand darauf. Und ich konnte das nicht so einfach mit dem vereinbaren, was ich von Harley Reeves wußte, obwohl ich dachte, daß er vielleicht so etwas wie einen Sieg über mich errungen hatte, einfach dadurch, daß er da war, wo er war.

»Das Schlimmste, was es gibt, ist ein Mann, dem man nicht trauen kann«, sagte Nola Foster. »Das weißt du, nicht wahr?« Ich nehme an, daß sie in Gedanken verloren war. Ihr war kalt, das merkte ich daran, wie sie mich umarmte. Troy war jetzt in der Dunkelheit verschwunden. Wir waren allein, und ihr Rock war ein gutes Stück hochgerutscht.

»Ja, das ist schlimm«, sagte ich, obwohl mir in dem Moment der Gedanke an Vertrauen sehr fern war. Das war kein Problem in meinem Leben, und ich hoffte, daß es nie zum Problem werden würde. »Da hast du recht«, sagte ich, um sie zufriedenzustellen.

»Wie heißt du noch mal?«

»Les«, sagte ich. »Lester Snow. Nenn mich ruhig Les.«

»Les Snow«, sagte Nola. »Magst du Schnee?«

»Eigentlich nicht besonders.« Und ich legte meine Hand dahin, wo ich sie am liebsten haben wollte.

»Wie alt bist du, Les?«

»Siebenunddreißig.«

»Du bist ein alter Mann.«

»Wie alt bist du?« sagte ich.

»Ist meine Sache, oder?«

»Ist es wohl.

»Weißt du«, sagte Nola. »Ich mach's, und es bedeutet gar nichts. Ich tu's einfach. Es bedeutet nicht mehr, als wie ich mich jetzt fühl. Weißt du? Weißt du, was ich mein?«

»Ich weiß«, sagte ich.

»Aber *dir* muß man trauen können. Oder du bist nichts. Weißt du das auch?«

Wir waren einander sehr nahe. Ich konnte die Lichter der Stadt oder das Motel oder sonstwas nicht mehr sehen. Nichts rührte sich.

»Ich glaub schon, daß ich das weiß«, sagte ich. Es war der Whiskey, der uns so reden ließ.

»Dann wärm mich auf, Les«, sagte Nola. »Wärme. Wärme.«

»Du wirst schon warm«, sagte ich.

»Ich werd an Florida denken.«

»Ich mach dich warm.

Zuerst dachte ich, daß das, was ich hörte, ein Zug war. So viele Dinge können sich wie ein Zug anhören, wenn man in der Nähe der Gleise lebt. Dies war ein Uuuuh-Geräusch, wie eine ferne Lokomotive. Und ich lag da und horchte dem lange nach, dachte an einen Zug und sein Licht, das die Dunkelheit auf einem Bergpaß im Norden durchschnitt, und an etwas anderes, an das ich mich jetzt nicht einmal mehr erinnere. Und als mir Troy endlich wieder einfiel, wußte ich, daß das Uuuuh von ihm gekommen war.

Nola Foster sagte: »Das ist Rollstuhl-Troy. Er hat 'n Fisch gefangen, vielleicht. Oder er ist ertrunken.«

»Ja«, sagte ich. Ich setzte mich auf und sah aus dem Fenster, aber ich konnte nichts erkennen. Es war in der kurzen Zeit neblig geworden, und morgen, dachte ich, würde es wieder warm sein, wenn es jetzt auch kalt war. Nola und ich hatten uns nicht einmal ausgezogen, um zu tun, was wir getan hatten.

»Ich seh mal nach«, sagte ich.

Ich stieg aus und ging in den Nebel hinein, bis ich nur noch Nebel sah und den Fluß hörte. Troy hatte nicht noch einmal gerufen, und ich dachte mir, da ist alles in Ordnung, keine Probleme.

Aber als ich den sandigen Abgrund ein Stück hinuntergegangen war, sah ich Troys Rollstuhl, der durch den Nebel langsam sichtbar wurde. Und er saß nicht darin, und ich konnte ihn nicht sehen. Und da blieb mir das Herz stehen. Ich hörte, wie es mit einem Klick in meiner Brust aufhörte zu schlagen. Und ich dachte: Das ist das Schlimmste. Was hier passiert ist, wird das Schlimmste sein. Und ich rief: »Troy. Wo bist du? Sag was.«

Und Troy rief: »Hier bin ich, hier.«

Ich ging in die Richtung, aus der die Stimme kam, es war nicht draußen auf dem Wasser, sondern auf der Sandbank. Und nach ein paar Schritten sah ich ihn, nicht im Rollstuhl natürlich, sondern auf dem Bauch liegend und die Rute mit beiden Händen umklammernd, die Schnur ging gerade in den Fluß hinaus, als wollte sie ihn ins Wasser ziehen. »Hilf mir!« schrie er. »Ich hab 'nen Riesenfisch dran. Tu was, hilf mir.«

»Mach ich«, sagte ich. Aber ich sah nicht, wie ich ihm helfen konnte. Ich hätte nicht gewagt, die Rute zu übernehmen, und es wär ein Fehler gewesen, in die Schnur zu greifen. Zieh niemals direkt gegen den Fisch, ist eine alte Regel. So daß alles, was ich tun konnte, war, Troy zu packen und ihn festzuhalten, bis der Fisch entweder gelandet oder verloren war, ganz so, als wäre Troy Teil einer Rute, mit der *ich* fischte.

Ich hockte in dem kalten Sand hinter ihm, drückte meine Hacken in den Boden und packte seine Beine, die sich wie Streichhölzer anfühlten, und hielt ihn fest, damit er nicht ins Wasser rutschen konnte.

Aber Troy warf sich plötzlich herum. »Laß mich los, Les. Geh weg. Geh raus. Die Schnur ist irgendwo verhakt. Du mußt rauswaten.«

»Ich bin doch nicht verrückt«, sagte ich. »Es ist viel zu tief da draußen.«

»Ist nicht tief«, schrie Troy. »Ich hab ihn schon weit rein.«

»Du bist verrückt«, sagte ich.

»Oh, Gott noch mal. Les, geh rein und hol ihn. Ich will ihn nicht verlieren.«

Ich sah Troys Gesicht einen Moment lang an, im Dunkeln. Seine Brille war weg. Sein Gesicht war naß. Und er hatte den Ausdruck eines verzweifelten Mannes, eines Mannes, der nichts mehr zu erhoffen, aber auf seltsame Weise alles in der Welt zu verlieren hat.

»Blöd. Das ist einfach blöd«, sagte ich, denn so erschien es mir. Aber ich stand auf, ging an den Rand und trat hinaus ins kalte Wasser.

Es war zu der Zeit noch mindestens ein Monat, bis die Schneeschmelze in den Bergen begann, und das Wasser, in das ich trat, war kalt und schneidend wie gebrochenes Glas. Aber die Kälte betäubte die Haut auch, und meine Füße waren wie Ziegelsteine, die auf dem Grund herumtappten. Troy hatte sich über die Tiefe des Wassers völlig getäuscht. Denn als ich nur zehn Schritte hinausgegangen war, die Schnur ließ ich zur Orientierung über den Handrücken laufen, reichte mir das Wasser schon bis über die Knie, und auf dem Grund spürte ich große Steine, und um mich herum war das laute rasche Geräusch des Flusses, das mich plötzlich ängstigte.

Aber als ich noch fünf Schritte gegangen war und das Wasser mir bis zu den Oberschenkeln reichte, fand ich den Ast, an dem sich Troys Fisch verfangen hatte, und mir wurde klar, daß ich mit meinen tauben Händen nicht die geringste Chance hatte, einen Fisch zu fangen oder auch nur in den Händen zu halten. Alles, worauf ich hoffen konnte, war, den Ast wegzubrechen und den Fisch in die Strömung zurückgleiten zu lassen, so daß Troy ihn, wenn er Glück hatte, einholen und landen oder ich wieder hinauswaten und ihn an Land bringen konnte.

»Kannst du ihn sehen, Les?« rief Troy aus dem Dunkeln. »Verdammt noch mal.«

»Ist nicht so leicht«, rief ich zurück, und in dem Augenblick mußte ich mich an dem Ast festhalten, um nicht das Gleichgewicht zu verlieren. Meine Beine waren taub. Und ich dachte: Vielleicht ist das der Ort und die Zeit für meinen Tod. Was für ein merkwürdiger Ort. Und was für ein merkwürdiger Grund zu sterben.

»Mach schnell«, rief Troy.

Und ich wollte schnell machen. Nur, als ich die Schnur mit der Hand bis zu dem Ast verfolgte, spürte ich dort etwas, das kein Fisch war und auch nicht der Ast, sondern etwas ganz anderes, etwas, das mir bekannt vorkam, wenn ich auch nicht wußte, warum. Ein Mensch, dachte ich, das ist ein Mensch.

Aber als ich tiefer in das Astgewirr und Gestrüpp hineingriff, tiefer ins Wasser, merkte ich, daß es ein Tier war. Ich berührte mit den Fingern die harten Rippen, die Beine, das kurze glatte Fell. Ich ließ die Hand zum Hals hinaufgleiten und zum Kopf und berührte seine Schnauze und Zähne, und es war ein Hirsch, wenn auch kein großer, noch nicht mal ein Jährling. Und dann fand ich die Stelle, wo sich Troys Blinker in seinem Hals verhakt hatte, und ich wußte, daß er einen Hirsch erwischt hatte, der sich bereits hier in den Ästen verfangen hatte, und daß er sich selbst aus dem Rollstuhl gezogen hatte, als er versucht hatte, ihn freizubekommen.

»Was ist es? Ich weiß, es ist 'ne große Braune. Sag's mir noch nicht, Les. Verrat's nicht.«

»Ich hab ihn«, rief ich. »Ich bring ihn rein.«

»Sicher, verdammt noch mal, ja«, rief Troy aus dem Nebel.

Es war nicht allzuschwer, den Hirsch aus dem Gestrüpp zu ziehen, so daß er aufschwamm. Aber als ich das geschafft hatte, war es gefährlich, mich auf meinen tauben Beinen in der Strömung umzudrehen, ohne ins Wasser zu fallen, und ich mußte mich an dem Tier festhalten, um das Gleichgewicht zu bewahren und mich in ruhigeres Wasser zu schleppen. Und während ich das tat, dachte ich: Im Clark Fork sind viele Leute ertrunken, die weniger Gefährliches getan haben.

»Wirf ihn hoch an Land«, brüllte Troy, als er mich sehen konnte. Er hatte sich auf dem Sand aufgerichtet und saß da wie eine kleine Puppe. »Bring ihn in Sicherheit.«

»Der ist in Sicherheit«, sagte ich. Ich zog den Hirsch

schwimmend neben mir her, aber ich wußte, daß Troy ihn nicht sehen konnte.

»Was hab ich gefangen?« rief Troy.

»Was Ungewöhnliches«, sagte ich und zog den kleinen Hirsch mit einer Kraftanstrengung einen Schritt weit auf den Sand, ließ ihn fallen und steckte die kalten Hände unter die Achseln. Ich hörte oben am Flußufer, von wo ich gekommen war, eine Autotür zufallen.

»Was *ist* das?« sagte Troy und berührte mit der Hand die Flanke des Hirsches. Er sah zu mir auf. »Ich kann ohne Brille nichts sehen.«

»Es ist ein Hirsch«, sagte ich.

Troy ließ die Hand über den kleinen Hirsch gleiten und sah dann wieder mit schmerzlichem Gesichtsausdruck zu mir auf.

»Was ist es?« sagte er.

»Ein Hirsch«, sagte ich. »Du hast 'nen toten Hirsch gefangen.«

Troy sah wieder einen Moment auf den Hirsch und starrte, als wüßte er nicht, was er dazu sagen sollte. Und wie er da auf dem nassen Sand saß, in der nebligen Nacht, kam er mir auf einmal furchterregend vor, als wäre er es, der dort angespült worden war und mit dem es nun zu Ende ging. »Ich kann ihn nicht sehen«, sagte er und saß da.

»Das ist, was du gefangen hast«, sagte ich. »Ich dachte, du würdest es sehen wollen.«

»Es ist verrückt, Les«, sagte er. »Nicht?« Und er lächelte mich auf eine wilde, halbblinde Weise an.

»Es ist ungewöhnlich.«

»Ich hab noch nie 'n Hirsch geschossen.«

»Ich glaub, diesen hast du auch nicht geschossen«, sagte ich.

Er lächelte mich wieder an, aber dann erstickte er plötzlich ein Schluchzen, etwas, das ich an ihm noch nie erlebt hatte. »Verdammt noch mal«, sagte er. »Verdammt noch mal.«

»Es ist schon merkwürdig, so was zu fangen«, sagte ich und stand in dem schmierigen Nebel über ihm.

»Ich kann keinen beschissenen Reifen wechseln«, sagte er

schluchzend. »Aber ich fang 'nen beschissenen Hirsch mit meiner beschissenen Angel.«

»Das kann nicht jeder von sich sagen«, sagte ich.

»Warum sollte das jemand von sich sagen wollen?« Er sah mich wieder mit seinem verrückten Ausdruck an und brach seine Angel nur mit den Händen in zwei Stücke. Und mir war klar, daß er noch betrunken sein mußte, weil ich auch noch ein bißchen betrunken war, und das allein brachte mich fast zum Heulen. Und eine Zeitlang waren wir einfach still.

»Wer hat einen Hirsch erbeutet?« fragte Nola. Sie war in der Kälte hinter mir herangekommen und sah sich um. Ich war mir, als ich die Autotür gehört hatte, nicht sicher gewesen, ob sie nicht in die Stadt zurücklaufen wollte. Aber dazu war es zu kalt, und ich legte ihr den Arm um die Schultern, weil sie zitterte. »Hat Rollstuhl-Troy ihn erbeutet?«

»Er ist ertrunken«, sagte Troy.

»Und wieso?« Nola schob sich näher an mich, um warm zu werden, aber das war auch alles.

»Sie werden schwach und fallen ins Wasser«, erklärte ich. »Das passiert manchmal in den Bergen. Dieser fiel ins Wasser und kam nicht wieder hoch.«

»Damit ihn ein Krüppel mit 'ner Angelschnur in dieser Scheißstadt fangen kann«, sagte Troy und keuchte vor Bitterkeit. Richtige Bitterkeit. Das Schlimmste, was ich je von einem Mann an Bitterkeit gehört habe, und ich habe viel Bitteres gehört, wenn es auch damals um Gewerkschaftssachen ging.

»Vielleicht ist das gar nicht so schlecht«, sagte Nola.

»Ha!« sagte Troy vom nassen Boden aus. »Ha, ha, ha.«

Und ich wünschte, ich hätte ihm den Hirsch nie gezeigt, wünschte, ich hätte ihm das erspart. Das Rauschen des Flusses stieg in dem Moment an und übertönte sein bitteres Lachen, zog es weg von uns in die neblige Nacht, wo es alle Bedeutung verlor.

Nola und ich schoben den Hirsch in den Fluß zurück, während Troy zusah, und dann fuhren wir alle drei in die Stadt zurück und aßen Backhähnchen im Two-Fronts, wo es hell war und wo sie die Hähnchen frisch für einen machten. Ich bestellte einen Krug Wein, und wir tranken ihn zum Essen, aber niemand sagte etwas. Jeder von uns hatte an diesem Abend etwas gemacht. Etwas Neues. Das war deutlich. Und man brauchte darüber nicht mehr zu reden.

Als wir fertig waren, gingen wir hinaus, und ich fragte Nola, wo sie hingehen wollte. Es war erst acht, und man konnte eigentlich nirgends hingehen außer in mein kleines Zimmer. Sie sagte, sie wollte zum Top Hat zurück, daß sie dort später jemanden treffen wollte und daß sie die Band, die abends da spielte, mochte. Sie sagte, sie wollte tanzen.

Ich sagte ihr, daß ich kein großer Tänzer wär, und sie sagte, das wär schon in Ordnung. Und als Troy, der noch bezahlt hatte, herauskam, verabschiedeten wir uns, und sie schüttelte mir die Hand und sagte, wir würden uns ja irgendwann wiedersehen. Dann stiegen Troy und sie ins Taxi und fuhren zusammen die neblige Straße hinunter und ließen mich allein zurück, was mir aber gar nichts ausmachte.

Ich ging dann eine lange Zeit spazieren. Meine Hosen waren naß, aber wenn man sich bewegte, war es nicht so kalt, obwohl es neblig blieb. Ich ging wieder zum Fluß hinunter und über die Brücke und ein ganzes Stück in den südlichen Teil der Stadt hinein. Es war eine breite Allee, an der Häuser mit kleinen Veranden und kleinen Vorgärten standen, die ganze Strecke entlang, bis ich in ein Gewerbegebiet kam und helle Lampen die Drive-Ins und Autoabstellplätze ausleuchteten. Ich hatte das Gefühl, daß ich bis zum Haus meiner Mutter hätte wandern können. Aber ich drehte um und ging denselben Weg zurück, nur auf der anderen Straßenseite. Als ich in der Nähe der Brücke war, kam ich an einem Seniorenzentrum vorbei, das von einem sanften Licht erhellt war. Durch das Fenster sah ich in einen großen Raum, und in dem rosa Licht tanzten alte Leute zur Musik von einem Plattenspieler, der in der Ecke stand. Es war eine Rumba oder so was wie eine Rumba, was dort spielte, und die alten Leute bewegten sich in Tanzschritten, glatt und graziös und höflich, glitten wie richtige Tänzer über das Linoleum, die Arme auf den Schultern des Partners, wie Eheleute. Und ich fand den Anblick sehr schön. Und ich dachte, daß es sehr schade war, daß meine Mutter und mein Vater jetzt nicht hier sein konnten, schade, daß sie nicht herfahren und tanzen und glücklich wieder heimfahren konnten. Und ich ihnen dabei nicht zusehen konnte. Oder daß auch nur meine Mutter und Harley Reeves das nicht taten. Sich so was zu wünschen erschien mir nicht übertrieben. Einfach nur ein normales Leben, wie es andere Leute hatten.

Ich stand da und beobachtete sie eine Zeitlang, dann ging ich über die Brücke und nach Hause zurück. Aber aus irgendeinem Grund konnte ich in der Nacht nicht schlafen und lag einfach im Bett, das Radio auf einen Sender in Denver eingestellt, und rauchte Zigaretten, bis es hell wurde. Natürlich dachte ich an Nola Foster. Ich wußte nicht, wo sie wohnte, obwohl ich aus irgendeinem Grund vermutete, daß sie eine Wohnung in Frenchtown in der Nähe der Sägemühle hatte. Nicht weit. Never-Never-Land wurde die Gegend genannt. Und ich dachte an meinen Vater, der einmal ins Deer-Lodge-Gefängnis mußte, weil er einem Freund Heu gestohlen hatte, und sich nie wieder davon erholte, aber das bedeutete mir nicht mehr viel.

Und ich dachte an das Vertrauen. Daran, daß ich immer lügen würde, wenn das jemandem etwas an Unglück ersparte. Das war leicht. Und daß es mir lieber war, wenn jemand mir mißtraute, als wenn jemand mich nicht mochte. Obwohl ich dachte, daß man mir immer vertrauen konnte, wenn es darum ging, daß ich mich auf eine bestimmte Art verhielt, irgendwo war oder etwas sagte, wenn es darauf ankam. Man konnte einigermaßen vernünftig voraussagen, was ich tun würde – daß ich zum Beispiel kein schlimmes Verbrechen begehen würde. Man konnte darauf vertrauen, daß ich sogar mein Leben riskieren würde, wenn ich wußte, daß es für jemand anderen darauf ankam. Und während ich in dem grauen Licht dalag und rauchte, während der Kühlschrank klickte und die Rangierlokomotive im Bahnhof der Burlington Northern Waggons verschob und man die Kupplung hörte, dachte ich daran, daß mein Leben im Moment eine schlechte Wendung genommen hatte und stillzustehen schien. Aber daß es mir als Leben immer noch etwas bedeutete und daß es in nicht allzulanger Zeit wieder etwas besser laufen würde.

Ich muß ein bißchen eingenickt sein, weil ich plötzlich aufwachte und es hell war. Earl Nightingale war im Radio, und ich hörte, wie eine Tür zuschlug. Das war es, was mich aufgeweckt hatte.

Ich wußte, daß es Troy war, und ich überlegte mir, daß ich rausgehen und ihm und mir Kaffee machen wollte, bevor er ins Bett ging und den ganzen Tag schlief. Aber als ich aufstand, hörte ich Nola Fosters Stimme. Die hätte ich überall erkannt. Sie war betrunken und lachte über irgend etwas. »Rollstuhl-Troy«, sagte sie. Rollstuhl-Troy dies, Rollstuhl-Troy das. Troy lachte. Und ich hörte, wie sie in die kleine Diele kamen, wie Troys Rollstuhl an die Schwelle stieß. Und ich wartete darauf, daß sie an meine Tür klopften. Und als sie das nicht taten und ich hörte, wie Troys Tür zuging und er die Kette vorlegte, dachte ich, daß wir alle schließlich eine gute Nacht gehabt hatten. Nichts war passiert, daß sich nicht zum Guten gewendet hätte. Niemand von uns war verletzt worden. Und ich zog die Hosen an, dann mein Hemd und die Schuhe, schaltete das Radio aus, ging in die Küche, wo ich meine Angelrute hatte, und ging damit in den nebligen warmen Morgen hinaus, dies eine Mal durch die Hintertür, in aller Stille, damit ich niemanden sah und von niemandem gesehen wurde.

SAKI

Die Eindringlinge

In einem Mischwald irgendwo am Ostrand der Karpaten
stand in einer Winternacht ein Mann und hielt Ausschau und
lauschte, als wartete er darauf, daß irgendein Tier des Waldes
in Sichtweite und später in Reichweite seines Gewehres komme. Aber das Wild, auf dessen Erscheinen er so angestrengt
lauerte, gehörte nicht zu jener Art, die der Jägerkalender als
jagdbare Beute aufführt; Ulrich von Gradwitz durchstreifte
den finsteren Wald auf der Suche nach einem Feind in Men-
schengestalt.

Die Waldungen derer von Gradwitz waren ausgedehnt
und wildreich; der schmale, abschüssige Waldstreifen, der
sich daran anschloß, war nicht wegen des Wildes bemerkenswert, das er beherbergte, noch wegen der Jagd, die er ermög-
lichte, und dennoch war er von allen Besitzungen seines Ei-
gentümers das am eifersüchtigsten bewachte Gebiet. Ein
aufsehenerregender Rechtsstreit zu Zeiten seines Großvaters
hatte es dem widerrechtlichen Besitz einer benachbarten Familie unbedeutender Grundbesitzer entrissen; die unterlege-
ne Partei hatte sich nie mit dem Spruch der Gerichte abgefunden, und eine lange Serie von Jagdfreveln und ähnlichen
Skandalen hatte die Beziehungen zwischen den Familien
durch drei Generationen verbittert. Die Nachbarfehde war zu
einer persönlichen Feindschaft geworden, seit Ulrich das
Oberhaupt seiner Familie geworden war; wenn es einen Menschen auf der Welt gab, den er verachtete und dem er die Pest
an den Hals wünschte, so war dies Georg Znaeym, der Erb-
feind, unermüdliche Wilderer und Plünderer des umstritte-
nen Grenzstreifens. Die Fehde hätte vielleicht einschlafen
oder beigelegt werden können, wenn der persönliche Groll
der beiden Männer dem nicht im Wege gestanden hätte; als
Jungen hatten sie einer nach des anderen Blut gedürstet, als
Männer hatte ein jeder gebetet, daß ein Unglück den anderen
befallen möge, und in dieser winddurchpeitschten Nacht hat-

te Ulrich seine Waldhüter zusammengeschart, um den dunklen Wald zu bewachen, nicht auf der Suche nach vierbeiniger Jagdbeute, sondern um die umherstreifenden Wilddiebe aufzuspüren, die er jenseits der Grenze auf der Pirsch vermutete. Die Rehböcke, die während eines Sturmwindes ihren Unterschlupf sonst nicht zu verlassen pflegten, rannten in dieser Nacht wie gehetzt hin und her, und Unruhe herrschte unter den Kreaturen, die während der dunklen Stunden üblicherweise schlafen. Zweifellos hielt sich ein störendes Element im Wald auf, und Ulrich glaubte zu wissen, aus welcher Ecke es kam.

Er entfernte sich von den Wachposten, die er auf dem Kamm des Hügels auf der Lauer liegen ließ, und wanderte allein die steilen Abhänge mitten durch das unwegsame Gestrüpp des Unterholzes weit hinab, spähte zwischen den Baumstämmen hindurch und horchte hinein in das Pfeifen und Kreischen des Windes und das rastlose Schlagen der Zweige, um die Eindringlinge aufzuspüren. Wenn er in dieser unheimlichen Nacht, an diesem einsamen Ort doch nur auf Georg Znaeym treffen würde, von Mann zu Mann und ohne Zeugen – das war der Wunsch, der alle seine Gedanken beherrschte. Und als er hinter dem Stamm einer gewaltigen Rotbuche hervortrat, stand er Auge in Auge vor dem Mann, den er suchte.

Die beiden Feinde standen sich einen langen Augenblick schweigend gegenüber und starrten einander an. Jeder hatte ein Gewehr in der Hand, Haß im Herzen und Mordgedanken im Kopf. Die Gelegenheit war gekommen, den Leidenschaften eines ganzen Lebens freies Spiel zu lassen. Aber wer unter dem mäßigenden Einfluß der Zivilisation aufgewachsen ist, bringt es nicht leicht über sich, seinen Nachbarn kaltblütig umzubringen, ohne daß ein Wort gefallen wäre, es sei denn wegen eines Angriffs gegen Heim und Ehre. Und bevor dem Augenblick des Zögerns Taten folgten, wurden sie beide durch einen Akt der natureigenen Gewalt niedergestreckt. Ein mächtiges Aufheulen des Sturms wurde durch ein ohrenbetäubendes Krachen über ihren Köpfen beantwortet, und ehe sie zur Seite springen konnten, war die mächtige Rotbuche berstend auf sie herabgedonnert. Ulrich von Gradwitz fand sich auf dem Boden ausgestreckt, einen Arm gefühllos unter sich und den anderen fast ebenso hilflos in einem dichten Gewirr ineinander verhakter Zweige gefangen, während beide Beine unter dem gestürzten Stamm begraben waren. Die schweren Jagdstiefel hatten seine Füße davor bewahrt, zermalmt zu werden, aber auch wenn seine Brüche nicht so schwer waren, wie sie es hätten sein können, so war doch offenbar, daß er seine derzeitige Lage nicht würde verändern können, bis jemand kam und ihn befreite. Die herabstürzenden Zweige hatten sein Gesicht zerkratzt, und er mußte einige Tropfen Blut von den Wimpern abschütteln, bevor er sich einen Überblick über das Verhängnis verschaffen konnte. Neben ihm, so nahe, daß er ihn unter normalen Umständen fast hätte berühren können, lag Georg Znaeym, lebend und sich windend, aber offenbar ebenso hoffnungslos eingeklemmt wie er selbst. Rundherum lag ein dichtes Gewirr aus gesplitterten Ästen und zerbrochenen Zweigen.

Erleichterung, noch zu leben, und Verzweiflung über seine hoffnungslose Gefangenschaft brachten eine seltsame Mischung frommer Gelübde und heftiger Flüche auf Ulrichs Lippen. Georg, dem das Blut über die Augen rann, hielt einen Augenblick inne, um zu horchen, und lachte dann kurz und verächtlich.

»Sie sind also nicht tot, wie Sie es verdient hätten, aber gefangen sind Sie allemal«, rief er, »endgültig gefangen. Ho, welch ein Witz: Ulrich von Gradwitz sitzt in der Falle, in seinem gestohlenen Wald. Da widerfährt Ihnen wirklich Gerechtigkeit!«

Und er lachte noch einmal, grausam und bitter.

»Ich bin in meinem eigenen Wald gefangen«, erwiderte Ulrich. »Wenn meine Leute kommen und uns befreien, würden Sie vielleicht wünschen, in einer besseren Lage zu sein, als auf dem Besitz eines Nachbarn beim Wildern erwischt zu werden: Schande über Sie!«

Georg schwieg einen Augenblick und antwortete dann ruhig:

»Sind Sie sicher, daß Ihre Leute noch etwas vorfinden werden, das zu befreien lohnt? Auch ich habe Männer hier im Wald heut nacht, dicht hinter mir, und *sie* werden zuerst hier sein und Hilfe leisten. Wenn sie mich unter diesen verdammten Zweigen hervorziehen, wird es nicht allzu großer Ungeschicklichkeit bedürfen, diesen Baumstamm genau über Sie rollen zu lassen. Ihre Leute werden Sie tot unter einem umgestürzten Baumstamm vorfinden. Der Form halber werde ich Ihrer Familie mein Beileid aussprechen.«

»Das ist ein wertvoller Hinweis«, sagte Ulrich wütend. »Meine Leute haben Anweisung, in zehn Minuten zu folgen, von denen sieben inzwischen vergangen sein dürften, und wenn sie mich herausholen, werde ich mich Ihres Hinweises erinnern. Da Sie allerdings beim Wildern auf meinem Besitz zu Tode gekommen sein werden, halte ich es kaum für angebracht, Ihrer Familie zu kondolieren.«

»Gut«, knurrte Georg, »gut. Wir tragen diesen Streit bis zum bitteren Ende aus, Sie und ich und unsere Waldhüter, ohne irgendwelche verfluchten Eindringlinge, die uns dazwischenkommen könnten. Tod und Verdammnis über Sie, Ulrich von Gradwitz.«

»Das gleiche für Sie, Georg Znaeym, Walddieb und Wilderer!«

Beide Männer sprachen mit der Bitterkeit möglicher Niederlage vor Augen, denn jeder wußte, daß es lange dauern konnte, bevor seine Männer nach ihm suchen oder ihn finden würden; es war reiner Zufall, welche Gruppe zuerst am Ort erscheinen würde.

Beide hatten nun den vergeblichen Kampf aufgegeben, sich von dem Geäst zu befreien, das sie niederhielt; Ulrich beschränkte seine Bemühungen auf den Versuch, seinen einen teilweise freien Arm nahe genug an seine Manteltasche zu bringen, um seine Jagdflasche herauszuziehen. Selbst als ihm dies gelungen war, brauchte er lange, bis er den Verschluß aufzuschrauben und etwas von der Flüssigkeit an die Lippen zu führen vermochte. Aber ihm erschienen diese Tropfen wie vom Himmel gesandt. Es war ein frostfreier Winter, und wenig Schnee war bisher gefallen; so litten die Gefangenen weniger unter der Kälte, als es zu dieser Jahreszeit hätte sein können; dennoch wärmte und belebte der Wein den Mann, und mit einem plötzlichen Gefühl des Mitleids sah er zur Seite, wo sein Feind lag, der sich nur mit Mühe zwingen konnte, nicht vor Schmerz und Schwäche aufzustöhnen.

»Könnten Sie diese Flasche erreichen, wenn ich sie zu Ihnen hinüberwerfe?« fragte Ulrich plötzlich, »es ist guter Wein darin, und wir könnten unser Los ebensogut erleichtern, soweit es eben geht. Laßt uns trinken, selbst wenn einer von uns in dieser Nacht sterben muß.«

»Nein, ich kann kaum etwas sehen; es klebt zuviel Blut um meine Augen«, sagte Georg, »und außerdem trinke ich nicht Wein mit einem Feind.«

Ulrich schwieg einige Minuten und hörte auf das öde Kreischen des Windes. Langsam formte sich ein Gedanke und wuchs in seinem Hirn, ein Gedanke, der jedesmal stärker wurde, wenn er zu dem Mann hinübersah, der so verzweifelt gegen Schmerz und Erschöpfung ankämpfte. In dem Schmerz und der Müdigkeit, die Ulrich selbst verspürte, schien der alte blinde Haß zu schwinden.

»Nachbar«, sagte er dann, »machen Sie, was Sie wollen, wenn Ihre Leute zuerst kommen. Es war ein fairer Pakt. Aber was mich betrifft, so habe ich meinen Entschluß geändert. Wenn meine Leute als erste kommen, soll Ihnen zuerst geholfen werden, als wären Sie mein Gast. Wir haben unser Leben lang wie die Besessenen um diesen dummen Streifen Wald gestritten, dessen Bäume nicht einmal einem Windstoß standhalten. Jetzt, da ich hier liege und nachdenke, komme ich zu der Überzeugung, daß wir rechte Starrköpfe waren, gibt es doch Besseres im Leben als den Sieg in einer Grenzstreitigkeit. Nachbar, wenn Sie mir helfen, den alten Streit zu begraben, dann – dann will ich Sie bitten, mein Freund zu sein.«

Georg Znaeym schwieg so lange, daß Ulrich glaubte, er sei vielleicht durch den Schmerz seiner Verletzung ohnmächtig geworden. Dann sprach er langsam und stoßweise.

»Wie die ganze Region starren und schwatzen würde, wenn wir zusammen auf den Marktplatz ritten. Kein Lebender kann sich erinnern, einen Znaeym und einen von Gradwitz freundschaftlich miteinander sprechen gesehen zu haben. Und welche Eintracht würde zwischen den Waldhütern herrschen, wenn wir unsere Fehde heute nacht beendeten. Und wenn wir beschlössen, Frieden zwischen unseren Leuten zu machen, gäbe es keinen Dritten, der stört, keine Eindringlinge von außen … Sie würden kommen und die Silvesternacht unter meinem Dach verbringen, und ich würde kommen und der Feier eines hohen Feiertages auf Ihrem Schlosse beiwohnen … Nie würde ich auch nur einen Schuß auf Ihrem Besitz abfeuern, es sei denn, Sie hätten mich als Ihren Gast eingeladen; und Sie würden kommen und mit mir unten in den Mooren Wildenten schießen. Im ganzen Land gibt es niemanden, der uns hindern könnte, wenn wir Frieden schließen wollen. Ich habe nie daran gedacht, etwas anderes zu wollen, als Sie ein Leben lang zu hassen, aber ich glaube, auch ich habe meine Meinung in dieser letzten halben Stunde geändert. Und Sie boten mir Ihre Jagdflasche an … Ulrich von Gradwitz, ich will Ihr Freund sein.«

Eine Zeitlang schwiegen die beiden Männer und malten sich die wundervollen Änderungen aus, die diese dramatische Versöhnung bewirken würde. In dem kalten, düsteren Wald, in dem der Wind in launenhaften Böen durch die nackten Zweige fuhr und um die Baumstämme herumpfiff, lagen sie und warteten auf die Hilfe, die nun beiden Parteien Befreiung und Beistand bringen würde. Und jeder betete insgeheim zum Himmel, daß seine Männer als erste ankämen, so daß er als erster dem Feind, der ein Freund geworden war, ehrenhafte Aufmerksamkeit erweisen könnte.

Dann, als der Wind einen Augenblick nachließ, brach Ulrich das Schweigen.

»Wir sollten um Hilfe rufen«, sagte er, »in dieser Flaute könnten unsere Stimmen ein wenig weiter tragen.«

»Sie werden nicht weit durch die Bäume und das Unterholz zu hören sein«, sagte Georg, »aber wir können es versuchen. Also zusammen jetzt!«

Die beiden erhoben ihre Stimmen in einem langgezogenen Jagdruf.

»Noch einmal zusammen«, sagte Ulrich ein paar Minuten

später, nachdem er vergeblich auf ein antwortendes Hallo gewartet hatte.

»Diesmal habe ich etwas gehört, glaube ich«, sagte Georg heiser.

Wieder war es einige Minuten still, und dann stieß Ulrich einen freudigen Schrei aus.

»Ich kann Schatten durch das Holz kommen sehen. Sie folgen dem Weg, auf dem ich den Hügel herabgekommen bin.«

Beide Männer schrien mit aller Kraft, die sie aufbringen konnten.

»Sie haben uns gehört! Sie bleiben stehen! Jetzt haben sie uns gesehen. Sie laufen den Hügel hinab auf uns zu«, rief Ulrich.

»Wie viele sind es?« fragte Georg.

»Ich kann es nicht genau sehen«, sagte Ulrich, »neun oder zehn.«

»Dann sind es Ihre Leute«, sagte Georg; »ich hatte nur sieben dabei.«

»Sie rennen, so schnell sie nur können, die braven Burschen«, rief Ulrich froh.

»Sind es Ihre Leute?« fragte Georg. »Sind es Ihre Leute?« wiederholte er ungeduldig, als Ulrich nicht antwortete.

»Nein«, sagte Ulrich mit einem Lachen, dem irren scheppernden Lachen eines von entsetzlicher Angst überwältigten Mannes.

»Wer sind sie?« fragte Georg rasch und strengte seine Augen an, um zu erkennen, was der andere nicht zu sehen froh gewesen wäre.

»*Wölfe.*«

PETRA WÜRTH

Kaffeeklatsch

Sie ist nervös, fast aufgeregt. Ein Gefühl angespannter Erwartung hat sie schon morgens um sechs Uhr aus dem Bett getrieben. Der pelzige Geschmack im Mund, der steife Nacken und ein stechender Schmerz in der linken Leiste waren eindeutig das Ergebnis einer unruhigen Nacht. Seit vierzig Jahren wird sie pünktlich morgens um sieben Uhr wach. Darauf kann sie sich verlassen. Aber heute war es anders gewesen. Heute nacht hatte sie schlecht geträumt. Sie kann sich nicht mehr konkret daran erinnern, aber es muß etwas Bedrückendes, Bedrohliches gewesen sein, das sie die ganze Nacht durch das Labyrinth ihres Unterbewußtseins verfolgt und ihr am Morgen ein Gefühl von Leere und Angst hinterlassen hatte. Das spürt sie deutlich in ihren alten Knochen.

Obwohl sie damit den ganzen Tagesrhythmus um eine Stunde durcheinanderbringt, beginnt sie viel zu früh mit ihrer morgendlichen Routine, schlurft ins Bad, benutzt die Toilette, starrt benommen in den Spiegel. Ein altes Weib mit wirrem, grauem Haar, eingesunkenen Wangen, faltiger Haut sieht sie unbeeindruckt an. Das Bild ist ihr vertraut. Schon seit vielen Jahren. Doch ist sie sich nicht sicher, ob sie diese kleinen Knitterfältchen an ihrem Kinn schon einmal gesehen hat. Vielleicht verschwinden sie ja wieder, hofft sie, während warmes Wasser aus dem altmodischen Duschkopf an der Decke auf sie herabrieselt.

Ihr Leben ist nicht sehr ereignisreich. Routine, feste Abläufe, Eintönigkeit bestimmen ihren Tagesablauf. Das gibt ihr Ruhe und Sicherheit. Während sie den Frühstückstisch abräumt, wie jeden Tag ihren Teller, die Tasse, die Untertasse, das Besteck sorgfältig von Hand spült und dann mit den immer gleichen, einstudierten Bewegungen in Schränken und Schubladen verstaut, denkt sie an die Versäumnisse, an die zu denken sie sich normalerweise verbietet. Aber heute, heute kann sie den einen oder anderen Gedanken daran verschwenden. Zur Feier des Tages.

Szenen ihrer Kindheit tauchen aus der Vergangenheit wie Schatten aus dem Nebel auf. Und wieder fällt ihr ein, was sie in dieser Zeit ständig zu hören bekam: »Man muß seine Gedanken und Gefühle kontrollieren.« Das war die oft zitierte Maxime ihrer Mutter gewesen. Überdeutlich ist ihr das Bild dieser Frau in Erinnerung, die wie eine leblose, in Stein gehauene Figur mit strengem Blick und verkniffenem Mund zum Mahnmal ungelebter Gefühle, verdrängter Wünsche und verkümmerter Erwartungen erstarrt war. Ein Leben lang in allem präsent, was ihre Tochter tat und dachte.

Nein, sie hatte diesem Vorbild nicht entsprechen wollen und doch schien genau das eingetroffen zu sein. Aus ihr war geworden, was ihre Mutter schon immer war. Eine Frau, die als Wasserträgerin ihres Mannes fungierte. Immer einen Schritt hinter ihm und immer zu Diensten. Eigene Bedürfnisse hatte sie nicht zu haben, schon gar nicht durfte sie Derartiges formulieren. Ihr erstes Kind starb kurz nach der Geburt. Ein Mädchen. Danach konnte sie keine Kinder mehr bekommen. Schuldgefühle setzten sich fest. Die Dienerinnenrolle wurde ihr zur zweiten Natur, das Unterordnen schon fast zur Passion. Darin konnte sie verschwinden, sich dahinter verstecken. Und auch ihrem zweiten Mann, der einen Sohn aus erster Ehe in die gemeinsame Beziehung brachte, war sie mehr eine billige Haushaltskraft als eine gleichberechtigte Gefährtin gewesen. Erwin, der Junge, erkannte das mit sicherem Gespür. Sie hatte das Kind nie geliebt und ihm doch alles gegeben. Das glaubte sie wenigstens.

Mit einem lauten Rülpser schwappte der Pichelsteiner Eintopf aus der Blechdose in den alten Kochtopf, an dem die Emailschicht mit dem kleinen Blümchenmuster großflächig abgeplatzt war. Weder das Äußere noch das Innere des Topfes machen einen appetitlichen Eindruck. Doch das sieht sie schon lange nicht mehr. Äußerlichkeiten sind nicht mehr wichtig, und auch das Essen hätte sie längst aufgegeben, wenn sich nicht regelmäßig dieses unangenehm beißende Hungergefühl einstellen würde. Immer wieder kommt ihr der Gedanke, was wäre, wenn sie morgens einfach liegenbliebe, sich nicht waschen, kämmen und anziehen würde. Einfach liegenbleiben. Der Gedanke hat etwas Beunruhigendes und doch wieder etwas Tröstliches.

Der Eintopf beginnt zu köcheln, schlägt Blasen und versucht sich über den Topfrand zu arbeiten. Sie nimmt ihn vom Herd und stellt ihn auf einem Holzbrett ab. Direkt neben den Weihnachtsplätzchen, die sie gestern für Erwin gebacken hat. Um vier Uhr kommt er vorbei. Auf einen kleinen Kaffeeklatsch, weil doch der zweite Advent ist, hatte er am Telefon gesagt. Erwin kommt selten und nie ohne Grund. Den Grund aber hatte er ihr nicht verraten. Obwohl es einen gäbe, an den zu denken er sich schon seit dreißig Jahren verkneift. Nur ein bißchen ratschen, wolle er, die vorweihnachtliche Stimmung ein bißchen mit ihr genießen. Sie einfach mal besuchen, sehen, wie es ihr gehe. Er ist ein Lügner und ein schlechter dazu. Schon als Kind hatte er gelogen. Verlegen, stotternd, an ihr vorbeistarrend. Was auch immer er anfing, er brachte es nicht zu Ende, verlor schnell das Interesse. Nichts beherrschte er richtig. Noch nicht einmal das Lügen. Vielleicht war es ja ihre Schuld, schließlich hatte sie ihn erzogen.

Gedankenverloren starrt sie in den Topf, auf ihr Mittagessen, das aufgehört hat zu blubbern und langsam wieder erkaltet. Heute hat sie keinen Hunger. Das nagende Gefühl stellt sich nicht ein. Heute ist ja auch ein besonderer Tag. Heute kommt Erwin auf eine Tasse Kaffee und ein paar Plätzchen vorbei. Ein Blech mit Mandelgebäck hatte sie gestern für ihn gebacken. Die mochte er als Kind am liebsten. Der Mandelgeschmack, so süß und doch auch ein wenig bitter, hatte es ihm angetan. Daran kann sie sich erinnern. Und irgendwann während des Backens, sie war sich nicht sicher, ob sie gerade die Eier aufgeschlagen oder das Mehl gesiebt hatte, irgendwann war gestern, ganz sacht, von ganz weit her, ein Gedanke gekommen. Seltsam und befremdlich.

Ohne wirklich darüber nachzudenken, Konsequenzen zu bedenken, moralische oder ethische Argumente zu überprüfen, hatte sie sich an die Ausführung gemacht, einfach so. Hatte die noch warme Schokoladen-Mandelmasse in handliche Portionen geschnitten, mit einem Holzspachtel drei Weihnachtsplätzchen vom Blech geschoben, sie auf einen kleinen

Teller gelegt und, anstatt sie mit Schokoladenguß zu bestreichen, mit einer farblosen Flüssigkeit besprengt und mit Puderzucker bestäubt.

Jetzt steht neben der großen Schale mit einem Berg aus dunklem Gebäck, ein kleiner Teller mit drei hellen Plätzchen. Ihr Magen verkrampft sich, und ihr ist klar, daß sie heute nicht zu Mittag essen wird. Der Inhalt des Emailtopfs schwappt mit dem gleichen vulgären Geräusch, mit dem er aus der Dose gekommen ist, nun aus dem Topf in die Toilette. Heute ist kein Tag für Pichelsteiner.

Um zwei Uhr zieht sie sich um. Ihr Sonntagsstaat, ein dunkelblaues Kleid mit weißem Kragen und weißen Manschetten, erscheint ihr dem Anlaß angemessen. Sie kämmt das Haar, legt ein bißchen Lippenstift auf, tuscht die spärlichen Wimpern. Die kleinen Fältchen am Kinn sind nicht verschwunden. Das legt den Verdacht nahe, daß sie ihr bleiben werden und das macht sie ärgerlich. Beim Versuch ihre Schuhe zuzubinden, gerät sie völlig aus der Puste. Mit hochrotem Kopf und klopfendem Herzen muß sie sich ein paar Minuten auf einem Stuhl ausruhen.

Wie lange würde sie sich noch selbst versorgen können? Geistig war sie fit. Aber ihr Körper spielte ihr einen Streich nach dem anderen. Alles schien weiter weg zu sein. Der Weg zum Metzger war plötzlich doppelt so lang. Dem Bus rannte sie schon lange nicht mehr hinterher. Die Treppenstufen waren auf einmal viel höher und steiler, die Schrift in der Zeitung wurde immer kleiner und es machte auch keinen Sinn, jemanden zu bitten, etwas vorzulesen, die Leute redeten neuerdings alle so leise. Vieles fällt ihr schwerer als in ihrer Jugend, aber sie hat ihre kleinen Kniffe und Tricks, die ihr helfen, das Leben auch weiterhin selbständig zu meistern.

Natürlich registrieren andere so etwas immer früher als man selbst. Erwin hatte ihre kleinen Schummeleien anscheinend längst bemerkt. Sonst wäre ja dieser Brief nicht vor einer Woche gekommen. Ein Brief, der nicht für sie bestimmt war. Den eine unkonzentrierte Sekretärin in einem Altenheim wahrscheinlich aus Versehen an sie anstatt an Erwin adressiert hatte. Ihre erste Reaktion war pure Verweigerung. Sie wollte nicht begreifen, worum es in dem Schreiben ging. Immer wieder las sie es durch und immer wieder hatte sie gehofft, es könnte noch eine andere Erklärung geben als die, die so offensichtlich war. Ihr Stiefsohn wollte das Haus. Ihr Haus. In dem sie immerhin schon seit vierzig Jahren lebte. Nie hatte sie vergessen, den Herd auszuschalten, nie das Licht auszuknipsen, nie rechtzeitig Öl zu bestellen. Und doch sollte sie ins Heim.

Tagelang war ihr dieses Wort durch den Kopf gegeistert. Heim! Ihre Mutter hatte gerne damit gedroht. Wenn du dies oder jenes nicht tust, wenn du nicht gehorchst, Widerworte gibst, zu spät kommst, oder was auch immer, dann kommst du ins Heim. Das war eine ernstgemeinte Drohung. Eine, die wirkte. Sie hatte es sich zu Herzen genommen. Sie war brav gewesen. Nicht nur damals, sondern den ganzen verdammten langen Rest ihres Lebens. Und jetzt, jetzt sollte sie trotzdem ins Heim. Nur, daß es keines für Kinder, sondern eines für alte Menschen war. Ein Unterschied, der keine Rolle spielte. Heim war Heim, war das Ende einer nach zwei Ehen mühsam eroberten Selbstbestimmtheit. Sie würde alles verlieren. Und doch wollte sich kein rechter Widerspruch, keine Auflehnung, keine Wut einstellen. Wie auch. Schließlich waren das Gefühle, die sie sich ein Leben lang verboten hatte. Wo also sollten sie auf einmal herkommen?

Er ist pünktlich, aber in Eile, wie er sagt. Sein Haar ist adrett gescheitelt, die Nase ziert eine Goldrandbrille, deren Preis den Kassensatz bei weitem überschritten haben dürfte. Die Jacke des Nadelstreifenanzugs spannt über dem Bauch, das blaugestreifte Hemd liegt im Clinch mit der laut gemusterten Krawatte, die Uhr protzt an seinem Handgelenk. Er übt noch, geht es ihr durch den Kopf. Ein Pennäler, der Geschäftsmann spielt und sein Aktenköfferchen wie eine Trophäe vor sich her trägt. Flüchtig küßt er sie auf die Wange, setzt sich an den gedeckten Tisch, nippt an der Tasse, spielt mit der kleinen silbernen Kuchengabel und sieht sie nicht ein einziges Mal an. Es ist ihm unangenehm, denkt sie. Der Gedanke verschwindet so schnell, wie er gekommen ist und bereitet ihr keinerlei Genugtuung. Das aufgeschichtete Weihnachtsgebäck türmt sich wie ein dunkler Berg zwischen ihnen auf. Einen Moment denkt sie an die drei Plätzchen, die einsam in der Küche einem ungewissen Schicksal entgegensehen. Oder ist es ein gewisses Schicksal? Weiß sie nicht längst, daß sie sich fügen, den Wünschen ihres Sohnes unterordnen wird? So wie immer.

Sie mag gar nicht zu ihm hinsehen. Alles an ihm ist ihr unangenehm. Seine Kleidung, sein Aussehen, seine Art zu reden, den Kopf seitlich zu neigen, wenn er etwas will. Seine Demutshaltung, hatte sie das früher genannt. Verschlagen und hinterhältig. Er sieht aus wie ein Versicherungsvertreter, geht es ihr durch den Kopf, einem, dem man keine Versicherung abkaufen würde. Da fällt ihr ein, daß er Versicherungsvertreter ist. Und daß er ihr einmal erzählt hat, daß er seine Schuhe in der Wohnung potentieller Kunden auszieht, es sich auf deren Couch bequem macht und sie erst wieder anzieht, wenn die armen Menschen endlich den Vertrag unterschrieben haben. Erleichtert sieht sie, daß er seine auf Hochglanz polierten Edelslipper noch an den Füßen trägt. Diese Art von Psychoterror muß er bei ihr nicht anwenden. Sie ist ein williges Opfer.

Erwin hat zwei Plätzchen auf seinen Teller gelegt. Aber er ißt nicht. Er hat ein Anliegen und redet, immer noch ohne sie anzusehen, von den Vorteilen betreuten Wohnens. Das Wort Heim nimmt er nicht in den Mund. Dafür beschreibt er ihr die Gefahren, denen alleinstehende Damen ausgesetzt sind, und behauptet mit Nachdruck, ihr das Leben erleichtern und sie vor dem Schicksal einer verwirrten, einsamen, alten Frau bewahren zu wollen. Das hätte er einfacher haben können. Jetzt regt sich doch so etwas wie Empörung in ihr. Vor einem Jahr hatte sie ihm und seiner Familie von ihren Ersparnissen ein Auto gekauft. Großspurig war von gemeinsamen Fahrten ins Grüne die Rede gewesen und davon, daß sie jetzt die Wochenenden nicht mehr alleine verbringen müsse. Ein einziges Mal hatten sie sie auf einen Waldspaziergang mitgenommen. Und der war nach genau fünfzehn Minuten zu Ende gewesen.

Erwin redet immer noch. Dabei stülpt er die Lippen nach vorne und erinnert an einen Fisch, dem Luftblasen aus dem Maul quellen. Was er so eindringlich vorträgt, zerstäubt ungehört. Ihr ist, als hätte jemand den Ton abgedreht. Menschen, die man nur sehen, aber nicht hören kann, geraten immer ein wenig lächerlich. Mimik und Körpersprache, denen plötzlich die volle Aufmerksamkeit zuteil wird, senden verräterische Signale. Die Großspurigkeit seiner Bewegungen, das Flackern in seinen Augen, das leichte Zittern der aknevernarbten Haut über der rechten Augenbraue, die Schweißtröpfchen auf seinem Nasenrücken. Er lügt, denkt sie. Er lügt und ist verunsichert, weil er weiß, daß ich es weiß.

Die Süßigkeiten auf seinem Teller rührt er nicht an. Dann plötzlich ist Ruhe. Er schweigt und betrachtet seine im Schoß verschränkten Hände. Einen kleinen Moment wartet sie, hofft sie, daß so etwas wie »Das kommt überhaupt nicht in Frage« oder »Ich bleibe hier, bis ich tot umfalle« über ihre Lippen kommt. Aber da kommt nichts. Sie nickt und schämt sich dafür. Erst jetzt sieht Erwin sie an. Er lächelt. In seinem Gesicht ist so etwas wie Erleichterung zu sehen. Das erste ehrliche Gefühl für den heutigen Tag. Dann muß er weg. Steht auf, packt seinen Mantel, drückt ihre Hand und verläßt die Wohnung. Er flieht, denkt sie, er ist froh, daß es vorbei ist. Das ist sie auch. Nur, daß sie die Verliererin ist. Wieder einmal war es so gelaufen, wie es immer lief. Sie hatte aufgegeben, bevor der Kampf überhaupt begonnen hatte. Unglücklich kann sie darüber nicht sein, vielleicht ein wenig deprimiert, ein wenig verbittert. Wenn sie überhaupt etwas spürt, dann nur sehr dumpf, so als käme es von weit her.

Auf dem Weg in die Küche sieht sie seinen Schal. Sie geht zurück und öffnet die Tür. Er wird wieder heraufkommen, wenn er draußen den kalten Wind an seinem Hals spürt. Er wird einen Witz über seine Vergeßlichkeit machen. Geschmackvollerweise etwas von Alzheimer stottern und wieder verschwinden. Sie bringt das Geschirr in die Küche. Den Schal in der Hand, drückt er sie an sich und sagt: »Danke, Mama, ich danke dir.« Dann nimmt er sich eines der drei hellen Plätzchen und verläßt die Wohnung. Sie steht ruhig da und starrt hinter ihm her, und das einzige, woran sie denken kann, ist, daß er schon wieder ihren Geburtstag vergessen hat.

Die Formel des Erfolges ist gefunden
oder
Erfolg hat eine Formel. Wir haben sie gefunden.

»Ich nehme an, Sie meinen damit Ihren Kollegen«, sagte Thorsten mit verkniffener Stimme. Hans-Jürgen zitterte bei ihrem Klang ein wenig, und sein Herz schlug bis zum Hals. »Sie werden sich doch was dabei gedacht haben!«

»Hab ich auch.« Wie so oft, kamen die Worte rotzig und stur aus Hans-Jürgens Mund. »Ich denk mir doch immer was dabei!«

»Sicher tun Sie das. Ich frage mich nur, ob Sie noch bei uns zufrieden sind.« Oder ob wir dich nicht doch lieber aus dem Klassenverband ausstoßen sollen, ergänzte Hans-Jürgen im Kopf und erinnerte sich an eine ähnliche Situation, die er vor fünfunddreißig Jahren in der Schule zwar nie erlebt, aber doch stets gefürchtet hatte. Und als nächstes bekam er sicher auch noch einen Brief an seine Eltern mit.

»Also was?« fuhr Thorsten unbarmherzig fort. »Wie stellen Sie sich Ihre Zukunft in unserer Firma vor? Sie haben geschrieben, unsere FFF-Producerin wäre eine dumme Nuß. Das ist doch eine unverschämte Frechheit. Jane arbeitet schon seit Jahren für uns. Sie ist unsere beste Mitarbeiterin und eine wahnsinnig niedliche Person.«

Ist sie nicht, dachte Hans-Jürgen, der nun den Kopf gesenkt hatte.

»Wie kommen Sie überhaupt dazu, im *Manager-Magazin* einen Artikel über Rössner-Werbung zu veröffentlichen?« fuhr Thorsten fort. »Sagen Sie mal, haben Sie noch alle Tassen im Schrank? Dumme Nüsse, alte Esel, blöde Schweine. So oder ähnlich steht das zwar nicht im *Manager-Magazin*, aber so stehen wir jetzt da. Wir kennen doch alle die Branche. Wie steht denn unser Laden jetzt da? Scheiße noch mal, Hans-Jürgen, Sie haben da ganz schön was angerichtet!« Er schwieg. »Was hat man Ihnen dafür bezahlt?« sagte er und war froh, daß ihm das Wort einfiel: »Judas!«

Am Abend saß Hans-Jürgen Steinmetz in der Bar und rührte verdrossen in seinem Kaffee. Denn was das schlimmste war, Thorsten hatte recht. Sicher, jetzt hatte Hans-Jürgen einen richtigen Artikel in der Zeitung: »Außer Spesen nichts gewesen – ein Insider der Werbung packt aus.« Jetzt war er etwas anderes als die normalen Werbetexter, die zeit ihres Lebens nichts als Waschzettel für Zahnpasta hervorbringen. Irgendwo würde man vielleicht eines Tages sogar seiner gedenken und sich erinnern: Donnerlittchen, der Steinmetz war ja ein Teufelskerl! Haben Sie seinen Artikel gelesen? Wie der über die Branche ausgepackt hat! Brillant geschrieben, sonst hätte das *Manager-Magazin* ihn ja nicht genommen. Schade, daß der von uns gegangen ist. Woran ist der eigentlich gestorben?

Rössner, dachte Herr Steinmetz. Rössner, der Inhaber von Rössner-Werbung, würde ihm persönlich den Hals umdrehen, wenn er ihn da nicht wieder rausholte. Es half also nur eines: Eine Lösung mußte er. Schnellstens. Was also tun? Thorsten fiel ihm ein, Thorsten Latour. Thorsten war der Creative Director der Agentur; ein Mann, der so wenig Haare hatte, als wäre er viel gereist oder hochintelligent. Na ja, der Gedanke half ihm auch nicht viel weiter. Zum erstenmal fühlte er sich von innen her völlig verzweifelt an. Und wachte mit einem Schlag auf.

Ein seltsamer Traum. Das verzweifelte Gefühl setzte sich noch bis ins Badezimmer fort, aus dessen Spiegel heraus ihn ein mürrisch aussehender Herr Steinmetz anstarrte. Erst als er in sein Frühstücksbrot biß, setzte das Gefühl aus.

> »KOMM, TAG WIE JEDER ANDRE,
> BRING MIR EIN NEUES GLÜCK.
> WOHIN ICH HEUT AUCH WANDRE,
> ES FÜHRT KEIN WEG ZURÜCK.«

»Das ist eine gute Zeile, die Sie da heute geschrieben haben«, begrüßte ihn Thorsten im Büro. »Wenn Sie da noch ein bißchen das Produkt reinbringen können?«

»Mach ich doch gern«, seufzte Hans-Jürgen. »An welcher Stelle?«

»Was weiß ich? Zum Beispiel am Schluß! Daß da kein Weg zurückführt, das ist doch total negativ, das gibt's doch gar nicht! Der Satz muß also ohnehin raus, also hauen Sie ihn weg, machen Sie ihn mit der Machete nieder, und dann zack, rein mit dem Produkt! Wohin ich heut auch wandre, auch wandre, hm. Colgate bringt mir Glück. Jetzt mitmachen beim großen Super-Winter-Gewinnspiel. Teilnahmekarten bei Colgate im Handel oder und so weiter.«

Hans-Jürgen dokterte den Vormittag daran herum, ohne zu Potte zu kommen.

In der Mittagspause kam die pausbäckige Amerikanerin, die alle nur »Jane« nannten und die – »ick bin als Kind hear aufgeuachsen« – als Sprößling eines US-Soldaten in »Frankfört« oder »Minschen« aufgewachsen war.

»Hallo, Hans-Jürgen, ui geyt es dir? Hass du ein Minut Zeit?«

»Sicher«, antwortete er matt. »Ja, was ist denn?«

»Nun«, sagte Jane. »Ick meine, wir suchen noch ane Idee für den Film, wo die Zahnpasta ganz langsam aus der Tube auf die Bursten kuwillt. Sagt man das, kuwillt?«

Hans-Jürgen nickte. »Da hab ich schon eine tolle Idee für.«

»Oh, erzählst du mir?«

»Ja also, wir lassen dazu eine Stimme irgend etwas auf Latein sagen. Das klingt dann so richtig bedeutend. Cogito ergo sum cartaginem esset delendam.«

»Hans-Jürgen, bissto sicher, daß das nicht ist etwas … intellektuell?« Jane lachte amerikanisch auf. »Well, mack des doch anders!«

»Mach ich«, entgegnete Hans-Jürgen.

»Ah, uann kann ich deine Text haben?«

»Heute abend?«

»Wunderbar.«

Aber er kam nicht dazu. Am Nachmittag, als draußen die Temperaturen zum erstenmal unter Null fielen, saß er in einer Konferenz, die man hier Meeting nannte; dies nur als Hinweis, es ist nichts Besonderes, nicht schick gemeint, aber in der Werbung heißen Treffen mit anderen Leuten nun einmal »Meetings«.

Mit zehn Mann saßen sie um einen etwas zu groß geratenen Kaffeetisch herum, sprachen reihum ihre Meinung vor sich hin und wurden dabei von Thorsten Latour, dem Creative Director, gelenkt und im Zaum gehalten. Zu allem Unglück war Thorsten vor kurzem erst zum Teilhaber der Agentur geworden, in der Hans-Jürgen Steinmetz mittlerweile seit einigen Jahren arbeitete. Rössner-Werbung gehörte nun zu einem gewissen Teil Thorsten, aber der hatte erst gestern noch allen klargemacht, daß sich an ihrem Verhältnis zueinander nichts ändern würde.

Selbst wenn er Multimillionär oder ein vielreisender Profi-Geschäftsmann würde, hatte er vollmundig getönt, würde er doch niemals den Chef raushängen oder andere etwa bevormunden. »Ich bin einer von euch und werde auch so bleiben!« hatte er eine Flasche Wein später, es gab ja etwas zu feiern, verkündet.

Er hielt keines seiner Versprechen. An der Pinnwand hinter ihm hingen Berichte, Zettel, Meldungen, und ab und zu tauchte auf den Papieren auch sein Pressefoto, das eines selbstgefällig schmunzelnden, haarlosen Gnomes, auf. Thorsten Latour war ein Mann, der sein Gesicht gefunden hatte, auch wenn seine Art zu lächeln nicht jedermann gefiel. Vor ein paar Monaten war sein fotografiertes Gesicht noch frisch und neu gewesen; nun grinste er mit einer Art Fratze schematisch in die Kamera, vielleicht auch halb spöttisch, auf jeden Fall schien er seiner sicher zu sein.

»Sagt mal«, begann er in seiner schulmeisternden Art, »was ist denn eigentlich der Markenkern?«

Die Kontakter sahen einander wie irre an. »Was der Markenkern ist? Ja, der Markenkern!«

Hans-Jürgen Steinmetz stand an dieser Stelle auf und erklärte tapfer seine Idee, die neuen Geschmacksrichtungen der Zahnpasta zu bewerben, und tanzte ihnen recht ordentlich vor, wie das alles in Film, Funk und Fernsehen aussehen würde. Dann setzte er sich wieder, und Schweigen kehrte in die Herzen ein; ein Schweigen, das den größten Teil der nächsten Stunde bestimmen sollte.

Denn Thorsten Latour hatte schnell gemerkt, so erklärte sich das Steinmetz später, daß seine Leute von etwas überzeugt waren. In diesem Fall waren sie von ihren Ideen überzeugt, und er nicht. Aber er hatte einen Eid geleistet, wenn auch besoffen, niemals den Chef rauszuhängen. Tat er auch nicht, der hing ihm von selbst raus.

»Ich sage nur mal meine Meinung«, sagte Thorsten, 45, Geschäftsführer und Creative Director von Rössner-Werbung, der von Herrn Rössner, dem Gründer, wie ein eigener Sohn gehalten und begünstigt wurde. »Eure Kampagne gefällt mir nicht. Im Gegenteil. Aber ich will sie euch ja nicht abschießen! Ich stelle nur eher die Frage: Warum gelingt einem nicht, eine Lösung zu finden, die den unbeschreiblich guten Geschmack der neuen Pasta auch unbeschreiblich gut herausstreicht?«

»Wie schmeckt die denn eigentlich?« fragte jemand.

»Ist wohl Geschmackssache«, antwortete Hans-Jürgen.

»Nein, noch mal«, sagte Thorsten Latour und klang leicht erschöpft, als hätte er dies an diesem Tag schon tausendmal gesagt, »die Zahnpasta von Colgate ist eine Zahnpasta, die nach mehr schmeckt. Was heißt das, nach mehr? Das muß man herausarbeiten! Es ist jetzt drei Uhr. Freitag. Und am Montag sind wir beim Kunden. Also, ich sehe da schwarz.«

»Haben wir auch schon gemerkt.«

»Wochenende!« drang in diesem Augenblick der Ruf einer durchgeknallten Sekretärin unpassenderweise durch die Agentur.

Thorsten Latour schaute seine Tafelrunde an und ließ den Blick, wie er meinte, prüfend auf den schweigenden Gesichtern der achteinhalb Männer ruhen; denn Jane, die FFF-Producerin, und Ruth, die dickliche Kontaktassistentin, die als Vertreterin des weiblichen Geschlechts dem Meeting beiwohnten, konnte man nicht als richtige Frauen zählen.

Dennoch lugte nun, da sich der Rest der Agentur anscheinend in Aufbruchstimmung befand, mit einem Mal ein winterlicher Sonnenstrahl eines ansonsten bitterkalten Wochenendes ins Zimmer, in dem sie wie verknastet saßen und ihre Schicksale benagten. Ach Scheiße, hoffentlich müssen wir nicht wieder Samstag und Sonntag rein. Wollte ich doch mit Irmchen spazierengehen.

Auch Ritter Hans-Jürgen von Steinmetz duckte sich erschrocken, als der Blick des Fronvogts durch die Gegend wanderte und auf ihm haften blieb. Zum Glück fiel Latour aber nichts Richtiges mehr ein, oder er hatte gerade mit dem Denken eine Pause eingelegt; so wurde der Fronvogt nun wieder zu jenem kleinen, muckernden Männlein, als das sie Thorsten Latour schon etliche Jahre hindurch leidig ertragen hatten.

So ähnlich muß wohl Rumpelstilzchen ausgesehen haben, dachte Hans-Jürgen Steinmetz. Ein Giftzwerg, der so schnell nicht wegzureden ist. Mein Gott, warum geht der nicht einfach? Steht da und verkörpert den Willen, so schnell das Feld nicht zu räumen. Aber geht jemals ein Plagegeist, zum Beispiel eine sirrende Mücke, von selber vorüber? Hans-Jürgen hielt, wie die anderen Ritter und sogar die garstigen Burgfräulein, weiterhin tunlichst seinen Schild gesenkt und den Kopf demütig nach unten.

»Nein, noch mal«, wiederholte Thorsten in diese Stille hinein. »Meine Bitte wäre, daß man jetzt das alles anders andenkt! Macht euch frei von der Idee mit den Plakaten, die ihr vielleicht als schön empfindet – aber ich kann euch garantieren, aus Marketingsicht ist das völliger Unsinn. Also, wenn ihr diesen Unsinn hier fortsetzen wollt, mit mir nicht.«

Er verschränkte die Hände hinter dem Kopf. »Ich kann da keine Kampagne erkennen«, fügte er hinzu und ließ einen bohrenden Blick über den Tisch wandern, der auch in vier Metern Entfernung noch jeden bis ins Mark traf. Der Chef, nein, so ließ er sich ja nicht nennen: Der Thorsten, der spielte hier sichtlich den Unglücklichen und blickte in die Runde. Keiner reagierte, auch Steinmetz nicht.

Über dem Konferenzraum schwebte ein Schweigen wie in einer Meditationshalle, aber hier herrschte kein guter, sondern allenfalls ein drolliger, eigentlich jedoch wirklich bösartiger Geist, dachte Hans-Jürgen Steinmetz besorgt. Er zeichnete einen dicklichen Mann auf seinen Block, während die Uhr an der Wand in ihrer beharrlichen Art einen Zeiger vorrückte, und dann noch einen. Um vier Uhr brach Thorsten Latour sein Schweigen.

»Okay«, sagte er. »Ich hab's. Macht doch dann meinetwegen eine ganz radikale Kampagne! Vergessen Sie alles, was Sie über Zahnpasta wußten! Macht 'ne schwarze Anzeige oder was weiß ich!«

»Nock mal, des hab ick net mitbekommen«, sagte Jane.

Der Chef fuhr herum, musterte sie über die Schulter hinweg und bekam unglücklicherweise seinen Gedankengang nicht mehr richtig zusammen, weil er das alles ja spontan und als »eben mal so, ist halt meine Meinung« formuliert hatte.

»Also, ich kenne die Formel des Erfolgs ja auch nicht. Wäre ja alles viel einfacher, wenn es sie gäbe. Aber meine Bitte an das Team ist also«, sagte er mit einer Stimme, als wäre er eine Mischung aus Gottvater und Hammurabi, der seine Gesetze verkündet, »denkt mal ganz neu!«

Scheißzahnpasta, dachte Steinmetz. Vielleicht den ganzen Schrott wie eine Mayonnaise bewerben? Kochen mit Pasta. Zahnpasta al dente. Pommes mit Zahnpasta, bruah. Bruah ist ein Wort, das wie ausgekotzt klingt. Und wenn wir Joe Cocker für einen Song nehmen, in dem er die Zahnpasta besingt?

»Und wenn wir Joe Cocker für einen Song nehmen, in dem er die Zahnpasta besingt?«

»Ja, das wär nämlich ganz neu«, sagte einer der Kontakter, ein richtiger Schnelldenker. »Einen echten Weltstar für ein Dentalpflegemittel! Das gab's doch zuletzt nur in den Siebzigern. Joy Fleming! Strahler-Küsse schmecken besser, Strahler-Küsse schmecken gut.«

»Joy Fleming war aber nicht richtig berühmt«, sagte jemand, und dann schwatzten sie alle durcheinander:

Doch, die hat ja auch gesungen: Tic-Tac ist die neue Tac-Tic, konzentrierte Mini-Mints in der klaren Tic-Tac-Box! Mann, du kannst das ja auswendig! Lebt die denn noch? Ja, aber zum Glück in Mannheim. Joe Cocker wäre natürlich noch eine viel größere Nummer. Müßte man bei seinem Sekretariat anfragen. Hast du die Nummer? Ich kann sie rauskriegen. Wo ist denn der Markenkern? Solche Stars, die kosten eine halbe Million. Lohnt sich aber.

Die Frage nach dem Markenkern war von Thorsten Latour gekommen, dem Mann mit sieben Plomben, der einen neuen, protzigen Dienstwagen der Marke BMW fuhr. Inklusive einer Freisprechanlage für sein Autotelefon, einer Sitzheizung und eines Navigationssystems, das mit einer metallischen, absolut unsexy und leicht verärgert klingenden Frauenstimme daherkam: »An der nächsten Abfahrt – links! Rechts halten! Auf die mittlere Spur wechseln.«

Am Freitagabend gegen 22 Uhr hielt Thorsten Latour seine dunkelblaue, kraftstrotzende Limousine mit wehenden Scheibenwischern an und hob bei strömendem Regen mit Hans-Jürgen Steinmetz einen schweren Karton aus dem Kofferraum. Sie hatten erfolgreich mit einem bekannten, vollbärtigen Mann telefoniert, den Steinmetz einmal kennengelernt, aber seitdem nicht besonders liebgewonnen hatte, und dieser hatte sie hierhin bestellt. »Aber nicht ohne Wein!« hatte er gefordert, so wie Betty Mahmudi im Buch, Fernsehen und sogar im Kino »Nicht ohne meine Tochter!« gefordert hatte. Wenn die mal überhaupt so hieß.

Sascha Schneider hatte schon eine Menge Fernsehshows geleitet, die Goldene Kamera verliehen bekommen und war mit den Großen der Branche auf »Du und Du« gewesen. Seit ein paar Jahren war dann das Niveau auf »Du und Du mich auch« gesunken; vor allem deshalb, weil Sascha Schneider ins Volksmusik-Metier hinabgerutscht war und eigentlich nur noch dementsprechendes Zeug machte, also alles nur noch für Geld. Der Bauch, der schon so manchen Strand gesehen und an manchen Produktionsorten im Regiesessel gedreht worden war, war Sascha Schneiders Markenzeichen geblieben und wackelte behäbig vor Thorsten Latour auf und ab, der mit dem Karton Wein in der Hand in sein mediterran eingerichtetes Haus polterte, in dem Sascha gleich zehnmal zu sehen war; einmal leibhaftig und neunmal auf Fotos, die einen Sascha im Gespräch oder jedenfalls trauter Zweisamkeit mit einem jedesmal erschreckend ungeschminkten Hollywoodstar in die Kamera winkend zeigten, also Zsa Zsa Gabor, Harrison Ford, Tom Hanks, Jane Fonda, Uma Thurman, Woody Allen, Sean Connery, Dustin Hoffman und Steven Spielberg, mit dem man sich sicher auch Termine für genau diese Art von Fotos kaufen konnte: »Hey, Steven, come on, shake hands and say cheese, alright, thank you, bye!«

»So so!« sagte Sascha Schneider und lachte zufrieden, nachdem er eine Flasche aus dem Kasten gezogen und sie schließlich entkorkt hatte. »Chateau Lafitte, kein schlechter Geschmack. Und ihr wollt also die Adresse von Joe Cocker haben. Das ist ein ganz schöner Hammer, Leute, die ist nicht leicht zu kriegen!«

»Aber wenn sie einer hat, dann sind das doch Sie, Herr Schneider«, sagte Hans-Jürgen.

Sascha Schneider hustete. »Freilich hab ich die. Fragt sich nur, ob ihr die kriegt.«

»Wieviel wollen Sie denn dafür haben?« fragte Thorsten Latour in diesem Moment. »Ich hab mein Scheckbuch dabei.«

»Bar wär mir, ehrlich gesagt, lieber.«

»Muß mal schauen, wieviel ich dabei habe. Wieviel wollen Sie denn?«

»Na ja, fünfhundert haben mir die Leute heute morgen dafür gegeben. Ihr seid schon die zweiten, die danach fragen.« Er trank einen Schluck und hielt den Wein ins Licht. »Ein herrliches Tröpfchen. Ich hatte mal ein Haus da unten, in der Gascogne.«

»Und wo ist es jetzt?«

»Immer noch da, aber verkauft. Man hat ja kaum Gelegenheit, da hinzufahren. Meine zweite Frau hatte auch Pferde. Unsere Stieftochter aus der dritten Ehe wohnt noch da unten.«

»Was ist jetzt mit Joe Cocker?« sagte Thorsten ungeduldig.

»Cocker?« Sascha Schneider schmunzelte. »Tja, anscheinend interessieren sich 'ne Menge Leute für den Kerl. Nun, ich schätze mal, tausend müßten schon drin sein.«

»Hier!« Thorsten hielt ihm zehn rasch abgezählte Scheine hin, als würde er einen Clown im Zirkus bezahlen. »Was waren das denn für Leute?«

»Welche? Die nach Joe Cocker gefragt haben? Welche wie ihr, aus der Werbung.«

»Schampert und Partner?« preßte Thorsten Latour düster heraus.

»Genau, so heißen die.«

»Ich hab's mir doch gedacht. Die Gegenseite. Wir müssen uns beeilen, Steini.«

»Steinmetz.«

»Ja gut. Da braut sich was zusammen. Wenn sich Schampert für Joe Cocker interessiert, macht er das nicht, weil ihm die Musik gefällt.«

»Hab schon verstanden«, sagte Hans-Jürgen. »Wenn wir dem nicht zuvorkommen, ist die ganze Überraschung weg, daß Joe Cocker für Zahnpasta wirbt.«

»Ja, und wissen Sie, was dann passiert, mein lieber Steinmetz?« sagte Thorsten Latour, der nicht zugehört zu haben schien, »dann gibt es zwei Kampagnen, die mit Joe Cocker arbeiten. Dann ist die Überraschung weg, daß Joe Cocker für Zahnpasta wirbt. Und dann frohes neues Jahr. Aller Ruhm, den wir dafür für die Firma kassieren könnten, wenn wir die einzigen wären, ist dann futsch – ich mag gar nicht daran denken.«

Als sie wieder in der Agentur waren, war es natürlich Jane, die das Gespräch führen mußte; Jane mit ihrer knödelnden Art zu reden, mit ihrer Stimme, die quer über die Winterstürme des Atlantiks klang – oder doch jedenfalls quer über den Ärmelkanal, falls der Meister grad in England war; Meister, Mister, ausgesprochen wie der Lordsiegelbewahrer.

Sie kam von Latours Chefzimmer bis zum Handy des Fahrers von Joe Cockers Manager durch. Weiß der Teufel, an welcher düsteren Straßenecke der mit seiner Stretchlimo stand, als sie ihn erreichte. Der Stimme nach war es ein Schwarzer.

Währenddessen hörte sich der Rest der Belegschaft im Konferenzraum auf den unbequemen, für gewaltige Ärsche nach hinten ausgebuchteten Designer-Stühlen Musik von Joe Cocker an, malträtierte den CD-Player und versuchte, in all seinen bekannten Hits, also allen drei oder vier Liedern, eine Stelle zu entdecken, wo man das mit der Zahnpasta schon mal sinngemäß einbauen konnte.

Dies geschah aber nur für den Fall, daß sich das Gespräch und der Vorgang verzögern würde; da am Montag der Kunde ja schon gierig mit den Füßen scharrend auf ihre Ideen und Werbekonzepte warten würde, hatten sie verabredet, dann eben einen stadtbekannten Joe-Cocker-Imitator zu verpflichten, der in einem Tonstudio täuschend echt alles nachmachen und damit vorführen könnte, wie es klingen mochte. »Du kannst deinen Hut anbehalten«, »Wir bringen dich, wohin du gehörst«, »Brauchst du jemanden? Ja, jemanden zum Liebhaben« – reichlich dämlich hörten sich seine Texte ja schon an, wenn man sie übersetzte. Das taten eigentlich alle Texte, aber dazu waren sie ursprünglich ja auch nicht gedacht gewesen.

Als draußen vor dem Fenster die Häuser schon ein leichtes Grau trugen, mußte es in Amerika wohl schon tiefe Nacht sein: Jane legte auf.

Der Morgen stemmte seine hellen Arme auf den Boden und leuchtete mit einem roten Streifen den Horizont aus: Sechs Uhr. Warum sind Sonnenaufgänge im Winter schöner?

Rauchend und glitzernd erhob sich am Himmel der goldgelbe Ball und schien auf einen fernen Nebel: Habt ihr alle gut geschlafen?

Die ersten Autos knipsten bereits das Licht aus. Ein leichter Regen fiel. Bald mußte auch der Milchmann mit seinen gefrorenen Flaschen zu sehen sein und die Zeitung kommen: Nichts passiert.

In seinem ebenerdigen Bett schläft, dick eingepackt, ein alter Mann. Sein Bart ist struppig und der Haarwuchs fleckig: Joe Cocker, wo du auch bist, es ist Zeit, aufzustehen!

»Ich halt's nicht mehr aus. Ich, ich ruf den Kunden an und sag unseren Termin ab«, sagte Thorsten Latour. »Wir kriegen's nicht hin, Steinmetz, das hab ich im Gefühl!«

Das Telefon klingelte.

»Da, jetzt ist es passiert. Jetzt sagt uns der Kunde schon von selbst ab.«

»Steinmetz?«

Aus dem Telefonhörer schnarrte es, aber das Display zeigte keine Nummer an. Wie durch ein Schneegestöber schienen die Worte von weit her zu kommen, gestört vom metallischen Klicken der Wellen, oder Atome oder wie das auch sonst funktioniert. Wenn die Loreley oder die Feen damals schon

Telefon gehabt hätten, dachte Steinmetz später, die hätten sich genauso angehört. Verweht und einsam, fern und mit anderen Sachen beschäftigt als unsereins.

»Na gut«, sagte Thorsten Latour, »sagen Sie mir Bescheid, wenn Sie mit dem Gespräch fertig sind. Ich rufe den Kunden dann nachher an. Jetzt brauche ich aber erst mal einen Schnaps.«

> ACH, WIE SCHÖN WÄR ES GEWESEN,
> WENN DAS VOLK DER IROKESEN
> LANG BEVOR COLUMBUS KAM,
> HÄTT GERUFEN CAESAR AN!
>
> SALVE, CAESAR! DIE INDIANER
> GRÜSSEN ALLE MITEINANDER.
> UNS GEHT ES SO GUT WIE NIE,
> ALLES KLAR AUF DER PRÄRIE!
>
> HÖRST DU LEIS' DEN BODEN TROMMELN,
> WENN DIE BÜFFELHERDEN BROMMELN?
> BROMMELN NENNT DER ROTE MANN
> HERDE, WENN AM WANDERN DRAN!
>
> CAESAR, TSCHÜS, DAS WAR'S AUCH SCHON!
> HUGH! DANN SCHWEIGT DAS TELEFON.
> EIN GESPRÄCH IN DIESER ART
> HÄTT' DER WELT VIEL LEID ERSPART,
>
> VÖLKERMORD UND BÜCHSENKNALL.
> TJA, ZU SPÄT! NA UND? EGAL.

Das Telefon schien leicht zu atmen. Irgend jemand sagte etwas Komisches, was Hans-Jürgen nicht recht verstehen konnte. Es schien Englisch zu sein. Ausgerechnet jetzt. Und Jane schlief wie ein Stein – oder eher wie ein Seehund oder wie eine ermattete Hausfrau nach dem Kaufrausch – hingeschmissen auf Latours schwarzem Ledersofa, vor dem die leeren Cognacbecher standen.

Es war Joe Cockers Sekretärin. Mister Cocker sei nicht in, erklärte sie ihm zuerst. Er sei auch nicht an seinem Tisch in diesem Moment. Sie sei sich aber sicher, er würde zurück sein, in einer Stunde vielleicht, aber Sie können einen Termin mit mir machen!

»O fein«, sagte Steinmetz.

»Ihren Sarkasmus können Sie sich sparen«, rief der depressive Latour aus dem Konferenzraum.

Joe Cocker hatte in seinem Leben sicher schon für alles mögliche Werbung gemacht. Für Pullover und Whisky zum Beispiel. Aber das wußte die amerikanische Stimme anscheinend auch nicht. Und Zaaahn-Paaas-Taaa?

Sie hörte sich leicht angeekelt an. Das müßte Mister Cocker selbst entscheiden.

»Was kostet das denn normalerweise?« fragte Steinmetz die winzige, aber energische Stimme an seinem Ohr.

»Oh, es hängt davon ab. Mag sein, zwischen zweihunderttausend und fünfhunderttausend Dollar. Aber Sie haben es einzeln zu verhandeln.«

»Ist Ihr dämliches Telefonat denn bald zu Ende? Mann, Steinmetz, lassen Sie mich endlich den Kunden anrufen und alles abblasen.«

»Was brauchen Sie noch an Informationen von mir? Reicht ein Fax? Können Sie mir bitte Ihre Nummer geben? Danke! Tschüssing! Also, Latour, was geben Sie mir, wenn das mit Joe Cocker hinhaut?«

»Lassen Sie doch die Witze, ich bin müde.«

»Herr Latour, Sie verstehen mich anscheinend nicht. Wir haben Kontakt mit seinem Büro aufgenommen! Joe! Cocker! Kommt! Ans! Telefon!«

»Mich laust der Affe, wann denn?«

»In einer halben Stunde.«

»Und das sagen Sie erst jetzt?« sagte der Creative Director aufgebracht. »Mann, Steinmetz, Joe Cocker ruft an. Das hat geklappt! Jetzt wird das Geld seine klare und unmißverständliche Sprache sprechen. Sie werden sehen, alles wird zu einem guten Ende kommen. Sie und ich, wir sind ein gutes Team. Wann hat er angerufen?«

Aber natürlich kam alles ganz anders. Joe Cocker war ein stark Englisch sprechender, anscheinend doch durchaus gepflegter Herr. Jane quatschte ihn in ihrer Sprache an, aber es war nichts zu machen. Er kannte die Zahnpasta nicht, hatte sie noch nie probiert und auch sonst überhaupt keine Lust, der Menschheit beim Sauberwerden und der Zahnpflege zu helfen.

»Kein Problem, wir schicken dem sofort eine große Tube davon zu. Dann wird er sehen, wie köstlich die ist«, soufflierte Latour noch, aber da war die Schlacht schon verloren.

»Er hat aufgelegt«, sagte Jane bitter. »Joe Cocker hat aufgelegt.«

Sie trennten sich am Mittag, als der erste Schnee in diesem Winter fiel, und gingen alle ihrer Wege. Nun konnte nur noch ein Wunder helfen. Anderthalb Tage vor dem Kundengespräch hatten sie keinen blassen Schimmer, was sie dem Kunden allen Ernstes als Werbung vorschlagen konnten. Hans-Jürgen legte sich zu Hause ein bißchen aufs Ohr und sah sich die Jahresrückblicke im Fernsehen an. Dann lief er leblos durch seine Bude; das Leben ist ein traumloser Schlaf.

FAY WELDON

Eine historische Weihnacht

Frohe Weihnachten, meine große, wahre Liebe«, sagte Lucy zu Pierre am Morgen des 25. Dezember 1899. Sie erwachte in einem schneeweißen Durcheinander von Leintüchern und Federkissen, und sie wußte, daß sie draußen nichts finden würde, was dem winterlich-romantischen Anblick von Schnee so nahe käme wie dieses Bett, denn der Tag war mild, und sie befanden sich in Südfrankreich, nicht in Connecticut, wo Lucy daheim war, oder Paris, wo Pierre herkam.

Pierre regte sich, wachte aber nicht auf. Und so flüsterte Lucy ihm wieder ins Ohr: »Frohe Weihnachten, meine große, wahre Liebe«, und diesmal murmelte er eine Antwort.

»Wenn du und ich freie Menschenwesen sein wollen«, sagte Pierre mit einer Klarheit, die vom Schlaf offenbar fast ungetrübt war, »so müssen wir von dieser Art frömmlerischen Gerede lassen«, und schloß dann wieder die Augen und schlief weiter. Seine jungen, braungebrannten Arme schmiegten sich um die Laken, und sein dunkles Haar lockte sich wild auf den Kissen, und sie liebte ihn. Aber sie liebte auch Weihnachten, und das schon ihr Leben lang.

Durch das kleine quadratische Fenster ließ die Morgensonne ihr Licht auf die getünchten Wände fallen. Lucy strich ihr weißes Batistnachthemd glatt, wand sich das Haar um den Hinterkopf, steckte es fest, kletterte aus dem hohen Bett auf den bloßen Holzfußboden und trat ans Fenster. Kein Vorhang verhüllte ihren Blick auf die Weinberge, die sich hinter einem Flußtal hinzogen: Die Rebstöcke standen in Reih und Glied, wie abmarschbereite Soldaten auf ihrem Weg in den Tod. Doch dann verscheuchte sie dieses Bild. Und wenn ein Geruch von Fäulnis in der Luft lag, als wäre es all den Trauben vergönnt gewesen, nicht etwa wie in jedem Herbst gelesen und zu Wein gemacht zu werden, sondern statt dessen auf die Erde zu fallen, um dort zu vermodern, dann war das auch nicht schlimmer als die sanitären Anlagen in Frankreich. Manche Dinge mußten einfach schlecht sein, sagte Pierre, so schlecht, daß sie keine andere Wahl hatten, als besser zu werden.

»Religion ist das Opium des Volkes«, sprach Pierre aus seinem Kissen. »Gott ist die Droge, welche die Herren an die Armen und Hungrigen verfüttern, auf daß sie sich mit Armut und Hunger zufriedengeben. Jesus ist nie geboren worden, das Himmelreich existiert nicht. Willkürliche Wohltätigkeit ist ein Dorn im Fleische der Menschheit, den wir herausreißen werden.«

Nur mehr eine Woche, bis das Jahr 1900 anbrach: das Morgengrauen des zwanzigsten Jahrhunderts, und in dieses Morgengrauen würde das Licht neuer Hoffnung und neuer Freiheit, die Energie freien Denkens und freier Liebe, uneingeschränkt von Konventionen, gleich einem Blitzstrahl eintreffen, und Lucys Seele schwang sich empor bei dem Gedanken, daß Pierre und sie ein Teil davon waren, ja daß er und sie diesem neuen Zeitalter sogar einen Schritt voraus waren. Sie würden am Silvesterabend in Paris sein, mitten unter den Anarchisten, alle würden sich dort versammeln, um auf die Zukunft zu trinken, die streitbare Bruderschaft der Erleuchteten und ihre Schwestern im Geiste. Was für ein Unterschied zu der Szene, die sie sich noch vor wenigen Monaten ausgemalt hatte: ein einziges Glas Wein, beim ersten Glockenschlag feierlich erhoben, im Salon und in Gesellschaft ihres Gatten Edwin und ihres Bruders Joseph – und dann zu Bett. Und mit jedem Schlag die alljährliche Eloge auf verlorene Hoffnung und gescheiterte Leidenschaft, die Hymne auf den Sieg der Langeweile und den Tod der Seele.

Pierre stieg aus dem Bett und stellte sich neben sie. Er war nackt. Lucy konnte sich einfach nicht daran gewöhnen. Vierzehn Jahre lang war sie mit Edwin verheiratet gewesen und hatte doch nie mehr als einen raschen Blick auf bleiche Gliedmaßen im Badezimmer erhascht, auf ein Stück nacktes Fleisch, das sich über ihr im Bett bewegte. Pierre löste ihr Haar, so daß es ihr über die Schultern fiel.

»Erwähne diesen Tag also nie wieder«, sagte Pierre, »oder er wird dich zurücktreiben zum Herrn der Dunklen Domäne«, und darauf lachten sie beide. Der Herr der Dunklen Domäne war ihr Spitzname für Edwin. Lucys Gatte ernährte seine Familie mit seiner Schriftstellerei, ungefähr alle fünf Jahre veröffentlichte er ein besonders melancholisches Werk, das von den ernsthaften Kritikern gelobt wurde und dessen Text so eng gedruckt war, daß Lucy nicht die Geduld dafür aufbrachte – aber das wurde schließlich auch nicht von ihr erwartet. Edwin liebte Lucy für ihre Torheit, sie war seine Kindbraut, sein hübsches Eheweib: Nun würde er sehen, wie sehr er sie verkannt hatte! Nun würde er es herausfinden, nun, da ein anderer Mann ihre Begabung würdigte, ihre Intelligenz, ihren Charakter, ihre Leidenschaft.

»Trotzdem«, sagte Lucy, »kommt mich das hart an! Kein Plumpudding, keine Geschenke, Schleifen und Festtagskleider?«

»Nie mehr«, antwortete Pierre, »oder du wirst zurückgetrieben in die Hölle des häuslichen Lebens, welche den Tod der Kunst bedeutet.« Pierre war ein Komponist von meisterlichen, wenngleich schwierigen Liederzyklen, die leider nur von allzu wenigen Menschen verstanden wurden. Als Pierre aus Paris nach New York gekommen war, um seine Musik aufzuführen, da war die Konzerthalle fast leer gewesen, die Tournee abgesagt und er selbst ohne einen Penny seinem Schicksal in der Fremde überlassen. In einem Akt von Freundlichkeit hatte Edwin ihm Arbeit für den Sommer angeboten: als Klavierlehrer für Bessie und Bertie. Bessie war zwölf, Bertie zehn. An diesem Weihnachtsmorgen würden sie in einem Haus erwachen, dem die Mutter fehlte. Lucy verdrängte auch dieses Bild. Bessie hatte Edwins buschige Augenbrauen, und Bertie ahmte Edwins abgehackte, nüchterne Sprechweise nach. Sie waren eher Edwins als Lucys Kinder. Pierre sah das, Edwin behauptete es, und das Gesetz bestätigte es. Nun gut, dann sollte das Gesetz eben seinen Willen haben.

»Ein Künstler braucht keine Familie, sondern Freiheit«, sagte Pierre. Wie leicht er doch ihre Gedanken zu lesen vermochte. Sie spürte seinen warmen Atem auf ihrer Wange. »Der Künstler ist der ganzen Menschheit verpflichtet, er muß sich ungehindert von den Ketten der Konvention äußern. Und auch

Frauen können Künstler sein, so wie du, Lucy, denke immer daran!«

Als er Lucy zum ersten Mal hatte singen hören, mit ihrer süßen, klaren, unausgebildeten Stimme, durch die selbst Bessies stümperhaftes Spiel gewann, da hatte er sie als die Künstlerin erkannt, auf die er schon so lange wartete, die seine Musik wirklich zum Leben erwecken konnte. Die arme Bessie war vergessen, sie kam kaum noch ans Klavier. Denn nun wurde es zu Lucys und Pierres Platz, wo sie daran arbeiteten, die Töne zwischen den Tönen einzufangen, die er für so wesentlich hielt, daß sie ihm das ganze Universum umfassen konnten. Edwin saß am letzten Kapitel seines Romans, eine für ihn besonders spannungsgeladene Zeit, und das Klavierspiel wurde auf die Nachmittagsstunden zwischen zwei und vier Uhr beschränkt. Dies brachte er recht energisch zum Ausdruck. Das Haus bebte. Es flossen Tränen.

»Edwin hält dich gefangen«, sagte Pierre ihr da. »Denn was ist ein Heim anderes als eines Mannes Gefängnis für seine Frau, und was ist ein Eheweib anderes als eine unbezahlte Hure? Sie verdingt sich, indem sie sich auf den Rücken legt, Kinder gebärt und dazu noch das Essen kocht.« Und je mehr Lucy darüber nachdachte, als sie sich vom ersten Schock erholt hatte, desto deutlicher erkannte sie, daß all das, was Pierre sagte, der Wahrheit entsprach. So begriff Lucy, daß die Saphirkette, die sie um den Hals trug, das Symbol ihrer Gefangenschaft war, daß ihre Rubinohrringe sie zu einem Instrument der Wollust stempelten und die goldenen Talismane an ihrem Armband Edwin zum Nutzen gereichten, nicht etwa ihr: Denn sind die willigen Sklaven nicht nutzbringender als die unwilligen?

»Bei mir würdest du keine Sklavin sein«, sagte Pierre. »Du würdest meine Liebste sein.«

Lucys Augen wanderten hinüber zum Koffer, und sie wollte sich schon vergewissern, daß sie immer noch da waren, daß sie in Seidenpapier gewickelt dort in ihrem Tanzschuh steckten: der Saphir, die Rubine und das Gold. Doch es gab ja keinen Grund dafür, warum sie nicht an ihrem Platz sein sollten. Und sie waren ihr rechtmäßiger Besitz, jedes einzelne Stück, das Entgelt für jahrelange Knechtschaft. In der neuen Welt würden Frauen das gleiche Ansehen wie Männer genießen. Wenn sich die Arbeiter auf dieser Welt erst erhoben, dann zogen sie die Frauen mit sich empor.

»Und doch«, sagte Lucy, »erlaube mir, an diesem Tag der Tage wie eine Mutter zu fühlen, nicht wie eine Künstlerin, und ein paar Tränen zu vergießen.«

»Du solltest dich schämen, einen solchen Verrat auch nur zu erwägen«, entgegnete Pierre. »Weinen ist etwas, das die Frauen der *haute bourgeoisie* tun, damit sie die Männer besser dirigieren können«, und Lucy merkte zu ihrer Freude, daß er scherzte. Edwin hatte sie von ihrer ersten Begegnung an gescholten und zurechtgewiesen, hatte ihr das Gefühl gegeben, töricht zu sein, und niemals über etwas gescherzt.

Pierre rief zur Wirtin hinunter, sie solle das Frühstück ins Zimmer hochbringen. Er stand nackt auf dem Treppenabsatz, versteckte sich aber hinter der Tür, als die Frau mit dem Tablett oben ankam: Sie erschien Lucy zu klein und zu alt, um ein solches Gewicht zu tragen. Die Dienstboten zu Hause waren stark und stabil.

»Bring sie nicht zu sehr aus der Fassung«, sagte Lucy, als sie nicht mehr lachen mußte. »Dafür schulden wir ihr zuviel Miete. Ich weiß nicht, warum du sie mit der Bezahlung so hinhältst.« Doch Pierre erklärte, sie würden warten, bis es dunkel war, und sich dann davonstehlen und in die Kutsche nach Paris steigen, bevor irgend jemand etwas merkte, und er wolle keine dummen Reden von Lucy hören, die Wirtin sei eine alte Hexe, die die Reisenden ausbeute und ihnen zuviel abverlange. Sie bekam nur, was sie verdiente.

Lucy entgegnete nichts, doch nachdem das Frühstück aufgegessen war, das die Wirtin gebracht hatte – heißer Kaffee und frische, schaumige Milch, langes, krosses Brot, Bauernbutter und Aprikosenmarmelade –, sagte sie: »Ich würde sie wirklich lieber bezahlen, Pierre.«

»Wovon?« fragte Pierre. »Wir haben keinen Franc mehr. Die Reise durch Frankreich ist teurer, als ich dachte. Aber ein Künstler sollte nicht mit so schnöden Dingen wie Geld behelligt werden: Ich will nicht mehr darüber sprechen. Falls du darauf bestehst, können wir ihr von Paris aus etwas schicken, wenn wir deinen Schmuck verkauft haben, aber verdient hat sie es nicht. Sie ist ein Lakai im Dienste der Herren, nicht mehr.«

Lucy spürte, daß Tränen ihre Augen trübten, die schaumige Milch und der dicke weiße Milchkrug verschwammen ineinander. Zu Hause waren die Milchkännchen aus feinen, mit kleinen Blumen verziertem Porzellan. Eines davon stammte aus Limoges. Sie fragte sich, wo Limoges lag und ob sie jemals dort hinkommen würde. Lucy wußte wohl, daß sich nun, da sie Pierres Geliebte und nicht mehr Edwins Gattin war, eine solche Gelegenheit leichter ergeben würde, andererseits war das Reisen nun mit weitaus geringerem Komfort verbunden. Sie verstand nichts von Geld, anscheinend war es für alle möglichen Dinge nötig, die sie bislang als selbstverständlich hingenommen hatte – etwa, nicht zu frieren, willkommen geheißen und von Dienstmännern und Gendarmen, von Ladenbesitzern und Wirtinnen mit Höflichkeit behandelt zu werden. Doch mit Geld ließ sich weder Liebe noch Freiheit kaufen, weder Wahrheit noch Hoffnung noch irgendein anderes der wichtigen Dinge im Leben.

»Weine nicht«, sagte Pierre, »du hast Heimweh, weiter nichts«, und er beugte sich zu ihr und wischte einen Krümel von ihrer Lippe, und ihr Herz schmolz, so zärtlich und natürlich war diese Geste. Edwin hätte den Krümel erwähnt, nicht entfernt. Pierre zog sein Hemd an, und sie freute sich, obwohl sie wußte, daß das nicht statthaft war. »Ich habe kein Heimweh«, sagte Lucy, »nicht ein bißchen. Du ahnst ja nicht, wie feucht und fad die Wälder rings ums Haus zu dieser Jahreszeit sind. Wie es dort tröpfelt und nieselt!«

»Ärger als Bessie an einem schlechten Tag«, murmelte Pierre, den Kopf in ihr Haar gedrückt, und Lucy dachte, warum darf er Bessies Namen erwähnen und ich nicht, doch dann lachte sie und schloß sich seiner fröhlichen Stimmung an, um auch im Geiste den Einklang mit ihm zu finden, den ihre Körper längst gefunden hatten. Bessie war ein unscheinbares

Mädchen und leider nicht mit einer musikalischen Ader gesegnet, was es Pierre unmöglich machte, sie ernst zu nehmen, und aus dem Grund fiel es auch Lucy schwer, besonders seit Bessie so weit weg war. Lucy sah ein, daß die Liebe ohne Schranken, die Liebe außerhalb der Konvention, aus einer Frau sehr wohl eine schlechte Mutter machen konnte: Sie gehörte zu der einen Sorte Frau oder der anderen, in den Augen der Welt war sie gut oder schlecht, eine Position dazwischen gab es nicht. Sie durfte es sich aussuchen, konnte der mütterliche oder der erotische Typ sein, aber nicht von beiden etwas. Letzteres hieß ersteres aufgeben. Die Männer heirateten die mütterlichen Frauen und sehnten sich nach den erotischen, setzten dann gleich alles daran, sie zu mütterlichen Frauen zu machen, und waren ebenso enttäuscht. Edwin hatte ein Kind geheiratet und versucht, ihr diese Alternative vorzuenthalten, doch dank Pierre war sie mündig geworden und hatte ihre Wahl getroffen.

Sie hoffte, daß Edwin auch ohne sie Weihnachten feiern würde. Sie hoffte, daß er daran denken würde, den Christbaum, die kleine Tanne, die seit ihrem ersten Ehejahr im Topf neben der Eingangstreppe heranwuchs, tüchtig zu wässern, hoffte, daß er von den Schachteln auf dem Speicher wußte, in denen der Weihnachtsschmuck lag: Lucy fügte jedes Jahr ein neues Stück hinzu – würde er sich daran erinnern? Würde er merken, daß man die goldenen Pferde mit ihren silbernen Reitern ausbalancieren mußte? Und ein Teil von ihr wünschte, daß ihm nun, da sie fort war, nach alldem nicht der Sinn stand, weil es ihm so leid tat, daß sie gegangen war. In Paris würde sie einen Brief von ihm vorfinden, in dem er ihr verzieh und sie darum bat, nach Hause zu kommen. Natürlich würde sie nicht gehen.

»Einen Penny für deine Gedanken«, sagte Pierre, aber er hätte sie gewiß nicht gern gehört, und so antwortete Lucy: »Ich freue mich wirklich, daß ich nicht zu Hause bin, Pierre. Zu dieser Jahreszeit. Wenn die Tage so kurz sind, der Winter sie noch nicht ganz eingeholt hat und der Himmel so aussieht, als würde er schmollen. Ja, er schmollt noch ärger als Bertie an einem schlechten Tag«, und wieder lachte sie, während sie auch ihr zweites Kind um der Liebe willen verriet. »Die Zimmer im Haus sind so vollgestopft und trist«, fuhr Lucy fort, »und hier ist alles so einfach, charmant und schlicht. Ich versichere dir, daß ich überhaupt nichts vermisse. Du machst alles wett, Pierre.«

Lucys Bruder Joseph würde nach altem Brauch am Heiligen Abend kommen, mit Geschenken bepackt. Es waren immer die falschen Geschenke: eine unpassende Puppe, eine unbedienbare Kanone, ein Halstuch, das sie abscheulich fand, die Sorte Federhalter, die Edwin nie benutzte. Josephs Talent für falsche Geschenke war legendär, war ein Witz zwischen Edwin und ihr, ein alljährlicher Austausch von Blicken, mehr nicht, doch soviel hatten sie jedenfalls: dieses Bewußtsein von Gleichheit, die auf gemeinsamen Erfahrungen gründete und mit jedem Jahr wuchs wie der Christbaum, so langsam zwar, daß man es kaum sehen konnte, aber jede Weihnacht doch um ein paar Zentimeter. Dieses Jahr würden sie ihn kippen müssen, damit er durch die Vordertür paßte, und er konnte nur im Fensterbogen stehen. Würden Edwin und Joseph über Lucy sprechen, oder würde ihr Name nicht erwähnt werden? Ein unmögliches Thema und eine unerklärbare Situation: eine Frau, verloren für die Pflicht, für die Ehre, für die Mutterschaft, eine Frau, wie vom Erdboden verschwunden, aus dem Gedächtnis gelöscht, namenlos. Ein verheimlichter Quell von Kummer, von Schicksalshaderei. »Kein Kind wird an meinen Röcken zerren, kein Bruder an meinem Mitgefühl, kein Ehemann an meinem Gewissen. Ein Tag wie jeder andere, der hell und heiter anbricht wie unser neues, gemeinsames Leben. Nur du und ich, die Kunst und Schönheit und Liebe und Musik. All das, was an dem armen Philister Edwin vorbeigegangen ist!«

»Ich bemitleide Edwin«, erwiderte Pierre. »Er hat kein Ohr. Ein Mann, der Musik auf zwei Stunden täglich beschränkt, hat kein Ohr, und einer, der ein Klavier abschließt, keine Seele!«

Um seine Anordnung besser durchsetzen zu können, hatte Edwin das Klavier verschlossen gehalten, es nach dem Essen um zwei Uhr aufgesperrt und sich um vier Uhr nachmittags

aus seinem Arbeitszimmer begeben, um es wieder abzu-
schließen. In den dadurch übungsfreien Morgenstunden waren Lucy und Pierre in den Wäldern spazierengegangen, hatten über Musik geredet und schon bald über Liebe und dann
mehr als geredet, und Pierre hatte Lucy erläutert, daß sie unglücklich war, daß ihre Lebensführung sie erstickte und daß
er ohne sie kein großer Künstler sein konnte, und Bessie hatte
sie miteinander im Wald gesehen. Lucy hatte einen Scheck
von Edwin gefälscht und damit ihrer beider Überfahrt bezahlt, und Edwin hatte sie eine Nachricht hinterlassen, bevor
sie verschwand, unter Mitnahme ihres Schmucks, weil Pierre
sie dazu anwies, und nicht daran denken zu müssen gelang
ihr nur im Bett mit ihm. Während der ganzen Reise hatten sie
kaum je ihre Kabine verlassen. Sie waren das Gesprächsthema auf dem Schiff gewesen, und es hatte ihr nichts ausgemacht. Sich über alle Etikette hinwegzusetzen erhöhte die
Lust nur noch, die sie mit Pierre erlebte: Was verboten war,
das war süß. Lucy hoffte, daß sie Paris nie erreichen würden,
wo alle Menschen so empfanden wie sie und Pierre, aber das
war natürlich albern von ihr: Was verboten war, konnte nicht
lange währen und mußte sowieso ins Erlaubte eingebunden
werden, um überhaupt Gewicht zu haben – warum hatte bloß
niemand eingegriffen? War es nicht das, was ein Kind erwarten durfte – daß jemand eingriff? Ihr ganzes Erwachsenenle-
ben hatte sie sich in dieser Hinsicht auf Edwin verlassen, aber
wie hätte er ihr in diesem Falle helfen sollen, wo sie ihm doch
nicht von Pierre hatte erzählen können? Trotzdem verübelte
sie ihm seine Untätigkeit: Daß er zu beschäftigt gewesen war
mit seinem Buch, um auch nur zu merken, wieviel Zeit sie mit
Pierre verbrachte. Es war Edwins Schuld, daß sie ihn verlassen hatte. Sie fragte sich, was sie und Pierre den Tag über tun
würden. Wenn sie nicht im Bett waren, gab es anscheinend
nicht sehr viel zu tun, außer darauf zu warten, daß andere
Zeiten anbrachen oder Botschaften eintrafen, die doch nicht
eintrafen, von Freunden, die sie nur vom Hörensagen kannte.
Wenn sie an diesem Tag zu Hause gewesen wäre, hätte sie soviel zu tun gehabt: Da gab es die Festtagskleider und den
Plumpudding und die Geschenke unterm Weihnachtsbaum

und einen feierlichen Kuß von Edwin, bevor die Zeremonie des Auspackens begann.

Pierre sagte: »Wir werden den Koffer nach dem Mittagessen hinausschmuggeln, wenn Madame ihr Schläfchen hält. Sie schläft gut. Es kümmert sie nicht, wie sich der Rest der Welt für ihren Profit abschindet! Und am Abend schlüpfst du dann in meine Kleider und ich in deine – das ist die perfekte Verkleidung, so werden wir davonkommen. Eine kluge Strategie!«

Lucy dachte bei sich, daß die Idee wahrscheinlich mehr versprach, als ihre Durchführung halten würde – sie konnte zwar seinen Mantel überwerfen, doch seine Schultern würden sich niemals in ihre Jacke zwängen lassen –, sagte ihm das jedoch nicht. Es war ein Streich, wie er Bertie hätte einfallen können. Pierre hatte ihr erklärt, daß Edwin ein Vater-Gatte war – und was hatte sie nun statt dessen? Einen Sohn-Geliebten? War so etwas denn möglich?

»Ich könnte ihr einen goldenen Anhänger von meinem Armband anbieten«, sagte Lucy. »Ja, ich denke, das werde ich tun.«

Und da, zu ihrem Befremden, schlug Pierre sie – zumindest glaubte Lucy, daß es das war, was ihr widerfuhr, denn ganz plötzlich war ihr Kopf von einer Art stechender Dunkelheit umhüllt. Woher sollte sie es auch wissen: Sie war bisher noch nie geschlagen worden. Etwa eine Sekunde lang konnte sie nichts sehen und litt womöglich sogar an einer Art Gedächtnisschwund, denn sie konnte sich nicht recht darauf besinnen, wo sie war – aber ja doch, das hier war nicht zu Hause, es war tatsächlich ein Gasthof irgendwo im Süden Frankreichs, und sie lehnte an einer getünchten Wand, während ein fremder Mann, der eher jünger war als sie, sich für etwas eher Belangloses entschuldigte, und dabei hörte sie ein Klopf-klopf-klopf und dachte, es käme von Edwin, der den Weihnachtsbaum abhackte, genau den, der so klein angefangen hatte und nun tief in den Boden und hoch hinaus gewachsen war. Edwin spaltete ihn bis auf den Stumpf, weil er von einem Fest kündete, das Lucy nicht mehr erwähnen durfte, und weil es sowieso eine Lüge war. Aber natürlich war dieses Geräusch nur das Klopfen der Wirtin an der Tür, die Geld verlangte, das sie und Pierre nicht hatten, in einer Sprache, die Lucy nicht verstand, die sie aber besser kannte als sie und Pierre sich selbst. Lucy sah ein, daß man sich kennen mußte, um für sich sorgen zu können, aber wer würde das in diesem Land und in dieser Zeit schon hören wollen, selbst wenn sie es laut sagen würde?

FLANN O'BRIEN

Langweiler

Weihnachten, was? Gekommen und gegangen. Bringen wir mal kurz ein paar Banalitäten und Langweiler, die mit diesem Fest in Verbindung stehen, mit diesem Fest in Verbindung.

Auf den 1. Platz kommt ganz leicht die Person, gewöhnlich eine Frau, die sagt: »Weihnachten? Wissen Sie, mir wär' wohler, wenn ich's schon hinter mir hätte.«

Als nächstes kommt möglicherweise die Person, die folgendes sagt:

»Weihnachten? Wissen Sie, ich finde immer, es ist eine traurige Zeit.«

Drittens:

»Ja, ja. Schon wieder Weihnachten! Eigentlich erschütternd, wie die Zeit verfliegt.«

Und als nächstes?

»Wissen Sie, das beste Weihnachten, das ich je erlebt habe, war in Marokko. Wir waren da tausend Leutchen auf dem Schiff – zu der Zeit war ich erst eine Woche verheiratet – und sind in Algier vor Anker gegangen. Da sehen wir doch als allererstes, wie …«

Dann gibt es die Eröffnung:

»Wissen Sie, welcher Tag des Jahres am schwersten zu überstehen ist?«

»Nein. Welcher?«

»Weihnachten.«

Dann gibt es die alternativen Kommentare, jeder mit dem äußersten Ernst vorgetragen:

»Wissen Sie was; ich habe noch nie so ein ruhiges Weihnachten erlebt.«

»Ich werde Ihnen mal was sagen. Diese Weihnachten waren die schlimmsten Weihnachten, die ich je erlebt habe.«

Dann gibt es noch diese Schrecklichkeit:

»Wissen Sie, was ich Weihnachten mache?« (Interessierte Blicke.)

»Nein. Was?«

»Bett.«

»Bett?« (Ungläubige Blicke, aufgesetzt, um dem Trottel zu Gefallen zu sein.)

»Nach dem Essen ab ins Bett. Und bis zum 26. um vier strecke ich kein Bein aus dem Bett. Wenn danach ein kleines Kartenspiel steigt, soll's mir recht sein. Aber *vor vier* aufstehen? (Man sieht angsterfüllte Gesichter.) Nein. Schon aus Angst nicht.«

Zum Schluß dieses Porträt untoten menschlichen Verfalls, nicht eigentümlich für Weihnachten, aber zu dieser Jahreszeit am häufigsten anzutreffen.

(Betritt am St. Stephen's Day, dem 26. Dezember, eine Kneipe, offensichtlich vom Alkohol zerrüttet. Läßt sich mit großer Vorsicht auf einen Platz nieder, ergreift Tischplatte, um dem verheerenden Zittern der Hände zu begegnen. Verschüttet Wasser über den ganzen Tisch. Schluckt sein Getränk, wobei Zähne laut gegen Glas klappern. Zündet sich zittrig eine Zigarette an. Atmet aus. Beginnt, in die Runde zu blicken. Fixiert angrenzende Bekanntschaft. Beginnt mit Ansprache.)

»Verdammt, aber wissen Sie, da reden die Leute immer vom Saufen, Whiskey und die ganze Richtung. Da gibt es dann immer so eine Geschichte, der Whiskey war schlecht, der Magen war nicht in Ordnung und so weiter. Wissen Sie, was *ich* Ihnen sagen werde …?«

(Macht eindrucksvolle Pause. Die Pupillen, in ihrem wäßrigen Teich fast aufgelöst, schweifen mit ungesunder Dringlichkeit herum. Deutet Schweigen als Beweis brennenden Interesses.)

»Wissen Sie, was es ist?«

(Wechselt Zigarette aus der normalen interdigitalen Position, hält sie vertikal empor; pocht feierlich mit Zeigefinger der freien Hand dagegen.)

»Sehen Sie das? Dieses Ding hier? Zigaretten. Genau diese Burschen. Wissen Sie, was ich Ihnen sagen werde …?«

(Wird plötzlich von Hustenanfall überwältigt; wühlt umnachtet nach seinem Taschentuch, während Tränen aus purem Alkohol die rubinroten Wangen hinunterkullern. Erholt sich.)

»Diese Burschen hier. *Diese Burschen haben mich geschafft* …«
(Bricht unter neuem Anfall zusammen. Taucht wieder auf.)

»*Dagegen* ist ja überhaupt nichts zu sagen (zeigt auf Glas). Da *weiß* man, was man hat. Da ist Essen drin, und da ist Trinken drin. *Das* hat noch keinem geschadet, so ein Quatsch, außer vielleicht im Übermaß. Aber *dies* …«

(Zeigt wieder auf Zigarette, Kummer und Abscheu vermischen sich auf »Gesicht«.)

»Diese Burschen haben mich geschafft.«

Quellenverzeichnis

THOMAS ADCOCK (geb. 1947); am. Schriftsteller. »Robin Hood in New York« (Übers. Jürgen Bürger) in: Peter M. Hetzel (Hrsg.), *Bloody Christmas*. Copyright © 1993 by Thomas Adcock. Copyright der deutschen Übersetzung © 1993 by Rowohlt Taschenbuch Verlag GmbH, Reinbek. Abdruck mit freundlicher Genehmigung.

SHERWOOD ANDERSON (1876–1941); am. Schriftsteller. »Die Lehrerin« aus *Winesburg, Ohio. Roman um eine kleine Stadt*. Übers. Hans Erich Nossack. Copyright © 1958 by Suhrkamp Verlag, Frankfurt am Main. Abdruck mit freundlicher Genehmigung.

PAUL AUSTER (geb. 1947); am. Schriftsteller. »Auggie Wrens Weihnachtsgeschichte« aus *Smoke*. Übers. Werner Schmitz. Copyright © 1995 by Rowohlt Taschenbuch Verlag GmbH, Reinbek. Abdruck mit freundlicher Genehmigung.

T. CORAGHESSAN BOYLE (geb. 1949); am. Schriftsteller. »Die Mütze« aus *Wenn der Fluß voll Whisky wär. Erzählungen*. Übers. Werner Richter. Copyright © 1991 by Carl Hanser Verlag, München/Wien. Abdruck mit freundlicher Genehmigung.

ANGELA CARTER (1949–1992); engl. Schriftstellerin. »Die Braut des Tigers« aus *Blaubarts Zimmer. Märchen aus der Zwischenwelt*. Übers. Sybil Gräfin Schönfeldt. Copyright © der deutschen Übersetzung 1982 by Rowohlt Taschenbuch Verlag GmbH, Reinbek. Abdruck mit freundlicher Genehmigung der Agentur Paul & Peter Fritz AG, Zürich.

RAYMOND CARVER (geb. 1939); am. Schriftsteller. »Gute Vorsätze« aus *Kathedrale. Erzählungen*. Übers. Klaus Hoffer. Copyright der deutschen Übersetzung © 1985 by Piper Verlag, München.

Freiburg im Breisgau. Abdruck mit freundlicher Genehmigung.

DIANA

Das anspruchsvolle Programm

Catherine Clément

Der große Indien-Roman von Catherine Clément, der Autorin von ›Theos Reise‹.

»Sowohl in literarischer als auch historischer Hinsicht wunderbar.«
Le Nouvel Observateur

62/57

Eine Liebe in Indien
62/57

DIANA-TASCHENBÜCHER

Das anspruchsvolle Programm

Bjarne Reuter

Bjarne Reuter erhielt so gut wie alle dänischen Literaturpreise und zahlreiche internationale Auszeichnungen.

Seine Romane sind Meisterwerke der neuen skandinavischen Literatur, moderne Märchen voller Poesie und Melancholie.

62/93

Das Zimthaus
62/14

Die Himmelsstürmer
62/93

DIANA-TASCHENBÜCHER

DIANA

Das anspruchsvolle Programm

Chitra Banerjee Divakaruni

Zwischen Chicago und Kalkutta, zwischen Verheißung und Entfremdung spielen die Geschichten von Chitra Banerjee Divakaruni, für die sie gleich drei amerikanische Literaturpreise erhielt.

»Divakarunis Geschichten sind von überwältigender Kraft.«
New York Times Book Review

Die Hüterin der Gewürze
62/6
Der Duft der Mangoblüten
62/75

DIANA-TASCHENBÜCHER